国家出版基金项目
NATIONAL PUBLICATION FOUNDATION

国家“十三五”重点图书
中宣部主题出版物

长江巨变70年丛书

黄金水道

1949—2019

长江航运扬帆70年

黄强 孙新华——编著

长江出版社
CHANGJIANG PRESS

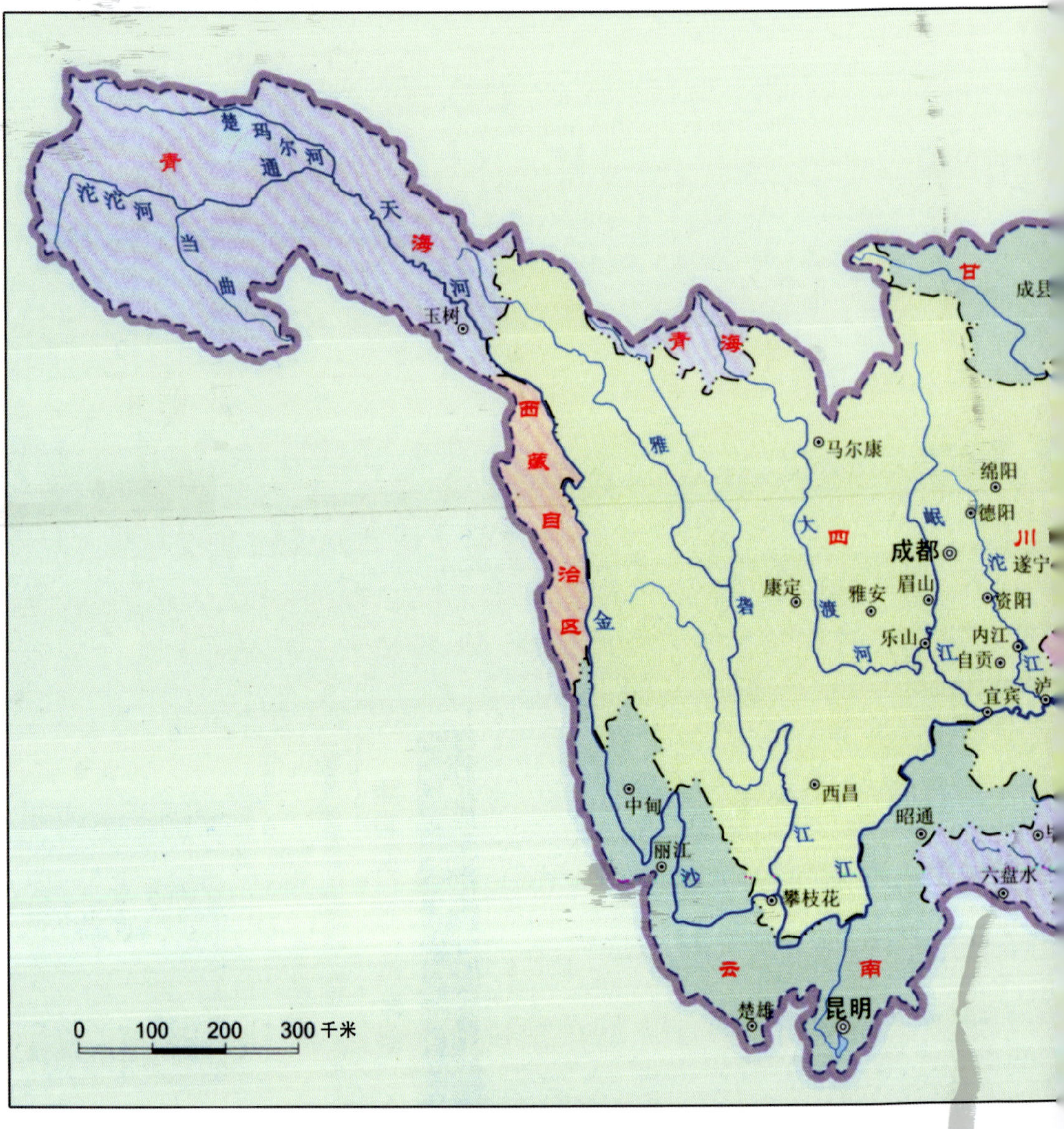
青
海
楚玛尔河
通天河
沱沱河
当曲
玉树
青
海
甘
成县
西藏自治区
雅砻江
马尔康
大渡河
四
川
绵阳
德阳
岷江
成都
沱江
遂宁
康定
雅安
眉山
资阳
金
乐山
内江
自贡
宜宾
泸
西昌
昭通
中甸
丽江
金沙江
攀枝花
六盘水
云
南
楚雄
昆明
0 100 200 300 千米

商洛
丹
江
河
南阳
南
西
安康
水
十堰
湖
汉
荆门
孝感
水
重
江
宜昌
武汉
黄冈
荆州
北
鄂州
黄石
长
恩施
咸宁
九江
鄱阳湖
景德镇
张家界
常德
湖
岳阳
江
洞庭湖
南昌
上饶
信
江
福建
吉首
沅
益阳
长沙
鹰潭
资
株州
宜春
新余
抚川
铜仁
怀化
娄底
湘潭
湘
萍乡
赣
州
江
邵阳
南
吉安
水
衡阳
西
凯里
江
永州
广西壮族自治区
赣州
郴州
江
滁州
扬州
江
南通
合肥
镇江
大
南京
无锡
巢湖
常州
运
苏
上
上海
马鞍山
太湖
苏州
安
芜湖
浙
海
市
宣州
湖州
河
嘉兴
铜陵
安庆
徽
杭州
江
贵池

长江流域图

总前言

岁月不居，天道酬勤。2019年，最难忘的是隆重庆祝新中国成立70周年。我们为共和国70年的辉煌成就喝彩，被爱国主义的硬核力量震撼。大江南北披上红色盛装，人们脸上洋溢着自豪的笑容，《我和我的祖国》在大街小巷传唱。这一切，汇聚成礼赞新中国、奋斗新时代的前进洪流，给我们增添了无穷力量。共和国栉风沐雨的70年，也是长江治理保护的70年。作为世界第三、中国第一大江河，长江不仅是中华文明的摇篮之一，也是中国经济社会可持续发展的重要命脉。治理好、利用好、保护好长江，不仅是长江流域4亿多人民的福祉所系，而且关系着全国经济社会发展的大局。1950年2月24日，新中国刚刚成立4个月，中央人民政府就批准成立水利部长江水利委员会。70年来，一代代长江委人坚守为党和人民守护好长江的初心，推动治江事业取得了举世瞩目的成就。

长江是中华民族的母亲河，也是中华民族发展的重要支撑。但是新中国成立前，长江洪涝灾害频繁，平均每10年发生一次较大洪水。治国先治水，新中国成立仅4个月就组建了长江委。70年来，在党中央、国务院的亲切关怀下，我们肩负起为党和人民守护长江的重任，开启了长江治理与保护的新纪元，推动长江流域发生了翻天覆地的变化：以防洪为重点的治江三阶段计划提出实施，开展了大规模水利建设；流域综合规划3次修编，描绘了治江事业发展的美好蓝图；治江基础资料日益积累，摸清了母亲河的家底；科技平台和综合站网建设持续加强，夯实了治江管水的基础；大国重器三峡工程建成运行，实现了中华民族百年梦想；“人间天河”南水北调工程顺利通水，创造了人工调水世界奇迹；3900千米中下游干流堤防全面加固，筑牢了防洪保安的“水上长城”；100座水工程实施联合统一调度，减轻了水旱灾害损失；长江大保护战略深入实施和河湖长制全面推行，改善了流域万水千山面貌；水利改革发展总基调贯彻落实，提升了流域治理水平和能力；西南诸河（澜沧江及以西）纳入统一管理，扩大了流域管理的职责和范围；60多个国家、地区和国际组织纳入“朋友圈”，助力“一带一路”走深走实……七十载励精图治、团结拼搏，令昔日桀骜不驯、灾害频发的长江已经成为一条洪行其道、惠泽人民的安澜巨川，更是成为实现中国梦的重要战略支点。

回首波澜壮阔的70年，这是一部兴利除害、造福人民的治理史，是一部依法管江、绿色发展的保护史，是一部人才辈出、成果丰硕的创新史，更是一部坚守初心、勇担使命的奋斗史。我们为70年来取得的辉煌成就感到无比骄傲与自豪！

70年在历史长河中如沧海一粟，昨天的辉煌已经载入史册，明天的奋斗更加恢宏壮阔。进入新时代，习近平总书记高度重视长江保护与治理，两次视察长江并亲自擘画了长江大保护的宏伟蓝图，人民群众对防洪保安全、充足水资源、优质水环境、健康水生态有了新期待，水利部提出了水利改革发展总基调，治江形势发生了深刻变化。“为长江经济带高质量发展提供全面的水利支撑和保障，使长江永远润泽华夏、造福人民”成为我们新的历史使命，我们已经站在一个新的历史起点上，开启了历史性跨越的新航程。

七十载大江东去，九万里风鹏正举。忆往昔，人水和谐蓝图绘；看今朝，治理保护正扬帆。让我们高举习近平新时代中国特色社会主义思想伟大旗帜，积极响应建设“幸福河”的伟大号召，不忘初心，牢记使命，奋楫激浪，砥砺前行，当好新时代长江的守护者和长江大保护的先行者，为流域经济社会高质量发展提供更加坚实有力的水利支撑与保障，以永不懈怠的奋斗精神开启时代新征程，以一往无前的奋斗姿态再创历史新荣光！

长江风光

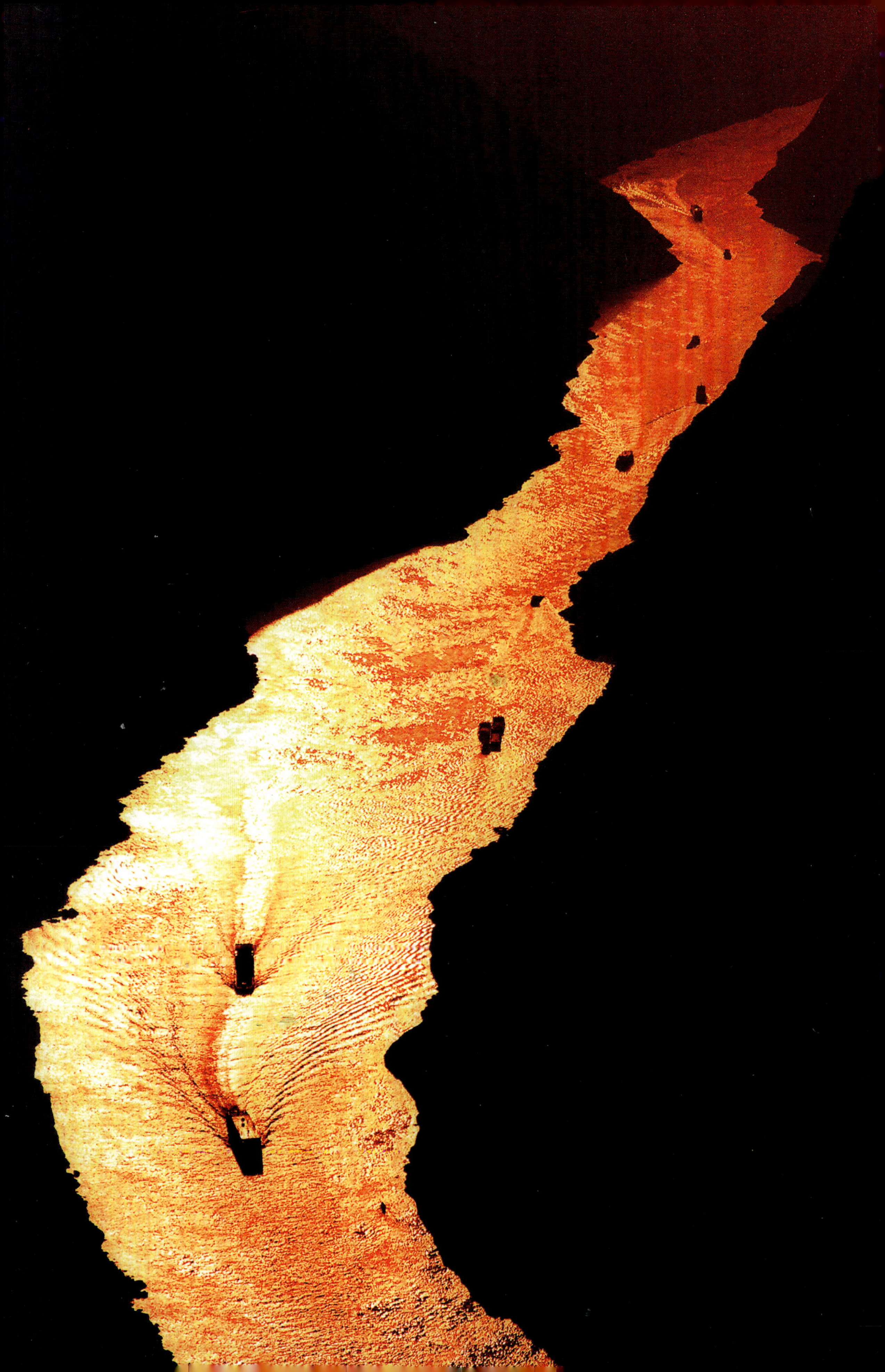

前　言

长江一唱几千秋，风展红旗耀九州。

天堑通途铺画卷，扬帆万里济同舟。

长江是中华民族的母亲河，与黄河一道哺育了灿烂辉煌的中华文明。长江自古以来就是极具舟楫之利的黄金水道，在中国乃至世界航运史上占有重要地位。新中国成立70年来，在五星红旗照耀下，长江航运扬帆奋进、满舵前行，开辟了一条传奇般的金色航程，成为当代中国发展篇章中精彩的组成部分。

回首70年，长江干线货物通过量从中华人民共和国成立初期不足500万吨增长到2018年27亿吨，现已成为世界上运量最大、运输最繁忙的通航河流；船舶运力从中华人民共和国成立初期不足百万吨增长到2018年近亿吨，运输船舶平均吨位达1780吨；长江航道从依赖自然条件通航到基本形成通江达海、干支衔接的航道网络，12.5米水深至南京，10.5米水深至芜湖，6米水深至武汉的航道治理工程加快实施，荆江航道整治一期工程完成，三峡库区航道水深条件优良，重庆至宜宾航道通行千吨级以上船舶；长江港口生产性泊位从200余个增长到2700余个，万吨级泊位达到419个，专业化、集约化、现代化程度显著提升，形成了以国家主要港口为骨干、地区重要港口为基础、辐射全水系的总体格局；长江水上安全形势从事故频发到大幅下降，再到局面逐步稳定，安保能力明显增强，应急处置能力不断提高；长江航运科技与信息化水平不断提升，单船、一列式拖带、顶推运输等运输组织适应了不同时期的运输发展需求，集装箱、滚装等运输形式快速发展，电子航道图、数字航道、船舶动态监控、应急指挥调度等信息化建设成果应运而生，应用领域日趋广泛；长江航运市场服务体系逐步建立，市场监督管理、航运中心建设不断规范，互联网+航运模式不断完善，运输服务能力持续增强。

放歌70年，不同阶段、不同区段的长江文化各具特点，代表性作品精彩纷呈，文明创建硕果累累，模范人物和创新团队不断涌现，与时代同步、与发展合拍的行业文化体系已经形成。70年来，长江航运的地位和作用不断提高，从抗美援朝重点物资运输，到保障沿江经济发展和人民生产生活，直到成为国家实施核心战略的基础支撑，长江航运发展步步登高；70年来，长江航运管理制度不断改革完善，由中华人民共和国成立初期的分段接管、政事企合一，到"托拉斯"管理、再到政企分开、政事分开，不断探索科学高效的行业治理模式；70年来，长江航运的发展也经历由粗放到集约，进而逐步转型、进入高质量发展阶段，每个阶段都是长江航运人勇于面对挑战、服从大局、劈波斩浪、不断开拓创新的艰苦历程。

新中国成立以来，长江航运经历了恢复发展、初步发展、探索发展、曲折发展、改革发展、跨越发展、创新发展和绿色发展等不同阶段，而同舟共济、百折不回、乘风破浪、扬帆奋进则是长江航运的发展大势。本书分为8章，以时为经，以事为纬，章分时期，节分专题。各章皆以原创诗词开篇与结尾，承上启下，画龙点睛。较之《当代长江航运发展史》，本书对长江航运70年的发展阶段在分段上有所不同，更注重采用新资料，浓墨重彩地展现70年以来的卓越成就，以彰显高质量发展的主旋律。

本书借鉴参考了《当代长江航运发展史丛书》《长江航运年鉴》《2011—2018年长江航运发展报告》《长江航务管理理论与实践》和中国水运报"纪念改革开放40年系列报道"等相关资料，在写作过程中，唐冠军、张林、陆望成、陈乐、华江、苏建国、陆海亮、鄢元超、罗军、戴新民、周家华、姚育胜等领导与专家提出了宝贵意见；长江航运规划研究中心彭东方、刘涛、幸福杂志社田友国承担了大量基础资料搜集、文字编写及图片处理工作；周家华、王取法、孙家宝、刘红宁、吴月君、隗传学、汪睿翔、陈保平、周江平、杨华林、李惠民、林海、张心宇等摄影师为本书提供了精美图片；崔文、王取法、赵明明、杜艳、文林园、高梦、帅立群、高世杰、欧业群等同仁给予了大力支持和帮助。在此，一并表示衷心的感谢和崇高的敬意。本书内容从时间上纵跨70载，在空间上包罗整个长江流域，在这种大跨度的时空中如何科学地把握长江航运发展的逻辑、体现其文化的厚重，努力达到精准、精美与经典，我们深感任重道远，若有遗漏和不足之处，恳请读者批评指正。

作者

2019年9月9日

目　录

第一章　百废待兴——长江航运恢复发展（1949—1952 年）…………… 1

第一节　长江航运新管理机构建立 …………………………………… 2

第二节　长江航运业的整顿与发展 …………………………………… 5

第三节　长江客货运输迅速恢复 ……………………………………… 8

第四节　民生公司实行公私合营 ……………………………………… 15

第五节　长江航道机构组建与初期工作 ……………………………… 17

第六节　长江港口的整治与统一管理 ………………………………… 20

第七节　长江水运工业起步 …………………………………………… 26

第八节　职工政治地位与物质文化生活巨变 ………………………… 28

第二章　昂首起步——长江航运初步发展（1953—1957 年）…………… 32

第一节　长江航运管理机构调整 ……………………………………… 33

第二节　船舶运力和客货运输发展 …………………………………… 37

第三节　航标改革与航道治理展开 …………………………………… 44

第四节　港口装卸机械化起步 ………………………………………… 49

第五节　修造船工业的调整与发展 …………………………………… 52

第六节　私营轮木船运输业的社会主义改造 ………………………… 54

第七节　航运支持保障系统的建立 …………………………………… 57

第八节　党组织建立与职工队伍建设 ………………………………… 61

第三章　雄姿初展——长江航运探索发展（1958—1965 年）…………… 64

第一节　长江航运干支流管理体制的变化 ………………………………… 65
第二节　长江航运的大起大落与调整发展 ………………………………… 68
第三节　重点港口建设与技术改造 ………………………………………… 72
第四节　长江航道的维护与治理 …………………………………………… 78
第五节　长江航运通信初步发展 …………………………………………… 83
第六节　水运工业建设与调整 ……………………………………………… 84
第七节　长江航运试办“托拉斯” ………………………………………… 87
第八节　加强行业管理及思想政治工作 …………………………………… 91

第四章　百折不回——长江航运曲折发展（1966—1977 年）…………… 95

第一节　力排干扰坚持运输生产 …………………………………………… 96
第二节　长江航运行业的治理整顿 ………………………………………… 102
第三节　长江船舶运力逆势增长 …………………………………………… 104
第四节　长江港口生产曲折发展 …………………………………………… 109
第五节　长江航道通过能力的提高 ………………………………………… 112
第六节　加大投入促进水运工业发展 ……………………………………… 120
第七节　长江通信工程的建设 ……………………………………………… 124
第八节　动乱中坚守岗位保生产 …………………………………………… 126

第五章　春潮激荡——长江航运改革发展（1978—1988 年）…………… 129

第一节　长江航运管理体制改革启动 ……………………………………… 130
第二节　放开航运市场搞活运输生产 ……………………………………… 134
第三节　整治滩险改善航道条件 …………………………………………… 140

第四节　加快港口建设提升港口功能 …… 146
第五节　水运工业蓬勃发展 …… 150
第六节　航运支持保障系统的新发展 …… 153
第七节　科教卫生事业的新进展 …… 159
第八节　行业文明与文化建设的新成效 …… 162

第六章　涉水闯滩——长江航运跨越发展（1989—1998 年） …… 165

第一节　长江航运改革与发展规划 …… 166
第二节　长江运输市场的变化 …… 169
第三节　航道通过能力的提升 …… 175
第四节　长江港口建设步伐加快 …… 179
第五节　水运工业迈出新步伐 …… 182
第六节　支持保障系统取得长足进步 …… 183
第七节　科教卫生事业不断进步 …… 190
第八节　文明创建与文化建设深入开展 …… 194

第七章　千帆竞发——长江航运创新发展（1999—2008 年） …… 198

第一节　长江航运管理体制改革全面深化 …… 199
第二节　长江水路运输跃居世界内河第一 …… 204
第三节　长江航道建设迈上新台阶 …… 213
第四节　长江港口建设投入力度加大 …… 218
第五节　长江水运工业取得突破 …… 223
第六节　支持保障系统进一步完善 …… 225
第七节　科教卫生事业大发展 …… 229
第七节　文明创建与行业文化建设成效显著 …… 234

第八章 宏图再起——长江航运绿色发展（2009—2019年） ……241

第一节 实施长江航运绿色发展战略 ……242
第二节 长江干支流运输稳健增长 ……255
第三节 长江航道建设管理服务全面提升 ……262
第四节 长江港口转型发展成效明显 ……269
第五节 长江水运工业发展迅猛 ……280
第六节 支持保障系统的完善与提升 ……282
第七节 科教卫生事业创新发展 ……291
第八节 文明创建与行业文化百花争艳 ……298

第一章

百废待兴——长江航运恢复发展

（1949—1952 年）

一轮红日海天出，壮丽山河万里苏。
航业复兴除旧貌，长江接管启新书。
公私携手成经典，上下齐心保运输。
热血满腔融碧浪，蛟龙腾跃大江殊。

1949 年 10 月 1 日，中国历史翻开崭新的一页，长江航运百废待兴。经过三年艰苦努力，新中国很快修复了战争创伤，国民经济得到全面恢复。人民政府迅速分段接管旧航运管理机构，整顿秩序、恢复运力，成立长江区航务局，初步形成国有、公私合营、私营、集体和个体经济并存的局面，着手建立新中国航运经济新秩序，长江航运得以逐步恢复与发展。广大干部群众纷纷发扬主人翁精神，积极支援解放战争、抗美援朝，有力地促进了国民经济恢复、城乡物资交流，为保障人民生活与运输生产做出重大贡献。

这期间，长江区航务局积极探索创立新民主主义航运企业管理模式。借鉴苏联河运管理经验，建立政企合一、港航一体的集中管理体制，开始发展新民主主义航运经济，实行统一货源、统一调度、统一运价，将私营轮木船纳入计划管理。国有航运经济作为主导，充分发挥多种经济成分对国计民生的有利作用。长江航运推行一列式拖驳运输法，发挥了巨大的运输功能。船舶、港口、航道、水运工业及航运管理等迈出新步伐。

第一节　长江航运新管理机构建立

一、接管长江旧航运业

新中国成立之初，长江航运接管长江旧航运业是随着解放战争的胜利进程分段与多头进行的。长江干支流的官僚资本和管理机构，由当地军事管制委员会交通部门接管，航道由海关总署原系统接管，港口装卸业由沿江各地、市接管。

1949 年 5 月 16 日，武汉市解放。22 日，武汉市军事管制委员会成立，下设交通接管部，部长李一清，第二部长刘惠农，副部长聂洪钧、陈瑞化。6 月 24 日，武汉市军事管制委员会交通接管部先后接管原招商局汉口分公司、交通部长江区航政局、湖北省航业局、汉口储运处、联勤船舶第三大队、海事学校、武汉轮渡公司及汉阳船舶修造厂等。接管公营码头 22 处、船舶 162 艘，总吨位为 51500.98 吨，分别占解放前长江运力的 77% 和 60%。武汉市军事管制委员会交通接管部航运处适时进行机构调整，由长江区航政局、湖北航业局、汉口储运处、船舶第三大队、武汉轮渡管理处和气象台 6 个单位合并成航政处。9 月 9 日，航政处改名为华中航政管理局，雷敏之任局长，管理江西、湖南、湖北航政业务，在该三省主要港口恢复和建立航政办事处。1950 年 2 月 5 日，中南军政委员会于汉口办公，华中航政管理局隶属于中南军政委员会交通部。

1949 年 5 月 27 日，上海市解放。28 日，上海市军事管制委员会航运处成立，于眉任处长，邓寅冬任副处长。先后接管原招商局股份有限公司、交通部上海航政局、中华拖轮公司和交通部南京港工程处等 17 个单位。其中，以接管招商局为重点，由于眉兼招商局军事总代表，并在招商局系统的业务、船务、财务等各部门设立军事代表。接管各单位船舶 432 艘、189579.08 吨，接管公营码头 340 座。10 月 6 日，上海市军管会航运处为统一华东地区的航务、港务管理，以接管上海航政局为基础，成立华东区航务管理局，于眉兼任局长，副局长为邓寅冬和韩克辛。1950 年 5 月 5 日，改称上海市航务管理局。

1949 年 11 月 30 日，重庆市解放。12 月 3 日，重庆市军事管制委员会（以下简称军管会）交通接管委员会航运部成立，由何郝炬任部长，接管原长江区航政局重庆分局、招商局重庆分公司、国防部联合勤务总司令部水运办公室与其所属的船舶大队和船舶厂，以及“同德”“同元”两艘运输舰。同时，接管港口趸船 2 艘、小机动船 3 艘；接管招商局趸船 1 艘、拖轮 1 艘、营运船舶 3 艘，计 1518 吨。1950 年 1 月 26 日—

2月7日，根据西南财委会的指示，接管了西南公安部经营的德大公司“德大”登陆艇1艘、313.38吨；民立公司“新民”客货轮及“民立”客轮两艘，分别为575.5吨、122.85吨。

沿江各港及各省航运部门，由当地军管会交通部门接管。按照系统，自上而下，原封不动，先接后分原则，“原职、原薪、原制度”接收，接管工作进行顺利。运输企业所有制发生根本性变化，官僚资本拥有的生产资料回到人民手中。

因各地解放时间先后有别，长江航运基本按区段接管，由各接管单位自行管理。上海至九江的长江下游段，由华东军政委员会交通部管辖；九江以上至宜昌以下的中游段，由中南军政委员会交通部管辖；宜昌以上的上游段，由西南军政委员会交通部管辖。沿江各省地方航务管理和航运企业，分别由各省（行署）交通厅（处）所属航务部门和轮船公司管理。

清理私营航运业中的官僚资本，是接管工作的重要内容。民生公司是长江上最大的民族资本航运企业，其公司股东包括原国民政府中央系统的中国银行、交通银行，地方系统的四川银行以及宋子文等官僚资本。据1950年2月的调查统计，民生公司股份中公股及官僚资本约占23.10%。此外，一些中小型私营航运业也或多或少有一些公股公产渗透其中。如重庆地区的私营航运业强华公司公股约占10%以上；在上海地区，也清理了经营长江航线的天津航运业公司中的银行公股部分。这些官僚资本经清理后，航运机构由各地有关银行或单位接管。

二、新航运管理机构的建立

与全面接管航运机构和清理官僚资本同步，按照中央部署，长江航运全线着手统一领导航政、运输、港务、江务及船厂，形成新的管理体制。

1950年1月28日，中央人民政府政务院发布《关于1950年航务、公路工作的决定》，规定“在交通部下设航务总局及国有轮船总公司，领导航务建设，管理航运工作”。开始实行统一长江航务与航运管理，确立政企分管的航运体制。4月10日，成立长江区航务局，后定名为中央人民政府交通部长江区航务局，于5月27日长江区第一届航务会议正式宣告成立，局长刘惠农，副局长雷敏之、张文琦。下设重庆分局、南京分局及万县、宜昌、九江、安庆、芜湖、镇江6个办事处。同时，明确长江区航务局对沿江各省内河航务局实行业务领导；沿江各省内河航务局管理帆船及一定吨位的轮船。

长江区航务局成立后，确定以保证物资交流、川粮运输为中心任务，适当分配货源，并重新调整长途与短途的定期制度。调控各种费率，统一长江运价及货物等级分类，全面调整和降低运价；为缓解轮船业困难，营业税暂减 1.50%，中途免征临时营业税；并且逐步收回长江干线引水事业并转为公办，降低引水费。为保证航行安全，拟定了《长江航行章程》，报交通部核准，在长江全线公布试行，扭转了航运秩序紊乱局面。

1950 年 4 月，招商局轮船总公司在内地的机构改称为国营轮船总公司，经营长江干线运输业务；区间短途运输业务由分公司经营；特定航线为特殊运输任务而设，由总公司委托起讫地分公司管理。财务管理由总公司统筹统支，统一会计及现金管理制度，并取消联营运费。同时统一船务管理，统一船员工薪、调动、奖惩及请假办法，统一船员编制和推行定额管理及轮船负责制，制定燃物料统一标准。1951 年 2 月 1 日，国营轮船总公司易名为中国人民轮船总公司，并由上海迁至北京与交通部航务总局合署办公。总公司下辖上海、长江、华南三个区公司。原招商局汉口分公司 2 月 1 日改组为中国人民轮船总公司长江分公司，与长江区航务局合并办公，刘惠农为长江区航务局局长兼长江分公司经理，下辖镇江、南京、芜湖、九江、长沙、沙市、宜昌、万县及重庆各分公司与办事处。同时，原属海关管理的航道机构也并入长江区航务局统一管理。

50 年代长航局办公楼

1952 年 5 月，根据政务院《关于划分中央与地方在财政经济工作上管理职权的决定》，全国水运企业分为中央直属和地方所属两类。同年 8 月，全国第二次航务会议决定在交通部分设海运管理总局和河运管理总局，按海区、河系设立海运管理局和航务管理局。9 月，交通部撤销航务总局和中国人民轮船总公司及其各分支机构。长江分公司的业务并入长江区航务局。10 月 12 日，长江区航务局更名为中央人民政府交通部长江航务管理局（以下简称长航局）。至此，长航局成为“政企合一”的机构，统一航政、运输、港务、江务及船厂等行政与企业的领导，形成集中统一的管理体制。

长航局建立后，由于在经营管理上涉及华东、中南、西南三大行政区，故沿线各分支机构还存在各自为政的现象。1952年下半年，长航局进行机构改革，学习苏联内河运输管理模式，按照“集中统一管理和面向生产、加强业务技术、精简机构”的原则，拟定改革方案，并于1952年12月顺利完成机构改革。截至12月底，长航局共有职工11821人。其中局直属系统9451人，航道工程系统1263人，船舶修理厂1107人。改革后的组织机构包括：

直辖13个港口，一等港3个：上海、汉口、重庆；二等港3个：南京、芜湖、宜昌；三等港7个：镇江、安庆、九江、黄石、沙市、长沙、万县。此外沿江还设立19个营业站，以及2个航道区和3个修船厂。

局机关设有5个处，即航运处、机务处、航道工程处、私营航业管理处、经济保卫处；5个室，即办公室、计划室、财务室、人事室、监督室；4个直属科，即材料供应科、基本建设科、劳动工薪科、电信科。

三、军事交通运输机构的产生

长江军事交通工作机构（以下简称军交机构）是随着军队对长江航运的接管，为适应国防和军队正规化建设需要而设置的。沿江各军区根据原总参谋部的指示精神，分别在重庆、宜昌、武汉、九江、南京、上海等主要港口建立了军交机构。后随形势和任务的变化多次进行调整。

军交机构创立之初，西南军区制定《川江轮船军运暂行办法》，中南军区制定《水上军事运输暂行规定》，华东军区制定《关于组织航务军事运输暂行办法》，这些规章保证了长江军运任务的顺利完成。之后，长江沿线各军交机构又按总部统一制定的军运工作规章，组织长江上的军事运输管理。

随着军交机关组建和各种规章制度的建立，长江军运管理从军区区域性管理，发展到总部、军区、军运处三级计划管理。军交管理体制由后勤部转交司令部，由部队管理发展到军交机关管理，逐步建立起军区分段组织的形式。军委运输司令部设航运处，沿线大军区设军事运输部，长航局和各分局；主要港口设军运处或港岸军运办事处，形成总部、军区和沿线军交机构三级管理体制。

第二节　长江航运业的整顿与发展

一、全力恢复长江运力

为迅速恢复和提高长江运力，沿江各地采取边打捞沉船、边修理旧船、边建造新

船的办法，保证经济建设和支援前线军运的需要。国民党军队撤往台湾时，征用招商局船舶共计280133.65吨，占总数的75.23%；留下来的10余万吨船舶，大多技术状况不良、设备陈旧。上海接管32艘船舶，可航行船舶仅9艘；民生公司原有船舶97艘，虽多数留在长江，但吨位较小且陈旧。

国民党军队撤退时将一艘1200吨的船舶凿沉在苏州河，妄图堵塞上海港；江阴要塞航道、吴淞口，以及上海港码头均有大量沉船。1949年6月，上海市军管会航运处集中有经验的公、私营打捞公司和厂商，聘请专家，调集技术人员和设备，打捞黄浦江及长江下游的沉船。同年9月，中原临时人民政府交通部指定华中航政管理局、汉口航业协会、招商局汉口分公司等单位组成华中打捞委员会，打捞安庆至宜昌的长江沉船。1950年12月，《长江区沉船打捞暂时办法》公布。上海、武汉两地打捞沉船与清理河道同步进行，共打捞"江新"客货轮以及油轮、拖轮、海驳船10余艘。1950—1952年，长江区航务局改建干线船舶达55艘、20272载重吨。华东局建造163.14千瓦和108.78千瓦的拖轮共50艘，民生公司建造147千瓦的"夔峡""巴峡"两艘拖轮，新建500吨油驳4艘。

1950—1952年，经打捞沉船、修复旧船和新建、改建船舶，长江船舶运力大幅增长。三年间，长航局新建船舶70艘，3920载重吨、778载客位。其中拖轮37艘，8996.4千瓦功率；驳船21艘，3250载重吨。云南、四川、湖南、湖北、江苏5省新增船舶运力达83914载重吨。

二、恢复和发展国有航运经济

新民主主义五种经济成分（国有经济、合作社经济、国家资本主义经济、私人资本主义经济和个体经济）并存，是国家当时的经济结构，也是长江航运业的基本结构。解放初期，长江船舶运力以私营为多数，公营只占总吨数的45.30%；运量，则以公营为多数。1950年5—7月，汉口公营船舶进、出口货物总吨数，分别为54.51%和71.88%。为发展和壮大国有航业，重点建设川江航线上的运力。上海接管的1艘300吨小轮修复后，命名为"江岳"轮，于1949年12月15日首次由南京直航重庆，成为川江上第一艘国有客货轮，后又将接管的几艘旧军舰进行修理并改装成适航川江的客货轮，分别命名为"江渝""江发""江庆""江展"及"江万"轮，把国民党欲劫往台湾的"江和"轮在上海修理后开进川江，成为川江国有最大客货轮。上海招商总局将7艘"华字"登陆艇也投入川江。川江国有运力增加到8000吨。

至1952年12月，国有航业成为长江航运的主体，有客货轮、货轮、拖轮、驳船共计392艘、92039载重吨、22859.972千瓦。

三、整顿和扶持私营航运业

长江干线各主要港口及私营航业的整顿大体分为三个阶段：1949 至 1950 年上半年为整顿恢复阶段，1950 年下半年至 1951 年上半年为组织改造阶段，1952 年为“五反”和民主改革阶段。

1950 年初，长江航运私营公司有 280 家，职工 2 万余人。由于长期受帝国主义、官僚资本主义及封建势力的压榨，长江航运私营公司内部成员复杂，船舶年久失修，营运逐渐萎缩，亏损严重。针对私营航业经营困难的情况，各地人民政府和国有企业给予多种用途的贷款。三年中，贷款额达 95.57 亿元（第一套人民币）。私营航运业在政府和国有航业的大力扶持下，大部分私营公司渡过难关，经营状况得以复苏。

1950 年初，长江区航务局公布《整理轮船业暂行办法》。汉口、长沙、南京 3 港原有大小轮船公司 178 家，登记后被整顿为 129 家，取缔 49 家。户数虽然减少，但质量提高了。针对私营航业偷税漏税等不法行为，各地政府进行严厉打击。各地航运主管部门对私营航业实行“三统管理”，即统一货源、统一调度、统一运价，纳入国家计划轨道。国有轮船业统一承揽货源再按比例分配给私营轮船业承运；私营船舶纳入国家计划，基本消除私营航业选航次、挑货载、争航线现象；运价统一阻止了私营航业任意压价抬价、牟取暴利的行为。

招商轮船总公司及其分支机构较早按照公私兼顾的原则实行货源分配。1949 年 8 月，上海市组成拖轮铁驳、上海市汽船业及长江航轮等联营处。1950—1951 年，先后成立申沙、专沙（今如东县境内）、申通线航轮及申汉湘轮等联营处，南京市成立南京轮船、金陵航业等。芜湖市的 4 户私营轮船组成永安轮局联营处，镇江、安庆等地的私营轮船也组成联营处。1950 年 1 月，武汉市组成大同、民建、四联、江汉、东南、建航 6 个联营处；1951 年 3 月，有 5 家私营轮船公司组成联汉轮船联营局，11 家公司组成联合办事处。苏州地区 55 户私营轮船业中，联营户数占总数的 18%、船舶的 35%、资本的 33%、从业人员的 38%。1950 年 4 月，大达轮船公司、大通轮船公司、联义轮船公司及大达和大通联营处等私营航业成立私营合营长江轮船公司，8 月 1 日开业，首创长江区私营合营之先例。1952 年，私营合营上海内河拖驳运输公司成立。1951 年 3 月，汉口私营航业 4 家公司组成私营合营江汉轮船局。

四、调动和发挥木帆船业作用

新中国成立初期，中国造船工业落后，运输工具多为木帆船。1949 年，江苏省拥有木帆船 37245 艘，总吨位 391073 吨，吨位约为机动船的 140 倍，完成货运量为轮船的 7.6 倍、周转量为轮船的 2.6 倍。四川省有木帆船 18450 艘，总吨位 44.8 万吨。1950 年，湖北省有木帆船 35552 艘，总吨位 287622 吨，货运量 89.2 万吨，周转量 2 亿吨千米，分别为轮船运量的 9.9 倍和周转量的 12.5 倍。国民经济恢复时期，充分利用木帆船有其重要意义。

国家对木帆船实行“充分利用”“保护和扶植”方针。1950 年，航运主管部门对木帆船进行丈量、登记发证，固定船籍港，执行船舶签证制度，并对木帆船驾长进行考核，加强管理。1951 年，统一木帆船运价，既保证船工收益，又防止淡季跌价竞运、旺季哄抬运价。按照“互助合作化”精神，组织木帆船走集体经营道路。其组织形式，一是木帆船运输公司，民办公助；二是联合运输社，船民自愿结合，当地航管部门直接领导或派员协助工作。

三年恢复时期，长江水系广大木帆船运输户在支援解放战争、支援城乡经济发展，特别是支援偏远地区人民的生产、生活中，发挥了不可替代的作用。

第三节　长江客货运输迅速恢复

一、长江运输的全面恢复

（一）长江干线迅速复航

新中国成立之初，各大城市工商业正在全面恢复，煤炭、粮食及工业原料需要及时供应，为发挥长江航运的作用，新政府采用了“边接管、边复航”的方针。

1949 年 4 月，中国人民解放军通令封锁长江，长江沿岸客货运输中断。6 月 1 日，南京、武汉等城市相继解放，解除了沿江封锁和戒严。首先复航的是申汉客货班轮。招商局“江陵”轮于 5 月 23 日被国民党军队拖出吴淞口外，船上设备遭到严重破坏，全船 117 名船员为争取率先复航，进行 3 个昼夜的抢修。6 月 3 日，“江陵”轮首航汉口，成为长江干线和上海市第一艘复航客货班轮。上海市军管会特授予其“江陵解放号”的光荣称号，并颁发“开路先锋”红旗。6 月 11 日，招商局“江安”轮载客 700 余人及桐油、棉花等货物 500 余吨，由汉口首航上海。重庆解放后，民生公司“民族”“民联”两艘客货轮于 12 月 15 日首航汉口，载客 700 余人和猪鬃、桐油等货物 400 余吨。渝汉线复航后，民生公司又有“民族”“民联”两轮继续下驶上海。至 12 月底，民生公司出川船舶达 38 艘次。同时，干线各区段航线也陆续复航。6 月 4 日，“江汉”轮开往九江；次日，“郑和”轮开往上海，宁沪、宁浔两条航线恢复通航，汉宁、汉浔航线也恢复通航。10 月 11 日，宜汉航线开通；继而，渝宜航线开通。

长江全线客货运输通航后，招商局与民生公司于1949年12月下旬在上海签订业务合作协议，规定申汉段由招商局承运，汉渝段由民生公司负责运输。招商局为全面恢复汉申航线，继“江陵”“江安”轮后，“江顺”“江华”“江明”客货轮相继投入营运；又将从黄浦江打捞起来的“江新”客货轮和从芜湖江中打捞起来的“江平”轮，经大修改建后也投入汉申航线。交通部又调拨上海海运局的“江泰”轮到长江营运，共有8艘客货轮投入汉申线营运。

1950年5月27日，招商局轮船总公司经与长江上较大的私营轮船公司签订协议，并在上海、汉口、宜昌、重庆地区成立全线客货轮联运小组，公推招商局和民生公司分别为正、副组长，长江班轮分别开设上海—汉口、汉口—宜昌、宜昌—重庆、上海—宜昌4条航线。长江干线航线分段建立客货班轮定期制度后，实现了长江干线的全面复航。

民族轮

（二）区间和支流航线相继复航

1949年4月23日，南京、镇江、安庆同日解放，芜湖于次日解放。5月初，南京港有12艘小轮恢复南京到芜湖、和县、扬州、九里埂、七坝、六合等地的客货运输。镇江港首先恢复镇江至六圩的渡江航线。5月中下旬，以镇江为中心的苏北、苏南内河航线全部复航。芜湖港首先恢复芜湖至裕溪口的轮渡，各私营轮船公司于4月26日恢复客班航线，相继开通芜湖至大通、安庆等航线。5月16日，武汉解放，原有17条区间航线除沙市、新堤等3条航线外，其余全部复航，并新增彭家场、六指店、天门、毛家口等航线。6月，内河航线增至20条。至12月，以武汉为中心的华中各航线全面恢复，汉水、沅江、湘江、赣江等航线也相继复航。

1949年5月17日，九江解放；22日，南昌解放。次日，恢复南浔航线。5月27日，上海解放，以上海为中心的长江区间短途和苏南、苏北内河航线陆续复航。6月3日，上海市军管会开放黄浦江及吴淞三岔港，7日，达德航运公司“志新”轮由上海首航天生港，沪通航线复航。上海至海门、启东、扬州等航线也陆续开通，大达、大通联营处“江昌”“江康”等轮恢复了上海至口岸航线。9月24日，申锡（无锡）、申杭（州）、申湖（州）、申苏（州）等航线复航。至12月31日，苏南航线复航126条，新开56条，计182条航线。7月16日，宜昌解放；8月10日，首先恢复宜（昌）沙（市）藕（池）航线；10月11日，恢复宜汉航线。11月30日，重庆解放。至12月底，先后恢复11条短途航线。以重庆为中心的西南水运，原28条川江航线除宜宾至乐山、宜宾至屏山外陆续通航。

（三）“炸不断”的长江航线

解放战争中，国民党军队派出飞机对长江中下游航线、船只和各港口进行狂轰滥炸。1949年10月，停在上海浦东洋泾港的“江新”轮被炸沉；12月7日，“江泰”轮在芜湖港遭到两架飞机袭击，中弹2枚，船舱起火。鸿安商轮公司“明兴”轮在芜湖港遭空袭中弹2枚后起火。“江顺”轮在安庆港被炸，伤亡船员4人。下游各港许多码头工人被炸死、炸伤，码头、栈桥、趸船、办公楼等遭到严重破坏。面对轰炸，长江航运职工立即投入反封锁、反轰炸的斗争，白天空袭，船舶就夜航。各港口采取各种防空紧急措施，镇江港将泊港的船舶或用树枝覆盖船顶，或用土黄色油漆改变船体颜色；有的疏散到隐蔽处停靠，码头装卸基本实行夜间作业。芜湖裕溪口港为配合招商局芜湖分公司抢装运申煤炭，对目标较大的装煤船舶，白天开到隐蔽处防空，夜间再移泊码头装煤。

1950年5月，舟山群岛解放，铲除了国民党军队空军基地，扫清了嵊泗列岛的国民党残余部队，解除了敌机空袭长江的威胁。5月11日，长江干线申汉线各轮船公司恢复白天航行。面对近一年的空袭，航运职工不仅完成了各项运输任务，而且实现客货运量的不断提高，长江航线成为“炸不断”的运输线。

二、支前运输和重点物资运输

（一）为解放战争和抗美援朝提供运输保障

解放战争中，长江航运积极支援前线运输。武汉解放后，数百万解放军云集江南，大批部队和军用物资需经武汉运抵华南、西南等地区。1949年7月11日，华中军区和中原临时人民政府联合颁布《水陆军运及动用公营船只》，统一调度公私营轮驳和征用公私营码头。8月，四野后勤司令部、中原临时人民政府航政局及华中支前司令部运输处组成华中支前运输处；10月25日，中原临时人民政府交通部发表公告，奖励海员踊跃支前、忠于职责，并颁发《海员战时伤亡抚恤办法》。7月1日—10月20日，经汉口港运输的支前人员达 20 余万、军用物资约 15 万吨。7 月 3 日，华中支前司令部九江办事处成立，招商局九江分公司、九江港和民船组成联合运输处，共运输部队及南下干部 62916 人，战俘 25809 人，军用物资 9945 吨。沙市解放第二天，沙市港成立渡江大队和支前大队。7 月 17 日，渡江大队开始运送渡江部队。7—11 月，支前大队完成支前物资 106935 吨。宜昌港解放之日紧急运送 20 余万过宜部队及大量后勤辎重，有力支援了四野第 47 军挺进鄂西、川南，二野第 50 军入川。长江各港在支援华南、西南及西藏和平解放事业中发挥了重要作用。

新中国成立以后，长江航运职工在支援渡海作战中再立战功。1950 年 2 月，苏北地区抽调 40 余名干部组织木帆船 519 艘和 3200 名船工运送弹药、给养，支援解放舟山群岛战役。4 月，93 名武汉海员参加解放万山群岛战斗，有 26 人立功，其中，荣立大功的“16 号艇”驾驶员李德心光荣地出席了全国英模大会。

1950 年朝鲜战争爆发，长江航运迅速将重点转到抗美援朝作战部队和装备物资的运输上，全面保障作战部队运输的需要。在运量大、运距远、环节多、任务急的情况下，上下一心、团结协作，圆满完成运输任务。1950 年 12 月—1951 年 10 月，共运送 4 个野战军又 1 个军部、6 个补训师又 24 个特种团和 1 个后勤分部及野战医院，计 33 万余人及大量装备物资。重庆港、华东内河轮船公司苏州、镇江等分公司，都圆满完成了志愿军伤病员的运送任务。

（二）客货运输

新中国成立后，随着长江干支流航线的全面复航，客货运量逐年上升，在促进城乡物资交流和国民经济恢复中，长江航运发挥了重要作用。1949—1952 年长江干线客货运输量完成统计，详见表 1–1。

表 1–1　　1949—1952 年长江干线客货运输量完成统计

年份	客货运输完成量				增长 %	增长情况（%）			
	客运		货运			客运		货运	
	万人	亿人千米	万吨	亿吨千米		客运量	客运周转量	货运量	货运周转量
1949	155.5	3.50	191.0	11.00	—	100.0	100.00	100.0	100.00
1950	172.7	5.49	231.7	14.69	各年度为 1949 年 %	111.1	156.90	121.3	133.55
1951	351.8	8.26	291.8	17.83		226.2	236.00	152.8	162.09
1952	401.6	8.76	429.7	26.85		258.3	250.3	225.0	244.09

资料来源：交通运输部长江航务管理局档案中心。

三年恢复时期，全国内河货运量公私比重为1 ：1.25；1952年，长江干线货运量公私比重为1.95 ：1，私营轮船业占有较大比重。这一时期，长江干线货运量占全国内河总运量的39.67%，而以长江水系为主的华东、中南地区的货运量，分别占全国内河总运量的20.78%、27.35%。华东、中南、长江货运量、客运量之总和，分别占全国的87.80%和92%。

（三）重点物资运输

1. 煤炭运输

上海市在中华人民共和国成立之初有600万人口，是全国工业和经济中心，每天需要供应煤炭约3万吨。长江下游煤运主要航线是裕（溪口）浦（口）申（上海）。交通部从天津港调给长江20余艘海驳，配以新造的拖轮，投入裕浦申煤运航线。1950年1—3月，招商局南京分公司不畏空袭威胁，完成每月浦申12万吨煤运任务。1949—1952年，浦申煤运量达227万余吨。1949年5—12月，招商局芜湖分公司由裕溪口援运上海的煤炭达18万吨。1949年5月至1952年，运往上海的煤炭共计90万吨。上海市军管会航运处为缓解华东缺煤状况，提出"面向内河"的发展方针。1949年9月，在上海、南京、镇江等地组织木帆船4000余艘，85975吨；到年底，完成煤炭运输30余万吨。1949—1952年，长江干线煤运量达539万吨，平均占年运量的一半以上。有效保证了工业生产的需要，对上海等重要城市经济恢复起到不可忽视的作用。

2. 粮食运输

中华人民共和国成立之初，国家经济困难和城市物资供应不足，一些投机资本家乘国民党飞机对沿海封锁、对长江航运骚扰之时，哄抬粮价牟取暴利。1949年6月，上海粮价指数为100，到1950年2月已达到2091.90，上涨近20倍。

1950年，中央人民政府决定从四川调运大批粮食到华东。川粮东运是配合稳定物价的突击性运输，是一项重要的政治任务。3月17日，华东粮食调运指挥部与招商局轮船总公司订立川粮运输合同，成立川粮运输工作小组。为加速出川船舶周转，川粮在宜昌接转，分渝宜、宜汉、汉申三段运输。每日以电报、电话联系掌握渝万宜等地运出川粮的数量、承装船只及至汉日期。除因米质霉热须起卸转栈整理外，到汉川粮均即日转出或原船直放，确保川粮及时抵达目的地。4月7日—7月23日，总计完成川粮及湘鄂米谷杂粮运输131194吨。1949—1952年，长江航运完成的川、湘、鄂、皖、苏等地粮食运量近200万吨。

3. 成渝铁路建设器材运输

1950年6月，成渝铁路动工建设。长江航运承担钢坯、机车和其他建筑器材的运输任务。器材和物资由武汉中转，分汉宜、宜万、万渝三段运输。为保证钢坯运输，铁道部门与长航局在汉口成立联合接运站，开辟汉口港第三作业区为水陆联运对接点，增设码头、趸船。成渝铁路工程局对重庆港九龙坡码头进行初步扩建和设备配套。1950 年 7 月 22 日，首艘满载钢坯的船舶由汉口开往重庆，至 1952 年 6 月，共运送钢坯 22.5 万吨、桥梁器材 8.6 万吨、蒸汽机车 44 台和客车厢 55 列、货车厢 278 列。因港口设备简陋，每根钢坯重达 1.5 吨，汉口港第三作业区和重庆九龙坡码头只有少量起重设备，宜昌港、万县港全凭肩扛手抬。汉口港调配 2000 余名码头工人，定点中转装卸成渝铁路器材；宜昌港码头工人基本做到同一型号装同一条船；重庆港码头工人昼夜连续苦战，及时卸船。

为保证两年完成筑路工程，西南财委会要求在原定合约 1—4 月运输钢坯 13300 吨外，再增加 3500 吨。1952 年 1—4 月，川江出现十年一遇的枯水期。为不延误筑路工程，长航局组织所有能行驶川江的船舶装运钢坯，加快船舶周转。“江岳”“华同”等轮将由宜昌至渝缩短 1 天航程，终于在 4 月 18 日提前 12 天完成 20711.7 吨任务，超原计划 23.28%，保证了成渝铁路于 1952 年 7 月 1 日全线通车。6 月 26 日，西南军政委员会主席刘伯承对长航局重庆分局签发嘉奖令。

4. 荆江分洪工程物资运输

1952 年 3 月 31 日，中央政府公布《关于荆江分洪工程的决定》。这是继治淮工程后的第二大水利工程。荆江分洪委员会与荆江分洪工程总指挥部同时成立，李先念为主任委员，交通军政委员会交通部副部长、长航局局长刘惠农为委员。荆江前线成立运输部统一组织运输工作，并在藕池、太平口两地分别成立南北闸运输处，在宜昌、汉口成立运输指挥部。运输部组织湖北民船 2000 余艘，51000 余吨，湖南民船 945 艘、四川民船 127 艘；长航局组织拖轮 66 艘、铁驳 40 艘，投入紧张的运输任务，于 4 月动工，用时 17 天完成 292165 吨黄沙、块石的运输任务，另运送工人、民工和部队给养、工棚材料，以及工程器材、材料 137 余万吨。于 5 月 25 日提前计划 1 个月胜利完成任务，受到荆江分洪总指挥部通令表扬，被称赞为“中国航运事业上的创举”。

三、推进新型运输方式

长江轮船一直沿用欧美的拖带运输方式：一种是将驳船绑在拖轮两侧，一种是将驳船并排吊在拖船之后。这两种船队阻力大、航速慢。1951 年 5 月，苏联内河航运专家罗曼诺夫来长航局介绍苏联内河运输的先进经验——“一列式拖驳运输法”。编队形式共有 5 种：上水队形有单排一列式、筒状一列式、天平一列式三种，下水队形有双排一列式、多排一列式两种。1951 年 8 月，苏联的“一列式拖驳运输法”开始

在长江下游推行，并相继创长江干线拖载量新纪录。1952年2月以后，成功推广至长江中游，创造多项纪录。10月11日，在长江上游试航成功。这种拖带运输方式对提高运量起到一定作用。

四、调整和统一运价

中华人民共和国成立之初，长江干支流航线的运价仍沿袭中华人民共和国成立前轮船同业公会繁乱复杂的运价。长江航运由华东、中南、西南军区接管后，申汉段运价由华东财委核定，汉宜、汉渝运价由中南军政委员会交通部核定。为利于国计民生和航运业的恢复，各地对运价做过多次变动，有增有减，基本上随物价升降而上下波动。

1949年11月19日—12月27日，首届全国航务公路会议决定执行"低利多运"的低运价政策。1950年1月28日，《关于1950年航务公路工作决定》指出："现行航运运价太高，应由国有轮船公司研究减低的具体办法提出解决方案，报经各大行政区交通部审查批准施行，但海运与长江运价须报交通部决定之。"1950年5月，首届长江航务会议决定由长江区航务局统一掌握长江干线运价。三年中，长江区航务局连续三次统一调低运价。

1950年第一次调低运价。6月，进行重点调查研究，以国有12艘轮船航行成本计算，一般运价高于成本40%；同时研究了铁路运价和长江的货运情况。7月15日，长江干线轮船运价和货物分等经交通部核准执行。大米、烟叶、黄豆、茶叶、猪鬃、桐油、布匹、煤、食盐、食油10种货物中，除大米、黄豆运价略高外，总体平均低于1937年（抗战前）约37%，比1948年低61%，比申汉火车运价平均低43.10%，客运票价比火车最低票价低50%。为扩大西南出口，11月15日对川江33种土特产给予特价优待，平均降低运价38%。

1951年第二次调低运价。3月15日，长江干线运价部分调整，货物分等170余种。8月1日，长江干线货物运价再次调整降低。汉申线、汉宜线、汉渝线运价基数降低15%，宜渝线逆水运价较原来降低20%，顺水运价降低15%。

1952年第三次调低运价。为支持全国大规模经济建设，鼓励土特产外销，长江干线轮船客货运价普遍降低。同时改革过去不规范的递进递加的计算法，宜汉、宜渝段的运价改为以每吨千米为计算单位；汉申线改为递远递减，不分顺逆水降低运价20.4%。另有87种货物降低运价。同时调整轮帆船客货运价，中南区一般降低运价10%，江西省降低木帆船运价18%，湖南省降低湘汉线运价10%。

第四节　民生公司实行公私合营

一、公私合营的历史背景

1925年，卢作孚在重庆创建民生公司。1932—1936年，民生公司因与外国航业竞争，兼之在长江举办申渝直航业务，财务周转发生困难，于是扩大募股，中国银行、交通银行、金城银行及宋子文等财阀先后入股，并担任董事和常务董事。抗日战争胜利后，民生公司不仅动用战时积存和外汇，还向银行大量贷款。其中最大一笔是1946年10月30日，民生公司向加拿大帝国银行、多伦多银行等贷款1275万加元，年息3厘，分10年还本，由国民政府担保。后因内战营运不佳，企业财务十分困难。1949年底，民生公司共80万股，其中国民政府中国银行、交通银行两行和四川省银行持151162股，占18.90%。1950年后，民生公司陷入既无钱支付国内外贷款本息，又无力经营的困境。走投无路之际，民生公司驻京代表何迺仁于1950年4月专程到香港，向卢作孚先生传达周恩来总理等中央领导意见，请其和民生公司滞港船只回国。在外汇奇缺的情况下，中央政府同意设法为民生公司偿付到期债务，并在中加建交后继续为民生公司担保。卢作孚感到绝处逢生，坚定了率船归国的信心。随后，卢作孚通过何迺仁向周恩来总理汇报，首次提出公私合营。

1950年6月10日，卢作孚离开香港经广州到北京。作为特邀代表，参加6月15日在北京中南海怀仁堂召开的中国人民政治协商会议第一届全国委员会第二次会议，两次受到毛泽东主席接见和便宴招待，还与周恩来总理、陈云副总理多次交谈。7月8日，中央人民政府交通部在北京召开会议，双方代表商定公私合营问题，会议通过《民生公司公私合营过渡办法草案》。8月10日，由中央人民政府交通部部长章伯钧与民生公司总经理卢作孚，在北京正式签订《民生实业公司公私合营协议书》。

二、公私合营的过渡阶段

1950年9月18日，中央人民政府交通部委派航务总局副局长于眉为首席代表，交通银行副总经理张平之及长江区航务局重庆分局局长何郝炬为副首席代表等6名公股代表，前往民生公司参加第二十四届第三次董事会。会议一致通过《民生实业公司公私合营协议书》，将公股代表何郝炬、张平之2人补充为常务董事。民生公司进入公私合营的过渡阶段，恢复运输生产，实行民主改革和机构改革，对股权、资产和债权、债务进行清理。民生公司在政府和国有航运业的帮助下，运输生产得到了发展。与1949年相比，1950年客运量和客运周转量分别提高100%、275%，货运量和货运

周转量分别提高84%、68%；1951年客运量虽比1950年低0.60%，但货运周转量提高了14.80%；1952年1—8月，客轮运量也有提高。民生公司在扩大西南出口、川粮东运和支援成渝铁路等重点物资运输上，发挥了积极作用。

1950年9月，民生公司实行初步机构改革和民主改革。1951年12月，成立以卢作孚为主任委员的民主改革研究委员会。有公股代表、上级部门代表和公司干部参加，公司改组为总管理处，下属7个分公司和9个办事处，并对69名顾问适当精简。职工生产积极性得以提高，航行周期得到缩短，船舶拖载量加以扩大。特别在“三反”运动中，通过开展揭露内部贪污及严重浪费现象的举措，为改善经营管理、堵塞企业漏洞打下了基础。

三、公私合营的正式实行

民生公司公私合营过渡阶段，虽然在恢复生产和企业改革等方面取得一定进展，但由于经营不善，未能扭亏。1950年1月—1952年6月，公司亏损达540多亿元（第一套人民币），国内债务高达800亿元（第一套人民币）。1951年冬，民生公司请求中央人民政府交通部投资1000亿元（第一套人民币）以偿还债务。1952年2月8日，民生公司总经理卢作孚逝世。总经理一职由董事会按照公司章程规定聘请刘惠农担任。8月25日，民生公司举行第二十四届第十七次董监联席会议。会议追认中央人民政府交通部投资1000亿元（第一套人民币），核定资本额及公积金；将公司投资及附属事业转让于各地政府，以其处理价款作为清偿公司债务之用，改总管理处为总公司，并由重庆迁移至汉口；改组董监理事会，由交通部加派公股代表10人，常务董事会由公股代表5人，私股代表4人组成，设董事长1人，副董事长4人。会议选举李一清（中南财委副主任）、刘惠农、张平之（交通银行总经理）、张文琦（长江区航务局副局长）、欧阳平（中央交通部参事）、周孝怀（原公司董事）、郑东琴（原公司董事长）、吴晋航（原公司董事、和成银行总经理）、康心如（原公司董事）为常务董事，周孝怀任董事长，李一清、张文琦、郑东琴、吴晋航为副董事长，当即得到中央人民政府交通部批准。

1952年9月10日，民生实业公司正式更名为“公私合营民生轮船公司”。9月5日，在重庆市搬运工人大厦举行庆祝公私合营大会。会后，民生公司总部迁往汉口。之后，民生公司的资本结构发生重大变化，公股比重过半。

四、公私合营初见成效

民生公司实行公私合营后改革了领导制度，重视董监会的权益，以政府干部为骨干，建立了企业党组织。民生公司董监事原为37人，公私合营后董监会依照公私股的比例，公股应为24人，私股为13人。为照顾私股各方，经上级批准公股减为23人，私股增为14人；在许多重大问题的决策上，采取“事前协商，会议议决”的民主方式。自从1952年9月1日实行公私合营至同年年底，民生公司不仅完成运输生产任务，而且一举扭亏为盈。短短4个月，盈余120亿元（第一套人民币）。这一重大转折，鼓舞了公司全体员工，民生公司开始走上健康发展的道路。

第五节　长江航道机构组建与初期工作

一、长江航道管理机构的正式组建

中华人民共和国成立之前，长江航道管理机构依附于被帝国主义所控制的海关，上、中、下游3个巡江事务处各自独立。

1950年3月8日，中央人民政府政务院财经委通知：“全国各地海关应立即和海关总署建立上下级联系，受总署直接领导。”据此，金陵关巡江事务处于6月更名为南京江务处，上游巡江事务处也改为重庆巡江处，由海关总署海务处领导。由于分属各大军区，江务管理仍不能统一，南京、汉口、重庆三处江务部门缺乏协调。11月，海关总署海务处划归交通部领导；长航局成立江务处，后更名为汉口关江务科。12月，南京江务处改组为长航局南京分局江务科，重庆巡江处改组为长航局重庆分局江务科，接受分局和长航局江务处的双重领导。至此，长江干线航道管理结束了约半个世纪由海关管辖的历史。江务部门虽脱离海关，但航道管理仍沿袭旧制，以管理航标为主。1951年12月，长航局江务处定名为航道标志管理处。原属重庆港的川江绞滩总站划归航道标志管理处领导，下辖18个绞滩站。川江绞滩总站成立于1937年，设于万县。除青滩、泄滩两绞滩站有机动绞机外，其他162个站均用人力拉船过滩。航道标志管理处管辖绞滩总站后，绞滩设施逐步得到改善。1952年，航道标志管理处改为航道工程处（区），管辖宜宾至江阴干线航道。航道工程处（区）从单一的航标管理，扩大为航标、疏浚、水工3个方面。沿江各省市也相继成立航道工程部门。

1952年12月，航道部门固定资产原值达385.4亿元（第一套人民币）；职工队伍由1949年的710人增加到1252人；机动与非机动工作船由1949年的42艘增加到147艘，成为维护和建设长江干支流航道的主力军。

二、川江治理与干线航道勘察

中华人民共和国成立之初，四川和西南地区的对外交通主要依靠川江航道。但是川江处于自然状态，通过能力低，航行风险大。1951 年枯水季节，万县至重庆航段的灶门子枯水滩水位降至 0.4 米，影响船舶正常航行。1951 年，中央人民政府交通部聘请苏联专家会同交通部和长航局的专家，对川江进行全面考察。同年 6 月 21 日—7 月 2 日，长航局在汉口召开川江航道建设研究会，历时 12 天。各方专家和富有航行经验的引航员及船长，对建设川江航道和改善航行条件进行充分讨论，并就改善川江航标、改进绞滩设备、重点炸除滩险，以及组建航道工程队及测量队等方面作出决议。这次会议，推动了航道勘察和川江航道图测量工作，对加强航道建设产生了重要影响。

1951 年下半年，长航局组成长江航道探测工程小组，对上、中、下游的航道进行有重点的探测和勘察，对许多浅险航道采取临时性措施以保证航道的畅通。枯水期长江上游一些航段水位很低，重载船舶难以通过。为此，加派测量艇至灶门子等水位极低的航段每日探测水位，保证运输配载任务顺利完成。长江中游航道除定期探测外，在罗湖洲、戴家洲等浅险易变处派驻测量艇每日探测，设竹引浮引航，水位涨至一定程度时撤离。对变迁性大的水道采取全年驻守，在洪水季进行经常性的探测，变迁最剧烈的为汉浔航段的戴家洲直港与岳宜航段的 30 号水道。1951 年枯水季，戴家洲水深降至 2.3 米，汉申客班轮仅能到达九江，因此只得设法开辟圆港通航。1952 年 1 月，该水道水深降至 1.8 米，洪水期最深亦只有 7 米。因泥沙逐年淤积，河床逐年增高，疏浚中游航道迫在眉睫。1951 年，长江下游航道勘测了贵池、曹姑洲捷水道及裕溪口港 3 处；1952 年又勘测了铜陵沙南、江心洲、落成洲、龙潭等多处水道。这些工作，为以后的航道治理打下一定基础。

1951 年 12 月，长航局航道管理处受命测量川江宜昌至重庆航道。共组成 6 个测量队，于 1952 年 1 月 25 日正式对宜昌至重庆的川江航道地形、水深及滩险，进行第一次全面测量，测量面积达 430 余平方千米。按照国家标准，全部外测制图及有关资料的搜集等项工作，于 1953 年 6 月完成。经海军海道测量部审查，1954 年 12 月，中国人民解放军海军司令部海道测量部以图 7007 号正式出版《中华人民共和国海军水道图——长江上游宜昌至重庆》。这是川江有史以来中国自行测量出版的第一部水道图。这套水道图对川江引航和川江航道整治起了重要作用。

三、恢复和发展助航标志及设施

新中国成立前夕，长江干线及一部分支流共设标志1194座，其中干线1078座；汉口以下大部分为灯标，故可夜航。这些灯标大多为油灯，电、气（乙炔气）灯标仅占发光标志总数的15%。汉口至城陵矶段约有半数为灯标，亦可夜航；但在231千米的航道上，平均15.4千米才有一座灯标，而煤炭洲至嘉鱼三矶头的85千米的航道上却没有一座灯标，实际上不能保证全程夜航。城陵矶至宜昌段只设昼标，仅1936—1937年实行过分段发光，部分航段可以夜航。宜昌以上航段仅在枯水季节设标，中水位及洪水季该航段可以夜航。宜昌以下航段仅在枯水季节设标，中水位及洪水季仅设航行信号杆，标志过少而不能夜航；支流航道仅有金沙江、岷江、嘉陵江、湘江、资江、沅江等设有部分航标，只起信号和助航作用，不能导航。因此长江仍采取分段引水制度，尤其是川江没有引航不能航行。

1949年6月29日，长江下游在渡江战役后恢复使用航标。沿江各地继续支援解放战争和保证军用物资的运输，政务院在关于1950年航务、公路工作的决定中提出，先恢复长江航线的助航设备及灯标。至1950年12月，南通至九江的航道恢复和增添各类助航标志，同时恢复长江口南水道的航标。同年6月25日起，安庆至宜昌的航标逐步恢复。长江上游由于解放较迟，1950年下半年才开始清理川江航道标志和信号台，按原设标位置恢复了各类助航标志和信号台。1951年，长江航道的航标逐步发展。中游城陵矶至宜昌457千米的航道，将原有111座标桩的其中41座改为灯标，汉口至宜昌开通夜航。长江下游干线开辟了一些捷径与缓流航道，计有仪征捷水道、太平洲捷水道、曹姑洲捷水道和天兴洲南水道，除太平洲捷水道不能夜航，其余均能夜航。新开辟支流航道，设置昼航标志110座。

1952年，继续加强夜航设备和增设缓流航标。川江奉节至汪家沱41千米的航道上，增加中水位夜航灯标43座。长江中游21座标桩改为灯桩，桩数达到62座。长江下游对落成洲、铜陵沙南、江心洲及龙潭等缓流航道勘测后，设置了缓流昼航浮标，供各小轮驳逆水航行。

长江最大支流汉江，沙洋以下297千米在中华人民共和国成立前虽已通航，却无航标；只在险恶的暗礁、孤石上插竿悬旗，或凿石刻字告谕船只航行避让。湖北省航运管理局于1952年配备专人在沙洋至分水嘴的187千米航道设置简易航标，结束了汉江航道无航标的历史。

三年恢复时期，长江干支流航道全面恢复并发展了助航设施，提高了标志间的密度。1950—1952年长江航道航标设施统计，详见表1-2。

表 1-2　　1950—1952年长江航道航标设施统计

项目	数量				变化情况		
	1948年	1950年	1951年	1952年	1950年比1948年	1951年比1950年	1952年比1951年
灯桩（个）	113	137	291	331	+24	+154	+40
标桩（个）	56	740	880	849	+684	+140	−31
灯浮（个）	38	44	50	51	+6	+6	+1
浮标（个）	6	25	43	96	+19	+18	+53
灯船（艘）	16	16	17	23	0	+1	+6
信号台（座）	43	61	60	72	+18	−1	+12
标志船（艘）	51	51	54	54	0	+3	0
标志旗（个）	90	142	154	175	+52	+12	+21
水位标尺（个）	56	108	108	122	+52	0	+14
合计	469	1324	1657	1773	+855	+333	+116

注：原表无1948年栏和1949年栏，系依据长航航道处1953年永久第9卷《长江航道汇编》中数字编制，合计栏由编者列入。

资料来源：交通运输部长江航务管理局档案中心。

第六节　长江港口的整治与统一管理

一、修复港口设施

中华人民共和国成立前，长江各港口经战乱的洗劫千疮百孔。如招商局的码头、仓库、趸船资产额仅为船舶资产额的1/5；民生公司的码头、仓库、趸船资产额仅为船舶资产额的1/10。国民党军队在溃逃时对长江各主要港口设施大肆破坏，被炸沉的各港口趸船达2万余吨。1949年9月2日，重庆港"九·二"大火灾事件惨绝人寰，朝天门一带码头、趸船、仓库全部烧毁。武汉港27座码头、趸船，16艘跳船遭到破坏和炸沉，港口濒临瘫痪，下游各港口也遭严重破坏。

中央人民政府政务院《关于1950年航务、公路工作决定》中提出，"各港口之现有码头仓库，应加强管理，亦以保养修整为主。"南京、芜湖港随即修复和整治码头。在国民党军队飞机空袭下，招商局南京分公司迅速修复下关招商局3号、4号码头；有关部门紧急抢修津浦2号、5号、7号水陆联运码头。招商局芜湖分公司修复被炸损的1—4号仓库和1号、6号码头栈桥，加固了菁安趸船，整修了裕溪口1—3号码头，使宁、芜两港恢复了通航能力。根据中南军政委员会的指示，武汉港迅速修复码头。各公私营轮船业、码头工人抢修，打捞和修复趸船，恢复使用码头41处，占中华人民共和国成立前67处码头的61%。1950年，长航局对汉口港码头进行修整和充实，调配5艘千吨级趸船和30艘跳船，汉口港17座码头实现钢质化。湖北省轮船公司用钢质趸船更换木质趸船。1950年，重庆港对码头54艘趸船进行检查和修整。沿江各省支流港埠码头也都进行抢修，陆续恢复了港口通航能力。

二、整治南京浦口港

中华人民共和国成立之初，南京港浦口的10个码头有6个被冲塌，津浦铁路的车站、发电厂和过江的轮渡栈桥也遭到江水威胁，沿江的一条大街几乎塌入江中。新中国成立后，南京港被国家列为重点整治港。浦口码头是南北铁路交通与长江航运的重要枢纽，津浦铁路与沪宁铁路在此接轨，长江上下行船舶在此中转物资。

1950年1月，交通部、水利部、铁道部联合成立浦口码头抢修委员会，交通部副部长季方为主任委员，南京市副市长柯庆施和华东水利部副部长刘宠光为副主任委员。苏联水利专家多人实地勘察，决定采取“疏浚整流为主、重点护岸为辅”的抢修方案。同年2月28日，抢修工程开工。疏浚工程以上海浚浦局为主，组织上海、南京、新港等地44艘大小船舶，共1123名船员，以“建设”“海虎”“海龙”“海象”“海鲲”“海鳄”“海鲸”7艘挖泥船，15艘船舶和拖轮及运泥驳为骨干，在江心洲挖泥，并用挖出的泥沙填补浦口岸角护岸，将偏北的长江主流逐渐移至江心，使浦口与下关（北南两岸）避免江流冲击。南京港动员近万名劳动力，抽调大批船舶、工具，组织船舶运输工程材料。经过6个月的紧张施工，共挖泥600万立方米，白沙洲被挖去5/6；浦口码头护岸工程共计沉笼约5000个，用去柳条3490余吨，抛石达86000立方米。8月31日完成抢修浦口码头坍岸第一期工程，江心航道加宽至200米，加深至15米，排除了险情，保证了浦口码头、两岸建筑、轮渡及南北铁路交通的安全。

为进一步消除浦口码头隐患，交通部成立南京港整治工程局，于1951年3月21日进行第二期整治工程。共挖泥470万立方米，砌石护岸1200立方米。5月28日胜利完工，比原计划提前1个月，受到政务院的通报表扬。

三、建设新港站

（一）改造和增设码头

重庆港和万县港是长江上游的主要港埠。1950年4月21日，为支持成渝铁路建设，确定由成渝铁路工程局改建九龙坡码头。7月7日，九龙坡码头起重设备工程开工，全体员工日夜奋战，于15日完工，20日一次试车成功。改建后的九龙坡码头每日可通过钢坯1000吨，并转运钢轨和10辆机车，一举奠定了西南铁路材料运输的基础，成为重庆港起重量最大的码头。

万县港是川东货物集散地，以出口桐油为大宗。港口装卸设施简陋，除少量抽油泵外，货物全靠人力装卸。中华人民共和国成立后，西南出口物资增加，万县港的码头、库场不足成为瓶颈。因财力物力短缺，长江各航运单位采取内部调配的方式改善港口码头设施。1951年5月，长航局和民生公司先后在米家碛和杨家街口码头配置可靠泊千吨级客货轮的铁质趸船，扩大万县港客货轮运输的通过能力，结束了乘船旅客用木划船接送的历史。

汉口港是长江中游最大的港口，为中转成渝铁路钢坯，长航局在江岸地区新开辟5座码头，增设7艘趸船，初步形成江岸作业区的雏形，扩大了港口水陆联运和装卸重件的通过能力。

（二）开辟小港站

实行土地改革后，长江腹地生产力大为提高，城乡物资交流日益增多，长江航运出现小港货源旺盛的景象。例如，安庆港货运量1951年较1950年分别增加40%~50%；沙市港因粮食增产出口货运量大增。为此，长航局开辟小港、扩大货源。汉申线班轮增靠黄石、武穴、大通3港，并先后在大通、武穴、黄石、巴东、裕溪口、东流、华阳及彭泽等地建立了营业站。

1950年，铜官山被国家确定为铜矿建设基地。同年7月，原招商局代理站在原矿业所码头的基础上开辟扫把沟港口，筑水泥堤岸25米，兴建简易客货码头。1951年，长航局芜湖办事处在大通和悦洲西端兴建大通干线客货码头，于同年9月施工，10月29日完工，“江顺”轮试靠成功；10月30日，“江泰”轮正式停靠。扫把沟港口的开辟和悦洲干线码头的建设，促进了大通工农商业的恢复和发展，为铜陵港的建设和发展奠定了基础。

四、成立搬运公司与统一力资

（一）成立搬运公司

新中国成立之初，各码头装卸业务仍受封建把头控制。包工头、把头、帮头和脚行头等对搬运工人百般压榨，成为货物流通障碍。为此，各地进行初步整顿，镇压大恶霸，建立各地搬运工会及码头管理委员会。1950年3月24日，政务院通过《关于废除各地搬运事业中封建把持之制度暂行处理办法》；3月31日，通过中国搬运工会第一届代表大会《关于设立搬运公司、废除各地搬运业中封建把持制度之建议的决定》的报告。

重庆是码头搬运工人最多的城市，共计4万余人。1950年4月底，重庆成立搬运公司筹备处，下设扬子江、嘉陵江和街道3个办事处及27个搬运站。7月成立码头装卸总站筹备处。9月，重庆市公安局对千余大小把头逐一进行登记审查，依法逮捕100余人。1952年1月，原搬运公司筹备处撤销，成立重庆市运输公司及装卸总站，统一调整各码头业务。1950年2月，万县成立万县市政府码头整治委员会，登记清理码头从业人员，整编各帮会。7月，万州区搬运公司成立。武汉港是长江沿岸码头工人较多的港口，中华人民共和国成立初期正式登记的码头工人20448人，未登记的1万余人。武汉市政府成立了码头工作委员会，废除封建把持制度，成立搬运站，进行会员审查登记。1951年3月25日颁布《武汉市搬运公司搬运暂行规定》，同月28日成立武汉市搬运公司。南京市军管会和南京市政府1950年7月11日成立码头整理委员会，处理大小封建把头816名。1951年5月5日，成立南京市搬运公司筹备处。同年10月，成立南京市搬运公司。

1951年6月以后，宜昌、沙市、芜湖、安庆、镇江等城市相继成立搬运公司。废除封建把持制度建立搬运公司，解放工人，这是搬运及港口装卸业的一次重大变革。

（二）统一力资

搬运力资复杂，涉及面较宽，一步到位地统一和降低力资标准极为困难。为解决这一问题，各地军管部门和政府都采取措施逐步降低力资。

中华人民共和国成立之前，封建把头垄断搬运业务，直接与客商联系，掌握着搬运力资的分配权，搬运工人不敢问价多少，往往是“汗干钱完”。汉口市区内搬运5千米的力资，往往相当于或高出沪汉间约1100千米的运费。1950年初，由重庆经万县转宜昌的山杂货，全程运费每吨为525000元（第一套人民币），而每吨的转口费竟高达612935元（第一套人民币），为运费的116.75%。各地的力资计算价格也极不统一。

力资过高直接影响到社会经济的发展，许多货物绕道而行，阻碍城乡物资交流，影响工农关系。汉口下太古码头工人曾以亲身经历说明：“下太古过去运竹子每根300元（第一套人民币），后增至为每根360元（第一套人民币），结果竹子都不到下太古来；一个月之后，少运竹子12000多根，码头收入减少近400万元（第一套人民币）。”1949年11月，武汉力资研究会成立，公布长江沿线主要货物新的力资标准，比过去降低1/10。1951年3月，武汉市政府颁布《货物分等与力资计算方法》，扭转了力资分散混乱的现象。各地成立搬运公司后，经过充分调查和反复讨论，都颁布了统一的力资标准。

1950年9月1日，长江区航务局公布统一的“栈租”和“靠船费”标准，废除由码头工人支付“栈租”“回扣”“靠船费”等剥削制度。各地在调整力资和取消剥削制度的同时，着重解决工人分配的平均主义现象。搬运公司的力资收入，除提取一小部分经费和公积金外，大部分按等级分配给工人。安庆港以装卸力资的8%作为事业费，其余直接分配给工人；1952年每人每月平均工资为47.5万元（第一套人民币），其中最高97.5万元（第一套人民币），最低27万元（第一套人民币）。重庆地区码头装卸工人按工人体力、技术、态度评出6个等级，每等差距5%。各地对码头工人在雨雪泥泞、夜班、抢险及法定节日的劳动力资有特殊规定，较好保护了工人利益。

通过建立搬运公司，废除封建把持制度，长江沿岸各地码头工人政治上、经济上翻了身，焕发了工作热情，促进了港口生产。

五、建立统一的港口管理机构

（一）干线港口成立港务局

1950年7月26日，政务院财政经济委员会颁发《关于统一航务港务管理的指示》。由于国有轮船招商局和长江区航务局机构迭经变动，直至1952年7月，长航局才决定长江干线各港正式成立港务局，建立作业区，并明确规定港务局负责组织与计划货源，保证船舶装卸作业。

1950年3月1日，南京市航政局与招商局南京分公司合并，成立南京航务局，划归长江区航务局管辖，下设镇江、芜湖、安庆3个办事处。同年10月，改称长航局南京分局。次年9月，人民轮船公司南京分公司撤销，与南京分局合并。1952年7月，成立长航局南京港务局，设下关作业区、客运站和浦口营业站。1951年3月，人民轮船公司芜湖分公司与芜湖办事处合并，改称长航局芜湖办事处。同年9月，人民轮船公司撤销，1952年8月2日，成立长航局芜湖港务局，设一个作业区和供应站、客运站、裕溪口管理站等。镇江港设有长江区航务局南京分局镇江办事处，1951年9月19日建立长航局镇江办事处；1952年9月8日，成立长航局镇江港务局。汉口港于1935年成立汉口市码头业务管理所，1949年9月22日成立码头管理处，并在武昌、汉阳分设4个管理所，后扩建为武汉市码头管理所。经中南军政委员会审批同意，于1952年9月22日成立长航局汉口港务局，下设3个作业区。1950年4月1日，成立长江区航务局宜昌办事处；次年5月，宜昌办事处与人民轮船公司宜昌分公司合并，建立长航局宜昌分局；1952年9月1日，改称长航局宜昌港务局。重庆解放初期，西南军政委员会组建长航局重庆分局。1950年3月20日，设立重庆港务站。同年11

月6日，改受长航局垂直领导，并受西南交通部、重庆市政府的领导，形成条块结合的管理体制。1952年6月1日，长航局重庆分局与人民轮船公司重庆分公司合并，成为长航局重庆分局，重庆港务站成为分局港务科。同年10月1日，改为长航局重庆港务局。

1952年下半年，长江干线各主要港口先后成立政企合一的港务局，以干线为主、条块结合的港务管理体制基本形成。沿江各省也相应建立港务管理机构。

（二）征用外商码头

新中国成立初期，长江各主要港口有外商码头24座，仓库76座，容量27815吨。码头数占总数的10%左右，而仓库的座数虽仅占24.75%，容量却占总数的40.42%。主要是太古、怡和、和记等洋行，以及美孚、亚细亚、德士古等火油公司经营。1950年12月16日，美国悍然宣布管制中国在美国的公私财产，禁止一切美国货物和船员进入中国。中国政府奋起还击，于1950年12月28日命令管制、清查美国政府企业在我国境内的一切财产，冻结其所有存款。由于英国政府追随美国参与侵朝战争，政务院于1951年4月30日发布命令，征用英国亚细亚火油公司财产。经中央人民政府交通部批准，长航局于1951年1月发布《关于外商码头、仓库管理办法（草案）》，规定外商租用码头到期者应予收回，未到期者一律征用；外商经营的仓库行政上由航务机关统一管理与调度。根据中央的命令和长航局的规定，各地军管会或人民政府分别发布命令，长江各主要港口内的外商码头、仓库，由各港务机关进行征用和统一管理。1950—1952年长江干线各港口码头统计，详见表1–3。

表1–3　　1950—1952年长江干线各港口码头统计　　（单位：座）

港名	1950年			1951年			1952年		
	合计	局有	构成比(%)	合计	局有	构成比(%)	合计	局有	构成比(%)
重庆港	28	2	7.14	28	4	14.28	28	7	25.00
万县港	5	1	20.00	5	1	20.00	5	1	20.00
宜昌港	14	4	28.57	14	6	42.86	11	3	27.27
沙市港	5	2	40.00	5	2	40.00	5	2	40.00
汉口港	64	20	31.25	64	20	31.25	63	24	38.10
黄石港	14	0		15	1	6.67	15	14	93.33
九江港	9	8	88.89	9	7	77.78	8	7	87.50
安庆港	7	4	57.14	11	8	72.73	14	11	78.57

续表

港名	1950 年			1951 年			1952 年		
	合计	局有	构成比（%）	合计	局有	构成比（%）	合计	局有	构成比（%）
芜湖港	13	7	53.85	20	14	70.00	18	12	66.67
南京港	31	6	19.35	31	8	25.81	31	11	35.48
镇江港	10	4	40.00	8	4	50.00	8	4	50.00
长沙港		1			1			1	

说明：在长江各港口码头统计数字中，重庆港的数字仅限于长航局及民生、合众等轮船公司之码头；宜昌、沙市两港数字根据 1951 年、1952 年的调查整理材料；汉口港对有码头名称无趸跳船的未列入；黄石港根据 1952 年接管华钢、华新两公司数字；九江、安庆、芜湖、南京 4 港数字包括附属小港；镇江港按照 1951 年调查数字。

资料来源：交通运输部长江航务管理局档案中心。

第七节 长江水运工业起步

一、建立国有修船基地

中华人民共和国成立前，长江的修造船工业十分落后。据 1947 年全国船厂调查，南京、芜湖、重庆、宜昌、镇江、汉口等地共有 43 家船舶修造机械厂。其中规模达 500 人以上的厂，仅有私营民生机器厂、原国民党军队联勤总部船舶修造总厂、湖北省机械厂 3 家；百人以上的厂，也仅有 4 家，其余均为数十人乃至数人的小厂；其中属于航运机构的仅有民生厂和民生宜昌厂、三北机器厂等寥寥数家。新中国成立后，长江航运亟待恢复和发展，大量老旧船舶急需修理，建立和发展长江修船基地十分迫切。

（一）建立第一船舶修理厂

1949 年 5 月 16 日武汉解放后，招商局汉口分公司组织 6 名船员以 180 万元（第一套人民币）购买工具组建修船小组。在汉口二码头搭盖一个上铺瓦口铁、四周芦席加围的简易工棚，以“一盘红炉”起家。1950 年 7 月，招商局成立汉口分公司修理厂，当年完成产值 90300 万元（第一套人民币）。1951 年 10 月 5 日，长航局成立工厂筹备处，以 15 亿元（第一套人民币）购买三北轮埠公司船舶修理厂。同年 10 月，经交通部批准，招商局汉口修理厂和三北机器厂合并，成立长航局第一船舶修理厂，并调入 800 吨浮船坞 1 艘。全厂职工 184 人，机械设备 23 台，完成产值 693000 万元（第一套人民币）。1951—1952 年，相继购买 6 家私营小厂，至年末，全厂有职工 445 人，机器动力设备 57 台，固定资产 1010000 万元（第一套人民币），完成产值 1102000 万元（第一套人民币），修船 28 艘。

（二）建立第二船舶修理厂

1952 年，长航局在上海原私营老公茂船厂的基础上，成立长航局第二船舶修理厂。至 1952 年末，有职工 294 人，金属切削机床 41 台及干船坞 1 座，固定资产达 181000 万元（第一套人民币），完成产值 959200 万元（第一套人民币），修船 38 艘。

（三）建立第三船舶修理厂

1951 年 5 月 21 日，长航局南京分局从上海船舶修造厂购买“和字 110” 号木质工作船 1 艘，配有旧机床 4 台，在南京港 2 号码头边搭起 2 间工棚，开始对过往船舶进行小修小补。9 月，购买濒临倒闭的私营三兴轮船局机器厂。1952 年 1 月，“和字 110” 号工作船移泊三汊河，船上机具设备及人员迁入厂内。同年又购买南京私营华昌铁工厂、镇江船厂、浦口轮渡修理所等，扩大了修船能力。1952 年 9 月，三汊河修船厂归属长航局管辖，更名为长航局第三船舶修理厂。至 1952 年末，全厂有职工 161 人，金属切削机床 6 台、锻压设备 1 台，固定资产达 110000 万元（第一套人民币），全年完成产值 386200 万元（第一套人民币），修船 24 艘。

二、恢复和发展民生机器厂

创办于 1928 年的私营民生实业股份有限公司所属的民生机器厂，中华人民共和国成立前是长江最大的修造船厂。1949 年重庆解放，民生机器厂共有员工 640 人，各种机具 300 余部，能制造川江各型铁木轮船及锅炉蒸汽主机和辅机，承修 500 吨~1000 吨级及川江大小轮船。1950 年底，全厂员工增至 1021 人，全年修船 47 艘，新建小型木质拖轮 1 艘，完成产值 217.3 亿元（第一套人民币）。1951 年公股代表入厂，4 月成立党支部，7 月公股代表任副厂长，开始进行企业的初步改革。至 1951 年底，全厂员工达 1105 人，全年修船 27 艘，造船 1 艘，产值达 271.3 亿元（第一套人民币）。自制 450 吨浮船坞建成投产，是长江自建并投入使用的第一艘浮坞，解决了西南航区不能修理船舶水线下工程的重大难题。1952 年 9 月 1 日，民生机器厂公私合营，公股代表兼任厂长，生产得到全面发展。至 1952 年底，全厂员工 1138 人，固定资产 275.2 亿元（第一套人民币），修船 65 艘，新建 147 千瓦蒸汽机船 1 艘，完成产值 332.4 亿元（第一套人民币）。民生机器厂的公私合营，不仅使长江干线增加了一支丰富经验的修造船队伍，而且上至重庆下至上海整条航线都有了修造船基地。

三、初步建立沿江省市修船业

1950年，重庆接管江北溉澜溪国民党军政部船厂和龙门浩交通部船舶修配厂，经过整顿组建川江船舶工厂。这是四川省第一个国有性质的船舶工厂，有职工200余人，只能修理木壳机动船，年产值约40亿元（第一套人民币）。1952年，湖南省新建浅水木驳21艘、共1570吨，改建铁驳1艘、计100吨，改建客轮、拖轮、趸船各2艘。宜昌解放后，原省航业局航务处修船厂改名为宜昌机械厂。1950年10月，迁往武昌白沙洲，扩建成湖北省航政局机械厂，1952年改称湖北省内河航运管理局修船厂，有职工313人和各类机床17台，全年产值54.41亿元（第一套人民币）。武汉市组织各方力量抢修旧船，1951年，由舒兴发造船厂联合胡万盛等10余家船厂组建民建船舶修理厂，同兴、苏祥盛等8家船厂组建力生船舶修造厂。这些私营修造船业在三年恢复时期弥补了国有修船企业力量的不足。芜湖接管原国民党安徽省保安司令部修械所，与第六专员公署修械所和安湖工校实习工厂合并，成立地方国有芜湖工厂，有职工547人和机械设备60台，小型修造船滑道4条，主要是修船兼造船及承接铆焊等业务。1952年，华南交通部驳建委员会在郑森记木船厂旁和原三菱公司所在地，投资1亿元（第一套人民币），建立芜湖内河船舶修理厂，专营货驳船修造业务。

第八节 职工政治地位与物质文化生活巨变

一、长江新海员工会的建立

新中国成立之初，长航局接收旧海员工会，建立新的海员工会。成立较早的是上海区海员工会。1949年9月8日召开的上海海员首届代表大会上，选举了执行委员会。10月举行上海区海员工会成立大会，海员工人有了自己的工会组织。

1949年6月25日，招商局、航务处和民生、太古、三北等26个在汉的公私行业工人代表，接收原中华海员工会汉口分会，并正式组成新工会的筹委会。1950年1月29日，在武汉召开海员工会首届代表大会，宣告武汉海员工会成立。1952年10月初，中国海员工会在汉口召开长江区工作会议，同时成立了中国海员工会长江区工作委员会。出席会议的有重庆、万县、宜昌、汉口、湖北、湖南、九江、安庆、芜湖、南京、镇江、上海等地代表共40人，确定中国海员工会长江区工作委员会，是从上海至宜宾的长江干线轮船企业及各港码头、仓库、货驳全体职工的统一组织。选出以李夫、周何亮为正副主任的工作委员会，并确定工会面向生产、面向群众、面向基层的工作方针。

长江区工作委员会的成立，统一了长江干线各航港厂等工会组织，成为团结海员职工的群众性组织，对贯彻民主改革和生产改革发挥了积极作用。

二、民生改革与民主管理的实施

民主改革运动分三个阶段进行：一是反封建的民主斗争，发动人民群众检举控诉封建反动分子和反革命分子；二是进行劳动保险登记工作，弄清工人队伍内部情况，纯洁工会会员队伍；三是开展民主运动，加强工人阶级的内部团结。长江干线的民主改革运动，首先是在长航局系统开展；私营航业除民生公司于 1951 年开展外，其余木船民主改革运动均在 1952 年后进行。

长航局直属企业基本是在原招商局长江各分支机构的基础上建立，原招商局是封建官僚买办企业，必须进行改革。1951 年 8 月，长航局民主改革委员会组成。同年 9 月，长航局开始在船港进行民主改革。采取先在个别船重点试验，然后逐步推广策略。“江安”轮作为民主改革运动试点，从 7 月 21 日开始实施，在取得试点经验后，组织了 15 个工作组深入船舶和基层，分期分批地开展运动。至 1952 年底，长江干线所有国有、公私合营的轮、驳、趸船和各港、工厂及民生公司的民主改革运动全都取得显著成效。

经过民主改革，干部与职工打成一片，锻炼与培养了干部；初步厘清了各单位的政治情况以及工人所受的严重压迫与剥削历史；清除了反革命分子、恶霸及特务，划清了敌我界限，提高了阶级觉悟；增强了职工的主人翁责任感意识，增强了工人队伍凝聚力。同时，整顿了工会组织，建立了党、团组织。职工的生产情绪高涨，积极地投入爱国增产节约运动，展开了“夜航”“满载赶航”等活动。民主改革为民主管理打下基础，给长江航运事业的发展创造了有利条件。

三、职工物质文化生活的改变

（一）第一次工资改革

新中国成立之初，船员队伍绝大部分是接管原官僚资本航运企业和航政机构的人员，对大多数职工实行“原职原薪”政策，工资制度极为混乱，上海地区留用船员的工资等级多达 70 个，最高与最低相差 38 倍，长江地区也相差 10 余倍。为保证职工实际收入不受物价波动的影响，实行以实物为计算单位，以货币支付的工资形式。各地实物计算单位不同，有工资米、工资分、折实储蓄单位等，很难计算工资总额。1952 年，中央决定以全国各大行政区为单位，在全国进行工资改革。规定以工资分作为全国统一计算单位，并确定工资分所含的实物种类和数量。政府机构实行 29 个等级制度，最低和最高工资额分别为 85 分和 2200 分；企业建立了新的工人工资等级制度（如 8 级制和 7 级制等），人员建立职务等级制度，并制订工人的技术等级。交通部按照合理、统一、照顾现实的原则，于 1952 年制定了《船员工资暂行条例》（草案）。按照船舶的任务性质，工资划分为沿海、江河、港作三大类型；船员则分海轮、江轮、港作，建立了统一津贴和船岸差。江轮伙食津贴标准每月 75 个工资分，港作每月 50 个工资分，同时还规定油轮船员和燃煤船舶生火的保健性津贴；船员在船舶之间调动或代理高一级职务，按所在岗位的工资标准支付。统一工资标准，实行岗位（职务）等级工资制，每一岗位（职务）一般分 3~4 个级别的工资率；缩小船员之间的工资高低差距，江轮岗位（职务）工资差为 5.1 倍，其他船舶岗位（职务）工资差均不超过 2 倍，以全国统一含量的工资分为计薪单位。

经过工资改革，职工工资平均增加 12.89%，从根本上结束了“驾船上了岸，不卖油条就讨饭”的穷苦生活。装卸工人也彻底结束了“一顿稀饭两顿饿，穿的还是破麻布”的苦日子。经过 3 年恢复时期，航运职工的生活状况有了较大改善。

（二）劳保福利的增加

长江全线职工在普遍增加工资的同时，开始享受劳保福利待遇。1951 年 2 月 26 日，中央人民政府政务院颁布《中华人民共和国劳动保险条例》，并决定从 1951 年 3 月 1 日起实行。该劳动保险条例以国家法律作保障，解决了广大职工生活中因生、老、病、死、伤、残所带来的困难和忧虑，极大地鼓舞了长航全线职工，被称为“保护工人阶级利益的伟大法令”。

中华人民共和国成立前夕，国民党在溃逃时，破坏了大量船只，造成一部分海员失业。因此，各地政府和海员工会十分关心失业海员。仅武汉市海员工会筹委会劳保部，在半年内就介绍了 673 名失业海员到各船工作；对于未获得介绍工作的 5 万余人，建立了“生产合作组”，以“包工”方式，组织打捞船只，承制帆布和油漆、敲锈等工作，基本解决了失业海员的生活问题。创办海员消费合作社，供给海员生活必需品和日常用品。同时设立工人休息棚，建立医疗门诊部、医疗站，并新建了少量的职工宿舍。

1950 年 6 月，重庆地区开办医疗门诊所。1951 年 10 月在医疗门诊所的基础上建立搬运工人医院，医务人员由 13 人增加到 88 人，病床达到 100 张，并增设 4 个医疗站和 2 个急救站。重庆市搬运工会于 1950 年支付了劳保福利费 631468777 元（第一套人民币），其中医药费支付 879779 元（第一套人民币），医治了 31402 人次工人及家属；劳保福利费支出 199124817 元（第一套人民币），抚恤因病或因工死亡的工人 126 名。1950—1951 年，各码头建立了休息棚和茶水站，并办起了集体食堂 19 个和澡堂 1 个。武汉地区搬运工人也用公积金兴办了一个医务所，4 个职工食堂，11 个澡堂和 10 个理发室。安庆地区为改善劳动条件，增添手推车、三轮车取代了部分抬、驮、挑等体力劳动，搬运公司建立了工人医院。1952 年 7 月 21 日，长航安庆办事处开办港口医务所。

（三）文化设施初步建立

海员工人流动分散，常年生活在水上，缺乏集中的政治和文化活动场所。1949 年 12 月第一次全国海员代表会议上，提出建立 7 个全国性的海员俱乐部，中南区和武汉市的党政工会全力支持汉口海员俱乐部的建立。工程自 1950 年 10 月 15 日开工，投资达 43 亿元（第一套人民币），于 1951 年 11 月 15 日建成投入使用。该俱乐部设有海员剧院、技术研究室、图书室、阅览室、乒乓球室、康乐球室、弹子房、交谊厅、文化厅、餐室和灯光球场等，是一个大型、完善的航运职工文化设施。

1951 年，重庆装卸工人在政府资助下，以工人积累的资金新建了“搬运大厦”影剧院和俱乐部，是重庆当时设备优良的影剧院，曾接待原捷克斯洛伐克国家歌舞团的演出。与此同时，各地港航单位普遍组织了工人学习小组，以及轮训班、夜校等，设立简易的俱乐部、图书室，还成立了剧团、腰鼓队以及广播通讯小组等。工人们参加文化娱乐活动，既丰富了业余生活，又提高了自己的文化素质。

这正是：

岸柳逢春新启芽，改天换地我当家。
海员工会风声起，十里江堤飞彩鸦。

第二章

昂首起步——长江航运初步发展

（1953—1957年）

浩淼奔腾歌不休，港航体制费筹谋。
贯通一链新模式，调控全盘畅九州。
治理川江呈异彩，往来驳运主春秋。
繁荣经济同舟渡，海阔天高号角悠。

“一五”时期，国家加快经济建设，重点物资运量大增，长江运输任务繁重，运力不足的矛盾日益突出。长江作为国家水运发展的重点，干线建设投资不断加大，运力得到优先发展，效能不断增强，推动了运输生产新发展。社会主义航运体制建立，实行航业公私合营，引导个体木帆船走集体化道路。在计划经济的主导下，长江航运实行全线一条链管理模式，统一调控，强化管理，经营业务实行中央与地方的合理分工。

这期间，长江航运全面推广顶推运输法、推行专线运输，经受1954年特大洪水的考验，完成了国家重点物资和大宗货物运输任务。干线航标第一次全面改革，宜昌以下实现全线夜航，川江实现分季分段夜航。修造船采用全焊接工艺，铆接造船退出历史舞台。港口生产设施和流程不断改进，通过能力明显提高。广大职工政治地位提高，经济和文化生活得到改善，生产积极性充分发挥。长江航运事业昂首起步！

第一节　长江航运管理机构调整

一、集中统一管理体制的确立

“一五”时期，按照交通部统一内河航运机构名称的要求，理顺中央和各水系航运管理机构的关系，长江航运管理机构历经几次调整。

1953 年 4 月 11 日，长江航务管理局改名为中央人民政府交通部长江航运管理局（以下简称长航局）。1954 年，在恢复和统一长江航运管理及航运业公私合营中做出重要贡献的长航局第一任局长、党组书记刘惠农调离长航局，贺崇升接任长航局局长、党组书记，兼任公私合营民生轮船公司总经理，后增补为中共湖北省委委员。

1955 年 6 月，长航局按照“统一领导，分级管理”的原则，调整全线管理机构，成立长航局重庆分局，管辖重庆、万县、宜昌等港及泸州办事处，以及重庆、泸州航道区，领导民生轮船公司重庆分公司和川江轮船公司。1956 年 4 月，成立长航局武汉分局，管理长航局直属船舶、经营干线客货运输，并管辖黄石、九江等港、沙市办事处及汉口港调度业务。随后成立长航局上海分局，管辖安庆、芜湖、南京、镇江等港。长航局还直接领导长江航道局、长航公安局和重庆、宜昌、汉口、白莲泾等船厂，以及 1 所干部学校、3 所技术学校。

随着社会主义改造的基本完成，长江航运形成社会主义公有制占绝对优势、比较单一的所有制结构和集中统一的管理体制。运输计划由交通部通过长航局下达，以指令性计划为主（大宗货物运输）、指导性计划为辅；长航局对修造船厂下达修造船比重、修期，以及总产值、劳动生产率、利润等指令性指标；基本建设、劳动工资、运价等，也由交通部通过长航局下达。长航局的任务是全面完成交通部下达的指令性计划，对船、港、厂实行高度集中管理，保证重点运输与重点建设的完成。

1957 年 11 月 2 日，经中华人民共和国交通运输部（以下简称交通部）党组同意，长航局提出《长江航运管理局体制机构精简方案》。长航局实行统一领导，分区管理。撤销武汉分局，成立直属船管部，直接领导干线船舶和中间航区；重庆分局与重庆港合并仍称分局，统一领导川江航区。上海分局统一领导安庆以下航区。长航局所属船舶原则上是局管跨区干线船舶，分局管区间船舶。局管跨区干线、渝汉客货班轮，以及中字艇、大川、大同及 5 字、7 字换拖驳船；重庆分局管航行宜昌以上船舶及渝申直达货轮，渝汉货轮与拖轮；上海分局管安庆以下区间船舶。同时，注重精简人员，规定管理人员占生产人员的比例为 6%~9%，非生产人员（包括管理人员）的比例为 8%~11%，党团、工会的比例分别为 0.6% 和 0.3%。这次调整的特点，一是在集中统一领导下，实行分级管理；二是管理局直接掌握生产工具，不脱离生产实际。

二、计划管理制度的建立

长江航运的主要特点是生产过程的连续性、多环节和流动分散。面对这种特殊的生产组织和全国推行的计划经济大背景，以及环境和条件的制约，长江航运实施计划管理、建立规模有序的规章制度显得十分必要。

（一）建立计划工作程序

强化航运管理，首要的是强化计划管理。长江干线各项计划的编制是从1952年开始、1953年逐步实施。1954年，全线以贯彻作业计划为中心，推行计划管理，逐步建立正常的计划工作程序、组织机构和工作制度。1955年，长航局制定《长江计划工作暂行办法》和《年度计划操作办法》等。1957年初，增设远景经济计划科。随着体制的演变，运输生产计划由各分局自行编制，报长航局进行平衡总汇。基建计划亦根据中央“分权管理”原则，部分项目审批权下放到分局。

长航局先后在全线建立调度管理制度、港埠的旬日作业计划、船舶工作技术计划等，逐步推行运行图、船舶航次作业计划和港口技术操作程序，使生产计划具体落实到位。

（二）推进港口管理制度

计划管理不仅在长航局各分局、各船厂推行，也在各港口全面推行。作业计划是组织船港衔接、均衡作业的中心环节，各港于1954年建立分班作业计划，以及调度会议、船前船后会议制度。1955年，重庆、汉口、黄石、芜湖、南京5港开始编制月度作业计划；重庆、黄石两港在下半年开始编制港口工作技术计划，汉口、宜昌两港于第四季度实行船舶在港作业计划。同时，制订港口昼夜装卸标准及停泊时间计算暂行办法，要求港口按规定泊港时间定额发船。1955年，推行港航联系合同与港港联系合同，加强配合，划清责任，便于相互监督。

长江各港自1954年起逐步健全港口调度工作制度，明确港口调度权力，各作业区相应建立装卸调度组，设值班调度员，较好地发挥了调度在港口生产中的作用。

（三）建立安全、经济管理制度

1. 完善安全管理制度

长江干线相继建立各种航行规章制度，强化防风、防雾及川江的安全措施，实行川江拖驳调头、通过弯曲航道和浅滩险槽的操作办法，以及轮木船会让办法、单行航道的控制办法，并建立船舶安全生产会议制度。各港制定技术操作规程和危险品装运审核制度等。沿江各省市也制定规章加强航运安全管理。

2. 推进经济核算制度

1954年，长航局先后在重庆、宜昌、汉口、南京4大港实行独立会计核算。1955年1月，上海分局实行会计独立核算。下半年，汉口港进行经济独立核算试点。1956年1月开始，渝、汉、申3个分局船舶和渝、汉、宁港作业区试行内部不完全的经济核算制。至1957年12月，先后在44艘机动船和9个作业区进行试点。由于推行经济核算，企业逐渐克服供给制的思想，成本不断降低，既积累了资金，又提高了管理水平。

（四）进一步调整运输价格

“一五”时期，长航局和沿江各省航运部门调整和降低长江船舶运价。1954年7月1日，长江干线第四次调整和降低运价。这次调整和降低运价的重点是渝宜和汉宜两航段，以及浦申、裕申、黄（石）申3线煤炭运价等。调整后的运价，长航局全线平均降低7.88%，公私合营民生公司降低8.24%。客运将一等舱与二等舱位的等级差，由原来的50%减为30%，以提高一等舱的使用率。

1955年11月起，交通部将长江由上海起运的24种货物的运价分别降低等级，综合降低运价41%。1956年1月1日，全国轮船运价全面降低，并实行新运价制度。这是长江干线第五次全面调整和降低运价。实行计重收费制，取消量尺加泡的衡量制度，以及危险品附加和贵重物资报价计费制。货物等级由10级改为25级，汉宜段统一基价，不分逆顺水，统一计费规则。1949—1956年长江干线主要货物运价，详见表2-1。

表2-1　　1949—1956年长江干线主要货物运价　　（单位：元/吨）

货物名称	航线	1949年12月8日	1950年7月15日	1951年8月1日	1952年9月1日	1954年7月1日	1956年1月1日
煤炭	浦申	6.70	4.72	4.61	3.81	2.67	2.67
食盐	申汉	26.28	14.85	12.66	9.17	9.17	8.50
粮（大米）	渝申	104.18	63.12	51.87	43.45	41.08	36.58
棉布	申渝	109.78	358.88	307.94	96.52	90.11	56.35
钢坯	汉渝	83.50	92.67	78.90	70.60	56.53	30.64
木材	浔汉	18.28	12.62	8.87	7.30	7.30	7.78
水泥	汉宜	26.50	25.05	19.38	17.07	13.69	9.64

资料来源：交通运输部长江航务管理局档案中心。（1953年、1955年数据未做统计）

1954年4月1日，苏北航线客货运价全面降低。重点是照顾工农和各阶层人民，全年有160余万旅客得到降价实惠，减轻负担近60万元。沿江各省运价也几次调整

和降低。轮船运费下降 22.64%，木帆船运费下降 9.50%，客运运费下降 10%。

三、“全国一盘棋、全线一条链”方针的提出

“一五”时期，作为特大型国有企业的长航局，没有组织和管理长江运输的经验，主要学习借鉴苏联经验。1954 年，根据苏联专家的建议，从船舶到各港口、航道、船厂建立了一整套作业计划的“图、表、会”制，对组织运输生产、加强航运管理起到一定作用。但由于不少“图、表、会”带有主观盲目性，与实际情况脱节，企业管理没有实质性变化，年度计划的完成还要依靠劳动竞赛来实现。

1955 年，长航局决定实行分级管理。把船厂、航道交由交通部有关部门管理，长航局只管船舶、港口，抓好航运工作。但事与愿违，运输生产秩序依然混乱，恶性海损事故不断。1956 年底至 1957 年春，长航局党委经过大量调查研究，认识到不是“管多管少”的问题，根本原因是长江航运各个环节管理各行其是、相互脱节所造成的。船舶盲目追求吨千米，热衷跑长线；港口追求吞吐量和装卸效率，忽视船舶停港时间；船厂追求总产值和工班效率，忽视缩短船舶修理期；航道在航标密度和灯标亮度上，也不适应安全航行的要求，等等。针对这些现象，长航局党委认为，要使多环节的内河航运企业的船、港、厂、道不打乱仗，就必须密切配合，树立全局意识。

1957 年春，长航局决定把船厂、航道收回直接管理，并制订“全国一盘棋，全线一条链”“船、港、厂、道扭成一股绳”的方针。运输调度指挥“改进运输组织，战胜运力损失”；船舶“保周期、保安全”；港口“扩大吞吐能力，压缩停港时间”；航道“保航标密度，保灯光亮度”；船厂“保修期、保质量”。按照这个方针和要求，各主要环节按月、旬、昼夜编制作业计划，通过每月全线电话会议贯彻执行。船、港、厂、航道各主要环节环环相扣，提高效率，保证运输任务的完成。

四、干支流航运的分工

长江支流多、航线长，干支流航运关系极为密切。新中国成立以后，长江干线航运由长航局统一管理，各支流短航由各省管理。这种自然形成的干支关系，造成干支流航运关系不协调。不仅机构重叠、各自为政，而且突出表现在争货源上：货源充足时干支流纠纷减少，货源紧缺时干支流矛盾加剧。

1953 年 2 月 20 日，中南军政委员会交通部发出《为处理长江与内河分工意见希即查照办理》通知，对长江干线与内河实行第一次分工。12 月 30 日，交通部发出《关于长江干支流航运分工的决定》，对长江干支流实行分工。沿江各支流由各省内河航运局经营管理。地方国有轮船逐步发展浅水拖驳运输，重点疏浚航道，并大力组织木

船运输，深入支流做好运输工作，以集中和分散干流货源，发挥干支流之间相互依存和相互发展的作用。长航局集中进行干线的经营管理，不经营支流运输业务。

长江干支关系虽经多次调整，但在货源、机构、运价等方面的矛盾依然存在。不协调的干支关系，仍未得到妥善解决。

第二节　船舶运力和客货运输发展

一、干支流船舶运力的发展

“一五”时期，中央与沿江各省对长江干线和支流基本建设的投资，大部分用于发展船舶运力。长江干线用于船舶的基本建设投资比重达 67.70%。增加各类船舶 358 艘，共计 275169 载重吨，功率 33725.48 千瓦、990 客位，吨位比 1950 年提高 93.40%。主要是对新建和改建船舶进行技术改造，逐步实现船舶定型化。沿江各省船舶投资比重，以江西为最高，达 80.40%；其次为四川和湖北，分别达 56.80%、59.67%。

（一）改造和新建客货轮

1. 重点改建“江新”轮等船舶

“江新”轮于 1950 年被炸沉于黄浦江。1953 年打捞出水后，经上海船厂设计改造，载客量由原来 876 人增至 1162 人，载货量由原 1500 吨减为 800 吨。船首加长 5 米，缩小船首进水角而减少阻力，时速提高；船尾也加长 1 米，增加使用面积。“江新”轮全面改造成为一艘新的客货班轮，为旧客船舶的改造树立了样板。1955 年 1 月 19—23 日，“江新”轮由上海首航汉口，受到中外旅客的称赞。

2. 建造“民众”“江峡”轮等新船舶

“民众”轮由民生公司于 1953 年设计，上海江南造船厂制造，是长江上第一艘中国自行设计和建造的大型客轮。“民众”轮长达 84.5 米，是川江上最长的船舶。为防止上滩时被波浪冲击，采用封闭式延伸甲板，首次改变了川江客货轮传统的“完整的上层建筑”结构形式。上层甲板由 2 层提高到 3.5 层，载客达到 936 人，载货 580 吨。船底为双层底，并提高干舷以保证航行安全。特别是舵机仿“荆门”轮加拿大造电动液压舵机，操纵灵活轻便，由民生公司设计，上海鸿祥兴机器厂试制成功，后为上游大型船舶普遍采用。“民众”轮 1954 年 3 月 20 日下水，9 月 6 日由上海首航汉口。

1954 年，交通部决定在长江建造一艘中央领导视察长江和接待外宾的专用船——

“江峡”轮。由民生公司设计，船长60.1米，吃水2.2米，船首为波浪式，配有661.5千瓦内燃机主机两部，时速24千米每小时，船上除专供中央领导使用的套间外，有普通客位406个。10月27日—11月5日，“江峡”轮由上海首航重庆，既担任特别运输任务，又参加川江客货运输。

民众轮

民生公司等航运企业还相继建造了“大众”和“人民1”轮。“大众”轮1953年11月在上海中华造船厂开工建造，船长88米，载货量1500吨，主机为1323千瓦蒸气机两部，吃水3.6米。装有6座蒸汽吊杆，最大可起重10吨，有自动加煤和出灰机，是全国内河最大货轮。1954年11月16日，由上海首航重庆。“人民1”轮由民生公司设计，于1959年8月1日在上海沪东造船厂建成下水。船长81米，吃水3.5米，主机735千瓦蒸汽机两部，载货量1000吨，时速23千米每小时。该轮在长江洪水期可从上海直航重庆，枯水期可上达宜昌。此后，“人民”型货轮由沪东造船厂批量建造。

3. 沿江各省内河客运能力的发展

1953—1957年，湖北建造汉江下游500客位客货轮10艘、支流湖泊小型木质“鄂湖”型客货轮19艘，每艘载客位60~100人。除四川、江苏的客运能力比1952年有所下降外，沿江其他各省客运能力均有增长。

经过几年努力，长江旅客运力得到增长。但干线客运量增长更快，运力不足的矛盾仍未解决。在客运繁忙的季节，干线船舶开放大舱，货轮、货驳改装载客，仍不能满足旅客运输的需要。

（二）重点发展拖驳运力

除发展客货运力外，长航局及沿江各省把发展拖驳运力作为重点。集中建造了川江峡字型拖轮、5（7）字型驳船和中下游千字驳及双千驳。至1957年底，拖轮功率已占干线总功率的 31.86%，驳船吨位占总吨位的 85.71%，成为长江干线货运主力军。

沿江各省也按交通部“发展浅水拖轮、进行轮木结合”的要求，把发展拖驳运输列为重点，拖驳运力较快增长。各省主要建造 147 千瓦左右的浅水拖轮，以及 80 吨~300 吨级的甲板驳、舱口驳。为解决拖驳运输中驳船运力的不足，各水运企业发展轮木合作运输。江苏省在 1956 年将适宜于拖轮拖挂的木驳 938 艘共 48955 吨，全部纳入国有水运企业实行定息。安徽省也对载重 30 吨以上的木帆船，实行了定船、定拖、定时间、定任务、定收入的轮木固定结合方式。轮木结合的运输方式，变落后工具为先进工具，形成一支拖驳运输的新生力量。

（三）扩大航线增加客货运量

1. 扩大客货班轮航线

长江干线继恢复时期开通的 6 条长途客货定期班轮后，1953 年开辟汉渝线定期客货班轮。由“江发”“华中”“华源”“民联”“民权”“民贵”和“亚西”7 轮隔日一班，每 14 天往返一次，与申汉班轮衔接开航。1955 年 10 月，调配两艘货轮开辟上海、重庆间直达航线；继而以汉口为中心，开辟汉口至上海、汉口至南京至镇江至天生港、汉口至南京至镇江，以及黄石至上海、汉口至黄石、汉口至宜昌客货航线；各分局、港都开辟了区间短途航线。

沿江各省客货航线也有大幅增长。四川省于 1955 年和 1956 年开辟渝泸、渝叙、渝合、渝木（洞）、金沙江和岷江下段航线，金沙江客运航线延伸至新市镇少数民族山区，沟通四川云南两省。湖北省至 1957 年客运航线发展到 35 条，计长江短途航线 17 条、汉江航线 9 条、其他支流航线 9 条。安徽省开辟长江短途航线 5 条，支流航线 10 条，轮流线 5 条，航程 1313 千米，79 个站点。

2. 实施江海联运

1954 年 5 月，长江沿线和我国沿海宁波以北的主要港口实行江海联运。江海联运包括南京、黄石、汉口、重庆等 10 个港口；湖南、安徽省内河沿线和长江各港实行联运，沿江各省市和沿海地区的物资交流更便利。1955 年 11 月中旬起，汉口、南京、芜湖、九江等港办理货物水陆联运中转手续，不仅缩短运距，节约运费，还减轻了铁路负担。

3. 合理调配运力保证客货运输

“一五”时期，长江干线客运量和周转量年均增速分别达到 15.80%、11.30%。由于社会安定、人民生活水平不断提高，以及城乡之间商品交易频繁，加之上海等大城市人口向四川等地疏散，长江运输日趋繁忙。1956 年，重庆至宜昌和宜昌到汉口航线，曾发生大量旅客滞留。长航局投入改建的“江顺”轮，并将申汉线大客班轮由

7天往返一次改为6天一次，抽调12艘功率较大的轮船充实逆水和川江运力的不足；由“民权”“奎门”“华源”3艘客班轮航行于汉渝线，“民众”“江和”等9艘客班轮航行于宜渝线。许多客轮采取临时开放大舱多载旅客等措施；通过发售联运客票，减少旅客中途转船困难。重庆分局开办了重庆至万县、涪陵、忠县、江津等地及宜宾至屏山定期班轮，专为短途旅客服务，较快消除了旅客滞港现象。

“一五”时期，长江干线货运量和货运周转量年均增长率分别为25.40%和34.50%。主要是西南出口扩大，1957年比1952年提高10.58倍，5年平均运量比1952年增加6.06倍。其次是西南进口增加，1957年比1953年增加49.50%，5年平均进出口比重为1 ：4.02。

由于长航局和沿江各省扩大和合理调配运力，实行江海联运、水陆联运，较好地适应了沿江社会经济的发展。1957年9月15日，长江干线提前3个半月超额完成“一五”计划，4项主要指标全面完成：客运量、客运周转量完成度分别为125.06%和132.95%；货运量、货运周转量完成度分别为103.40%和100.03%。

二、推广先进运输法

（一）扩大“一列式拖驳运输法”成果

1953年1月31日，交通部发出《关于在全国推行一列式拖驳运输法的指示》。这种“拖得多、跑得快、成本低、收入大、航行安全、操作灵活的运输法”，迅速在长江普遍推广。长江船员结合长江不同河段、不同水流特点，改进编队方法，使一列式拖驳队形更适合长江实际情况。不仅巩固和发展了成果，而且进一步提高运输效率。沿江省市普遍推行“一列式拖驳运输法”，同样取得良好成效。

（二）推行“顶推运输法”

长江干支流在进一步巩固和普遍推行“一列式拖驳运输”法时，1953年又推行“顶推运输法”。“顶推法”与“拖带法”的不同之处，在于将推轮置于整个驳船队后面，推动船队前进。因推轮处于驳船队后面的伴流之中，减少阻力、提高了航速；推轮与驳船队结成一个整体，有利于船队操纵性能的提高，对扩大船队的载量、保障航行安全起到重要作用。

1953年4月30日—6月15日，首先在汉口进行10次分段典型试验，7次是港内短距离试验，3次是汉石线长距离试验。第一阶段为单艘驳船顶推，第二阶段为多艘驳船编队顶推。试验证明：航速可提高20%，燃料可节约13%~15%，驾驶操作比较方便、安全，“顶推法”更适合长江航运，因此扩大试验范围。8月份在石申线、汉宜线、宜渝线相继试验顶推成功。9月份，又在汉石线采取不同编队系缆形式的试验比较。经过4个多月的反复试验，获得编队和驾驶操作经验，收集了经济指标数据和资料。

长江“顶推运输法”的推行，主要是通过学习苏联顶推经验和总结我国东北内河顶推船队试验之后进行的。1956年5月，苏联拖轮船长别尔米亚科夫到武汉具体指导，由“长江503”“长江305”两船队分别在汉口港和申汉航线进行一列式顶推队形试验，两次均获得成功。“长江305”轮顶推3艘重载驳共装盐3235吨，5月13日17点20分由吴淞开出，这是长江上第一队“一列式顶推船队”，于27日6点30分安全抵达汉口。与该轮顶推梭形4驳载重1671吨相比，每千瓦工作效率增加95%，每千瓦每天生产量增加19%。一列式顶推试验成功，长航局决定在汉申、汉宜两航线重点推行。

长江305

1956年11月1—9日，长航局在武汉召开长江全线“顶推运输法”经验交流会。“长江108”“长江301”等船队，在汉口港10码头附近江面进行顶推队形和船队绑扎技术操作表演。大会还授予“长江301”等32艘船“先进顶轮”称号。会后，沿江各省市内河客货轮运输普遍采用“顶推运输法”。

“顶推运输法”在长江干支流的推广，是继“一列式拖驳运输法”之后的又一技术进步。发挥了船舶潜力，实现多拉快跑，并推动了运输调度、港口和航道管理的改革。

（三）实行循环拖带

1954年10月，上海分局在浦申煤运船队实行循环拖带成功。循环拖带就是每次拖轮把驳船队拖到目的港后，换拖另一卸空的驳船队返回；停驳不停轮，可充分利用拖轮提高运输效率。浦申煤运线实行循环拖带后，使5艘拖轮能拖运6个驳船队，每艘拖轮每月增加一个往返航次，船舶周转率提高 20%。1955 年，上海分局巩固浦申循环拖带法，进一步组织裕浦梯形循环船队。这一方法推广运用到汉宜、汉申、汉石等航线，这 3 条航线千瓦每天生产量分别提高 61.30%、38% 和 55.87%。

（四）采取直达和扩大换拖不换驳运输方式

"一五"时期，西南物资出口是国家下达长江干线的重点任务。西南出口运距长，平均 2000 千米，货物均在宜汉等港中转，港口压力大。1955 年，宜汉两港堵塞严重，既影响西南出口，又打乱了运输组织，造成运力浪费，最后不得不调集海军舰艇支援。吸取这次教训，1957 年尽量采取直达与扩大换拖不换驳的运输方式，同时增加川江大拖轮。全线转口量与出口量之比，1956 年为 4.58 ：1，1957 年达 6.23 ：1，中转港口的堵塞积压基本消除。1957 年，宜昌、汉口船舶停港时间同比分别缩短 0.167 天、0.712 天，保证了正常运输，减少了运力浪费。

三、完成重点物资运输

"一五"时期，国家下达长江主要任务是保证川粮外运，扩大西南地区同其他地区的物资交流，并担负长江中下游煤炭等主要物资的运输。

1952 年前后，西南地区连年丰收。为支援工业建设、生产救灾和扩大国际贸易，中央决定大量调拨西南粮食出口及满足中下游需求。粮食运量逐年增加，特别是川粮外运大增。在四川全省 80 条河流上，数以万计的木船川流不息，不停地把"天府之国"的粮食运往川江两岸港口。5 年来共外运川粮 719.9 万吨，占西南出口总运量的 73.38%。粮食运输也是湖南、湖北、江西 3 省水运部门的主要任务，其中湖南运输 223.59 万吨，占总运量的 21.10%，平均年运量比 1952 年提高 5.3 倍；湖北运输 120 万吨，江西运输 103.6 万吨。

1954 年，全国煤炭实行分区产销平衡，长江干线裕浦申煤运大幅增长。5 年中，煤炭运量平均占总运量的 22.46%，粮、煤、钢铁和金属矿石、矿建材料、木材、盐的运量，占长江干支流货运量的 70% 左右，湖南高达 81.72%。从鞍山到上海、从上海到重庆等地的工业建设，以及农村商品流通都需要长江运输；云南的钨，湖南、江西的木材，大冶的钢材、水泥等，都通过长江及时支援华东、华北建设。繁忙的粮食和物资运输，既满足了华东、华北、东北各大城市和工业区的需要，又使盛产粮食的中南和西南地区的经济更加活跃。

四、军交管理的调整与交通战备的起步

（一）军交管理工作的调整

1953 年 2 月，上海航务军运处与华东军区后勤航运处合并；4 月，成立上海港岸办事处。1954 年，改称上海航务分局军运代表办事处。1954 年 9 月 10 日，中央军委第八次例会决定军委运司改称总参谋部军事交通部，长江沿线军交机关随之进行调整。

第一次军交管理调整是在 1955 年，撤销西南军区，成立成都、昆明、西藏 3 个军区，四川境内水路沿线的军交机关隶属成都军区司令部军交处领导。撤销华东军区，成立南京军区、济南军区。原华东军区上海航务军运处改称南京军区司令部上海航务军事运输处，下辖上海、南京、宁波、福州、南平港岸军运代表办事处。撤销中南军区，成立广州、武汉两个军区，组成广州军区司令部军交处和武汉军区司令部军交处。

第二次军交管理调整是在 1958 年 7 月，中央军委扩大会议决定改革军队的组织体制，军交管理机构再次进行调整。8 月，泸州港岸军运代表办事处撤销。1959 年 5 月，重庆铁路军运代表办事处和长航重庆分局军运代表办事处合并，成立重庆铁路、航务军运代表办事处。30 日，南京军区撤销上海军运处及所属南京、上海、宁波、蚌埠军运代表办事处，并以上述军运机构为基础，成立统管铁、水、公路的综合性军运处。后成立驻上海、南京、杭州、合肥 4 个军运处，分别驻在上海铁路总局和南京、杭州、合肥铁路局，受所在军区和铁道、交通部门的双重领导。长江军交机构的创立和设置与军队的任务和建设密切联系，经历了一个由不统一到逐步统一，进而纳入军队编制序列的发展过程。

从区域性计划管理，发展到由总部、军区、军运处三级军运计划管理。

（二）交通战备工作的起步

1954 年 7 月，总参军交部明确指出："战备工作是一切工作的总目的。"长江的交通战备与技术动员工作在沿线大军区的直接领导下，由军区派驻沿线的军交机关与港航部门共同组织。主要完成技术资料的收集整理编印、技术装载标准研究和移动军用器材制作、战备方案试编等工作。

五、战胜特大洪水保运输

1954 年，长江遭遇特大洪水。6 月 25 日，武汉关突破 26.3 米的警戒水位；8 月，上升至 29.73 米，超过 1931 年武汉关的最高水位 28.28 米，创百年来的新高。长江中下游港口码头、仓库、装卸作业区均遭洪水淹没，港口作业基本停止。京汉铁路被洪水冲垮，客货运输中断 3 个多月。长江中游的公路几乎都被淹没。从武汉到南京、上

海等地的水陆交通只有长江客货班轮一条通路，维持着从武汉到上海等地的旅客运输。

长江航运部门全力投入防汛抢险和救灾运输。投入防汛轮驳达554艘，完成防汛物资麻袋、粮食、煤、黄土等运输任务。湖北省投入152艘轮驳船，共1.1万客位、1.1万吨位，组织木帆船12993艘、13.7万吨，几乎占专业运输木帆船总数的一半。以武汉为重点，在长江监利至调关、洪湖至嘉鱼、汉江泽口以下以及东荆河等河段，部署防汛救灾运力，共运片石、黄土及防汛器材、转移粮食、耕牛等物资614.3万吨，其中武汉220.3万吨。救援灾民的范围，长江下起小池、九江、彭泽，上至沙市，远及湖南安乡，汉江下游内荆河峰口以下和东荆河一带，共转移灾民和运送民工155万余人。湖北省航运部门被防汛指挥部记功授奖的单位（包括船舶）达54个。汉口港1、2、3作业区和汽车轮渡所、家属队等5个单位，荣获武汉防汛一等红旗集体奖；安庆港3个单位荣获集体奖。

1954年大汛后，长江干支流又遇特大寒流，汉江冰封。安徽省沿江气温降到零下8℃，除干流外，支流全部冰封。为运送灾后重建家园所需的种子、农具、建筑材料，湖北和安徽等省航运部门进行历史上少有的破冰运输。共打通航道367千米，运输救灾和春节物资3.4万吨，保证了灾民生活和春节供应。

第三节　航标改革与航道治理展开

一、构建长江航道管理体系

“一五”时期，中央及各省市交通部门提出加强长江干支流航道建设的要求，首先从建设航道管理体系入手，建立管理机构，组建专业队伍，强化管理职能。

1952年11月，长江航道工程处成立；1953—1954年，南京、汉口、重庆航道工程区相继成立。南京航道工程区于1953年5月1日成立，下设九江、安庆、芜湖、南京航标段；汉口航道工程区于1953年12月1日成立，管辖宜昌至谌家矶637千米航道和洞庭湖水系部分通航河段，下设汉口、城陵矶、监利、沙市航标段。重庆航道工程区于1954年1月1日成立，下设重庆、丰都、万县、奉节、宜昌航标段，管辖重庆至宜昌666千米航道。泸州航道工程区于1955年8月24日成立，下设宜宾、合江、江津航标段，管辖宜宾至海棠溪367.77千米航道。至此形成“三级”航道管理机构，即航道工程处、航道工程区、航标段。

1957年3月1日，交通部决定成立长江航道局，隶属于长航局。负责沿江航标维护管理、航道疏浚和整治工程，保持航道标准尺度，改善船舶航行条件。局内设航标、工程机务、供应、人事工资、计划、财务等科与办公室，直辖汉口、南京两航道工程区，对重庆航道工程区与长航局重庆分局实行双重领导。随着航道管理机构的建立，长江干线航道队伍较快增长。1957 年共有职工 3619 人，其中管理人员 434 人，比 1949 年增长 4.1 倍。长江航道局的成立，成为长江干线航道发展史上的首个黄金时期。

二、进行干线航标制式改革

1952 年前，长江干线航标全面恢复，数量增加，但航标技术基本没有改进。因航标种类和式样没有统一标准，驾驶员难以识别和记忆，航标难以起到导航作用，加之缺乏管理，不能有效保证航运安全。

交通部内河局引进苏联链式导航标志及管理方法，拟定颁发内河航标规范及航标工作人员职责，作为各地工作的依据。1952 年 11 月，在长江第二届江务会议上，决定在长江进行航标改革。内河航标分引导航行标志、指示危险标志、信号标志 3 类，共 19 种；长江航标分航行标志、信号标志 2 类，共 16 种。航标颜色和灯光闪示为“左白右红”。

20 世纪 50 年代初，长江航道维护主要设备——长江航标艇

1953 年 4 月 7 日，城陵矶拉开中游航标改革序幕。5 月 1 日监利段新标发光。5 月 9 日，中游启动航标全面改革。监利至宜昌段于当月 29 日完成设标任务。城陵矶至汉口段于 5 月 28 日—6 月 13 日完成设标任务。8 月 1 日，中游全线航标发光，汉口至宜昌间 689 千米的航道共设立岸标 315 座，中游航标改革顺利完成。至 1953 年底，中游共设岸标 327 座，浮标 304 座，水深信号杆 22 座，标志平均密度由改革前 5.64 千米缩短到 2.15 千米。上游于 1954 年 10 月开始航标改革。下游航标改革于 1955 年

4月开始，新航标于9月送到各个设置点安装。10月21日，汉口到江阴的892.7千米航道全部发光。

历时三年余，长江干线江阴至宜宾2640千米航道完成航标全面改革。建立了锁链式导航标志，昼可见一标接一标，夜可见一灯连一灯。

长江干支流实行航标改革后，干线和部分支流开放夜航。1952年前，长江干线夜航止于城陵矶；航标改革后，宜昌以下实现夜航。宜昌至重庆在枯水期基本达到全部夜航，洪水期可分段夜航，重庆至宜宾也能全年分段夜航。上海至宜宾开放夜航，开创了干线航道的新纪元。1956年，长江航标改革完成后，航标的配布与标志制式虽有很大改变，但仍以燃油灯为主，其保养工作极为繁重。长江下游江宽浪大，航标维护困难，迫使南京航道区对灯标进行技术改造。同年4月，航标电气化和自动化的试验工作在长江下游展开。南京航道区的技术人员和工人为了实现航标发光系统的电气化和控制系统的自动化，提高标灯的发光强度，先后对多种电池灯及其组合进行试验，并研制出钟表式自动开关。同年8—9月，在几个水道进行实用试点后，于10月初在江阴至九江段航道全面更换。至1956年底，共改装电气航标灯725盏，为该段标志总数的63.50%。新装航标灯以干电池为电源，配以上海生产的灯泡发光。这是长江第一次航标电气化尝试。

三、开展长江干支流航道的治理

（一）航道的测量和勘查

1953年，航道工程处成立中游航道测量队，于1955—1956年底进行汉口至宜昌航道航行图的测量。1957年，中国人民解放军海军司令部航海保证部出版了《长江中游汉口至宜昌航行图》，这部自测航行图，为船舶驾引人员提供了较为准确的航行参考图籍。

1957年1月12日，交通部水运设计院第二勘测队川江工作组，进一步对宜宾至泸州段航道进行勘测。4月20日完成绘制的叙泸段航道图由长江航道局复制；又于1957—1958年的枯水季节完成泸州到重庆的航道勘测，使渝叙段有了一幅比较准确详尽的航道图。

沿江各省市对支流航道也普遍进行勘察。四川省在“一五”时期组成9个普查队，对涪江、岷江、渠江、金沙江、大渡河、雅砻江等支流航道进行实地勘察。1957年，四川省河流普查，大小河流540条，4.4万千米；通航河流116条，1.2万千米；通机动船里程1821千米。1952年，贵州省对各河航道和航运情况进行调查。湖北省航运管理局1952年成立航道测量队，1956年首次进行全省河流航道普查，共有大小河流

1195条，3.5万余千米，通航里程1万余千米。湖南、江苏等省也对内河航道进行了普查。

（二）川江航道滩险整治

“一五”时期，交通部对川江航道提出“在五年内应有计划有步骤地对日航困难、夜航危险地段加以整治”的要求，长江航道部门本着先通后畅的原则对川江进行整治。1953年1月18日，川江航道工程大队土法上马，在观音滩、蚕背梁炸礁，拉开整治川江的序幕。蚕背梁炸礁9072方，流速由每小时22千米减为18千米，一般船舶过滩时间在水位13.72米逆水时，由1小时减为半小时。

川江炸礁

国家对长江航道建设投资逐年增长，1953年为115.75万元，1954年为204.82万元，1955年为483.6万元，重点整治航道尺度最小和危害最大的滩险，同时对泄滩、碎石滩、方滩和崆岭等滩也进行了治理。改善了航行条件，为全面开放川江夜航打下了基础。

（三）中下游航道疏浚

长江干线航道枯水期相继出浅，中游最为严重。1953年航道管理部门制定了干线《航道标准水深》，宜渝线为2.9米，汉渝线为2.9米，中汉线为4米。1952年在中游天兴洲、下游戴家洲进行土法拖耙后，于1952—1953年枯水季节，租用“大沽1”号和“海虎”号挖泥船，分别对戴家洲直港和天兴洲进行挖泥疏滩。1953年秋，长江干线有了第一艘挖泥船“长江1”号（即“大沽1”号），至1957年，长江航道局新增“吸扬1”“吸扬2”号、“抓扬1”号3艘挖泥船。长江中下游浅滩治理依然以爆破和调标改泓为主，以挖泥为辅。

“一五”时期，汉口航道工程区和南京航道工程区开始机械疏浚，逐步成为保证干线航道水深和港口水深的主力。1953—1957年，长江干线航道疏浚完成工程量384.27万立方米，由单纯的设标维护，扩大为疏浚、爆破、调标改泓的密切配合，枯水期航道低于标准水深的天数逐渐减少。

（四）支流航道的整治和开发

岷江系川西水网的一条主干道，整治工作从1954年开始，对主要航段乐山至宜宾约162千米的滩险进行维护治理。航道水深由0.8米增至1.4米，滩险状况有所改善。

湘江沿线有衡阳、株洲、湘潭、长沙、岳阳等工业城市。其下游衡阳至城陵矶439千米航道有浅滩69处，枯水期最小水深仅0.4米，每年有3~5个月不能正常通航。“一五”时期，对湘江下游航道进行轻型导流和维护性疏浚，对一些重点碍航浅滩进行治理，株洲至城陵矶257千米航道基本全年通航。

汉江的整治，从1955—1957年历时3年。上游以挖浅、炸礁、疏浚和开辟捷道等方法，整治沙洋县至郧县（现郧阳区）间903千米、341处滩险，水深由0.3米提高到0.5米，部分河段提高到0.7米，并开辟安康至白河273千米机动轮驳航道。中游继凤凰滩炸礁后，1955年8月5日又开通樊城至老河口航道，爆破和导治龚家洲、猪圈湾、牛首、格垒嘴、白虎山等浅滩，吃水1米深的轮船可通航。

赣江的整治从1955年开始，主要是对赣江上游十八滩进行整治。十八滩具有险、急、浅的特点，整治方案采取以“炸礁为主，堵坝为辅”。

“一五”时期，对赤水河、金沙江、渠江、涪江、乌江、靖江、洞庭湖及资水、沅水等也进行了整治。在国家铁路、公路运输尚不发达的时期，利用自然河流发展水运，对国民经济的发展和沟通城乡，特别是山区交通起了重要作用。

四、干线航道维护管理加强

（一）主航道的维护管理

长江干线航道在维护管理方面制订了多项技术规定，航标维护不再仅仅是“设标点灯”，而是按照不同月份、不同河段的航道标准尺度来维护管理，不断改进航标设置。川江山区冬春两季易突发局部性的雾障，1955年川江因大雾造成的海损事故达15起。川江航道技术人员找出规律，划定多发雾区，创造性地建立简易可行的雾情揭示体系和管理制度，及时向行轮发布雾情信号。1957年10月，武汉长江大桥建成通车，中游航道部门首次设置桥涵标和界限标。

为开辟航道、保证通畅，长江航道职工斗风雪、抗酷暑，与激浪拼搏，攀悬崖峭壁，宿沙滩孤舟。1953年2月18日，毛泽东主席乘“航川轮”视察长江时，看到航道工人驾着小艇，顶着风浪维护航标。他赞扬道：“航标员是无名英雄”。

（二）经济航道的开辟

“一五”时期，在长江中游最有影响的是松滋河经济航道的开发。松滋河系长江支流，全长328千米，四季通行小型机动船和木帆船，为沟通长江与洞庭湖的经济航道，比长江干线松滋口至城陵矶短捷52.5千米。1955年8月，“长江313”轮首创从城陵矶取道松滋河安全驶抵宜昌，节约航行时间24小时，避开了下荆江洪水期风浪之险，佐证了开发松滋河经济航道的可行性。1956年5月，汉口航道工程区与湖南省航运厅共同开发松滋河航道，7 月 1 日正式通航，维护水深达 3.5 米。“长江 301”拖轮顶推 4 艘 500 吨铁驳首航安全驶达宜昌，航行时间减少 27.2 小时。据统计，自“长江 301”拖轮顶推船队首航至 10 月 1 日洪水下跌封航止，有 36 个船队取道松滋河，共节约 948 个航时，相当于增加 7 个船队。

“一五”时期，国家对长江干线航道建设拨款 2753 万元（第一套人民币），长航局基建投资为 1255 万元（第一套人民币），占全局完成投资总额的 4.59%，国家拨款与干线基建投资为 2:1。沿江各省地方航道部门的年均投资，云南 114 万元（1955 年 3 月 1 日起启用新币，第二套人民币，下同）；四川 100 万元；贵州 100 万元；陕西 140.56 万元；江苏 400 万元。这些航道建设投资，有效解决了通航问题，支援了地方经济建设，产生了显著的航运价值和社会效益。

第四节　港口装卸机械化起步

一、改进港口生产设施和流程

（一）增加各类装卸机械

“一五”时期，长航局为改变港口落后面貌，积极投资建设长江干线港口装卸机械。按交通部指示，在未建港前，发展流动性的小型机械及半机械半人力等方式，降低工人劳动强度。1954 年后，各港除缆车外，一般采用 10 米、15 米的皮带型运输机，解决大宗货物煤、袋粮及杂货等装卸，码头至库场采用堆包机堆垛，电瓶搬运车往返运输，代替了体力劳动，提高了装卸效率。到 1957 年，各重点港口共有装卸机械 302 台，皮带机长度 2706 米；重庆港、汉口港分别建设一台缆车滑道，大大提高了工作效率，重庆港朝天门运货缆车 1 小时可运送货物 200 吨，工时效率提高几十倍。

汉口港 8 码头是客货定期班轮申汉线进口和汉渝线出口的专业化码头，于 1955 年 9 月 15 日安装了链板运输机。当天“江华”轮靠岸用链板机输送货物，180 名工人以 3.2 小时完成全船货物的起卸，而原来 260 名工人要 6 个小时才能完成。三码头 6 号仓库由楼底至楼上安装皮带机后，装卸工人无须再扛着沉重的货包上楼；第三作业区安装了专用运煤皮带机，火车运来的煤可直接卸装上船。宜昌港装卸机械量 1957 年比 1952 年翻了一倍，3 部万能起重机能起吊 5 吨以内的重件，一改以往重件由数人甚至数十人艰难扛抬的情况。枯水季轮船不能靠岸在河心作业时，3 部万能起重机代替人力转驳运送。黄石港的装卸机械量 1957 年比 1952 年增加了 21 倍，芜湖、南京等港的装卸机械及皮带机等都相继发展起来。

各重点港逐年增加机械设备，机械操作比重不断增长，但总体来说仍然偏小。1954—1957 年长江干线重点港口机械操作比重，详见表 2-2。

表 2-2　　1954—1957 年长江干线重点港机械操作比重　　（单位：%）

年份	全线	重庆港	宜昌港	汉口港	黄石港	南京港
1954	1.51	6.40	2.99	0.22	1.35	—
1955	2.09	5.13	4.19	3.35	0.73	0.78
1956	10.25	6.18	5.99	16.93	34.40	8.81
1957	16.61	10.81	11.06	22.64	40.97	23.23

资料来源：交通运输部长江航务管理局档案中心。

（二）推广先进操作方法

新中国成立后，装卸工人在政治和经济上翻了身，生产积极性高涨，创造出许多先进工作法，装卸效率进一步提高。

重庆港采取轮驳舱底打四方墩装舱法，比原有打梯墩方法工时效率提高 10%，减轻了工人上下梯和转身的劳累；装煤采取撮煤入篓扛运法，工时效率提高 43%。宜昌港学习重庆港“翻蔸倒煤法”，把箩筐改成活动的，装煤时收拢倒煤时放开，方便简捷，煤又倒得干净，工作效率提高 49.66%。宜昌港还自制“木架电动起舱机”，粮包的出舱效率提高 2 倍。南京港自创一种在枯水季节减轻工人劳动强度，保证安全装卸的工具——“栈桥装煤漏斗滑板”。

长航局对重庆、万县、宜昌、汉口、南京等港的先进装卸操作技术及时推广，各港口组织人员到现场学习借鉴先进操作方法，加以推广运用。各个港口还注重推广本港区工人们的创新做法。汉口港一作业区举办先进装卸经验展览会，展出先进经验 86 种，其中有 55 种是本港工人创造改进。这些先进的操作方法，有效地解放了生产力。

（三）港口吞吐量逐年提高

1954—1955 年，长江干线吞吐量增长较快。主要原因是全国工农业加速发展，物资交流扩大，干线船舶运力增加。1956 年正值社会主义改造高潮，但港口吞吐能力跟不上沿江工农业生产发展，吞吐量增速较 1955 年以前略低。1957 年因川江拖轮及 5 字驳船队增多，直达运输进一步扩大，对某些港口吞吐量增长有一定影响。1953 年，长江干线港口吞吐量为 1336 万吨；1957 年吞吐量上升到 2827.4 万吨，5 年间增长了 2 倍多。

支流各港吞吐量也逐年提高。1953—1957 年，湖南港口吞吐量从 192.7 万吨上升到 286.3 万吨；江西港口吞吐量从 47.6 万吨上升到 282.2 万吨。

二、改建和新建港口码头

“一五”时期，长江航运港口基建投资占完成投资总额的 14.97%；最高年份为 1957 年，占 28.15%。改建、扩建房屋 149782 平方米，增建仓库 42646 平方米，候船室 1916 平方米，生产性用房、棚、车库、充电房等 5467 平方米。

裕溪口港是国家投资重点建设项目，是中国设计、建造的机械化内河港口。淮南煤矿的煤由淮南铁路运至裕溪口后，由该港转运至大冶、上海及长江沿岸其他工业区。港口建成后，年吞吐能力提高至 250 万吨，输出以淮南煤炭为主，输入以粮食和木材为大宗，大幅减轻了津浦铁路南段运输压力。

1957 年 4 月，重庆港九龙坡水陆联运码头前期扩建工程开工。长航局主持拟订扩建方案，由建筑工程部西南设计院设计，交通部投资 500 万元。九龙坡码头在原有 1 座缆车码头基础上，扩建 1 座缆车码头和 1 座起卸轻货的链板机码头，并在码头和火车站之间增设铁路和公路等运输线和重件货场、仓库等，扩大重庆港机械装卸作业的吞吐量。

1955 年 12 月 1 日，新建的江阴港和高港港开始停靠船舶。新设码头和旅客候船室等设备后，既方便了旅客乘轮船，又降低了运费。江苏 18 个县的粮食、棉花、鸡、鸭、鱼、蛋等，都从里下河运往高港出口，上海的百货又通过高港港经里下河分送到苏北各地。

为满足航运需要，长航局决定新成立两个港务局。1956 年 6 月 1 日成立泸州港务局，隶属重庆分局领导，以加强渝叙段土特产品运输；1957 年 8 月 10 日成立南通港务局，隶属上海分局领导。沿江各省市也加大港口建设投资力度。湖南省五年中对港埠建设的基建投资，平均占水运建设总投资的 16.10%，其中 1957 年为 22.32%。至 1957 年底，湖南省港口共拥有机械和人力码头 33 座，装卸机具设备 1799 台。湖北省港口基建投资占总投资的 7.60%。1951—1956 年，湖北省港口建成 64 座候船室、共 11243 平方米，29 座仓库共 8839 平方米及 116 艘趸船，在沙洋、泽口、岳口、仙桃 4 港设斜坡式与石级码头 7 座。江西省港口基建投资占总投资的 9.20%，新增 8 艘趸船和仓库 545 平方米。安徽省在长江水系投资新建和改建趸船 30 艘，栈桥码头 4 座，简易石阶码头 68 座，以及仓库、候船室 31 处。

三、加强锚地停泊区管理

长江拖驳运输业务的日益发展，使得各港口锚地及停泊区工作变得十分繁忙。

如何管好锚地和停泊区，保证拖驳运输不受影响，成为沿江各港口所关注的一个重要问题。

1955 年前后，重庆、万县、宜昌、汉口、黄石、南京等港口相继建立锚地与停泊区管理站，设置了锚地调度员与锚泊地水手长。各港结合港口昼夜装卸分班作业计划，编制锚地作业计划与港作拖轮计划，并制定了锚地管理办法，增添了工作船和交通艇，信号灯标照明、调度通信等技术设备，锚地的业务逐渐正常地开展起来。对停泊船队较多的大锚地，实行设标分段管理，船队到港按计划标位停泊，消除停泊混乱的现象。特别是汉口、南京等港锚地，成功地安装了系船浮筒，这是内河的创举，既减少驳船队抛起锚的技术作业时间，又避免船队发生走锚事故。由于改进了锚地和停泊区的工作，加强了锚地作业技术指导，不仅缩短了船舶在港作业时间，也提高了港作拖轮的使用率。

第五节　修造船工业的调整与发展

一、干线修造船基地的合理布局

（一）干线水运工业的调整与发展

“一五”时期，长航局调整水运工业布局。改革修船厂体制，统一命名，围绕专线运输提出“保修期、保质量、保运力”和“江船江修、服务航运”的方针进行调整。

1955 年 10 月，长航二厂改由交通部船厂管理局领导，与长航四厂合并，更名为“长江航运管理局白莲泾修船厂”。长航一厂同日合并汉口航道船舶修理厂，更名为“长江航运管理局汉口修船厂”。同年 4 月，长航三厂更名为“长江航运管理局南京修船厂”。

随着我国社会主义改造的基本完成，原公私合营民生机器厂，1957 年 5 月划归长航局领导，成为干线水运企业在重庆的修船基地，更名为“长江航运管理局重庆修造船厂”。1956 年 9 月，宜昌民生公司新华机器厂与宜昌市木船合作社合并，组成宜昌船舶修理厂。至此，长江上、中、下游都建立了修船基地，初步改变了修船能力不平衡的局面，干线水运工业布局趋于合理。

随着水运工业设备能力增长，产值大幅增长，1957 年完成的工业总产值，比 1952 年提高 261%。

（二）支流水运工业的相应发展

“一五”时期，四川省水运工业投资达 98.6 万元，占全省水运建设总投资的

14%。1954年，川江船舶工厂更名为四川省船舶厂，划归省交通厅。通过技术更新改造，扩大了修造船能力。1955年12月，湖北省航运管理局修船厂与武汉市船舶修配厂合并，改称省航船舶修造厂。1956年4月，宜昌原集体所有制船厂转为地方国有，建立宜昌县（现宜昌市）造船厂。安徽省芜湖铁工厂1954年划归一机部船舶工业局，改名为国营芜湖造船厂，是国家“一五”计划重点建设的军工企业。1953年，芜湖内河船舶修理厂由芜湖内河轮船公司接管，由保养木质驳逐步发展为修造铁质轮驳，1956年改由省交通厅芜湖内河航运管理局领导。

二、修船能力提高和造船工业起步

三年恢复时期，长航局所属船厂修船吨位比重仅占15%，外厂修船比重高达85%。“一五”时期，长航局5个修船厂在“服务为航运”“江船江修”及“修船为主、造船为辅”的方针指导下，修船比重提高到70%左右。主要担负川江、中下游的中、小型机动船舶和大部分驳船的修理，而大、中型内燃机船舶仍需至上海修理，但外厂修理比重已降到30%。1953—1957年长航局属修造船厂完成修船统计，详见表2-3。

表2-3　　1953—1957年长航局属修造船厂完成修船统计

年份	修船产值（万元）（以1952年为基数）	其中		艘船	其中
		占总产值比（%）	1952年增产（&）		占年末在册比（%）
1953	415.93	59.10	+139.00	161	
1954	454.49	57.00	+161.20	170	
1955	642.73	58.60	+269.40	240	
1956	752.12	56.58	+332.23	285	
1957	1396.18	80.28	+702.45	353	32.6

注：1955年3月1日起启用第二套人民币。

（一）长江干线船厂以修为主兼造船舶

“一五”时期，长江干线船厂已具有一定的生产能力，各厂在修船的同时，也完成一定数量的造船任务。

重庆厂已能建造500吨以上的钢质和木质客货轮。1953年开始，依据长江特点结合苏联经验，批量建造新“5”字驳。新驳船少用钢材50余吨，可全年航行川江。1954年，开始小批量生产三联式千瓦蒸汽机拖轮，新建川江上游浅水拖轮“新生”号7月23日出厂。1955年建成大型拖轮“瞿峡”号，10月27日首航。1956年，建造1470千瓦蒸汽机拖轮。1957年6月，为湖南建造“湖庆”轮，吃水浅，航速比一

般拖轮快 17%。1956 年，汉口厂建造完工 88.8 千瓦钢木质测量艇 2 艘，22.05 千瓦钢质测量艇 1 艘；1957 年，首次建成 2 艘 700 吨钢质货驳。同时，白莲泾船厂也开始建造小型机动船。

（二）支流船厂修造船技术升级

1953 年，湖北省内河航运管理局修船厂首次建造小型钢质客货轮“沙洋”号，1954 年和 1955 年分别成功建造“丹江”客货轮和“郧阳”“郧西”两艘浅水拖轮。1956 年，湖北省船舶修造厂设计建成吃水 0.75 米的“五峰”浅水客货轮、吃水 0.3 米的仿苏制喷水船和吃水 0.5 米的 100 吨浅水货驳等。

1953 年，芜湖造船厂造出安徽省第一艘排水量 47 吨的抓斗式挖泥船和 36.75 千瓦拖轮。1954 年，建造 80 吨 ~100 吨钢质货船、300 座客位钢质客轮和 55 吨起重船等船舶，年产量 47 艘、4002 吨。1957 年，芜湖市船舶厂建造 10 吨 ~50 吨钢质趸船 7 艘，芜湖船舶修理厂制造木质船 9 艘。沿江各省船舶修造船厂通过“一五”时期的发展，开始从修造木质船转向钢质船。

第六节　私营轮木船运输业的社会主义改造

一、长江私营轮船运输业推行公私合营

民生公司率先进行公私合营，对长江私营轮船公司和个体经营者产生极大影响。党在过渡时期的总路线和总任务提出后，各私营公司纷纷向政府要求公私合营。1953 年起，长江干线私营轮船业的公私合营由重点试验转向全面扩展。

长江上游首先实行公私合营的是重庆强华实业公司、合众轮船公司等私营公司。强华公司有轮船 5 艘，计 2520.55 吨，以长江航运业务为主，在川江仅次于民生公司。合众轮船公司有船舶 4 艘，计 1188.89 吨，其经营规模在川江居第三位。两家公司分别召开筹委会，同日决议成立合组筹委会，11 月 1 日成立筹备委员会，至 1954 年 9 月 20 日，正式实行公私合营，名称仍沿用川江公司。

新中国成立初期，重庆有私营轮船运输企业 27 家，公私合营川江公司成立后，川江私营船业陆续实现了公私合营。

长江下游的上海，私营轮船运输业的公私合营进展迅速。中华人民共和国成立初期，上海长江私营航运业共 46 户。除已公私合营歇业等 13 家外，其余 33 户私轮公司 1954 年 9 月 1 日成立合营公司，并改名为“公私合营上海轮船股份有限公司”。由此，上海的长江私营航业绝大多数实现了公私合营。

1953年12月10日，汉口私营船业新民、和平、厚记、大盛、汉丰、兴和、同和、镒新及元大共9家轮船公司（局），成立公私合营荆江轮船股份有限公司筹备委员会。经清产核资，新民、镒新、和平、元大4户因资不抵债按破产处理，退出公私合营。其余5户及德隆、德昌两机器厂经民生公司同意，将全部资产估价投资民生公司经营。至此，汉口私营航运业基本实现了公私合营。

公私合营后，企业生产关系起了变化。民生公司合营两年半，共完成国家货运任务225万吨、28亿吨千米，年均货运量较历史最高年份1948年提高2.6倍；若川江公司运量以1953年为标准设为1，则1954年为1.27，1955年为两倍多。企业盈利也逐年增加。民生、川江及上海等3个公私合营公司1953年盈余569万元，1954年为1416万元，1955年为2070万元。

民生、川江、上海三家公私合营公司，在国有航运业的直接领导下，按照“三统”管理原则，运输业务基本纳入国家计划轨道。1956年1月，交通部召开全国航运会议，确定“私营运输业合营以后，其生产业务与实际工作机构并入国有企业统一领导”的方针；1月31日，长航局作出《关于公私合营民生、上海、川江轮船公司实行定息及经济改组的决定》。经国务院批准，交通部6月30日发出《关于民生、中兴等4个公私合营公司进一步社会主义改造的决定》，合营公司业务由国有企业统一经营管理，业务机构与国有航运局合并。

二、沿江省市私营航运业实行公私合营

重庆、汉口、上海私营航业公私合营后，公私合营的浪潮向沿江省市私营轮船业扩展。湖南省有10家私营轮（汽）船公司。公私合营湘江轮船运输股份有限公司，是地方私营航业成立较早的合营公司。上海市内河私营航运业共有轮司（行）44家，计有机动船舶135艘。1953年底，对这些私营航运业采取了“先管后改”的措施，稳妥地扩展公私合营。1954—1955年，浙江、江苏、安徽等省也扩展了部分私营航业的公私合营。

1955年下半年，同全国一样，长江干支流私营轮船运输业开始全面社会主义改造。1956年1月，上海市地方内河轮船新合营船舶58艘，直接并入已合营的上海内河航运公司。江苏省新合营船舶340艘，除上海市划归的4户单独成立合营公司外，都并入国有企业统一经营管理。湖北省合营船舶16艘，直接并入国有企业统一经营管理。2月份，湖南省新合营3户私营轮船公司，直接并入湘江公司。

三、个体木帆船走集体化道路

木帆船，亦称民船，且有船多、人多的特点。1952 年 12 月，交通部召开全国第一次民船工作会议，决定进行民船民主改革；1953 年 4 月 15 日，全国第二次民船民主改革工作会议总结各地试点经验，在全国普遍开展民船民主改革运动。有的省 1952 年下半年就启动了水上民船民主改革运动，多数省于 1953 年上半年开始，下半年结束。

1951 年 3 月，湖北省京山县大富水宋河港 14 艘船组成“薛楚喜”联营组；1952 年 4 月，洪湖县（现洪湖市）新堤港周柏章等 29 艘船组织成常年互助组。1952 年 9 月，安徽省试办木帆船互助组，1953 年和 1954 年大面积发展互助合作组织。四川省从编组编队入手开展互助合作，到 1954 年年底已有 94% 的木船编入 267 队、1941 个组。这种互助合作组织实际上具有初级合作社的雏形。

20 世纪 50 年代长江上的木帆船

1955 年，按照“自愿、互利、民主”的原则，各省开始试办木帆船运输合作社。江苏省 1954 年在吴江县（现吴江市）试办第一个合作社，采取“先互助、再合作”的循序渐进方法，实行“船舶交社、折价入股、统一修理、按股分红”，对社员采取“劳力评分、船舶定额、超产奖励、按分分配”的原则，民主选举社长，并建立社委会和监委会。湖北省于 1955 年在武汉、樊口、襄阳、荆门、应城等 15 个港口试点，至 9 月试建民船运输合作社 8 个，年底增加到 36 个。其中武汉市驳船运输合作社于 1955 年 1 月 19 日成立，规模较大，有船 499 艘、计 15015 吨位，从业人员 2642 人。1955 年 6 至 8 月，贵州省赤水河、乌江、清水河、都柳江等 8 条河流的民营木船有 25.96% 参加了互助组或合作社。

1957 年 12 月，在社会主义改造高潮中，民船运输合作社又有新的发展，高级社数量也日益增多。

第七节　航运支持保障系统的建立

一、长航公安机构的创建和早期工作的开展

（一）创建长航公安保卫机构

20 世纪 50 年代初，长江干线各大城市的港航单位创建公安保卫机构，接管旧的护航武装。1950 年 3 月，华中航政管理局保卫科成立；4 月 10 日，更名为长江区航务局保卫科。1951 年，改为长江航务管理局公安处，后更名为经济保卫处。1953 年 2 月 21 日，成立“中央人民政府交通部长江航务管理局公安局”，试行对长江港航各保卫组织的统一管理。6 月 10 日，公安部《关于长江水上公安组织的领导关系的决定》明确：“为加强长江水上对敌斗争的统一领导，保障长江航运和水上居民安全，决定成立长江公安局。”1954 年 7 月 15 日，长江公安局撤销，在长航局内设立长江航运管理局公安局，统一领导长江航运企业内部保卫工作，业务上受公安部十局领导。下设长航重庆、上海分局公安处和汉口港务局公安处、11 科（长航宜昌、九江、黄石、铜陵、芜湖、马鞍山、南京港务局及长江航务工程局、青山船厂、金陵船厂、长江航道局保卫科）及宜昌船厂保卫股。至此，基本理顺了早期的长航公安管理体系。

（二）首次执行专船警卫任务

1953 年 2 月 15 日，长航局接到中南公安部紧急通知：“准备一条专用船，做好中央首长乘船的安全保卫工作。”这是长航局第一次接受中央首长专船警卫任务，于是迅速成立船舶保卫组和码头保卫组，分别开展审定专用船和码头的清理工作。船舶保卫组由经保处第一处长岳盛光负责，选定“航川”轮为中央首长乘坐专用船。码头

航川工作船

保卫组由第二处长马克逊负责，对二、四、五码头严格清查，要求水手昼夜值班守卫。2月18日清晨，“航川”轮停泊在四码头待命，保卫干部佩戴袖章在船上分段守卫。上午9时，毛泽东主席登上“航川”轮。“航川”轮驶往武昌中华路码头；毛主席登岸后，“航川”轮开回汉口待命。下午3时，“航川”轮又奉命到中华路码头。毛主席登上“航川”轮，问中央公安部部长罗瑞卿：“长江的公安工作你怎么管？”罗回答：“长江已有公安保卫部门，准备成立一个长江公安局，统一管理长江。”毛主席点头赞许。“航川”轮行驶到五码头，毛主席一行离船登岸。长航局第一次专船警卫任务圆满完成。

（三）保卫川粮东运安全

新中国成立之初，美帝国主义和国民党反动派不甘心失败，对新中国实行经济封锁。为打破敌人的经济封锁，挫败奸商的破坏捣乱，国家决定从四川调运粮食，支援华东地区，以稳定市场和平抑物价。

为加强川粮东运的安全保卫工作，长航局公安处成立由1名处长、2名科长、12名公安保卫干部组成粮食运输保卫小组，要求有关港航单位的公安保卫部门、护航队抽调足够力量，专门负责川粮东运的安全保卫工作。首先对参加运输粮食的船舶和调度、货运、港口囤驳、作业区等要害部门进行审查清理，对不适合的人员进行调整调离。其次是建立健全运粮船舶治安保卫委员会（组），充分依靠和发动群众参加护航。保证了川粮东运的顺利完成。

二、长江航运通信的起步

（一）接管长江船岸电台

1953年9月22日，受政务院财经委之令，邮电部所属各江、海岸电台交由交通部统一管理，称为航务电台。1953年10月8日，长航局接管镇江、南京、安庆、芜湖、汉口、九江、长沙、宜昌、重庆及万县10座江岸电台。上海江岸电台由上海港务局接管。1954年10月—1955年1月，长航局与公私合营后的民生轮船公司等签订合约，对船舶电台实行统一管理，改变了多方负责、不便管理的局面。1954年底，长航局拥有60余座船舶电台。1955年，交通部拨出专款购置电报机。1956年，新增船舶电台42座。至“一五”末，长航局已拥有船舶电台198座，汉申间12个港口设置江岸电台，对船舶开放高频电报业务。1957年前后，长航局多次下发文件，对无线电台设置、通信和安全保障作出了具体规定。

（二）建设长航有限专网

1954年以前，长江有线长途通信基本依靠邮电部门提供，无法满足航运需求。

国家鼓励发展专用通信，交通部1954年指示加强电信工作。长航局出台第一个电信发展初步规划，提出修建重庆至上海沿江自建线路，借助邮电部门长途通信干线杆路，采取租杆挂线的方式，建立长江航运有线专网。1954年，交通部和邮电部达成协议，由交通部投资，在汉申邮电架空明线干线杆路上，加挂3.15毫米铜线一对，从汉口经黄石、九江、芜湖、南京至上海，全长1088千米，引至沿江各主要港口，作为航运调度专线。加挂线路产权归交通部，支付租杆挂线和代维费用。两部间首次成功合作，既节省了投资，避免了重复建设，又较快解决了航运通信严重落后的问题。

1955年5月，交通部批准建设汉渝加线工程，在邮电汉渝干线杆路上加挂3.0毫米铜线，汉口至重庆全长1037千米。“一五”时期，为适应川江航运发展，在川江狭窄河段的上、下信号台之间，建设了294千米航道有线电话线路，初步解决了川江航道通信问题。汉申和汉渝航运专线建成后，交通、邮电两部协商，1956年分别在汉申和汉渝间开通三路载波电话设备；汉口、上海、九江、芜湖、南京分别安装三路终端机，进行电路转接。设备开通后，沟通了长航局至沿江主要港航单位的有线电话。长江在申渝长途载波实线，分别为汉口总调度室和上海、重庆、宜昌等22个港站调度室，开通30部选号调度电话，方便了运输生产调度。

三、长江船舶检验的开展

（一）船舶检验机构的建立

1950年4月，长江区航务局内设航政处，下设船舶科，负责船舶检验工作。1952年下半年，首次建立长江船检垂直管理机构，即长航局机务处设技术检查科，后改称船舶检验科，统一管理长江干线船检工作。1956年6月起，长江各港船检机构与港航监督室合并，改称船舶检验组。长航重庆分局机务科船检组改称分局港航监督科，宜昌、汉口、九江、芜湖、南京、镇江等港验船组和船检人员，均划归各港港航监督科。

（二）制定规章开展船检

1953—1957年，长航局船检部门陆续新订和修订的长江船检规章有：《长江区船舶申请检验规定》（1954）、《长江区船舶丈量申请检验规定》（1954）、《长江船舶装运汽油检验暂行规定》（1954年草案）、《长江区船舶救生设备暂行定额》（1956）。这些规章使船检工作得以正常开展，并为制定配套规范提供了经验。1953年，长江船检部门开展船舶干舷调查，借鉴苏联标准，制定了《长江区钢质船舶干舷核定暂行办法》。首次按风、浪、流等条件将长江航区划分为甲、乙、丙三级，首次按规定勘划船舶载重线标志核发干舷证书，并于1954年起全面开展此项工作，至10月底完成。继而对木质轮驳干舷进行调查，拟订《长江区木质船舶干舷核定试行办法》，1954年10月公布。同时，船检部门加强客船定额检查，重点检查客船救生、消防设备及舵装置、锚泊设备，保证航行安全。

（三）拓展检验工作领域

20世纪50年代中期，中国开始批量生产适合长江航行的中型船舶，包括“民众”“江峡”“人民1”等轮，船检部门按照规定逐一验收，保证造船质量。

1953年，交通部公布《船用救生衣、救生圈规格标准的暂行规定》。1956年6月，交通部颁发《船用救生衣、救生圈规格标准》，长江船检部门到各生产厂家，对救生衣和救生圈进行外观检验和浮力试验。通过检验，促使生产厂家保证质量，这是中国船用产品检验的开端。1954年8月，交通部海运管理总局发布《船舶蒸汽锅炉和主蒸汽管的技术监督规程》等4个技术规则和规程。1957年，交通部船舶检验局首次颁发《木制、钢质救生艇验收标准》。

1957年9月10日，交通部明确船检部门是船舶设计图纸资料的技术审查和批准部门。上海、南京、武汉、重庆等地船检部门，陆续实行对船舶设计图纸的审批和驻厂检验制度，开展船舶建造检验工作。

四、医疗卫生系统的建立

新中国成立之初，长航局机关内设卫生管理部门；1952年10月成立长航局卫生处。在沿线职工较集中的港口、工厂、机关、学校、航道段及宿舍区等处，建立门诊部、卫生所、保健站；在10艘直属客班轮建立保健室，设专职保健员；对拖轮或船员达到20~30名船员的船舶配发保健箱。在沿江各主要城市筹备建立职工医院。

1952年，在长航局上海分局卫生所的基础上，组建上海长航医院。1954年，汉口长航职工医院建成，开设病床120张，工作人员121人，其中医师21人，护士50人。除完成门诊、住院病人的治疗任务外，还接管卫生行政工作，领导全线卫生工作，拟定防病治病工作计划，对在汉5000余名职工进行健康检查。

1954年4月，宜昌长航医院成立；1955年更名为“宜昌港务局职工医院”，隶属长航局，经费由局卫生处统一下拨。1956年，民生公司合并到长航局后，船舶增加到27艘，为保障船员、旅客身体健康，开展船舶卫生防疫工作，长航职工医院组建了船舶保健站，即卫生防疫站的前身，面向船舶开展预防保健、掌握疫情、培训船医等工作。

1954 年汉口长航职工医院大门

第八节　党组织建立与职工队伍建设

一、航运系统党组织的建立

1951 年 1 月，中共长航局党组成立。1952 年 11 月 1 日，长航局政治部成立，统一领导长航系统政治工作，下设研究室、组织部、宣传部、青年部。主任石玉、副主任陈琪。1953 年 1 月 1 日，中国新民主主义青年团长江航务管理局工作委员会成立，杨彪任青年部部长兼团委书记。至 1953 年底，汉、渝两港和民生公司建立政治处，24 艘船舶设协理员，6 艘船舶（队）设政治指导员。民生公司设政治干部包括船代表 60 人，芜湖港设政治副港长 1 人，九江港设政治协理员兼党总支书记 1 人，镇江、南京、安庆港设专职党支部书记 1 人。

1953 年上半年，长航政治部初创时期工作范围仅限于局机关和直属 29 艘船舶，下半年扩大至汉口、九江、重庆三港。1954 年 2 月 11 日，长江区第一届政工会议确定政治工作与经济工作相结合是企业党组织工作的根本方针，也是最基本的工作方法。长航局政治部由一室三部扩大为一室六部。至 1954 年底，全线共有 10 个政治处、7 个政工室，在 131 艘轮艇配有政治协理员或指导员。1954 年 8 月 24 日经中共中央中南局批准，长航局党组改为“中国共产党长江航运管理局委员会”，受湖北省委直接领导。由贺崇升、邓少云、张明、陶琦、李夫、石玉、谢邦治、张文昂、肖鹏、丁乙、陈琪、姚茂堂、江达 13 人为委员；贺崇升为书记，石玉为副书记。1955 年，长航系统政治机构进一步完善。

1956 年 9 月，党的八大决定在企业实行党委集体领导下的厂长负责制。1957 年 1 月，长航局党政领导调整，柴保中任长航局党委书记、贺崇升任局长。3 月，根据中共中央关于撤销铁道、交通、邮电系统中各级政治机构和建立企业党委制的指示，长航局党委撤销系统各政治机构，健全各级党委（总支），加强党对企业的领导。同时规定：长航局党委直接领导直属机关、武汉分局、航道局、干部学校 4 个基层党委；对渝、申两个分局党委及宜昌、汉口、黄石、九江 4 个港党委（总支），与地方党委实行双重领导，并指导重庆、汉口、上海、南京 4 个工厂。各港所属办事处、营业站党的工作由所在地党委领导，并与其上级企业的党组织建立指导关系。船舶党组织凡 222 千瓦或 30 名船员以上的建立党支部；小船与拖轮成立船队，以船队建立支部，设专职支部书记。至 1957 年 3 月，全线共有党员 7363 名，占职工总数的 13.57%。长航局系统党的工作逐步走向正规化，党对企业的领导和思想政治工作得到加强。

二、职工思想政治工作的开展

按照政治工作与经济工作相结合的方针，长航局除组织政治理论学习外，先后进行党在过渡时期总路线的教育，结合“新三反”进行劳动纪律教育；组织支援工业建设、生产救灾和《宪法》专项教育，中共八大精神学习教育；参加 1954 年抗洪救灾，开展“肃反”等，提高职工社会主义觉悟，激发职工生产积极性。基层船舶党支部围绕完成航次计划、保证安全航行、挖掘船舶载重潜力 3 个环节，团结群众克服困难，确保完成生产任务。1953 年 3 月 15 日，创立《长江航运报》，宣传党的方针政策和上级指示，推广职工群众的创造发明、先进经验和合理化建议。

1954 年 3 月 15 日，长江区第一届航运劳动模范大会举行，评选出 10 名长江区甲等劳动模范、21 名乙等劳动模范、32 名丙等劳动模范，以及“国泰”轮船队、“江安”轮、“华 214”艇等 12 个模范集体。1956 年 4 月 8 日，长江区第一届先进生产者代表会议召开，推选出莫家瑞、莫益鑫、刘正卿等 90 名代表出席全国交通系统先进生产者会议，并推荐 40 名代表出席全国先进生产者代表会议。

三、职工文化素质的提高

1954 年，长航局制订干部训练计划，在城陵矶设立干部训练班，训练船舶驾驶员、轮机员和土木工程监工员、航运管理员、川江引航员，以及航标员；轮训财务、商务、调度、客运服务员等。重庆分局、民生公司和重庆分公司，分批训练川江船长、驾驶员和统计员 80 余人。汉口港培训了 80 名具有一定文化程度、又熟悉码头装卸的机械操作工人。长航上海分局采取订合同形式培养大批技术人才，由部分轮驳的老船员与实习生、新船员签订教学合同。1955 年下半年，培养驾驶员、司机、舵工、加油工、生火工、水手 176 人。民生汉口分公司组成教学合同工作组，有计划培养高级船员。芜湖港“利泰”轮在船上组织轮机、驾驶两个技术学习小组，由文化技术较高的船员担任教师及辅导员，利用实物教学，学用结合，使全船的技术水平得到提高。

1955年秋季，交通部从长航局抽调22名初中文化以下的副科长以上干部，派送至北京交通部干部文化补习班学习，两年内达到初中毕业程度。1956年，长江干线各单位积极开办速成识字班、职工业余学校、文化学习班等。截至12月，有28363人入学，其中文盲、半文盲20110人，占入学人数的84%。同时，群众文化体育活动蓬勃开展，对增强职工体质、培养道德品质，激励职工提高政治、文化、技术水平起到积极作用。建有18个俱乐部，33个图书室、藏书177219册，流动图书箱937只、藏书79401册；建剧团、音乐、舞蹈组共46个。各俱乐部经常举办图片展览及技术、时事讲座等。港以上各级体协全部建立，还建立基层体协41个、各种球队及劳卫制锻炼小组。工会和共青团组织把工作重心转向生产，围绕增产节约开展劳动竞赛，充分调动广大职工生产积极性和创造性。

四、职工福利事业的改善

“一五”时期，职工群众的生活福利事业有所改善，如住宅投资额占总投资的7.16%。干线新建职工宿舍281143平方米，其中国家投资259293平方米，其他资金建造21850平方米，居住面积200814平方米。通过新建、改建、购置宿舍，租用民房旅馆，解决了约24%的职工居住问题。职工集体福利事业也有较大发展。各单位实行劳动保险条例，享受劳保待遇的达到32447人。至1956年，各单位普遍开办职工食堂、理发室、浴室、幼儿园、托儿所，有的还办了子弟小学。不仅解决了部分职工的实际困难，而且提高了职工生活福利。各级领导对于先进职工，给予关心和鼓励。对于生活困难的职工，给予救助，以体现组织的关怀。1953年补助用款为90796.13元，1954年补助用款131548.82元，1955年补助用款100019元，1956年补助用款达622595元。

职工物质文化生活随着生产发展而改善，广大职工深刻认识到发展生产与切身利益的一致性，体验到社会主义制度的优越性。

这正是：

江海飞歌帆影重，长河一线党旗红。
表彰先进学家瑞，素质提升文化浓。

第三章

雄姿初展——长江航运探索发展

（1958—1965年）

追求跃进反迷失，调整提高正此时。
条块结合齐会战，长航试办托拉斯。
港区沿线星罗布，船舶飞梭水上织。
航道群英光耀月，巨轮添翼展雄姿。

按照中央制定的“鼓足干劲、力争上游、多快好省地建设社会主义”总路线，长江航运同全国一样，掀起“大跃进”热潮。“放卫星”“大会战”冲击了长江全线一条链和专线运输秩序，导致事故频出、比例失调，沿江各地将木帆船运输合作社改为水上人民公社或高级合作社。面临三年自然灾害严峻考验和急躁冒进带来的严重问题，国家对国民经济实行“调整、巩固、充实、提高”的八字方针，长江航运迅速贯彻《国有工业企业工作条例（草案）》，恢复运输生产秩序。

这期间，长江航运自力更生、艰苦奋斗，坚持勤俭办企业、勤俭办一切事业，大搞技术革新、技术革命。1958年，毛泽东主席视察长江，发出长江航标电气化的指示，芜湖至重庆段率先安装电气化航标灯。1965年，长江航运试办“托拉斯”，破除条块分割，实现全线联合，运用经济手段管理企业。长江第一座机械化煤码头芜湖港裕溪口作业区建成投产。长江航道、港口、水运工业布局基本确立，并开始大规模建设，长江航运在探索发展中初展雄姿。

第一节　长江航运干支流管理体制的变化

一、干线部分港航下放地方管理

1956 年 10 月 30 日，中共中央、国务院下发《关于改进国家行政体制的决议（草案）》。1957 年 9 月 13 日，交通部指令长航局上海分局与江苏、安徽两省就船舶港口下放问题进行协商。12 月 9 日，交通部向国务院第六办公室上报下放办法：跨省航线仍由长航局管理，省境内短途航线和小港则交江苏、安徽两省分别经营，苏北航线交江苏省经营管理。

1958 年 4 月 1 日，港口航线（以下统一简称港航）下放开始试点。下放苏、皖两省航线 17 条，港口 20 个，船舶 97 艘。各类人员 1585 名，资产净值 836 万元。6 月 10 日，交通部党组向国务院上报《关于体制下放意见报告》，提出将长江干线部分港、航下放沿江各省。6 月 15—28 日，在武汉召开长江航运体制下放会议。沿江各省市交通部门与长航局及各有关港、厂，达成长江干线部分港航下放及交接事宜协议。部分港航下放后，实行以地方为主、中央为辅的双重领导。凡属全国性、全区性的规章制度由交通部统一制定，由长航局监督管理。港口调度、基建、财务、人事、劳动工资、福利等由地方管理。港口发展由各省市统一规划，报中央审批。年、季、月的干线运输计划由各港报送长航局，由长航局协调平衡。运输方面，凡跨省大宗计划运输仍由长航局承担；省境内物资、旅客运输与跨省小宗运输由地方负责。

长航局机构亦相应做较大调整。原 25 个直属单位缩减为 12 个直属单位，并精简人员。同时，沿江各省市本着“依靠地方、发挥地方积极性”的原则，将原属省市直接经营的部分航线、港口与船舶下放专区、县镇乃至人民公社。当时四川、湖北、湖南、江西、安徽、江苏等省港航企业均层层下放，实行以地方为主的双重领导体制。

通过这次调整，交通部对长江航运集权过多的状况有所改变，地方办航运的积极性得到发挥，加强了区间的短途运输，较快解决了港口设备、库场及装卸力量不足等问题，缓解了“大跃进”中大量物资压港的被动局面。特别是一批浅水船舶进入支流，对加强农用物资运输、促进城乡物资交流起到积极作用。但由于下放工作过急、过多，加之仅仅是管理权限下放，原干支分工关系被打乱，加剧了干支流航运矛盾。港口下放后，中央下达的港口计划投资，大都未能如数用于港口建设，造成港口建设欠账，港航比例失调。体制下放还造成政出多门，商务等业务规章制度不一，运价、港口计费不统一等。在当时国家仍然实行高度集中的计划经济体制下，实施干支流部分港航层层下放，客观上干扰了长江航运生产和建设的有计划进行，使长江航运在宏观管理

上一度出现混乱。

二、对部分港航实施双重领导

1961年1月20日，中共中央发出《关于调整管理体制的若干规定》，强调经济管理大权应当集中到中央、中央局和省（自治区、直辖市）三级。7月15日，《中央关于改变部分交通运输企业事业单位领导体制的通知》决定长江干线重点港口重庆、万县、宜昌、汉口、黄石、九江、铜陵、芜湖、马鞍山、南京10个港口，改为以交通部管理为主的双重领导体制。8月，交通部及长航局分段（上、中、下游）、分级（管理局、分局、港口）接收。重庆港和万县港由重庆分局代表长航局接收；宜昌港、汉口港和黄石港由长航局接收；九江港、铜陵港、芜湖港、马鞍山港和南京港，由上海分局代表长航局接收；对已收回的10个重点港口，实行以中央为主的双重领导。

1962年6月，根据《国有工业企业工作条例（草案）》，长航局拟定《关于长江航运企业与地方双重领导分工的意见（草案）》。长航局及其所属各单位是中央直属企业，行政管理实行以交通部为主的双重领导，党务和政治工作实行以地方为主的双重领导，分局党委和政治部门执行以地方和长航局党委、政治部门的双重领导。据此原则，长航局与地方对口局划分了各自的领导范围。这种以中央交通部为主的双重领导体制，相对稳定到1965年试办“托拉斯”之前。

三、调整木帆船运输业的所有制

1958年，全国民间运输工作会议提出民间运输合作社向高级形式过渡，并可转入国有企业。四川、湖南、湖北、安徽、江西、江苏等省的木帆船合作社，先后“并大转公”，基本完成社会主义改造，快速向国有航运公司过渡。8—12月，四川省176个木帆船运输合作社改为113个国有航运公司，共计木帆船2.3万艘，职工约11万人。湖北省558个木帆船运输合作社均改称“木船公司”（集体所有制），其中9个社并入武汉市运输公司，其余549个大部被组成一县一公司。安徽省木帆船运输合作社合并组建水上人民公社，少数转为高级社，形成工、农、商、学、兵五位一体、政企合一的水上运输组织。一般有木帆船数百艘乃至千艘，社员5000~10000人不等。江苏省原有木帆船运输合作社250多个，其中高级社33个。全省组织专营水运集体所有制企业和水上运输人民公社62个，高级社19个。贵州省赤水河、乌江、锦江的木帆船1959年初先后并社，改称木帆船运输人民公社。1960年7月，各合作社陆续转入所在地（县）的运输公司，过渡为全民所有制企业。

1961年，国家调整木帆船运输业所有制。湖北省当年9月完成调整任务，原92

个公司和站、社，除保留19个国有公司和机动船队外，其余恢复为351个集体所有制的运输合作社（队）。四川省至1962年第三季度，103个国有航运公司退回为228个木船运输合作社，转化木船18000艘、278000吨和102000人，占总数的98%。1962年11月江苏省基本完成调整，除无锡市运输公司过渡为国有外，其余117个转为集体所有制，改造为运输合作社、合作小组、运输站、修理厂等701个，并成立县及大市区联社95个。贵州省也于1963年恢复运输合作社22个，计木帆船625艘和船工3540人。调整转社过程中，各省市进行财务清理，由国家财政实行退赔。

四、发展军交机构与加强军运管理

20世纪60年代，长江军交运输取得比较稳定的发展。

（一）战备动员的起步

1959年12月18日，总参军交部明确"以战备为中心"的军交工作方针。基本点是:搞好战略、战役交通网的规划，编好军交战备方案，加强训练，开展科学研究，提出军事交通体制和编制。确立要准备与敌人早打、大打、打核战争，在几条战线上打，把全部工作立足点放在"打"字上。1963年9月3日，交通部提出："长江是全国水运战备的重点，主要是解决战时的南北渡和东西运的问题。长江水运战备的重点应放在港口、码头、船舶和航道的保障上。"

（二）恢复上海、重庆等航务军运处

1962年，福州军区将九江航务军代处与九江铁路军代处合并，称九江铁路、航务军代处。同年11月，南京军区将综合性军运处分开，恢复上海航务军事运输处建制，统管全区范围内沿海、长江和内河干线军交工作。1965年2月，成都军区恢复驻重庆长航军事代表办事处，统管全区长江和内河干线军交工作。

（三）加强军事运输管理

1964年，总参军交部颁发《水路军事运输计划规则》和《水路军事运输工作办法》，军事运输计划实行两级管理。沿线军代处受理部队提出的月度水路军事运输计划，经初审后及时上报军区军交部。军运计划审批后，由总参军交部和军区军交部将批准计划布置装船港军代处，并摘录送交港航部门。运力安排上，主要由沿线各军区军代处与对口航运部门协商，在辖区内解决。各军代处之间作为友邻单位互相配合。

20世纪60年代，在东南沿海紧急战备和对印自卫反击作战形势影响下，长江沿线部队在长江上的行动增多，加上大批部队和国防单位参加三线建设，军事运输比较频繁。

第二节　长江航运的大起大落与调整发展

一、“大跃进”对运输生产的影响

（一）正常运输秩序被打乱

1957年，具有长江航运特色的“全国一盘棋、全线一条链”的经营方针和专线运输的组织形式在长江形成。1958年，全国“大办钢铁”。为保“钢铁元帅升帐”，长航局在全线开展一场以增加载量、提高航速、多装快跑为中心的群众性运动。提出“不计长短（运距），不计大小（货宗），不计吨千米，不怕到小港，不怕打乱运行组织；‘元帅’需要到哪里就到哪里，‘元帅’需要运什么就运什么”的口号，批判“一长制”和单纯依靠少数技术人员的思想。随之，出现“高指标”“浮夸风”“瞎指挥”状况。有效的运输管理和规章制度，视为“束缚生产力”的“陈规旧章”加以破除，造成运输秩序混乱。1959年第一季度，因作业混乱导致延长船舶停港时间，运力损失达22%。1960年，运力损失有增无减，全部运输船舶有一半以上的吨位和近1/3的拖轮停泊在港。在停港时间中，非生产性停泊占56%，运力损失惨重。

1961年初，长航局党委在《长江运输生产三年跃进基本总结》中指出：“我们深深体会到搞好运输组织工作，是保证持续跃进关键性的问题。运输组织一乱，港口、工厂、供应各方面工作都受到影响。”该报告真实地反映了当时运输组织工作混乱的状况。

（二）“一条龙”与“龙王化”运输一哄而起

1958年，长江干线根据“一条链”方针，坚持并扩大专线运输，同时组织发展“一条龙”运输，通过定船、定线、定货、定码头、定时间，把产、运、销各个环节连结在一起，实行运输大协作。1959年11月，重庆九龙坡港区率先学习秦皇岛港的做法，开始由路、港协作，发展为路、港、航大协作。长江下游也相继组成裕申、浦申、铜卸（卸甲甸港）“三条龙”。

实践证明，组织大面积的“龙网”不切合实际，能较好完成运输任务的“龙线”为数不多。这些“龙线”未能真正把产、运、供、销组织起来，或有头无尾，或首尾不接，或仅具龙腰而无首尾，大多为“半截子龙”，随时间推移自然消失。

（三）恶性事件不断发生

1958年9月以后，长航局原本合理的规章制度形同虚设，运输生产秩序混乱，航行事故上升，货运质量下降。1959年，长江干线重大事故较之1958年上升

67.40%，死亡人数增加 75%，损失金额增长 233.30%。1960 年海损事故 240 件，其中重大事故 50 件，损失金额为 259.9 万元。

重大海损事故不断发生，引起长航局高度重视。1960 年，长航局发出《关于加强川江船舶安全工作的紧急指示》。11 月，全线船舶安全工作会议总结船舶安全航行 10 条经验，要求“树雄心、立大志、争口气、抓得紧、抓责任心、抓责任制、誓过安全关、当好先行”。船舶管理采取“支部领导，书记挂帅，委员分工，船长负责，小组保证，党员带头，人人管生产，人人管安全”的工作方法。到 1960 年底，全线海损事故下降，但与 1957 年、1958 年相比，重大事故仍未有效控制。职工伤亡人数比 1958 年增加 171.80%，比 1957 年增加 307.70%；重伤人数比 1958 年和 1959 年分别增加 531.60% 和 90.50%，比 1957 年增加 313.80%。机损事故 487 起，其中重大事故 21 件，损失运力 818 千吨天。发生货物运输缺溢、混装、破损等事故 30537 起，比 1955—1957 年的 3 年总和还增加 183%。

二、贯彻八字方针调整运输生产

（一）恢复和加强专线运输

1961 年 1 月，中共八届九中全会提出“调整、巩固、充实、提高”的八字方针；1963 年 9 月，中央确定再用三年时间继续贯彻八字方针。长江干支流经“大跃进”风暴后，航运各环节比例失调，运输生产秩序混乱，运输能力大幅下降。随着国民经济滑坡，干支流货运量下降；后随着国民经济复苏，货运量缓慢上升，于 1965 年走出低谷。

1962 年，由于经济波动引起长江客货源的重大变化。干线货运量比 1960 年下降 37%，主要货种煤炭下降 12.30%，客运却出现了“二五”时期的最高点，客运量比 1958 年增长 33.50%，比 1960 年增长 51.80%；客运周转量比 1958 年和 1960 年分别增长 54.30%、27.60%。1962 年 3 月，党委书记贺崇升代表长航局在长航全线工作会议上作了《回忆继往，深刻接受几条根本性的经验教训——四个阶段，十大经验》的讲话，深刻反思经验教训，强调要坚持“全国一盘棋，全线一条链，扭成一股劲，当好先行”的经营方针，健全以专线为骨干的运输组织，尽快扭转运输生产混乱局面，按“农、轻、重”的次序安排运输生产，继续采取直达和换拖不换驳等措施，并根据客货运量与流向的变化，在确保干线、照顾支流的原则下调整部分航线。

1963 年，全国经济形势逐步好转，但长江干线客货运量持续下降。1963 年 4 月 9 日，长航局制订《关于改进运输组织方案》和《关于改进运输组织工作的技术措施》。除继续巩固提高汉申、汉渝二线班轮和裕浦申煤运、汉石“一条龙”的专线运输外，重

点做好申渝、申湘、汉渝、汉申4条航线的直达运输，以及汉申支农货班的运输组织工作。为此，加强货源调查，随时掌握重点物资动态，依据农、轻、重的次序，把支援农业物资放在首位。经过连续几年调整，干线运输秩序渐趋正常。1965年，干线客货运输开始全面增长。

（二）抓安全质量提升船舶完好率

长江干线在调整、整顿的过程中，牢记船毁人亡的惨痛教训，贯彻“安全质量第一”方针，提出“把安全质量放在心尖上”。

1961年，长航局调整和充实川江船舶劳动组织和定时分批发船的规定，海损事故大幅下降，海损事故数比1960年减少42.00%，沉船艘数减少48.40%，死亡人数减少58.30%，安全面上升23.00%。但安全质量问题仍然不少，港区事故增多，长航局狠抓安全不放松，1963年海损事故件数比最低的1950年降低22.80%，损失金额比最低的1958年降低65.40%。全线连续两年没有发生航行船舶沉船事故，特别是川江做到不沉船，安全质量意识逐步深入人心，既保证国家运输计划完成，又提高干线运输信誉。

“大跃进”期间，干线船舶设备因没有按计划修理而欠账较多。1957年船舶修理费为每吨60元，1958年则降为32.7元，1959年再降为14.8元，1960年更降为9.99元。长期超负荷运转，致使船舶技术状况恶化，完好率不断下降，使用寿命缩短，直接影响汉申、汉渝班轮班期，上游仅3艘班轮、下游仅6艘班轮艰难营运。1960年12月，重庆分局40.68%的船舶带病航行，17艘“华字”艇仅剩5艘营运。

面对这种情况，长航局实行“管用并重、养修并举”的方针，同时把开展群众性保养维修与专业性修理结合起来，加强船舶技术管理，狠抓船舶配件制造；船舶每年修理费增加到每吨19.64元，从而使船舶和机械设备的技术状况初步得到恢复和改善。一类船舶的修理费由1961年初的35%上升到年末的39%，二类船舶的修理费上升到41.12%，三类船舶的修理费降到19.80%。至1962年，船舶与机具设备技术状况明显改善。

三、干线支流船舶运力的增加

（一）干线船舶运力的增长

“二五”时期，船舶运力仍以发展拖驳运力为主，新增拖轮功率达100%，新增驳船载重吨为96.50%。

长江干线客运运力自1958年逐年下降，而1962年客运量较1958年增加33.50%，运力与运量矛盾突出。1958年，江南造船厂建造的“江蓉”轮川江新一代客货轮，采用封闭式舷伸甲板，双层底，船首呈波浪式，船体呈“宝塔形”，航行性能良好。后相继建成“江津”“江陵”“江阳”“江泸”等轮。同年，湖北省船厂新建“跃进”型中游区间客货班轮投入营运。至 1965 年，长江干线载客位比 1958 年提高 325.00%，客运量和周转量分别提高 270.00% 和 54.30%。

1962 年，上海沪东船厂建造长江第一艘豪华客轮“昆仑”号，该轮主要为中央首长和国际外宾服务。船总长 84 米，型宽 13.4 米，型深 3.4 米，吃水 2.85 米，排水量 1800 吨，主机 1470 千瓦 2 台，载客 548 人，时速 29.7 千米每小时。4 层甲板，即主甲板、上甲板、游步甲板和驾驶甲板；设有特等舱房 2 间（国家元首级）、一等房 2 间（总理级）、二等房 15 间及三等房若干间。游步甲板楼层间隔高，前部是半圆形豪华休息室兼会议室，特等舱和休息室四周均采用特制防弹玻璃和防弹板。

1958—1965 年长江干线各类运输船舶能力增长统计，详见表 3–1。

表 3–1　　1958—1965 年长江干线各类运输船舶能力增长统计

	运输船舶				辅助船舶			
	艘数	载客（位）	载货（吨）	功率（千瓦）	艘数	载客（位）	载货（吨）	功率（千瓦）
1958	634	13052	554894	174804.3	69	—	13861	7955.6
1959	671	14624	562485	176080.3	79	—	12466	9322.0
1960	708	15488	609000	174591.9	76	86	10770	10912.5
1961	706	17928	618380	170630.3	89	254	13215	12438.4
1962	694	17940	601195	170707.4	86	627	13740	16317.7
1963	693	18205	596540	172177.4	78	579	16820	15751.8
1964	678	18127	579190	164283.5	60	365	13640	14145.1
1965	1335	55529	663346	195008.7	47	197	8530	10725.1

资料来源：交通运输部长江航务管理局档案中心。

（二）支流船舶运力的变化

1962 年，四川内河轮驳的艘数、吨位、客位及马力，与“一五”末期相比分别增长 13.1%、13.1%、14.3% 及 10.3%。1965 年，湖北拖轮和驳船艘数与 1957 年相比分别增长 450.00% 和 650.00%，总功率和吨位分别增长 170.00% 和 232.00%。江西运输船舶有较大发展，艘数增长 220.00%，吨位增长 420.00%，客位增长 59.00%，马力增长 28.00% 倍。江苏船舶保有量增速平稳，1962 年比 1957 年上升 21.70%。

第三节　重点港口建设与技术改造

一、港口生产的起伏

（一）港口装卸会战疏堵

“大跃进”中，干线各港客货发运量和吞吐量迅猛增长。1957年，重庆、万县、宜昌、沙市、安庆、铜陵、芜湖、南京、高港、镇江等港完成货物发运量1054.91万吨，1958年增为1830.66万吨、1959年增为2561.63万吨，1960年达2910.52万吨，比1957年分别上升73.50%、142.80%和195.90%。

1958年10月，交通部在武汉召开全国水上钢铁运输跃进会议，长航局号召各港学习常州港“蚂蚁搬泰山”的经验。会议分析，船舶在港停泊时间长，港口通过能力低，是干线运输生产“大跃进”的最大障碍。

为缓解港口堵塞状况，各港大搞“人海战术”，突击装卸，最大限度地投入劳力，大打装卸会战。1958年9月以后，重庆港频频组织“突击日”“高产周”“跃进月”活动，把机关和后勤干部都投入到装卸劳动中，参加放装卸“卫星”；万县港全港职工参加装卸。安庆港调来大批农民，动员当地机关干部、其他行业工人、学生、城市闲散人员等上码头参加装卸。芜湖港装卸力量紧张时，安徽省委指示省运输指挥部，从和县、无为、肥西等县抽调4065名村民，投入裕溪口矿石装卸。11月17日，南京港组织昼夜突击，动员全港所有工人、家属、干部参加5万吨物资的突击装卸。镇江港也不断组织会战，不仅组织了400名职工家属参加装卸，还每天动员300多名学生来港支援装卸。11月，上海市委为解决塞港问题，一次动员2万多市民参加港口抢装抢卸。1959年11月24、25日，湖北省两次组织1万多人和34000多名部队官兵到武汉港参加突击装卸。12月，武汉港再次堵塞，湖北省动员机关、部队、学校及市民共19万人参加突击装卸，奋战7天，装卸货物54万多吨，港口堵塞暂时得到缓解。

三年的“大跃进”，长江干线各港普遍吞吐能力不足，但通过开展“千吨班”等活动，革新装卸作业技术，在社会各界支持下，基本保证了运输生产，完成的生产任务大幅增长。全线港口货物吞吐量以1957年为100%，1958年完成120%，1959年完成163.20%，1960年完成185.60%。1958—1960年长江干线港口吞吐量增长统计，详见表3-2。

表 3-2　　1958—1960 年长江干线港口吞吐量增长统计　　（单位：万吨）

港别	1958		1959		1960	
	港辖区	本港区	港辖区	本港区	港辖区	本港区
重庆港	395.4	315.4	524.9	407.8	554.7	439.6
涪陵港	53.4	27.2	57.5	25.7	53.9	21.1
万县港	67.5	51.9	73.1	54.8	59.8	47.2
宜昌港	166.6	146.8	215.7	181.3	223.5	194.1
沙市港	138.0	59.6	133.6	80.0	118.8	55.8
武汉港	1091.4	656.7	1280.1	793.0	1455.0	863.3
黄石港	177.2	177.2	282.7	282.7	367.7	367.7
九江港	59.6	38.5	78.1	46.3	125.7	78.2
安庆港	75.6	30.3	92.0	51.7	114.3	58.9
铜陵港	43.6	43.6	62.9	62.9	99.3	99.3
芜湖港	425.2	343.8	769.5	614.5	822.4	596.3
马鞍山港	129.8	129.8	320.5	320.5	269.2	269.2
南京港	401.2	400.6	529.4	529.4	701.3	681.2
镇江港	171.0	48.0	195.0	76.0	283.0	89.0

资料来源：交通运输部长江航务管理局档案中心。

（二）调整港口生产结构

1961 年，国民经济进入调整时期，干线运输生产任务逐年下降。各港口出现新的矛盾，生产能力普遍大于生产任务，有些港口甚至出现亏损。长江干线 10 港口共完成吞吐量 3081 万吨，1962 年完成 1902 万吨，下降 38%；至 1963 年，各港口已有生产能力与 1956 年比较，人员多 4000 人，机械设备约增 3 倍，而生产任务仅为 1878 万吨，尚不及 1956 年的 1900 万吨。到 1964 年，港口生产能力为 3450 万吨，任务仅 2875 万吨。各港口先后实施全面调整。

（1）调整布局，缩短战线。1962 年，南京港第 4、5 作业区吞吐量由 1961 年的 724 万吨下降到 600 万吨，分别并入第 1、3 作业区，使 1、3 作业区货源充足，能力与任务基本相适应。重庆港把江北作业区并入朝天门作业区，合并九龙坡作业区 3、4 工段。芜湖港将裕溪口作业区原 3、4 号矿石码头改为煤炭装船码头。宜昌港撤销作业区，编组装卸队。南通港撤销临时作业点，把港口生产中心由天生港区转移到南通港区。各港口经过调整，逐步适应了生产形势的变化，也使生产布局趋于合理。

（2）精简机构，理顺关系。长航局将重庆港与重庆分局合并，九江港务局划归长航局直接领导。各港口机构力求减少层次，除汉、渝、芜、宁 4 港保留作业区外，其他各港口一律不设作业区。同时，各港口也相应调整。宜昌港将原 13 科、2 室、1 区、1 站合并为 8 科、3 室、1 站、1 台、1 组。重庆港将驳船划归朝天门作业区，将机修厂迁往九龙坡作业区并与机修车间合并。通过精简，各港口压缩机构，理顺关系，进一步加强生产管理。

（3）减少人员，封存设备。这是各港口调整生产能力的重点，全线港口职工 1956 年为 23184 人，其后不断增加；至 1963 年底，全线各港口封存港机 785 台，占总数的 52.40%；趸驳船 133 艘，占总数的 30%；压缩正规码头 10 座、趸跳船 24 个、工作船 11 艘，缩并 6 个作业区。

1965 年，长江干线各港口纳入“托拉斯”运输生产组织改革之中。积极推行单船（船队）装卸、技术作业计划，组织多路作业，做好配载，减少移泊。特别对专线船舶采取各种措施，缩短在港作业时间。通过调整和改革，加强港与港、港与船之间的协作，大部分港口的吞吐量都有不同程度回升。1961—1965 年长江干线港口吞吐量完成统计，详见表 3–3。

表 3–3　　1961—1965 年长江干线港口吞吐量完成统计　　（单位：万吨）

港别	1961		1962		1963		1964		1965	
	港辖区	本港	港辖区	本港	港辖区	本港	港辖区	本港	港辖区	本港
重庆港	326.8	265.2	220.8	161.6	218.2	127.8	—	145.7	201.0	188.1
涪陵港	41.6	14.6	30.0	11.9	22.0	10.7	—	17.3	22.9	22.9
万县港	45.5	31.6	40.0	26.5	40.3	31.5	—	34.1	60.7	41.7
宜昌港	145.6	119.1	97.3	75.2	63.2	41.9	—	45.4	91.6	75.2
沙市港	81.8	35.4	101.1	40.1	71.0	42.7	—	54.5	129.6	63.0
武汉港	909.7	557.7	783.5	414.7	763.2	420.6	—	466.3	728.3	728.3
黄石港	170.2	146.8	134.4	122.8	152.6	142.4	—	132.0	224.0	153.1
九江港	95.7	46.1	94.4	36.6	112.5	66.9	—	79.5	94.7	94.7
安庆港	86.1	39.7	64.1	33.1	66.9	32.8	—	39.6	149.1	55.2
铜陵港	75.3	75.3	48.8	48.8	72.3	64.7	—	83.7	—	—
芜湖港	555.1	331.4	377.8	280.1	411.0	339.4	—	375.5	510.8	510.8
马鞍山港	216.37	216.3	98.9	98.9	88.2	70.3	—	89.1	133.0	133.0
南京港	724.0	692.3	601.0	588.6	627.0	56.6	—	538.3	565.9	565.9
镇江港	175.0	132.0	160.0	130.0	156.2	130.9	—	141.0	87.3	87.3
总计	3648.77	2703.5	2852.1	20689	2864.6	1579.2	—	2242	2998.9	2719.2

资料来源：交通运输部长江航务管理局档案中心。

二、开展装卸技术革新

为解决港口生产的“肠梗阻”，长航局要求各港口执行中央“关于开展技术革新和技术革命”（即“双革”）的要求。重庆港第三作业区唐家沱大队革新坠车作业线和木滚柱滑道，提高工效 8 倍；万县港的电动土吊车、宜昌港的皮带运输机、沙市港的帆布出舱机、安庆港的三眼皮带机、芜湖港的输煤机、南京港的竹轨平板车、镇江港和南通港的手摇出舱机等装卸工具，大幅减轻工人劳动强度，提高了工效。据不完全统计，重庆、万县、沙市、芜湖、武汉、铜陵、南京、镇江、南通 9 港三年中革新大小装卸工具 4100 多件。

“大跃进”期间，各港口通过开展技术革新与技术革命，调动装卸工人积极性，培养锻炼了一批心灵手巧的“土工程师”，为港口实行机械化和半机械化装卸奠定了技术基础。1957 年，长江全线仅有 17 座机械作业码头、345 台装卸机械；至 1965 年，机械作业码头为 122 座、装卸机械 1484 台，拥有装卸司机和机械制造与修理工人近 5000 名。

港口码头的“双革”运动是“大跃进”的派生物，对提高装卸效率、减轻劳动强度有一定作用。但有些港口为革新而革新，一味追求项目数量，有的港口为拼凑数字，一项成果多次报喜，逐步走上一哄而起、贪多求速、虚浮不实的歧路，许多革新成果不能投入实际应用，在各港口留下极为深刻的教训。

三、重点港口码头建设

长江干线在总结“一五”计划完成情况时，意识到港航关系比例失调；船舶停港时间过长，港口装卸与船舶快速周转的矛盾突出。1958 年后，交通部和长航局重视干线各重点港口的基本建设。至 1965 年，新建和改建码头 46 座，仓库货棚 88.82 万平方米，增添港作船舶 8 艘、趸船 46 艘、港口机械 769 台。有效提高了各港口的通过能力。

（一）裕溪口煤码头的投产和扩建

“一五”时期，裕溪口煤运码头是国家重点工程，总投资 1400 万元。码头为墩座直立式结构，趸船可供 3000 吨级船舶作业，后方设有与岸线垂直的 2 条卸车线和 4 条贮煤坑道。这项工程 1957 年底基本完成，实现了码头装煤作业卸车、装船、平舱等工序的全部机械化。1958 年 4 月 5—6 日，通过国家验收投产。从此，淮南煤炭经裕溪口港的运量大增，大大减轻了津浦铁路南段运输压力，大幅降低运输成本。当年煤炭吞吐量达 271.1 万吨，比 1957 年提高 1 倍以上。

1958 年，裕溪口港

1959 年，国家投资 410 万元扩建裕溪口港。建设两座直立式矿石码头（即门吊码头），是安徽最早的高桩框架突出式码头，可直接靠泊船舶装卸作业，码头后方紧连堆场和铁路线，车船直接衔接。两个泊位长 188 米，是芜湖港最长的码头，于 1962 年底建成。

（二）新建武汉港杨泗庙作业区

新中国成立后，武汉港经过多年改造，港口面貌有较大改进。拥有的装卸机械居干线各港口首位，1958 年吞吐量比 1952 年增加 2.76 倍。随着经济建设大规模兴起，需在武汉港转口的物资与日俱增，港口通过能力已不适应经济、国防和人民生活需要。为此，国家投资 3967.7 万元，建设杨泗庙水陆联运港区。1958 年完成设计，港区规划 10 个大码头、4 个粮食杂货码头，作业面约 40 万平方米，可供 10 艘 3000 吨级船舶同时作业。最上段为煤码头，设计年吞吐能力 300 万吨，煤炭输送采用全坑道式大型槽或皮带机完成。中段为钢铁码头，装有 10 吨龙门起重机 12 台，除钢铁转运外，可吞吐粮食与百杂货 250 万吨。港区内设一条 16 千米长的铁路，一端与京广铁路相连，一端直伸江边，以便车、船之间货物转运。新港区的设计，借鉴国内港口以及苏联经验，主要装卸作业全部采用机械化和电气化操作，年吞吐能力达 950 万吨，为武汉港原吞吐总量的 1.96 倍，是我国内河机械化装卸程度最高的港区。

交通部、湖北省、武汉市和长航局极为重视杨泗庙新港区建设。交通部部长王首道、副部长孔祥祯、武汉市市长刘惠农、副市长伍能光多次到现场和主持建港工程研讨会。武汉市成立以市委秘书长张雪涛为主任的建港委员会，领导新港区建设工作。1959 年 2 月 25 日，杨泗庙建港工程在临时工程水下挖泥完成 60% 的基础上正式开工。1962 年，新港区建成煤码头，包括 3000 吨级的装船和空载泊位各一座。主体结构为 2 个直立式基墩，安装有固定式回转装船机。同时建成 4 号、5 号 2 个 3000 吨级钢铁码头，完成投资 1599 万元，新增吞吐能力 275 万吨。

（三）南京港浦口机械化煤码头投产

南京港是交通部“二五”时期重点扩建的 12 个港口之一。专门成立南京港口扩建委员会，经调研，认为南京港是煤炭运输的水陆中转衔接站，在南京建设大型机械化煤码头是国家交通运输布局的需要。为此，中央决定 1959 年开始设计和建设浦口机械化码头。1959 年 5 月，钻探、吹填等先期工程动工；9 月国家批准建设方案，设翻车机两台，储煤坑 4 条，2000 吨级泊位 2 座，有皮带运输机、堆料机、装煤机、平舱机等配套机械化装运系统，工程投资 1102.3 万元。1959 年 11 月，土建工程施工。1961 年，因国家对工业生产进行调整，煤码头工程规模压缩一半，砍掉一套翻车机系统。1963 年 7 月 1 日，第一套翻车机系统和铁路专用线试投产；12 月 28 日，第一期工程通过验收。1964 年 1 月 1 日，正式投产。煤码头二期工程于 1964 年 3 月动工，1965 年 12 月 15 日建成试车投产。浦口煤码头建成后，1965 年南京港吞吐量比 1952 年提高 3.4 倍，装卸机械台数和皮带机长度比 1957 年分别提高 17.5 倍、10.76 倍，煤炭装卸作业基本实现机械化。

（四）南通港新港区竣工

1958 年，南通港进行大规模新港区建设。主要建设 1 个客运泊位和 2 个 3000 吨~5000 吨级的货运泊位，以及候船室和仓库等设施。一期工程新建客运码头 1 座，栈桥 1 座，引桥 1 座，趸船 1 艘。1959 年 5 月 19 日，港区 1 号码头动工；1960 年 4 月 11 日竣工，12 日投入使用。同年 5 月，二期工程上马，建设 2 个泊位、钢筋混凝土高桩板结构岸壁式码头 1 座、候船室 1 座、仓库 1 座和石驳护坡与挡浪墙等，共投资 33.5 万元。1961 年 4 月 29 日完工，5 月 10 日通过验收投产，南通港从此加入干线重点港口的行列。

（五）改建重庆港九龙坡作业区

1957—1958 年，重庆港九龙坡作业区改建和新建泊位 57 个，码头总长 2678 米。1957 年，港口列入交通部基建计划。1958 年第二季度实施边建设边投产的方针，至年底完成总投资量 75%。建成缆车作业线杂货码头 1 座，链板机作业线粮食码头 1 座，货棚 2 幢，货场 9000 平方米，铁路线 1000 米。1959 年 12 月基本建成，年通过能力由 11 万吨提高至 80 万吨。1965 年，国家投资 177.7 万元兴建年吞吐能力 40 万~50 万吨的煤炭码头 1 座，改建年吞吐能力为 50 万吨的杂货码头 1 座和货棚 1 座，斜坡式重件码头 1 座。至

1959 年，九龙坡码头堆场

1965 年底，九龙坡港区共有码头 6 座，仓库 4 幢，年通过能力 210 万吨。1958 年 12 月，重庆港在朝天门兴建可容 1200 多人的客运站，客运条件大为改善。

四、其他港口码头的改造和扩建

下游号称“老虎码头”的镇江港，在改造与扩建中较快改变面貌。1958 年 12 月，在江边公园黄沙和煤炭码头建成木质栈桥和钢质引桥各 1 座；在 3 号码头建成木质与钢质栈桥和引桥各 1 座，客运条件有所改善。在青龙山白云石矿自建 3000 吨级专用码头，于 1959 年 7 月竣工投产。1958—1965 年，国家投资 117 万元在宜昌修建客运码头牵引机斜坡道，添置港作拖轮 1 艘和部分机械。1959 年 7 月，为武汉钢铁公司建设和生产服务的专用码头——青山工业港兴建。

“大跃进”期间，国家和四川省共同投资 363.33 万元，在岷江和嘉陵江的乐山、南津、合川等港口兴建和扩建码头。乐山港经扩建后，日装卸能力达 300 吨。1956 年，合川修建鸭嘴至溪子口、管驿门至溪子口以及南津街码头专用公路，兴建小南门至鸭嘴长 500 米斜坡式客运货码头，便于水陆衔接。“二五”时期，湖北襄阳新建一批工厂，物资转运大部依靠水运。物资部门及市搬运公司、航管站自筹资金改造码头 13 座、泊位 44 个，新建仓库 36 座。丹江口工程局投资新建的丹江路码头，是襄阳第一个配有起重机械的岸壁直立式码头，也是第一个拥有通港公路和铁路形成水陆换装接转的码头。湖北省共修建简易码头 81 座，仅浠水县兰溪搬运站修建的简易码头就有 7 座。

1958 年，随着京杭大运河苏北段的大规模整治，苏北运河上的邳州市也初步扩建为中转煤港。苏南运河上重要的苏州港，也建成石驳岸码头 50 多座。

第四节　长江航道的维护与治理

一、干线航标电气化的探索

1956 年 5—6 月，汉口航道区在中游汉口至城陵矶之间的航道上进行航标电气化试验，虽未成功，但为长江航道航标电气化建设提供了参考价值。

1958 年 3 月 29 日清晨 6 时，毛泽东主席在重庆登上“江峡”轮，顺江东下，视察长江。30 日上午 8 时，轮船行至巴阳峡时，他问陪同的长航局负责人：“为什么航标灯不能用电呢？”长航局负责人回答说：“过去试过，干电池容易受潮，亮度没有保证。”毛主席听后说：“哦，那还要很好地改进。”这次谈话，使广大航道职工受到极大鼓舞，推动了长江干线航标电气化决策的实施。

1958年3月，毛泽东主席乘“江峡”轮视察长江

10月28日，长航局在武汉召开航道工作会议，作出实现长江干线航标电气化的决定，把原规划在“二五”计划实现的航标电气化提前到1959年底完成，以此向国庆10周年献礼。会议制定了《长江干线标灯电气化草案》，作出全面部署。此后，航标电气化的试验与推广紧锣密鼓地迅速展开。

1958年10—12月，重庆、汉口、南京3个航道区本着“由点到面，先岸标、后浮标，一切经过认真试验和成本比较后再扩大”的原则，在总结1956年航标电气化试验的基础上，分别在长江上、中、下游选择一个或几个江段，开展航标电气化重点试验工作。至1959年9月5日，吴淞口至重庆2430千米航道，共安装电气标灯3863座，其中岸标1596座，浮标2267座。上游宜渝段安装的电气化标灯比重达85%；中游比重达98.70%，下游比重达77.40%。三段所设电气标灯平均比重为87%，长江干线主要通航江段全面实现航标电气化。

航标电气化和自动化的实现，无疑有着重大的现实意义和经济技术价值。与燃油标灯对比，以川江120盏标灯为基数，以正常消耗为比较条件，经核算电气灯标1年可降低消耗约22.50%，从而降低航道维护成本，并改善灯光质量。电气化标灯与油灯比较，具有灯光好、较为稳定、不受气候影响等优点，可降低标灯失常率，提高助航能力，也减轻了航道职工劳动强度。

但是，由于没有掌握电气化标灯的关键技术，航标电气化设备与器材不配套，维护管理水平较低，在“大跃进”期间仓促上马，放了“卫星”，造成较大浪费。一是大量购买没有经过试验而定型的灯标器材；二是突击自制器材大多质量低劣，甚至

航标电气化

不符合规格，数以千计的金属开关和几万只灯泡报废。1959—1961 年，上中游共损坏蓄电池 11094 箱，川江航道处该项损失高达 102650 元。1958—1960 年，全线电气化标灯失常率由 7.06% 上升到 12.17%，其中维护性失常率高达 5.10%，航行安全受到严重影响。1961 年 3 月 10 日，长航局召开全线三级干部会议，总结经验教训。要求保证重点、提高质量，先后对电气化标灯进行三次调整。1963 年，长江干线电气化标灯由 1960 年的 78.70% 下降到 40%。

二、川江夜航的实现

1958 年 1 月，交通部决定将川江整治工程处划归长航局领导，与长航重庆分局所属重庆航道区合并，成立川江航道处。川江江水湍急，险滩密布，特别是三峡江段曲折多弯，白天船舶顺水航行亦险象环生，更不说夜航。川江航道部门组织力量对宜渝段进行以开放夜航为目标的大规模整治，1958 年至 1965 年的 8 年间，炸礁 824500 立方米，坝筑 321800 立方米，捡滩 165000 立方米，疏浚 1469000 立方米，总计工程量为 2780300 立方米。川江航道处 1958—1962 年完成工程量计 1235671 立方米，比“一五”时期增长 27.40%，投资总额 14062822 元。川江宜渝段航道经整治，历史上被喻为“鬼门关”的崆岭滩，以及青滩、泄滩、狐滩、蓝竹坝、观音滩、王家滩等著名险恶石滩和绝大多数礁石，均被炸除。宜昌至重庆江段航宽由 33 米增加为最小宽度单向 50 米，双向为 100 米，弯曲半径由 500 米增至 720 米，最浅维护水深为 2.9 米，通航条件得到根本性改善，千吨级船队可直航重庆，实现了双向开放夜航的目标。

1958 年 4 月 14—15 日，川江宜渝段尚在整治之中，航行条件部分改善，“江万”轮率先在重庆至万县段顺水夜航告捷，拉开顺水夜航试验帷幕。至 4 月 29 日，先后有 5 艘次不同船型、不同载量的试航，均获得成功。

川江下段开放夜航和顺水夜航成功后，重庆至宜昌一天一夜便可到达，重庆至武汉三天四夜即可安抵，加速了船舶周转。如川江船舶全部实行顺水夜航，每年可增加运力 3096000 吨天，增收 380 多万元。

三、中下游航道的整治

（一）中游航道整治“瓶子口”保水深

天兴洲位于上下荆江交界处藕池口，因受上游周公堤水道直接影响，故称为周天河段，是长江中游最为浅险的一段航道，素有“瓶子口”之称。1958 年初，长江航道部门采纳苏联专家舒里平的意见，修建整治建筑物以调节水流、冲刷槽口整治天兴洲。1958 年 9 月，前期工程在“大跃进”的战鼓声中上马，汉口航道区所属整治队、河演观测队、爆破队、航道站、“链斗 1”号、“吸扬 2”号和天津航道局的“快利”等挖泥船，奔赴工地施工。1959 年 3 月，整治工程基本达到迫使水流冲刷主航道的预期目的。1959—1960 年长江枯水期，航道水深达 3.1 米，宽度 120 米，高于整治前不足 3 米的历史记录。

（二）下游航道的清障

新中国成立后，航道部门对马当、东流、江阴等江段作了大量勘察、测绘、探摸、打捞、爆破等工作。1955—1957 年，对马当沉船进行部分清除与打捞。1964 年再度清理，清除碍航沉船 9 艘，航槽拓宽到 140 米，水深达 4 米以上，改善了通航状况。

东流水道位于安庆至吉阳矶之间，水雷是重大隐患。1950 年，海军组织力量清除水雷。1954 年 3 月—1956 年 1 月，清除美制 150 千克水雷 1 颗，国民党 200 千克水雷 2 颗。大规模的清理则在 1957—1967 年实施。

1956 年，南京航道工程区尝试清除东流水道东港的水下布雷，但未成功。1958 年 11 月，上海打捞工程局开始打捞治理江阴一段航道沉潜物。经过近 10 年施工，打捞各种船舰 30 艘，航道宽度由 390 米拓宽到 800 米，水深达 10.15 米 ~12.8 米，航道航行条件得到根本改善。

（三）镇江港区航道整治

1954 年特大洪水以后，镇江港河道发生较大变迁。主流由焦山南泓趋向焦山北泓，使镇江港区航道逐渐被洲滩封堵，形成一个倒套港湾。为使镇江港摆脱困境，交通部和长江流域规划办公室同意开挖引河。1963 年 7 月，经交通部批准，放弃焦山北航道，在焦山南面开挖长 7 千米、河底宽 80 米、中线深 6 米的进港航道，工程于 1964 年完成。从此，上行船舶可直接从焦南航道进入镇江港，下行船只则可绕过焦山从焦南航道入港。

四、支流与运河航道的整治

1958—1965 年，长江航道局会同沿江各省航道部门，对长江水系支流航道进行勘测整治、设标与清除碍航物，取得较大进展。到 1965 年上半年，已有 14 条支流、小河可以通航小型轮船。其间，对嘉陵江、乌江、京杭大运河苏北段等航道实施了重点整治。

（一）嘉陵江航道的规模整治

嘉陵江是长江上游担负着川北和川中物资运输的一条重要水道。1958年，长航重庆分局川江航道处和四川省交通厅及重庆、南充、江津等地市组成“嘉陵江南渝段整治工程指挥部”，组织9个工程大队、5个机械化挖泥船和3个炸礁队，对南充至重庆段320千米航道进行了大规模整治。工程自10月1日至翌年4月3日，治理险滩113处，修筑堤坝174座，完成工程量1141601立方米，耗资3417883元。1959年6月，四川组建嘉陵江“南渝段航道养护段”，先后对马家滩、童子滩、北门滩、虬门和瓦窑滩等18处险滩进行整治。至1961年，筑坝323002立方米，炸礁43148立方米。重庆轮船公司和南充轮船公司组织4个工程队对南溪口、松林浩等8处险滩进行治理。经整治，航槽水深有所增加，枯水时航深由1.0米增至1.3米，航行条件有了较大改善。

（二）乌江航道实施重点整治

乌江是贵州物资出入和通往四川省的主要水上通道。贵州、四川两省分别对龚滩上下航道进行整治。“二五”时期，贵州对龚滩及其以上的潮底滩和新滩进行重点整治，三滩整治分期施工，1958年春天开工，至1960年初完成，共经历3个冬春。其间，四川重点整治龚滩以下乌江航道，从而打通了乌江航道，实现了千里乌江一船通的愿望，结束了乌江行船搬滩倒载的历史。

（三）京杭大运河扩建

京杭大运河苏北段北起徐州、南至长江北岸。1958年，按照国家统一规划，长航局、江苏省交通厅、水利厅联合组成江苏省大运河工程建设指挥部，重点扩建苏北段，通航2000吨级船队。10月开工，至1961年11月完工。新开航道底宽60米，水深3.7米；旧河开挖段底宽45米，水深3.5米。参建民工和技术人员达123万人次。建造了解台、淮安、施桥等7座船闸和4座节制闸、3座公路桥、2座铁路桥及3座涵洞。共完成土石方15946立方米，耗资20274万元，扩建后的苏北段运河通航能力大为提高。

（四）安徽、湖北省际航道航标配布

1958—1965年，长江航道局根据长航局与安徽、湖北两省签订的《关于交接支流航道的协议》，先后派员对青弋江、水阳江、青山河、姑溪河、丹阳河、章河、通青河、皖江、虎渡河、内荆河、东荆河、武湖与富水等14条河流进行实地勘察，并征询各河流航驾人员意见。在掌握第一手资料后，经研究决定结合各河流的地形、地貌与航行的实际需要，实施航标配布。至1965年5月，除湖北境内的虎渡河与内荆河外，设置航标 590 多座，基本满足船舶航行需要。

（五）开辟藕池经济航道

1958 年 7 月 4 日，新开辟的藕池河经济航道经试航成功正式开放。该航道从茅草街至藕池口，全长 101 千米，河面宽直，航行条件优于松滋河。不能行驶松滋河的大型客货轮和船队，均可利用藕池河这条捷径，缩短航程 12 千米。藕池河开辟后航行船队可以避开洪水期弯曲最多、水性最险的下荆江，有利于安全航行。涪江船队 7 月 1 日试航，行驶藕池河比航行长江节约 6 小时 ~7 小时，节省燃料费 500 元。7 月 7 日浙江船队由武汉上行，经长江驶往宜昌，正值中游洪峰水流湍急，航行 86 小时，而同时由武汉出发经藕池河到达宜昌的岷江船队，仅航行 59 小时。这条新开辟的航道在洪水期显现出较大经济价值。这段航道辟出以后，原航行 5~6 航线和 11~12 航线的“华字”艇和汉渝班轮，行驶藕池河的往返周期，分别由 10 天和 8 天缩短为 9 天和 7 天，降低成本 20%。

第五节　长江航运通信初步发展

一、规范无线通信管理

“大跃进”时期，长江运输生产繁忙，电报工作量上升。1958 年 11 月，汉口电台日均工作量达到 4 万多字，同比增长 30%。1959 年，电报业务总量达 9602 万字，1960 年达 9604 万字，创报务量最高纪录。1960 年，长江干线共有航务电台 30 座、船舶电台 207 座，形成全国规模较大的无线通信网。1959 年 11 月，长航局制定了关于拍发客、货运电报的规定，旨在规范电报管理。

1958 年，长航（汉口）与交通部（北京）开通专用无线报路，两级机关开始用机要密码进行通信。1959 年 3 月，交通部河海总局根据中央指示，航务电台一律停止传递陆地电报，对凡通达载波电话的都应利用载波电报方式传递。1959—1960 年，长航局组织自制载波电报机，在载波电话内增开载波电报，疏通部分陆地电报。为方便船岸直接沟通交流，1960 年开始使用国产电子管“丰收”牌无线电话，107 艘船舶配备。先后在川江航道青滩、东洋子、王家滩等 28 个信号台安装，初步解决了信号台与过往船舶的通信联络问题。

二、发展有线通信网络

1959 年，长航局确定建设铜陵至芜湖长航通信线路。由邮电部门施工，至 1959

年底完成88杆千米线路架设，挂设4.0毫米镀锌钢线2对，其中1对丁字接入荻港船厂，同时完成芜湖至裕溪口2.5毫米1对铜线架设。至此，铜陵、荻港、裕溪口通过芜湖进入长航专用通信网。在有线长途线路业务十分繁忙的情况下，长航局推进电信技术革命，要求挖掘长途通信干线潜力。1958年，汉口修理室自制四线会议电话机，在长江干线开通会议电话。1958—1961年，共召开电话会议150多次，方便了运输调度和生产安排。

1958—1961年，架设丰都至高家镇等地航道通信线路301千米；到1963年，川江航道有线电话通话里程达595千米。除特殊地段外，基本完成宜渝段有线通信网络的建设，实现各信号台、站之间及航道段和航道区的通话联系。

三、载波电话投入使用

为了缓解长途电路紧张局面，技术人员经过反复试验，在汉口至黄石区间开通了幻线三路载波电话设备。1959年底，以中频载波电话和会议电话为重点的革新项目获得成功。

经过三年恢复调整，1965年交通部批准在汉渝邮电代维的干线上扩建12路载波设备，使用国产312型载波机，大大缓解了汉渝间有线电路紧张的局面。

第六节　水运工业建设与调整

一、干线修造船工业的发展

全国工农业生产的“大跃进”，使得长江航运运力与运量之间的矛盾更加突出。长航局除设法增加运力外，动员组织修船力量，加大维修力度，确保已有船舶最大限度地投入营运。

（一）修船业的“大跃进”

1958年，长航局党委号召所属船厂苦战一年“修期减半”、苦战二年“修费减半”。于是，全线船厂开展“快速修船”群众运动。

汉口修船厂屡创快速修船新纪录。7月上旬承修“资江”艇，原计划60天，全厂职工苦干巧干13天完成修理任务。抢修“长江128”轮时，以12天完成原计划125天的大修任务。金陵船厂承修“航2011”“航2012”“航709”等各艘驳船，把修船期缩短72%以上。上海白莲泾船厂修理“航1008”“航608”驳，修期缩短90%以上。

经干部职工的艰苦奋斗，长航局属各船厂基本实现“修期减半”的目标，提前出厂的船舶达到80%。对于航次事故则做到随到随修，相当于挖掘运输潜力约170万吨天、25.7万千瓦天，可增产货运量18万吨、1.6亿吨千米。全年全线共修船275艘、造船38艘，完成修造船总产值（按1957年不变价）计2974.42万元，比1957年增长1.6倍。

三年的“大跃进”，长江水运工业发展很快。基本建设投资为新中国成立以来的5倍，1960年竣工的厂房面积比1957年扩大了3倍，职工人数由1957年的6058人增长到113258人。“江船江修”的目标逐步实现。在“以修为主”方针指导下，还发展船机制造，试制成功1200吨浮船坞、5吨门式起重机和50立方米制氧机等大型新产品50多种，技术水平大幅提高，扩大了生产能力。至1960年，总产值比1957年增长两倍，工业成本有所下降。干线船厂承修船舶比例由15.40%增至94.30%，“江船江修”的能力大提高。

（二）扩建新建造船厂

“二五”时期，长江干线水运工业“修造并举”，比“一五”时期发展更快。为适应“大跃进”的形势，长航局所属修造船厂均得到扩建或新建。

1. 新建青山船厂

青山船厂是由交通部和长航局在长航汉口船厂的基础上迁址新建的大型船厂，被列入武汉市“二五”规划的200项重点建设工程。

1958—1960年12月，青山船厂完成轮机车间、制氧车间、放样车间、炼钢车间、轧钢车间、排渍站、变电所、给排水工程建设。1961年10月，武汉港机厂并入青山船厂，汉口船厂也迁往青山新厂。1965年，船台滑道正式投产，开始发挥骨干船厂的作用。

青山船厂大门

2. 扩建金陵船厂

金陵船厂在“大跃进”中扩建设计任务书几经修改。1959年12月2—16日，交通部海河总局、长航局、长航上海分局、金陵船厂和第九设计院会审通过金陵船厂扩建总体设计。1960年7月8日，得到国家计划委员会批复。金陵船厂开始有计划、分期、按年度投资实施扩建。

1963年3月27日，船台滑道通过国家验收并正式投产。12月，铸造车间、轮机车间和锻工车间相继建成投产。1965—1966年，建成船台车间、木工车间、中央锅炉房、空压机房、乙炔站、船棚、汽（铲）车库、大小五金库、产品材料实验室和能源供应系统及3座作业码头，安装1台15吨吊车等。至此，长航南京金陵船厂完成扩建规划，成为一家较有实力的造船骨干企业。

3. 扩建民生船厂

长航民生造船厂原址在重庆青草坝，1959年后，有计划下迁至唐家沱。1959年12月27日，自行设计的总吨1000吨，总长73.5米，宽23米，举重1200吨的大型浮船坞在民生船厂建成，解决了川江大型船舶修理问题。

1964年5月12日，交通部批准《民生修船厂改建设计任务书》。民生船厂有步骤地将唐家沱建成修船区，将铜钱坝建成造机区，将土地滩建成铸钢锚链区；扩建了铸造、修船等生产车间。至1965年，其工业总产值达到1130.45万元，比“一五”末增长14%，成为长江上游的造船骨干企业。

4. 改建宜昌船厂

1959年9月19日，长航局向交通部报送《宜昌船厂技术改造设计任务书》，宜昌船厂改建再次纳入长江水运工业发展规划。至1961年10月，宜昌船厂靠自身力量铺设缆车轨道。1965年9月，交通部批准宜昌船厂改建。确定以承修长江中上游1000吨以下驳船和367.5千瓦以下拖轮为主，主要项目船台滑道及配套工程开始动工兴建。1965年，其工业总产值达474.91万元，为1957年的3.2倍，成为长江五大骨干船厂之一。

1958—1965年，长江干线水运工业建设主要集中在船舶修造。随着青山、金陵等大型船厂的扩建和新建，金属切削机床和锻压设备等主要加工设备大幅增长。1957年，有切削机床291台，锻压机械28台。“二五”末，切削机床增至389台，锻压机械增加到57台。1957年，各船厂有船台10座，1958—1965年增加15座，新购69吨起重设备12台、108吨的12台、158吨的22台。设备的增加，提高了长江修造船工业的生产能力，为实现“江船江修”和“江船江造”目标，创造了物资与技术条件。

二、干线水运工业调整和整顿

1962年，长航局对所属船厂实施全面调整和整顿。首先，精简多余人员，按中央下达指标，职工人数由上年的8555人减为7260人；其次，缩小基建规模，重点对青山船厂建设规模进行调整，尚未开工的一律停建；此外，调整生产结构，进一步压缩制造，加强维修力量。通过调整，长江干线船舶维修能力得到较大加强。

1963年，长航局进一步加强维修管理，狠抓配件生产质量，扩大配件品种，逐步达到自制自用。同时，精减职工572人，封存价值817万元的设备与机械，投资169.7万元用于水运工业建设。直到1965年，水运工业被纳入以干线运输为核心的专业大协作以后，其修造船生产才迈出低谷走向正常。这一年，全线水运工业共完成总产值3152.71万元，其中修船2425.16万元，造船584.33万元，配件143.22万元，均为调整时期历年最高数。

第七节　长江航运试办“托拉斯”

一、长江航运“托拉斯”的筹备

1963年1月7日，交通部在北京召开直属水运企业局（厂）长会议，江苏、安徽、江西、湖北、湖南、四川和长航局的代表参加会议，专门研究讨论长江干支航线的分工问题。为彻底解决这个问题，国家经委和交通部决定组成工作组会同有关省和长航局共同调查研究，提出解决方案。工作组于1963年2月7—28日对长江干支关系进行了实地调查，为中央对长江航运管理体制改革决策提供第一手资料。

1964年4月1日，中共交通部党组向国家经委党组呈报《关于调整长江水运管理体制的报告》，提出了统一长江干线水运管理的方案：沿线四川、湖北、湖南、江西、安徽、江苏6省航运局经营的上自宜宾下到上海的所有轮驳运输业务，包括船舶、港口（营业站点）、船厂等，连同机构、人员、设备及附属设施，全部收归交通部，与长江航运管理局合并，统一经营管理。现有集体所有制的运输企业和长江干线连接的支线运输业务，仍由各省继续管理。此《报告》为试办长江航运“托拉斯”做了重要准备。

1964年7月22日，交通部按照试办长江航运“托拉斯”的构想，提出调整长江水运管理体制问题的新方案。8月17日，中共中央、国务院原则同意并批转了《国家经委党组关于试办工业、交通托拉斯的意见的报告》，提出积极、慎重地、有计划、有步骤地推行的实施原则，并确定1964年下半年由中央试办第一批工业、交通行业“托拉斯”共12个。《报告》对“托拉斯”的性质、经营范围、管理方法、全国性“托拉斯”与地方的关系、政治工作、组织机构等问题，都作了详细规定。8月27日，交通部拟定《试办长江航运公司（托拉斯）的实施方案》。国务院9月7日以（64）国经字419号文向江苏、安徽、江西、湖北、湖南、四川省和上海市的人民委员会及交通厅批转了交通部《关于长江干线运输实行统一管理的报告》，指出“国务院同意这个报告，请交通部即和有关各省市具体协商，办理交接手续”。9月下旬，交通部特派于眉副部长到武汉主持试办长江航运“托拉斯”的筹备工作，并在武汉召开了沿江六省一市交通厅、局长和交办主任会议，传达中央精神。会上就长江干线实行统一管理的有关交接原则、交接范围和交接步骤与时间达成协议。

1965年1月1日，国家在长江干线试办“托拉斯”，定名长江航运公司，在武汉正式成立。首任经理张明，党委书记贺崇升。这是国家试图以经济手段管理长江航运企业的探索，是新中国成立以来长江航运管理机制的一次重大变革。

二、长江干线实行“托拉斯”管理

长江航运公司（托拉斯）隶属于中央交通部，是对长江干线航运实行集中管理的社会主义全民所有制经济组织，是在国家统一计划下独立经济核算单位。负责管理长江干线（重庆至上海）运输部门所属的全部轮驳船的客货运输任务，并管理直接为长江干线运输服务的大小港口、修造船厂、港机厂，以及科学研究、规划设计、学校等部门的生产和业务。

长江航运公司设党委和政治部。对所属的船、港、厂、航道等专业部门分别成立专管机构进行管理。长江航运公司于1964年11月10日在武汉成立长江轮船公司，负责统一经营管理重庆至上海间的全部轮驳船运输及航修站。长江航运公司内部设港务部、运输部和工厂部，分别负责管理长江干线各港口和统一管理全线运输生产及所有修造船厂与港机厂。

长江航运公司下设长江轮船公司，13个港务局，227个营业站、点，5个修造船厂，1个港口机械制造厂以及航道局、物资供应公司、设计院、科研所、学校等32个企事业单位。有职工65000人，各类船舶2905艘，其中运输船舶1472艘，49094客位，685443吨位；拖轮277674艘、20547.7千瓦。

总公司设在武汉，另在重庆设立办事处，作为总公司的派出机构，负责对各个环节进行监督检查，并代表公司与当地党政机关联系，接受地方党政的领导。长江航运公司成立以后，原来由长江航运管理局办理的港务监督、船舶检验等航政工作与总公司分开，由交通部直接管理。

三、试办“托拉斯”的成效与问题

（一）生产经营高效率

1965年，长江航运公司试办长江航运“托拉斯”后，实施运输生产组织的改革。5月24日—6月6日，长江航运公司在武汉召开全线运输生产组织改革会议，就运输组织改革的有关具体问题，对船、港、工厂、航道等方面的相应调整和协调配合，以及改革后运输生产的调度指挥与体制机构等问题，进行了认真的讨论和研究。6月15日，长江航运公司党委签发《长航“托拉斯”运输生产组织改革方案（草案）》，要求多、快、好、省地完成运输任务，为工业、农业、国防、援外和人民生活服务，保障支援农业和重点建设，坚持安全质量第一的方针。结合客源情况和船、港具体条件，确定专线运输分为客、货两种：主要航线实行定船、定班、定时刻、定配载量、定码头的“五定”制度。一般航线实行定船、定时、定码头的“三定”制度。1965年6月开始，在干线组织客货轮五定专线3条，即渝申、渝汉、汉申；在区间组织三定专线11条。同时，组织以专线运输为核心的专业协作，把比较稳定的大宗货物，通过固定航线、固定周期、固定船舶、固定码头、固定载货的办法，将船舶、港口、工厂、航道等各个环节紧密组织在运输过程之中，从而扩大港口通过能力，缩短船舶的停港时间，加快了周转。

长江干线统一经营后，裁并了26条重复航线。经调整裁并后，全线有客运航线45条，货运航线35条；还组织了直达运输，减少了货物的中转倒载。

1965年12月10日，国家经委吴亮平委员在“托拉斯”座谈会议的总结报告中说：“长江航运统一管理后，克服了航线重复、运力浪费的现象，减少中转倒载70多万吨。”这为贯彻执行“全线一条链”的方针创造了有利条件。

（二）企业管理见成效

长江航运公司裁并重叠机构，精减人员。对沿江13个港口20个航运机构、22个港埠管理机构、33个航政管理机构进行调整、裁并，共精减1300多人。同时，改革财务管理，实行统一流动资金、统一向银行结账、统一安排修理基金与设备更新等费用，统一核算盈亏和统一上缴利润及折旧费等“五统一”管理。改革物资供应工作，基本做到资金、物资、人员、设备“四集中”与计划、采购、提运“三统一”的管理方式。还开展船舶管理改革，提高了船员的技术水平，使船舶技术状况有很大好转，基本消除重大隐患。又通过船舶维修改革，缩短了船舶修期。仅从自修的4条船舶的效果看，平均修期缩短2个月，节约费用6.1万元。1965年3月1日统一了干线运价，对过去地方区间高于干线的一律予以降价。按1965年运量测算，可为托运单位节约运费250万元。

（三）安全质量有保证

1965年3月，长江航运公司召开全线三级干部会议，贯彻中共中央《农村社会主义教育运动中目前提出的一些问题》精神，使广大干部职工认识到试办长江航运“托拉斯”的主要目的——使长江航运更好地满足国家社会主义建设与工农业生产及人民生活的需要——强调必须搞好运输安全，提高服务质量。长江航运公司以“江泸”轮在川江舵机失灵事故及“305”拖轮沉没事件为典型事例，召开现场会议，开展群众性的安全大检查。同时抓住武汉港江岸作业区在运输装卸中只顾数量不顾质量的典型事例，召开货运质量现场会议。从而使广大职工对“安全质量第一”方针的认识有了较大的提高。至年底，无重大海损事故发生。

1965年9月24日，经国务院批准成立长江航政管理局，统一长江干线的航政管理，整顿了规章制度，对航运秩序与船舶安全起到有效的保证监督作用。

总之，1965年长江航运公司统一经营长江干线运输生产后，“托拉斯”把长江航运中的船舶、港口、工厂、航道等各个环节组成一个统一实体，形成长江运输一条链，取得了较好的经济效益。在支援农业方面，长江航运公司受到中央的表扬。1966年春，长江航运公司党委在交通部召开的全国交通会议上介绍了试办“托拉斯”的成就和经验。

（四）“托拉斯”亟待完善

长江航运“托拉斯”的试办，是国家改革长江航运管理体制的探索性尝试。长江航运公司成立后，虽在一定程度改变了过去按行政区划分干线、多头经营的较混乱状况，并取得较大的成绩，但也存在试办“托拉斯”过程中，用行政命令办法接收沿江各省的船舶、设备和人员，其后又存在统一得过于死板的问题，在一定程度上挫伤了地方办航运的积极性。由于长江航运“托拉斯”是自上而下依靠行政命令的方式办起来的，实际上它仍未摆脱高度集中统一，以行政办法管理企业的传统，未能真正按“托拉斯”的要求，采取经济办法建立一套全新科学的管理体系。因此，在一定程度上也挫伤了下属各企事业单位的积极性和创造性，如船舶停港时间过长问题，仍未得到完全解决。其他如运力的矛盾和港站设备较差，运价费率不统一等问题，也仍然存在。尽管如此，长江航运“托拉斯”在一定程度上对长江航运事业的发展，还是起到积极的推动作用。

第八节　加强行业管理及思想政治工作

一、贯彻《工业七十条》的定保方案

1961年9月，长航局党委在武汉召开全线党委第一书记会议，对贯彻执行《工业七十条》中的各种制度作出部署。10月，先在武汉港、南京港、青山船厂和“民众”“江华”“长江722”轮3艘船舶上，就贯彻《工业七十条》的试点进行查、定、保，取得较好成效。1962年2月和3月，长航局在武汉召开党委扩大会议和全线工作会议，提出把贯彻《工业七十条》、整顿企业管理放在工作首位。

（一）干线运输企业对交通部的定保方案

交通部对长航局实行定综合生产能力、定经营区域或主要线路、定客货运量、周转量和特殊、大宗货物流向流量的“五定”。长航局对交通部，实行保证完成年度生产和基建计划、保证安全质量、保证不超过1962年劳动计划规定职工总数、保证完成1962年运输单位成本（9元每千吨千米）、保证完成1962年生产用自有流动资金周转率47.62天、保证船舶和主要设备使用期限、保证船舶技术状况分类的“七保”。

（二）长航局与分局实行的定保方案

长航局对各分局实行定生产方案和综合生产能力，定组织机构和工作人员，定船舶燃、润、物料的消耗定额与供应来源、品种、数量，定现有（经过调整）固定资产的价值、数量和使用期限，定重大安全技术定额，定协作关系的“六定”。分局对长航局实行保完成年度运输生产、基本建设计划；保安全质量；保运输组织、专线、密度与到发船准确程度，按计划规定运行；保不超过年度劳动工资计划规定的职工人员与工资总额；保完成年度成本计划；保完成年度流动资金定额和周转率的“六保”。

（三）长航局（包括分局）与运输船舶实行的定保方案

长航局（分局）对运输船舶实行定生产能力与安全技术定额、定维修保养、定船员定额、定消耗定额、定协作关系的“五定”。机动船舶对长航局（分局）实行保完成生产任务和计划规定的生产指标、保安全质量、保运输船舶的技术状态、保船员人数和技术培训、保完成年度每千吨换算吨千米运输成本计划、保完成营运率计划指标的“六保”。

（四）长航局与港务局实行的定保方案

长航局对各港务局实行定生产方案和综合生产能力（包括客货流向流量与吞吐量、装卸量、生产方法与设备，港口综合通过能力，作业区与主要码头昼夜通过能力等），定生产定额及车船停港时间与重大技术定额和主要设备的保养维修规定，定组

织机构和人员，定港作船舶和机械的燃润物料及供应来源、品种和数量，定现有固定资产的价值、数量和使用期限，定协作关系（包括江、港协作，港厂协作和港口与航道间的协作等）的“六定”。各港对长航局，实行保完成年度港埠生产任务和基本建设计划，保安全质量，保车船在港时间、保完成收入、保完成港作船舶与港机设备的维修保养计划及使用期的“七保”。

（五）长航局与工业企业实行的定保方案

长航局对工业企业，实行定生产方案和综合生产能力，定生产定额和重大技术质量与技术定额，定组织机构和人员，定主要国家统配物资的消耗定额和供应来源，定固定资产、流动资金和机床设备及现有（经过调整的）生产用和非生产用固定资产的价值、数量和使用期限，定协作关系的“六定”。工业企业对长航局实行保完成年度工业生产和基本建设计划、保安全质量、保不超过年度劳动计划规定的职工总数与工资总额、保完成年度成本计划及合法利润与上缴利润、保完成年度流动资金的周转率计划、保主要设备的使用期限的“六保”。

经过定保方案的制定与实行，长江干线所属各企业都有了自己明确的生产方案，并根据新的生产方案调整了生产布局，使全线“一条链”趋于完善，并使各环节生产能力大致上趋于平衡。同时，各企业普遍实行党委领导下的局（厂）长负责制，使党的政治思想工作和行政生产管理工作初步进入正常轨道，《工业七十条》中所规定的各种主要制度也基本得到贯彻实行。1964年随着全国经济形势的好转，长江干线的生产开始回升，专线运输也得以恢复。

二、计划管理的健全与加强

1953—1956年，长江干线实施高度集中统一管理，不分长短途、大小船，都由总调度室管理，结果适得其反，影响到分局、港、船积极因素的发挥。1956 1957年，改进集中统一的企业管理机制，开始实行集中统一和分级分段管理，生产混乱的状况有所好转。长航局党委在总结正反两方面经验教训的基础上，根据长江航运线长点多、流动分散、工种复杂、技术性强、牵涉面广、生产连续性强等特点，一方面实行高度集中的统一管理，另一方面实行分级分段管理，以发挥各级组织的积极性。

依据多年实践，长江干线在集中统一领导下，划分为长航局、分局、港（厂、航务工程、航道区、学校）三级，以及上游、中游和下游三段进行管理。上游宜昌以上（不含宜昌），由重庆分局领导管理；中游宜昌到黄石，由长航局直接领导管理；下游九江以下，由上海分局管理。这样，长航局与分局各自的主要任务、管理职能、职责与职权范围都有较为明确的界限，逐步完善了集中领导、指挥和分级分段相结合的管理方式，从而在一定程度上加强和改进整个企业的管理工作。

按照《工业七十条》关于改进企业各项管理的规定，长航局健全了计划管理。做到有编制计划规程、调度作业规程实施细则与统计规程等，建立和健全原始记录和定期快速统计等各项基本报表，建立一系列的会议制度如经济活动分析会议和内外协作会议制度等。此外，设立调度机构，建立调度文件，严格调度纪律，明确分工职责和上下统一的值班制度。对设备的管、用、养、修等，严格遵守操作规程和工艺规程，执行技术标准和安全技术定额。对设备加强日常养护，建立定期预防检修制度，实行定人、定设备、定时间和包检、包养、包用的“三定三包”制度。财务管理实行经济核算，建立开支标准、现金管理、财产保管使用、财产分级管理和成本开支范围、会计核算等各种财务制度，实行严格各级经济核算和三级经济活动分析等制度。

三、健全思想政治工作系统

1961 年 7 月 22 日，根据中共中央批转交通部党组《关于在交通部直属水运企业建立政治工作部门的报告》和《国有工业企业工作条例（草案）》的精神，长航局党委结合实际，恢复和建立了企业的政治工作系统。在局和各分局两级领导机关中建立政治部，领导全线各级党组织，在广大干部中开展政治思想工作。各单位也相应建立政治工作机构，配备政治工作干部。1962 年中南局经济委员会转发《关于长江航运企业与地方双重领导分工的意见（草案）》，明确规定长航局的党和政治工作实行地方党委为主的双重领导。所属各分局的党委和政治部应接受长航局党委和政治部的领导，除长航局和各分局所在地直接领导的单位外，沿线各港口、船厂、学校等单位的党和政治工作，实行以地方党委为主的双重领导。全线各政治部和政工干部做了大量的思想政治工作，不断把广大干部职工的精神力量转化为巨大的生产力量，在完成运输生产及其他各项工作中，发挥了较好的促进作用。

四、发展职工文化教育事业

1958年，长航局的文化教育发展较快。同年7月，在380艘船舶上开展了扫盲运动。1137 人参加学习后有 700 多人脱盲，近 200 艘船舶成为无盲船舶。同年 11 月，重庆分局成立重庆航运中专学校。1960 年 9 月中旬，长航局党委成立以贺崇升为党委书记、马志义为副书记、张明任校长、杨彪任副校长的长江航运大学，开设水运管理、港口机械、机电、航务工程、教育、医学 6 个专业，经两年学习达到大专水平，另附设中专、技校专业班，前后招收学生 1000 多人。为培养船舶技术干部，南京长航技工学校开设中专班。新开办武汉长江航运卫生学校、金陵船厂技工学校、青山船厂技工学

校、上海港机制造厂技工学校、武汉航务工程技术学校等，共开设 12 个工种班级。这些学校的开办，不仅提高了广大职工的文化素质，而且为长江航运、水运工业和航道管理及航务工程培养了新生力量，源源不断地为长江航运事业的发展输送生力军。

1964 年，根据全线运输生产的需要，长航局在武汉创办一所水运职业学校，开设了餐务、服务、航道、理货、统计、财会 6 个专业；武汉长航技校开办半工半读试点，于 1965 年在全线推广。至 1966 年，全线有中等专业学校 6 所，技工学校或半工半读学校 6 所，职业学校 1 所。1963—1967 年，2000 多名适应生产需要的学生毕业，为长江航运职工队伍补充了新鲜血液。1965 年，长航武汉分局以“人民 16”轮为基础创办教练船。两年共培养 145 名船舶技术干部，在一定程度上缓解了新船增加和老船员退休所造成人员短缺的窘境。上述专业技术与职业学校的创办，给企业带来活力。1965 年与 1952 年相比，职工队伍的构成情况发生了较大变化，文化水平和技术水平都有不同程度的提高。特别是 1958—1965 年，长江全线普及中、小学教育也有较大进展。至 1965 年底，有中小学 30 多所，教职员工近 2000 人，在校学生 1 万多人，为解决本系统职工子女就学发挥了积极作用。

这时期，长航局在文化技术教育积累了一定经验的基础上，制定了一套比较完善的管理学校规章制度，编写出版一批切合教学实际、基本配套的教材，初步形成一个比较合理的航运中等专业学校与技术工人学校教育体系，为长江航运专业技术教育奠定了基础。

这正是：

教育扬帆碧浪开，长航职大聚贤才。
中专技校新天地，跃虎腾龙点将台。

第四章

百折不回——长江航运曲折发展

（1966—1977 年）

逆水行舟遇顶风，波折迭起困难重。
港机空转闲长臂，航运亏乏束巨龙。
坚守五年出谷底，干群一意向高峰。
穿云破雾阳光灿，经历沧桑蕴苦衷。

“文化大革命”运动严重影响国民经济建设，长江航运在该运动初期也受到巨大冲击。长江船舶货运量、港口吞吐量、全员劳动生产率全面下降，长江航运连续三年亏损。长江航运职工逆水行舟、克难奋进、排除干扰，确保长江运输不中断、扩大川江通过能力工程不间断，实现川江绞滩机械化，结束人力绞滩历史，干线运力和港口吞吐能力有所发展。

这期间，一批大型客货轮投入使用，船舶数量、载客位、载货吨位均有大幅增长；油运运力迅速提高，运量大幅上升。港口新建与扩建并举，基本实现三年改变面貌的目标。第一艘国产舱容 800 立方米的自航耙吸式挖泥船投产，金陵船厂建成万吨级浮船坞。运输方式不断改进，积累了成组运输、大件运输、分节驳船队运输的经验。水运工业初步建立船机、港机配套体系，修造船基地上中下游布局均衡。长航局投入使用 5000 吨海轮“战斗 36”号，完成秦皇岛至武汉港的煤炭江海直达运输。1977 年，长江干线货运量首次突破 3000 万吨。长江航运的发展波澜跌宕，曲折前行。

第一节　力排干扰坚持运输生产

一、“文革”初期对干支流航运的冲击

1966年，长江航运公司以马鞍山钢铁公司为榜样，开展“工业学大庆”的群众运动。3月4日，长江航运公司召开电话会议，开展以“双反”（反浪费、反服务质量不高）、“三查”（查资料、查设备、查资金）为主要内容的增产节约运动。4月22日，长航武汉分公司“长江168”轮在抢救“运木70”号船舶时，漂白粉发生自燃爆炸。抢险期间，全体船员表现出的为抢救国家财产临危不惧的精神，成为全线职工学习的榜样。4月25日，长江航运公司党委作出《关于组织专线、成组、一条龙运输的决定》后，共组织“专线”运输33条，其中客运专线16条，货运专线17条，专线运量占总运量的71%。同时还组织17条单航程、7个货种的成组运输线，运量达105万吨。此外，重点试办“一条龙”运输线5条，其中“成组”运输线2条，“一条龙”运输线3条。为使专线运输顺利发展，在干线港口调整配套作业线26条，缩短船舶作业时间，提高港作船舶使用率。

1966年，长江干线客运量和周转量同比分别提高20.60%和55.40%，货运量和周转量同比分别提高10.90%和17.30%；全线港口吞吐量同比提高15.90%，船舶停港时间同比下降7%；水运工业总产值同比提高6.50%；基本建设完成投资总额同比提高74%；利润总额（航、港、工业）同比提高7.30%，是实行调整后各项经济指标完成得最好的一年。

随后，以1966年“5·16通知”为起点的“无产阶级文化大革命”（以下简称“文革”）运动，很快波及全国和长江全线。1966年11月，由“批判资产阶级反动路线”引发的造反浪潮，扩展到工业与运输交通业（后简称工交）企业。中央工交座谈会后，在工厂建立群众组织，开展“四大”（大鸣、大放、大字报、大辩论），部分工厂停产。一次，数百工人和学生来到武汉长江航运指挥中心——长江航运公司“造反”。把长江航运系统实行的各项规章制度说成是修正主义的“管、卡、压”，煽动无政府主义；把按劳取酬、激励先进的奖励制度说成是“奖金挂帅、物质刺激”，鼓吹要铲除滋生资本主义的土壤。

长江全线及其支流的各级航运机关大多受到冲击，运输生产秩序大乱，歪风邪气泛滥。尤其是各种“群众组织”在“文攻武卫”的煽动下，抢夺枪支，由文斗发展到武斗，直接威胁到长江航运安全。1967年7月，安庆港因武斗致港口被迫停产两个月；7月13日芜湖港发生大规模武斗，动用机枪封锁江面，射击汉申线班轮，使客

运一度中断；8月8日，重庆港发生大规模武斗，人称“8·8海战”，两派双方动用机枪和大炮，击沉“人民28”货轮、“渝港207”轮和“长江1”轮，导致24人死亡，129人受伤。

1968年1月17日，少数人带头大闹经济主义和八小时工作制，先后有126艘驳船和23艘直属机动船停航。8月7日，“人民32”轮由重庆直达万县，靠码头时遭到重机枪扫射，船长中弹身亡，13乘客受伤。在所谓的“破旧立新”运动中，把长江上的方块、圆球形航标说成是帝国主义、修正主义的那一套，要彻底改革。9月17日一声令下，全线4500座航标一律改为三面红旗、红五角星、灯塔等“新式标志”；航标种类由原来的3类19种改为3类10种。为了“突出政治”，将面向下游“左白右红”，改为面向上游“左红右白”。这不仅使助航标志失去了应有的作用，反而给船舶安全航行带来危害。11月25日，长江干线所有客班轮不论大小一律改为“东方红”编号命名。

在“宁要社会主义的草，不要资本主义的苗”“不为修正主义路线生产”等思潮影响下，职工的生产热情低落，科技进步缓慢，船舶运输、港口装卸、全员劳动生产率急剧下降。1967年与1966年相比，长江货运量下降33.90%，计714万吨；港口吞吐量下降30.70%，计1180万吨。港口严重堵塞，船舶停港时间平均长达5.4天，同比增加1倍。全员劳动生产率，船舶货运量下降28%，港口吞吐量下降21.20%，水运工业总体下降37.60%。长江航运公司首次出现亏损，亏损金额达1512万元，到1969年，累计亏损5915万元。

二、长江航运在逆境中求发展

（一）实行军事管制和成立革命委员会

1968年1月4日，中共中央、国务院、中央军委、中央文革小组联合发出《关于长江航运系统实行全线军事管制的决定》。2月6日，中国人民解放军武汉军区某部奉命对长江航运系统进行军事管制，成立长江航运公司军事管制委员会，由富虔任主任，陈万举、张玉凯、齐纬任副主任。长江航运公司所属单位，亦由各地区驻军分别实行军管。至此，军队正式介入长江航运系统的“文革”运动。实行军管，对缓和紧张局面、维护运输生产秩序、减少动乱造成的损失，以及“解放”干部等方面，发挥了一定的积极作用。

3月5日，南京港率先成立革命委员会，接着长江航运系统各单位先后成立革命委员会。9月11日，长江航运公司成立革命委员会。1970年4月，中共长江航运公司革命委员会核心小组成立，富虔任组长，陈万举、金石、齐纬任副组长。1971年7

月13日，长江航运公司重新成立党委，使全线党组织工作开始正常化。1972年4月30日，原长江航运公司党委书记贺崇升获得“解放”，担任长江航运公司党委第二书记、革委会第一副主任。7月8日经交通部批准，长江干线航运管理机构按照“精简、统一、效能、节约和反对官僚主义”的原则进行治理和整顿。长江航运公司、中共长江航运公司委员会及政治部下设2室（办公室、安全监察室）和15处（组织处、干部处、宣传处、直属工作处、群众工作处、运输处、港口处、计划处、财务处、基建处、船机处、工厂处、行政卫生处、物资管理处、人事教育处）及人民武装部。

1972年10月，长江航运公司按照交通部规定，对全线机构进行调整，重新确立三级管理体制。全线各分公司、港口、工厂、航道、学校、医院，以及公安、科研等80多个单位，亦先后进行机构调整，健全企业管理制度，制定职权范围，为长江航运力排“文革”干扰，坚持运输生产起到重要的组织保障作用。

（二）力排“文革”干扰，坚持运输生产

“文革”运动，使长江干线航运生产形势受到严重的影响，连续3年出现亏损，有的“重灾区”连续亏损达4年之久。面对严峻的形势，长江航运职工竭力排除干扰，坚持运输生产。“大串连”时，“红卫兵”乘船不买票，吃饭不收钱，长江干线客运量猛增，由1966年的1462万人增加至1969年的1935万人。尽管客运秩序混乱，旅客滞留情况严重，但长江航运公司仍坚持确保客运船舶安全。特别是在武斗的日子里，广大船员在驾驶室采取防弹措施，冒着生命危险驾船通过武斗区，将货物和旅客送往目的地。

1970年7月10—16日，长江航运公司革命委员会召开贯彻《鞍钢宪法》经验交流会，实行“两参一改三结合”，即干部参加劳动，工人参加管理，改革不合理的规章制度，领导干部、技术人员和工人群众三结合，开展技术革新和技术革命。这一年，主要生产指标接近或超过1966年水平。货运量完成2015.6万吨，船舶运输效率提高3.00%，港口吞吐量超过1968年的0.70%，全线实现扭亏为盈，利税达到1253万元。

（三）继续发展成组和集装箱运输

1965年武汉港和马鞍山港开办至上海生铁成组运输后，1966年全线完成成组运量78.1万吨。后由于“文革”运动的干扰，成组运量下降到20万吨左右。1972年，随着运输秩序的整顿和生产形势的好转，成组运输有了新发展。1—6月，完成运量35万吨。继武汉港、马鞍山港至上海的生铁成组线外，先后建立了南京至上海杂货、镇江至上海白云石、武汉至上海杂货、重庆至上海钢材、宜昌至武汉木材、上海至安庆水泥等成组运输专线33条，从成组装卸到成组运输，从单一形式发展到多种形式，成组货种由钢材、木材、水泥发展到化肥、纯碱、杂货等，成组运输量的比重由原来的零点几发展到50%以上。凡是实行成组运输专线的货种和港口，尽力做到“三定”（定货、定船、定港），从而保证成组运输的稳步发展。

1972年11月8日，长江航运公司制定《长江成组运输管理办法》，对成组运输的组织领导、计划管理、工具交接、维修保养等问题作了具体规定，提高了港口装卸效率。汉申食糖成组运输后，汉口作业区起坡效率提高了130%；镇江至上海白云石，成组运输前上钢一厂卸载达56小时，成组运输后缩短为26小时。此外，长江干线还试办了沙市至汉口、南通至南京等港的运输业务，均取得良好的效果。沙市到武汉的热水瓶，采用5吨集装箱运输后，破损率由原来的20%左右降至零破损，工效提高4~5倍。南京至南通每月有4000吨左右的百杂货，货种轻包、零星、体积不一，件数多、票数杂、装卸不便、理货困难、船舶停港时间长，一艘700吨级驳船百杂货往往有上万件，300多票。采用集装箱后，零散货物相对集中，大大提高装卸效率，缩短了船舶运输周期。

成组运输和集装箱运输，是继“一条龙”专线运输后的重大运输方式改革，对提高装卸效率和保证运输质量起到重要作用。

（四）推进以专线为骨干的综合运输

1972年，围绕企业整顿、结合长江航运的特点，长江航运公司制定了以专线为骨干的综合运输方案，将船舶、港口、航道、通信、船厂、供应等方面，以及职能部门的工作纳入其中，通过简要的文字和图表显示出来，使每个环节任务明确、分工具体。南京港的实践证明，这是提高运输生产的有力措施。1973年11月1日，长江航运公司党委决定推行以专线为骨干的综合运输方案。组织两个工作组分赴长江上游和下游，先后整顿29条专线。各分公司和上海芜湖办事处等单位，逐线、逐船、逐港抓纳线、抓周期、抓配载、抓均衡生产、抓驳队组成。南京港浦口至上海煤运专线占南京港整个任务的1/3以上，港调千方百计保专线，按时发船，按时到船，正点率达95%~100%。

（五）组织大件运输

20世纪70年代中期，国家从国外引进一批化肥、化纤、轧钢等大型成套设备。这批大型设备最重件达348.7吨，最长件有57.6米。仅四川化工厂和泸天化经长江的进口超限设备就有64台，其中300吨以上的有3件，100吨以上的有5件，100吨以下的有56件。

长江航运公司和四川省为确保这批大件运输，分别成立了大件运输领导小组，统一组织指挥，协调各个运输环节。1974年7月13日，运载乐山四川化工厂的第一批大件，由“长江2040”轮以梭形船队顶推三驳（两艘1000吨级驳船、一艘1500

吨级驳船），由上海起航，经9天航行安全抵达宜昌港。早在宜昌港待命的“长江4004”轮，立即接顶两艘1000吨级甲板驳开往重庆；另一艘1500吨级驳船，由长江拖轮送至重庆港九龙坡转车。

第一批大件运输的胜利完成积累了大件运输的经验。长江航运公司在海运、铁路、公路和沿江各省的通力合作下，先后完成云南安边、贵州赤水、四川乐山和泸州、湖南岳阳、湖北枝江、安徽安庆、江苏栖霞等地的炼油厂、化工厂以及武汉1.7薄板厂和长寿维尼纶厂等大型成套设备运输任务，共计20万吨左右。

这些大型成套设备是从日本、意大利、美国、法国、波兰等国引进。因受长江起重运输能力所限，外商曾要求分割运输。可是这和运输方式不但影响大型设备的质量，而且每件还要额外付出150万美元的分割和合龙费用。长江航运公司为了“完整无损”地完成运输任务，采用加强甲板驳负载能力和一船装载、分段牵引的办法，终于顺利地把大件送到目的地，为国家经济建设做出了贡献。

（六）坚持安全运输生产

“文革”期间，由于无政府主义思潮泛滥，指挥系统有些失灵，规章制度有的被废除，各级领导“靠边站”，导致海损事故、货差货损事故增多。

1968年9月26日，“东方红5”轮由上海开往汉口，因避让木船，操作失当，冲向张华浜码头，碰撞到停港的轮船与木驳船，碰伤船民3人，其中重伤1人，造成经济损失16万多元，船长因此受到撤职降级处分。1970年11月30日，大型客班轮“东方红3”轮在极“左”路线影响下，违反安全操作规定，贸然决定“不停航改炉”，即将烧煤船改为烧渣油船，将氧气瓶、电石一起搬进船舱，结果渣油因温度过高挥发，与明火接触即燃烧。霎时，火焰腾空而起，炉舱顿时陷入火海之中，烧死、烧伤17人，直接经济损失达数十万元。

1971年，长江航运公司党委狠抓安全生产，首先颁布了南京、武汉、枝城长江大桥的安全管理规定和安全措施，要求通过大桥的客班轮、货轮和船队服从港监部门指挥，确保大桥安全。接着，修改和拟订了《长江船员职务规则》《轮、驳分工协作负责制》等14项船舶安全规章制度，并组织各轮驳船员认真学习，坚持推行。同时，大力总结和推广安全生产先进经验。其中有安全航行577000多千米、13年无重大事故的芜湖分公司“长江728”轮；有以大庆人“三老四严”为榜样，安全航行12年的南京市水上运输公司“长征3”轮；有安全航行306500千米的上海分公司“东方红402”轮；有战胜川江天险、安全航行18万千米的重庆分公司“长江2007”轮；有25年安全渡运南津关口的渡船“宜昌”号，共安全渡运100多万人次、4000多吨支农物资，人称“安全渡”“幸福渡”。特别是“东方红2”轮安全航行 100 万千米，受到了交通部的表彰。“四五”时期，长江干线运输船舶重大海损事故得到有效遏制。

三、坚持平战结合完成军交战备任务

（一）建设交通战备设施

根据长江军运、战备建设的需要，一批军运、战备设施相继建成。全线建有永久性战时地下指挥所，各港航单位结合人防工程修建了地下指挥所；建有十几座军运、战备码头和多艘活动趸船；建有多座战备物资仓库，储备了可架设几十座临时码头的器材；建有加强型 300 吨级、1500 吨级甲板驳船几百艘；疏散部署、建设了几个大型燃油地下库；还建有一定数量的通信、修理设施。这些设施布局合理，不仅适合军运、战备要求，而且在平时完成军事运输、抢险救灾、交通保障任务中也能发挥骨干作用。

（二）编制战备保障方案

20 世纪 60 年代，长江沿线军区对本管段进行战备勘察，比较详细掌握了长江沿线的地形、交通、航道、水文等资料。在此基础上，长航局和总后长航军代处于 1977 年联合组织长江全线战备勘察，进一步明确了长江战时交通保障的基本任务和保障重点；明确了较为合理的长江战备布局；制定了长江战时交通保障措施；明确了各军区接合部的战备分工与协同办法。次年，总参谋部、总后勤部、交通部向长江沿线军区、省市批发《长江交通战备勘察情况报告》和《长江战时交通保障计划》（即“三部”文件）。长江全线依据“三部”文件，编制了较为齐全和具有较强实用性的港口、航道、船舶、通信、供应、抢修、卫生、工程保障、重点目标保障、渡运，以及港航监督等各种类型的战备保障方案。

（三）军运处进驻长江航运公司

1973 年 6 月，总参、总政批复同意组建长江航运公司军事运输处。1974 年 4 月 1 月，驻长江航运公司军运处正式进驻长江航运公司机关办公。该军运处的设置，使长江军交业务有了统一归口的部门。

总后驻长江航运公司军运处成立后，原武汉军区驻长江航运公司军代处于 1974 年 4 月改为驻长航武汉分公司军运处。

（四）增设沿线军交机构

1970 年 12 月 25 日，国务院、中央军委批转总后勤部《关于加强军事运输建设的报告》。1971 年 6 月 15 日—7 月 15 日，总后勤部在北京召开全军军运工作座谈会，长江沿线各大军区相继在长江增设军交机构。成都军区在长江增设了 4 个军交单位，

武汉军区在长江和汉江增设 7 个军交单位，广州军区、福州军区、南京军区等也先后在长江增设军交单位。至此，长江全线（含汉江）共增设 18 个军交机构，促进了军交运输的正规化建设。

第二节　长江航运行业的治理整顿

一、管理体制的调整

1975 年 2 月 8 日，国务院同意交通部《关于调整长江航运管理体制的报告》。长江干线运输在实行统一管理、试办“托拉斯”时，将沿江各省境内干线的区间航线，200 多个中、小港站，一部分小型船舶和安徽、湖北两省的部分长江支流航线，收归长江航运公司管理。这种管理体制“集中过多，统得过死”，限制和挫伤了地方办航运企业的积极性，影响了航运的发展。对适合长江区间短途和支流运输的货驳船 9 万吨，拖轮 11025 千瓦，客轮 3 万多客位，由长江航运公司分别交给江苏、安徽、江西、湖北、湖南等省。长江航运公司管辖的 222 个小港站，除为长江干线、海轮进江、江海联运船舶装卸、水陆联运及货物集散服务的南通、江阴、高港、镇江、南京、马鞍山、芜湖、铜陵、池州、安庆、九江、黄石、武汉、城陵矶、沙市、枝城、宜昌等主要港口，以及四川沿长江大小港站继续由长江航运公司管理外，其余港站均交给有关各省管理，人员原则上随船舶、港站成建制移交。同年 10 月 1 日，根据国务院重新调整长江航运管理体制的批文，长江航运公司改为长江航运管理局（以下简称长航局），下设重庆、武汉、芜湖、南京、上海 5 个分局，还有工业、航道、公安 3 个专业局和直属武汉、南京港务管理局。

二、企业内部的整顿

1975 年 5 月 14 日，长航局党委在全线整顿企业的党员动员大会上，提出苦战 3 年，实现翻番的目标；通过整顿从思想上、政治上、组织上打好基础，把长航局办成大庆式企业。首先是整顿领导班子，重点是思想整顿，按照“三要三不要”的原则，解决好学大庆“真”学和“假”学的问题。对于需要调整的领导班子，按照毛主席关于培养革命事业接班人五项条件，按老、中、青“三结合”原则，提拔一批经过实践考验，在“工业学大庆”中做出成绩的优秀分子，充实进入各级领导班子。

长航局在交通部工作队和马耀骥、潘琪副部长指导下，通过内部机关整顿，达到“精简、统一、效能、节约和反对官僚主义”的目的；克服软（怕字当头）、散（各行其是）、懒（干劲不足）、肿（人浮于事）、官僚化和“三脱离”现象；做到面向基层、面向群众、面向生产；生产指挥、政治工作、材料供应、设计科研、生活服务到现场，转变机关作风；建立健全干部参加劳动的制度。同时，各分局、各专业局，以及县团级以上各级领导机关，也相应进行治理整顿，以适应苦战3年，实现翻番的要求。

根据中央的统一部署，长航局党委成立工作组，分别对长江港口进行整顿，实现周总理提出“三年改变港口面貌”的重要指标。重庆港结合港口实际，制定加强企业管理的有效措施。武汉港通过再次整顿，各项主要经济指标均取得较好成绩。芜湖港以整顿为中心，再次恢复和健全考勤、安全生产、技术操作规程、设备检查等规章制度。南京港改变企业“软、散、懒”状态，建立健全七项生产管理制度和八项主要经济技术指标。

1975年，长江水运工业进行全面整顿，从解决企业“软、散、懒”入手，整顿领导班子，建立健全各种规章制度，明确职权，严肃纪律，出现了喜人的局面。

三、航政管理的恢复

“文革”时期，长江航政管理机构瘫痪，管理工作一度中断。所属18个航政分支机构被撤销7个，有的机构虽未撤销也名存实亡，无法行使航政管理职能。

1970年6月15日，交通部同意长江干线各级航政部门由长江航运公司、分公司和各港领导，对外仍用“长江航政管理局”及各分支机构名义维护长江船舶航行秩序，并重申干支流航政分工。干线水上公共秩序和船舶适航状况由干线航政部门统一管理，各支流的航政业务由地方航政机构管理。1971年，周恩来总理着手纠正“文革”以来的“左”的错误，使长江航政管理出现新的转机，长江水上运输秩序明显好转。

1973年10月24日，长航局调整长江航政机构设置。设重庆、芜湖、南京3个分局，万县、宜昌、武汉、九江、安庆、马鞍山、镇江、南通8个航政处，涪陵、沙市、城陵矶、黄石、裕溪口、江阴、高港7个航政站，增设兰家沱、白沙沱大桥、南津关大坝、枝江大桥、板桥、南京长江大桥和栖霞山等9个监督站。

1974年5月6日，长江航政管理局成立长江航政规章修订小组，先后召开调查会125次，并实施对长江干线和主要支流，以及淮河、大运河的航道、船闸、灯标、声号和助航设施等进行察看，为修订航规奠定基础。7月1日，长江航政管理局定为交通部直属事业单位。1975年1月起，长江航政管理局及其所属单位的经费来源，按照交通部规定征收航政管理费，分航政监督费和港口监督费两项收取。

随着我国对外贸易和水运事业的发展，港航监督进一步加强对外轮管理和引航的措施。为防止港口水域污染，建设了南京等港口的含油污水处理设施增添防污监测、化验、摄影等仪器设备，使监管实力进一步增强。

第三节　长江船舶运力逆势增长

一、船舶运力的发展

（一）干线客运船舶运力发展

航行于汉口至上海的10艘大型客班轮均为新中国成立前建造，平均船龄达55年。汉口至重庆、汉口至宜昌的14艘客班轮，其中2艘是新中国成立前建造的蒸汽机船，7艘是20世纪50年代建造的，5艘为60年代建造的。由于下游班轮经常停航修理，运力不足，时而将上游班轮调至下游营运，致使中上游客运更为紧张。为缓解客运紧张局面，长江航运公司委托上海船厂、上海船舶研究所进行调查研究，吸取已有船舶的优点，设计并制造5艘航行上海至汉口大型客班轮（计划建20艘），以逐步取代航行在汉申线的老旧船。1975年1月27日，上海船厂建造的第一艘新型大型客班轮“东方红11”号，经试航符合设计要求投入汉申营运。“东方红11”轮由于船型美观、乘坐舒适，受到广大旅客的欢迎。1970—1976年，长江干线共增加客货轮41艘，计9305客位。“四五”时期，长江干线的客运能力有较大幅度的增长。1975年载客位比1965年提高29.10%，客运量提高67.39%。

“东方红11”型客轮曾风靡长江，一票难求

（二）加强船舶机务管理

“文革”时期，尽管长江干线各项工作受到严重冲击，但船舶运输能力还是逐年在增长。1976 年的船舶艘数、载客位、载货吨分别比 1966 年增长了 27%、40%、75%。1966—1976 年长江干线运力统计，详见表 4-1。

表 4-1　　1966—1976 年长江干线运力统计

年份	船舶（艘）	载客（位）	载货（吨）	功率（千瓦）
1966	1304	53953	671533	72789.26
1967	1335	54816	680448	77204.93
1968	1363	55662	705740	77504.28
1969	1370	55408	726487	82506.69
1970	1387	58336	754557	86436.74
1971	1445	61995	877397	99370.53
1972	1505	63058	961280	116554.1
1973	1561	63788	1031697	119511.74
1974	1584	67197	1049344	134621.13
1975	1611	71689	1100515	147418.95
1976	1654	75631	1176768	156804.9

资料来源：交通运输部长江航务管理局档案中心。

长江航运公司在大量造船的同时，还加强了对船舶机务管理。1973 年 12 月 17 日全线船舶机务工作座谈会召开，机务管理得到进一步加强。1974 年和 1975 年的船舶机务事故分别比 1973 年下降 13% 和 9.60%，损失金额分别下降 15.64% 和 41.15%。纳入技术排队船舶的完好率，1975 年比 1972 年提高 11%，主要是一类船舶的完好率提高 16.70%。

船管部、武汉和上海分公司、武汉港、航道局等单位，贯彻“养修并重，以养为主”的船舶机务工作方针，充分发动群众，对设备进行保养维修。直属 424 条驳船，船员自铲锈油漆 1000 平方米以上的船舶就有 71 条，充分显示了船员的养护意识和技术能力；船龄为 45 年的“人民 35”轮，由于船员对主机及时进行维修保养，主机连续安全运转 84000 多小时。在“工业学大庆”运动中，各级领导“严”字当头，认真执行各项规章制度，抓好船舶的“管、用、养、修、配”五大环节，环环相扣，互相关联，保持船舶良好的技术状态，为长江航运提供高产、优质、安全、低耗的运输能力。

（三）支流运力的变化

1966—1976年，四川省运输船舶逐年上升。重庆轮船公司于20世纪70年代陆续以国产6200型和6135型柴油机更换200、300、500千瓦拖轮的主机，800千瓦拖轮则采用民主德国主机，基本上统一了机型。1976年，由泸州船厂自行设计并建造的平头、浅水、纵流型的“红卫11”号型客货轮，主机采用国产6160-B型2台共367.5千瓦柴油机，有客位640座，且具有吃水浅、航速快、载客多的优点，适合长江上游渝叙航段客运。

湖南省“三五”时期水运船舶徘徊在7万吨位，到“四五”时期才突破8万吨位，客位和功率也都有增长。船舶的技术改造有所进展，钢质拖轮功率和客货轮客位、驳船吨位，1976年比1970年分别提高78.23%、55.74%和100.90%；内燃机拖轮和客货轮客位、驳船吨位也分别提高41.5%和17.84%。省国有水运企业拖轮基本实现内燃机化。

湖北省船舶船吨位直线上升。1966年，帆船吨位尚占总吨位的61.6%；至1976年，下降为14.50%。在改造木帆船时采取“小机上船”的办法，用290型和2105型柴油机安装在20吨左右的木帆船上。这种机帆船适宜于支流、短途运输，为支援农业生产做出了贡献。

江西省船舶客位、吨位和功率，1970年比1966年分别增长9.34%、1.48%和17.46%；“四五”时期增长幅度稍大，1975年比1970年分别增长30.86%、35.27%和25.20%。钢质船的吨位，1976年比1972年增长52.50%。

江苏省1970年客位、吨位、功率分别比1965年增长37.11%、8%、75.20%。尤其在“四五”后期，对船舶机型改造开始实行标准化、系列化、通用化，对船舶进行定型，改变船型、机型复杂众多的状况。此外，安徽省、浙江省的船舶运力也有一定增长。

二、石油运量和运力的增长

（一）成立油运专营机构

1965年8月，南京炼油厂建成投产。其后，安庆、九江、武汉、长岭相继动工兴建大型炼油厂。炼油厂所需原油均要通过江海联运从北方运来，并在南京中转，实属当时最佳的运输途径。由海进江的油轮大多是万吨级以上的船舶，由于受南京长江大桥净空所限，不能常年通过，因而南京港便成为石油中转枢纽。南京港石油吞吐量由1965年的17万吨猛增到1976年的915.7万吨，为1965年的53.9倍。

随着长江干线石油运输的日益繁忙，1974年12月25日，长江航运公司成立长航船管部油船管理处。油管处拥有油轮、油拖16艘，油驳142艘，船员1850人，管理人员占生产人员总数的3.20%。1975年10月1日，交通部决定成立长航局南京分局，专管油运业务。

（二）长江油运运力与运量的增长

1965年11月10日，由长江船舶设计院设计、民生船厂建造的“建华801”油轮，经试航验收合格，投入川江油运，后改名为“大庆401”轮。该船长83.2米，宽12.5米，总功率1617千瓦，载油量800吨。“大庆401”轮投入营运和姊妹船“建华802”油轮投产，为我国自行设计和制造油轮开辟了新路，同时也向国内外有关厂家订造一批适合长江航行的油轮和油驳。

1976年10月，长航局按照交通部通知，在罗马尼亚订造6艘5000吨级江海油轮，分别命名为“大庆412”“大庆413”“大庆414”“大庆415”“大庆416”“大庆417”，每艘油轮造价1256.9万元，载货定额5000吨，总吨位4915.7吨，净吨位2685.6吨。

1976年，长江拥有油轮12艘、31000吨，油拖轮16艘，各种油驳161艘、285835吨。全年完成的石油运量比1966年增加6.8倍，为1950年的305.7倍。油运在长江航运运量中的比重由1966年的2.70%上升至1976年的18%。

1966年3月26日，“建设17”轮载原油10889吨，首航大连至南京的江海直达航线，安全抵达南京。万吨油轮在3月枯水期抵达南京，翻开了长江航运史上新的一页，缓解了铁路运输压力，为发展江海直达运输开辟了广阔前景。

泸州地处川江上游，航道水浅，交通不便。所需成品油由中国石油公司从玉门、兰州经铁路桶装运至重庆或宜宾，然后改用木船或汽车运到泸州。随着泸州市及毗邻地区用油量的增加，1966年调入量已增至9822吨，依靠木船、汽车运输难以满足要求。因此，泸州石油站从1967年第二季度开始，改由汉口直接进货；11月，长江航运公司直属油驳“油608”号装载600吨散舱汽油抵达重庆，然后改用四川省浅水拖轮送至泸州。

1971年，湖南长岭炼油厂建成投产。3月8日，长航船管部“长江2030”轮与3艘3000吨级油驳组成原油船队，从南京原油中转区装载原油8000吨，安全抵达长岭炼油厂码头，为长江大型原油船队专线运输积累了经验，此后继续投入12艘拖轮、48艘油驳参加这条专线运输。1972年完成的原油运量比1971年增加115%。

随着长江油运能力的增加和油运设施的改善，长江原油和成品油的运量亦与日俱增。1976年长江全线完成的石油运量达458.5万吨，比1966年增加了399.8万吨，1971—1976年的6年间共运原油1178.5吨。

（三）加强油运安全管理

为确保大型海轮进江的安全，长江航道和航政部门、上海海难救助打捞局、中国人民解放军东海舰队联合对长江口至南京491千米航道进行全面清障测量和设置助航标志。计清障11处，打捞沉船和沉船残骸3处，增设油轮航道标志3座，新建浮鼓23套，设置测量控制标68座，设标水深达到进江油轮的航行要求，并制定了《万吨油轮进江避让暂行规定》，绘制了《航行指南图》，为万吨油轮安全航行提供了可靠保证。长江航道和航政部门为保证油运专线畅通无阻，积极采取措施，疏浚航道，使界牌水道确保3.2米~3.5米通航水深；船队通过武汉长江大桥时，监督艇护航，以保证船队和大桥安全。

随着长江沿线炼油工业的发展，长江油运量增加，沿江水域的石油污染日益引起关注。1973年，长江航运公司先后在武汉、南京建立两个洗舱站，两处每年各洗油船80艘，对洗舱的污水处理要求含毒物质不超过国家规定标准，能用于农田灌溉或排放江中。1975年7月22日，长江航运公司转发交通部《关于切实做好油运防污，制止海域继续污染的紧急通知》，严格执行油轮安全装卸操作规程，妥善处理洗舱污水，船上的污油交供应部门回收处理，未经处理的污油和污水不得排放江中。

三、水泥船的兴起

“文革”期间，长江干支流普遍推广水泥驳船、水泥客班轮、水泥拖轮、水泥趸船和水泥跳船等。这种水泥船造价低、坚固耐用、防腐抗烂，比木帆船更具优势，对日趋繁忙的运输生产起到了积极作用。尤其在千湖之省的湖北、河流众多的湖南、水乡泽国的安徽、河网密布的江苏，水泥船的用途更为广泛，成为城乡物资交流、旅客往来的常用交通工具。

1970年，“全国水泥船生产会议”在无锡市召开。会议研究交流了水泥船的制造技术和经验，大力推广水泥船，从而使水泥船在长江流域蓬勃发展起来。1971年长江干线建造水泥船69艘（258艘水泥航道标志船未计入），共计排水量20768吨。生产品种也由单一的趸、跳船发展到各种驳船、小型客班轮、拖轮和浮吊船等26种。到1972年9月，已有33个单位建造水泥船222艘、排水量达52415吨，初步具备了年产15000吨~20000吨的生产能力。

长江干线第一座专业水泥船厂建在高港。1971年，高港工人发扬忘我的苦战精神，靠一双手、一把锹、一对篼箕、一条扁担，开出了4000平方米的场地，挖出了90.5米长、7米宽、2.8米深的土船坞。船厂由小到大逐步发展，能够生产26米~74米长的各种楼阁式的水泥趸船，以及50吨浮吊水泥起重船，为长江航运发展做出了贡献。1972

年4月3日，交通部第三航务工程局混凝土制品预制厂制成一艘1040吨级水泥拖轮，具有坚固耐用、防腐抗烂等特点，同时造价低，节省钢材近50%。经试航验证性能良好，命名为“长江1014”号拖轮，即投入营运。

四川省水泥船的制造主要是仿“川驳”船型，先后建造水泥驳船数百艘。湖南省发展水泥拖轮、客轮及机动货驳，至1976年共有3198.72千瓦，占总功率的15.76%。湖北省水泥船发展较为迅速，为襄渝铁路工程建造20吨级水泥驳船共计3000吨。青山船厂制造的220吨钢骨架、钢筋水泥网结构的甲板驳被列为1971年交通技术革新成果。1973年，江西省建造了500客位、1160吨位水泥船。安徽省引进水泥船后，共计发展水泥货驳9190载货吨和1176千瓦及趸船排水量2368吨。至1976年，江苏省水泥船生产厂点扩展到21家，除为襄渝铁路建造水泥船舶7200吨外，全省拥有水泥船1491艘，计5380.2千瓦、58168载重吨及排水量3997吨、160客位。这些水泥船为完成繁重的水运任务发挥了重要作用。

第四节　长江港口生产曲折发展

一、干线港口生产的起伏

由于“文革”的干扰，干线港口吞吐量长期徘徊不前，船舶停港时间居高不下，成为长江航运的一个薄弱环节。

1966年，长江干线有港口职工27284人，1971年增加到38324人，增长了40%；装卸机械1966年为1809台，1971年为2656台，增加了46.80%；港口全员劳动生产率，1966年为1692元每人，1971年为1339元每人，下降21%。长江干线共有334个码头，机械利用率仅为8.86%，近半数装卸作业仍然以肩挑人扛为主，港口超负荷违章作业现象严重。码头结构落后，多数采用斜坡缆车和自然斜坡型，易受水位落差的影响；操作环节多、工效低、能力小，限制了装卸机械作业的发展和使用。1973年，武汉港平均待卸船舶38艘，1974年上升到69艘；积压的重点物资每天平均在17万吨以上。长江干线267个小港站受各种干扰，船舶停港时间短的达10天以上。

二、川江港口能力的扩大

“三五”时期，国家投资5160万元（占全线总投资的23.20%）对川江主要港口进行改造、扩建，同时调整布局，增加装卸机械，改进装卸工艺，建设新的港区和码头，以扩大港口通过能力。

兰家沱作业区是重庆港专为战备而新建的，总投资1400多万元，由“622工程”指挥部全面负责。该工程于1966年12月动工，1972年6月30日竣工，年设计通过能力84万吨。区内建成专用铁路线7条，总长度8273米，并配置浮吊、缆车、行车、牵引车、吊车等22台，以及其他港埠配套设施。

为适应云南、贵州等省大量磷矿运输需求，“662工程”指挥部在猫儿沱江口作业区的基础上投资2762多万元，新建1座年通过能力250万吨的磷矿作业区。港区修建7千米铁路专用线，与川黔铁路小岚垭车站接轨。

重庆港九龙坡作业区，通过调整铁路线，扩大堆场，改造、增添机械设备，年综合通过能力由108万吨提高到195万吨。朝天门作业区增加浮吊、驳船等水上装卸设备，年通过能力由153万吨增加到340万吨。

涪陵港在荔枝园先后新建重件码头和杂货码头各一座，投资232万元，新增年通过能力27万多吨。

万县港建设杨家街口、盘龙石、沱口码头，总投资309万元。这3座码头从1966年初动工，1972年竣工并陆续投产，使万县港装卸工艺发生了根本变化。

地处川鄂咽喉的宜昌港，是扩大川江通过能力的重要组成部分。国家投资187.42万元新建14码头（又名综合码头、重件码头），于1968年动工，采用缆车、浮吊、岸吊等装卸机械作业，年通过能力16.8万吨。1972年，为适应营运船舶供油需要，于宜昌南岸建成油池1座，由8个油罐（其中钢筋混凝土预应力渣油罐6个，砖砌护壳钢质柴油罐2座）、锅炉房、油泵房、管道、泵船等组成。全部库容为27065立方米，总投资451万元，占地面积204亩（1亩约等于0.0006667平方千米）。

20世纪70年代，武汉港汉阳作业区

三、新建和扩建磷矿码头

长江流域磷矿蕴藏量丰富，占全国已探明磷矿总储量的 82%。随着各地化肥工业的发展，磷矿运量急剧增加。为了满足磷矿运输需求，长江航运公司在重庆、武汉、九江、安庆、铜陵、镇江和高港等地投资新建和扩建磷矿专用码头及其相适应的配套设备。

武汉港是全国主要枢纽港口之一，拥有各种货物作业线 30 条，却没有一个磷矿码头，进口或转出的磷矿由江岸 30、31 和 32 矿货码头通过。其设备陈旧，货场不足，年通过能力仅 70 万吨。1974 年，武汉港进出口磷矿比 1972 年增加 38%。为适应磷矿进出港的需要，国家投资 245 万元改造江岸矿货码头，将 30、31 码头辟为磷矿专用码头，32 码头为磷矿和其他矿货码头兼用，改造后年通过能力可达 111 万吨以上；同时投资 98 万元，新建汉阳作业区磷矿码头。九江港是江西省的北大门，江西、浙江和福建三省所需磷矿需要从九江港进口转运。1975 年 9 月 13 日，交通部决定投资 500 万元，在九江三角线新建磷矿、煤炭码头各一座及相应配套设施，年通过能力达 130 万吨，其中磷矿 70 万吨。

20 世纪 70 年代，九江港

长江下游的安庆、铜陵、镇江和高港等地亦先后新建和扩建磷矿码头。安庆港在周家湾新建磷矿码头一座，主要为宿松等县农业服务。铜陵港磷矿码头由于设备和堆场不配套，年通过能力有限。1974 年交通部和长航局投资 140 万元改建磷矿码头，设计能力 50 万吨。经交通部批准，镇江和高港新建磷矿专用码头各一座，高港磷矿码头设计年吞吐能力为 50 万吨，装卸作业通过装卸机械来完成。先后在兰家沱、枝城、城陵矶、武汉、芜湖、马鞍山、黄石、南京等港增建了207个码头泊位，岸线总长度由1965年的9288米发展到1975年的17543米，装卸机械台数亦由1965年的1487台发展到1976年的3094台。

四、省市地方港口的发展

长江干线在扩大川江港口通过能力的同时，沿江省市地方港口也进行了扩建。1974年3月，泸州港纳溪天然气化工厂码头进行扩建。四川省交通厅1966年至1971年投资78.2万元，修建了宜宾港直立式潼关货运码头。1973年，云南绥江县修建花园巷客货码头货台3个。1966年5月峨嵋水泥厂为满足大件运输需要，投资8.57万元修建王浩儿大件码头；1974年四川化工厂引进日本成套化肥生产设备，又由省投资100余万元扩建王浩儿码头。1973年，在广元塔山湾修建简易码头。1975年，该码头被国务院定为嘉陵江重点港口之一。

1970年湖北省成立汉江舵落口建港指挥部，由省革命委员会生产指挥部直接管辖，2月正式动工，1974年初步建成投产。建有11座码头以及仓库、堆场和铁路专用线，配置了部分装卸机械，年通过能力70万吨。8月，湖北省投资1400万元，对武汉市装卸公司承担作业的56个地方码头的装卸机械进行配套。其中10个码头形成了散装货物装卸运输机械作业线，改善了地方码头的设施。

安徽省兴建了安庆大件码头、巢县港框架码头和采石港口等。1974年，国家在安庆兴建安庆石油化工总厂，引进法国年产30万吨合成氨成套设备。安徽省交通厅组成大件码头工程处，于安庆西门外杉木洲兴建大件码头。1974年11月19日动工，至1975年10月13日工程结束，于同月14日卸运第一批设备，至1976年6月，全部6888件设备安全运抵厂区，最重件356吨的尿素合成塔，从卸船到装车仅用17分钟。巢县港框架码头于1972年建成后，年通过能力达到30万吨。采石港位于马鞍山市翠螺山北麓，1972年4月9日动工，于1975年建成一号浮式码头，洪水期可靠泊500吨级船舶，枯水期可靠泊300吨级船舶，并装备吊机、皮带输送机等，为专卸进口黄沙码头，年通过能力达15万吨。

第五节　长江航道通过能力的提高

一、扩大川江综合通过能力

川江是我国西南地区经济建设的重要通道，全长1044千米。1965年，完成进川运量 83.9 万吨，超过历史上进川运量最高年份 1960 年运量的 12%。1966 年 3 月，国家科委、交通部组织有关部门领导、专家和技术人员 52 人，深入川江进行调查，写出《川江考察报告》并得到国家计委和交通部批准。4 月 25 日，扩大川江综合运输能力 66 工程指挥部成立，石新任党委书记，金石任指挥长，下设 661、662、663、664 指挥部。指挥部按照国家“三五”规划，分别对川江的航道、港口、船舶和通信等进行大规模整治、改造和建设。“文革”期间扩大川江综合运输能力的建设并没有中断，广大干部和职工力排干扰，为扩大川江的通过能力付出不懈的努力。负责航道整治的 661 指挥部对川江宜渝段碍航的链子溪、上羊背、崆岭、王家滩、折桅子等 76 处滩险和礁石进行大规模整治。据统计，1966—1967 年共完成工程量 231 万立方米。同时与四川省长江航道养护段和四川省挖泥船队联合作战，对重庆至宜宾段的小米滩、莲石滩、冰盘碛、筲箕背，以及重庆港区的小南海、砖灶子等主要碍航险滩、暗礁进行治理，完成工程量 77.5 万立方米。

川江航道通过炸礁、筑坝、捡滩和疏浚等手段的治理，航行条件进一步改善。宜渝段最小航宽由 50 米增加到 60 米，曲度半径由 720 米增加到 750 米，水深达到 2.9 米；渝叙段航宽 40 米，弯曲半径 400 米，水深 1.8 米。由此，重庆至宜昌 648 千米航道终年可通航 1500 吨级客货轮和大型船队；重庆至宜宾 385 千米航道终年可通航 500 吨 ~890 吨客轮。为实现绞滩机械化，从 1966 年开始，先后由上海船厂、东风船厂等新建绞滩船 11 艘、机动接头船 13 艘。到 1973 年，川江拥有各种绞滩船 19 艘，基本满足了绞滩的需要。

20 世纪 70 年代，木质货船在川江通过绞滩上行

1966 年 12 月，重庆航道区在长江航道局航标电气化研究小组的指导下，着手恢

复川江航标电气化工作，但由于“文革”干扰被迫中断。1969年，奉节、万县和重庆三个航段恢复电气化航标，使宜渝段电气化航标里程由169.5千米增至316千米，基本实现电气化。1974年，四川省长江航道养护段亦在渝叙段纳溪至小米滩进行恢复电气化航标试点；至1976年9月20日，完成纳溪至小米滩、斗笠子至白沙下渡口两岸共73千米夜航河段电气化航标。“三五”和“四五”时期，川江航道整治完成土石方量133万立方米，为扩大川江综合通过能力做出了贡献。

二、开发和治理金沙江航道

金沙江上起玉树巴增河口，下至宜宾岷江口，全长2308千米，占长江全长的1/3以上。河道滩险众多，流态复杂，流域资源丰富，但运输困难。新中国成立后，通过炸礁、清滩、疏导、增加绞滩设施，逐步实现分段通航，通航里程达825千米，占金沙江全长的35%。

1965年1月中旬，交通部成立金沙江勘测规划工作组，由王大勇任组长，下设6个测设队，分别对金江街至宜宾河道进行实地查勘、测量和规划，并绘制1260千米1：5000河道图，498处1：2000滩险图，为金沙江航道整治提供了科学依据。金沙江航道整治的目标，是打通金江街至宜宾1000千米航道。按照先通后畅、逐步扩大通过能力的原则，整治工程分别由四川省第一、第三航道工程处和交通部第一航务工程局第二、第四工程处承担。通过整治，航道尺度达到航宽40米，曲度半径300米；第一期工程水深2米，第二期水深为2.5米。金江街至龙街276千米航道共有大小滩152个，其中需要整治的有108个。1971年春，整治工程基本完成，共投资2531万元，完成工程量103万立方米，实现可航行20吨~200吨级轮驳的初步通航目标。“三五”时期，共运送各类物资28.3万吨。每年通航期可达6~8个月。“四五”时期，共投资350万元，继续整治中江街至马上200千米航道，完成工程量9.1万立方米，以适应木材流放的需要。位于金沙江下游的雷波至新市镇、新市镇至宜宾268.5千米航道，投资300万元，经过1965—1968年的整治，航道条件明显改善。雷波至新市镇160千米航道，通过对重点滩险的整治，逐步实现分段分期通航；新市镇至宜宾108.5千米航道，治理了10处主要滩险，累计完成工程量29万立方米，并在九步、风岩湾等6处弯窄航道上设置了信号台，在麻麻石、冷饭溪等5处急流险滩设置机动绞滩站，可通航100吨级船舶和441千瓦客货轮。

攀枝花位于金沙江与雅砻江汇合处，是一座新兴的西南钢铁基地。“四五”时期，国家对攀枝花钢铁基地附近航道进行大规模整治，先后整治篆塘滩、长滩、老滩、新滩、莲滩及塘滩等7个重点滩险，不仅拓展了加深航道，改变滩势，改善流态，而且延长了通航里程，有效支援了沿江经济开发和攀钢的建设。

三、整治和维护干支流航道

（一）长江口航道整治

长江下游徐六泾至海口鸡骨礁段，全长 145 千米，称为长江河口段，分南北两支水道，南支为通航水道，由于泥沙淤积，1968—1971 年南水道变浅。铜沙段浅滩最小水深仅 5.5 米，5000 吨级以上海轮航行受阻，迫使大型海轮不得不在口外候潮或海上过驳。上海港监在《关于长江口南水道急需整治报告》中提到，1971 年 1 月 1 日—3 月 10 日，有 13 个国家的 51 艘海轮吃水 8.32 米 ~9.99 米在长江口候潮进港，总计候潮 2440 多小时，损失约 10 万英镑。7 月至 11 月，82 艘外国远洋船在长江口候潮 4 小时以上，损失更大。

1971 年，上海航道局、南科所、华东师范大学联合组成长江口小组，对长江口航道进行论证，并提出治理方案。1972 年 9 月，长江航道治理列入国家重点项目之一。1973 年 2 月 27 日，周恩来总理提出“三年改变港口面貌”，长江口航道治理进程加快。同年 12 月，交通部决定整治南槽航道，要求在 1975 年底浚深到 7 米，工程由上海航道局第六工程处负责施工。整个疏浚工程从 1974 年 2 月开始，到 1975 年 6 月底止，全线打通 7 米水深航道，累计完成疏浚工程量 1736 万立方米。接着，对已打通的航道进行维护和清淤，完成工程量 1359 万立方米。1975 年 12 月，南槽工程通过验收；1976 年 6 月 5 日，正式对国内外海轮开放。

长江口南槽航道通过治理，航道水深达到 7 米 ~7.5 米，加上平均潮高 3.66 米，2 万吨级海轮可以实现终年通航。此项工程不仅提高了长江口南槽航道的通航能力，改善了通航条件，而且减少了因候潮、减载、转港、倒运等带来的损失。

（二）中下游航道整治准备

20 世纪 60 年代末 70 年代初，基于当时政治形势的需要和武汉长江大桥河段特异变化的严峻形势，长江科学院曾先后受命进行了罗湖洲水道和武桥水道整治工程的试验研究，对在罗湖洲现场和九万方建造的河工模型分别提出了治理方案。由于后来情况发生变化，均未付诸实施。

1972 年，交通部提出较大幅度提高长江中下游航道尺度的要求。长江航道局根据要求正式上报治理 9 处浅滩河段的总体方案，随即获得交通部批准，并列为国家重点建设项目。当时正值界牌水道变化频繁，与防洪护岸矛盾突出，长江航道局在建立河工模型进行整治方案研究的同时分别征求湖南、湖北两省意见，取得若干共识，但当 1975 年设计文件正式提交交通部审查时却临时暴露出严重问题，工程未能实施。

此后，长江航道局将工程治理研究的重点转向张家洲水道，在 1976—1977 年做了许多实际工作，并为实施张南整治作了若干准备。

四、干线航道维护

（一）航标维护管理

为提高航标维护质量，航道工人不畏艰难，从实际出发，使被“下马”的电子化航标灯重放光芒。1972 年初，长江全线再次实现航标电气化，确保了船舶的安全航行。至年底，上自嘉陵江畔，下至东海之滨的 2509 千米航道设置各种电气化航标灯 4397 座，平均标志密度为每千米 1.66 座。所使用的灯器由原来的单一白炽灯泡发展到自动换泡的白炽灯和半导体霓虹灯，由人工拉线、钟表式开关发展到光电自动开关。

全线航标电气化的实现，不仅减轻了航道工人的劳动强度，提高了航标灯维护质量，而且缩短了船舶运行周期，日夜通航里程比 1949 年延长 96%。1966—1976 年，长江航标设标里程在 2365 千米之间变动，设标座数在 2861 座至 4779 座之间变动，标志密度在每千米 1.10 座至每千米 1.79 座之间变动。

奉节航道段是长江上最早获得“大庆式先进集体”称号的单位。全段 430 多名职工分布在 59 个工作点，负责维护 133 千米“天险”航道。这里的航道险峻弯曲，水情瞬息万变。洪水期间，一昼夜水位陡涨陡落 8 米 ~9 米，枯、洪水落差达 46 米上下。面对险恶的航道、恶劣的水情，航道工人本着对事业高度负责的精神维护标灯，正常率达 99%。整个辖区没有一起因为航标失常而发生事故，没有一起因为挂错信号而使船舶发生危险。

（二）维护主航道畅通

长江中游航道弯曲，滩多水浅，变化无常。每到枯水季节，界牌、天兴洲、大马洲等航段时而出浅，时而堵塞。“战枯水、保畅通”，成为航道部门压倒一切的中心任务。为确保 2.9 米的通航水深，航道工人脚踩寒江，肩披冰雪，全天测水、调标、改泓，寸水必争，使来往船舶畅通无阻。

监利水道处于荆江“九曲回肠”河段，乌龟洲盘踞江心，将江水分为南北两支，北槽为主泓。1971 年，由于淤沙量增大，主泓逐渐南移，冲开南槽，当年 5 月发展成为主航道。1972—1973 年枯水季，乌龟洲航道流速缓慢，水流分散，航槽不稳，水浅沙淤，严重碍航。长江航道部门投入大批疏浚力量，每天从早到晚挖泥、爆破、调标、改泓。经过 50 多天奋战，挖泥量达 50.2 万立方米，才勉强维持 2.9 米通航水深。

疏浚是长江中下游航道维护的主要手段。据 1966—1976 年统计，共完成航道疏浚工程 2494 万立方米，测量面积达 35560.5 平方千米。其中 1976 年完成的疏浚量为

1966 年的 15.3 倍，10 年期间，每年平均完成航道测量工作达 3500 多平方千米。

（三）维护港区水深

1957 年，武汉港江岸作业区因受天兴洲滩逐年扩大的影响，边滩逐年淤积；到 1970 年，江岸作业区几乎与天兴洲相连接。挖泥量逐年增加，挖泥费用由 1967 年的 8 万元增加到 110 万元，且不能维护水深。1968 年丹江口水库建成后，汉口作业区开始淤积，并逐年加重。从 16 码头到 24 码头边滩，向外伸展 250 米左右，整个港区在沙滩包围之中，趸船锚链淤陷 7 米以上，长期不能绞起。1972 年 8 月，武汉港党委分析港区淤积原因后决定，除江岸区继续采用疏浚方式维持港口作业外，对汉口区采用废旧海轮导流、打沙等措施，从而使武汉港区航道达到正常水深。

1958 年洪水前，裕溪口港进出口处水深尚有 6.6 米，由于陈家洲头不断向上游方向延伸，逐渐接近航道，至 1959 年 4 月水深仅有 2.71 米。12 月，“链斗 1”挖泥船首次进入裕溪口港挖泥。从此，每年挖泥不止，投入疏浚费用少则几十万，多则一两百万元。1968 年 12 月，对裕溪口港区航道实施“塞支强干”的治理，将中汊道水流导入北汊，以改善陈家洲的水道。工程从 1968 年 12 月开工至 1969 年结束，共计抛泥石 38060 立方米。治理后的航道水深 4.5 米、航宽 201 米，基本适应裕溪口港装卸作业的需要。镇江进港航道因河势变化，进港航道相应束狭和淤浅，老港区只有靠挖泥维持通航。1955—1970 年，共挖泥 900 万立方米，耗资 1000 多万元，虽可维持通航，但仍须每年疏浚。1975 年 3 月，江苏省计委在镇江召开建港工作会议，决定在大港兴建 8 个深水泊位。同年 10 月 6 日，国家计委批准建港方案，总投资 7500 万元。镇江大港港区的兴建，不仅缓解了老港区客货运输压力，而且为发展外贸运输提供了良好的深水泊位。

（四）开辟海轮新航道

福姜沙水道是长江江阴段以下的多变航道，江心洲滩将福姜沙水道分为北、中、南三支。1967 年，为适应油运和海轮进江需要，曾开辟福姜沙北水道。1970 年以后，由于北岸丹华港日渐淤浅，浅区从 3 千米延长到 6 千米，最浅水深仅有 6.7 米。中水道亦有明显淤积，中部和尾部有效航道宽度仅 300 米左右，水深 5.7 米，只能供一般江轮行驶；唯有南水道水深较好，一般在 10 米以上，但南水道需要全面清理。

1972 年 1 月 25 日，交通部决定开放福姜沙南水道。南京航道区在上海航道局、上海打捞局配合下，利用枯水期对福姜沙南水道进行全面测量、扫床、清障和设置助航标志。计清除柚木船 1 艘、船板 6 块、块石 270 吨，设置浮标 12 座，上下双槽浮各 1 座。清障完毕后，实测最浅处水深 10.8 米、最窄处航宽 200 米。加上潮水因素，完全可以满足万吨级海轮进江的需要。

（五）整治支流航道

长江水系共有3600多条大小支流，其中有20多条主要支流，通航里程8969.6千米，占总长度的39.50%。"四五"时期长江水系主要支流通航里程统计，详见表4–2。

表4–2　"四五"时期长江水系主要支流通航里程统计

河流名称	河流长度（千米）	通航起迄地点	通航里程（千米）
赤水河	347.0	白杨坪—合　川	248
乌　江	1050.0	大乌江—涪　陵	452
岷　江	793.0	成　都—宜　宾	343
沱　江	623.0	金　堂—泸　州	508
嘉陵江	1119.0	大　滩—重　庆	797
清　江	463.40	支洞河—宜　都	159
汉　水	1567.0	洋　县—汉　口	1313
澧　水	483.0	五道水—茅草街	465
沅　水	1153.0	凯　见—茅草街	996
资　水	736.0	三元桥—临资口	460
湘　江	969.0	全　洲—城陵矶	826
赣　江	883.50	站　塘—湖　口	842
抚　河	379.50	甘　竹—梅　溪	250.5
信　江	404.50	张　岭—安乐村	328
修　河	304.0	渣　津—吴　城	244
昌　江	253.0	倒　湖—鄱　阳	172
青弋江	291.0	周家坦—芜　湖	161
皖　河	203.0	桥　滩—江　口	84
合裕线	159.0	合　肥—裕溪口	159
黄浦江	157.1	苏　州—吴淞口	157.1
合　计	12338.0		8969.6

资料来源：交通运输部长江航务管理局档案中心。

许多支流或因河道未治理，或因闸坝碍航，或因水量不足，只能分段通航或季节性通航。据统计，四川、贵州、湖北、湖南、江西、安徽、江苏、浙江、上海8省1市在通航河流上共建有闸坝1806座，其中碍航闸坝698座，占总数的36.40%，切断通航里程10277千米。四川省嘉陵江由于闸坝碍航，把一条完整的航道分成4段，互不相通；安徽省有46条支流通长江和淮河的进出口通道，被堵死了的就有23条；江苏省邳州市于1972年在京杭运河主航道兴建徐塘闸，迫使航运中断；在通启运河上先后兴建了营船港闸和南星闸，迫使来往船舶绕道航行；湖北省新增碍航闸坝85座。沿江各省市为发展地方航运，对所辖主要支流进行了必要治理，以改善部分通航条件。

贵州和四川省对赤水河、沱江、嘉陵江和乌江进行了整治。赤水河全长347千米，从白杨坪至合江248千米可通航。为适应大件运输的需要，国家投资850万元，从1974年11月—1976年3月，对赤水河鲢鱼溪至合江段50千米航道进行整治。1976年秋，又投资77万元，继续进行航道整治，有效保证了“赤水天然气化肥厂”建设物资的运输。沱江全长655千米，金堂至泸州508千米可通航。四川省对航道进行炸礁、筑坝、疏浚和修建纤道等整治工程，累计完成工程量99万立方米，耗资160万元。航道可通航20千瓦~88.2千瓦机动船舶和10吨~30吨级的船队。嘉陵江全长1119千米，大滩至重庆797千米可通木船和机动船。1966—1974年，四川省对广元至南充段碍航滩险和礁石进行大规模整治，使通航条件得到较大改善，延长了机动船通航里程，促进了两岸物资交流。乌江全长1050千米，大乌江至涪陵452千米可通航。“文革”前夕，四川省对涪陵至龚滩158千米航道进行炸礁、筑坝和疏浚，并在乌江设置助航标志，改善了通航条件。1967年，又投资297万元，全面整治涪陵至白涛27千米航道；到1971年，累计完成工程量50218立方米，乌江面貌发生很大变化，1972年与1966年相比，乌江航运分局客、货运量分别增加1.8倍和2.5倍。

汉江是长江最大的支流，全长1567千米，陕西省洋县至湖北省汉口1313千米可通航。汉江上游礁石林立，滩高水险，下游流沙多变，河道淤塞。流经湖北省境内的800多千米航道上，有各类滩险298处。湖北省先后整治70多处危重浅滩，并在险要航道设置信号台、绞滩站和助航标志。20世纪70年代，汉江航标管理实现机艇化、耙石工程机械化、航标电气化，轮船停靠点由11个增加到157个；汉江下游可昼夜航行300吨~500吨级船舶，中游常年可通航160吨~500吨级客货轮，上游经分段通航可行驶10吨~150吨级船舶。1972年，湖北行驶汉江航线船舶比1949年增长4.7倍，1972年货运量比1952年增长23倍。赣江全长883.5千米，与信、饶、修、抚诸河同汇入我国第一大淡水湖——鄱阳湖，经湖口入长江。1957年，通航里程曾达11274千米。后因“以粮为纲”兴建闸坝，水土流失，河床淤积和失修、失养等多种原因，缩短通航里程达5665千米。“文革”期间，江西省对赣江进行综合治理，航道水深、宽度和弯曲半径有了明显改善。

安徽省以长江、淮河两大干线及其支流组成水运网。全省有通航河流和人工渠道200多条，通航里程8894千米，其中3100多千米可通轮船。由于闸坝碍航、航道淤塞和水源枯竭等原因，航程缩短1/3左右。安徽省采取疏浚碍航河段，开辟和拓宽渠化航道，设置和改进助航标志，以及挖槽筑坝、束水冲沙等措施，使通航河段航道得以改善。江苏省拥有通航河流2000多条，通航里程达2万多千米。京杭运河全长1789千米，江苏段自苏鲁边界起，流经徐州、淮阴、扬州、丹阳、常州、无锡、苏州，于王江泾至浙江段，全长685.8千米。其中苏北段475.4千米，苏南段210.4千米，为江苏省水运大动脉，历来为航运、灌溉、防洪、排涝综合利用的河道。苏北段第一期整治工程于1958年10月开始，1961年10月结束。“文革”期间，曾对部分航道进行桥梁、船闸、驳岸新建，改造护岸工程；同时投资539.75万元，对苏南运河沿线的桥梁、航道、驳岸等进行改建、疏浚、拓宽和护坡工程。京杭运河江苏和浙江段通过整治，支援了国民经济建设，对北煤南运、沟通城乡、方便旅客往来等起到重要作用。

第六节　加大投入促进水运工业发展

一、修造船工业体系初步形成

（一）加快川江修造船工业建设

“四五”时期，国家对长江干线水运工业的投资分别比“二五”“三五”时期提高98.50%、166.40%。为扩大川江通过能力，加快川江修造船工业的建设，“三五”“四五”时期，国家对川江修造船工业（包括港机工业）的投资分别占水运工业总投资的42.77%、57.00%。

民生船厂1966年更名为东风船厂，是川江修造船基地，由唐家沱、铜钱坝和土地滩三个厂区组成。1970年7月28日，交通部调整东风船厂扩建计划，唐家沱为修船区，铜钱坝为造机区，土地滩为铸钢和锚链区，新增1200吨~1500吨浮船坞一套，使坞修能力与已有设备配套。1971年的修、造船工业产值分别比1966年提高34.00%和69.20%。1970年7月23日，交通部在长寿兴建驳船厂，国家计委批准投资1780万元，船台滑道可对2000千瓦拖轮进行水线下船体修理，年产值1700万元。1974年12月17日改名为川江修造船厂，由长航局直接管辖。该船厂建有移动梳式滑道及配套的650吨整体式横向托船斜架车，是川江第一家拥有此项设备的船厂。川江修造船厂边建设，边生产，“四五”时期完成造船总值179.37万元。

（二）扩大中下游修造船能力

交通部和长江航运公司对宜昌修造船厂进行扩建，先后建成横向梳式滑道1座、船台6个、船棚2栋和船体车间等，以及相应的配套设施，总投资1500万元。梳式滑道的建成投产，结束了单纯依靠人力上下船舶的历史。从此，船长70米、净重

950 吨的“江蓉”型客货轮以及 1470 千瓦拖轮和 1500 吨级驳船上下自如。同时建成长江第一条驳船生产流水线，为加快批量造船创造了条件。宜昌修造船厂经过扩建后，至 1975 年，修、造船工业产值分别比 1970 年提高 77.89%、141%。青山船厂是长江中游大型修造船厂，经过 14 年的建设，于 1972 年 12 月完成第一期工程，基本形成修船、造船和造机三条线的生产能力。厂区占地面积 65 万平方米，拥有 12 股道横向梳式滑道 1 座，可供 5000 吨级以下客货轮上下；船台 7 座，有轮机、船体、电工、模型、铸造、造机、锻工、电镀等 14 个车间，建筑面积 42309.4 平方米。此外，还有材料仓库、工作船等配套设备，航行在长江上的大中型船舶均可建造和修理。1973 年，交通部投资 4500 万元，对青山船厂进行第二期扩建，被列为国家 520 项和湖北省 75 项工程中的重点工程。第二期工程主要解决工业生产中造船未形成能力、船台起重能力不配套、铸锻能力不足 3 个薄弱环节，尽快形成以造船为主，造机、修船相应发展的综合生产能力。

长江下游水运工业较为发达，交通部和长江航运公司对芜湖、南京、镇江、吴淞等地的水运工业基地进行了新建和扩建。1970—1972 年，江东船厂投资 600 余万元，新建船台和造机车间，开始小批量生产 6300 型、294 千瓦柴油机。金陵船厂新增厂房设施 33758 平方米，以及 40 吨轨道高架吊车、龙门吊、悬臂吊等生产设施。1976 年，试制成功第一台自动化程度较高的数控液压弯管机，不仅提高了弯管质量和弯管的准确性，而且减轻了工人的劳动强度。1972 年，投资 450 万元扩大吴淞修船厂修造船能力；1975 年，吴淞修船厂完成工业产值 230 万元，为计划的 143%；1976 年，吴淞修船厂工业总产值又有大幅增长。同时，投资 1000 多万元在重庆、武汉、南京等地新建和扩建 3 个船舶配件厂。武汉船舶配件厂是生产船用柴油机的专业厂，同时分工承担部分柴油机生产的协作件，包括汽缸套、进排气阀及活塞销、摇臂轴及各种轴承和机油泵等。新建的南通船舶配件厂主要生产 300 和 E350 系列柴油机传动齿轮、冷却器、舵机液压阀和齿油轮泵、柴油机弹簧以及杂型船机配件等，年产值 200 万元。

1973 年，国家计委、交通部和长江航运公司分别投资新建和扩建阳逻航道工程船厂、南京航标厂、长航电机厂、九江轴承厂等。阳逻航道工程船舶修理厂是国家重点建设项目，投资 2000 多万元，建设船台滑道、码头、轮机、船体、铸造、锻工、机电、机修等车间及配套设备和设施。建成后，主要担负长江航道工程船舶修理，兼造部分长江航标、灯器和打捞浮具等任务。1974 年，南京航标厂已能够生产半导体霓虹灯和半导体回声测深仪等；1975 年 1 月 3 日，长江航运公司投资 314.1 万元扩建该厂的舵机车间。长航电机厂原系武汉河运学校校办工厂，1973 年 5 月 11 日，交通部投资 500 万元进行迁厂建设，除承担干线船用和港机配套的交流、直流电机制造和

修理任务外，还为部分沿海港口制造门吊及船舶电机进行配套。1973 年，九江港机厂改建成九江轴承厂，主要生产港机制造所需的各种普通轴承和专用轴承等 13 个品种。此外，长江航运公司还在船舶比较集中的沿江地区新建和扩建航修站 27 个。

二、实现“江船江修”“江船江造”

（一）修造船实现“江船江修”“江船江造”

随着干线水运工业修造船能力的提高，各船厂修船技术也有相应提高，基本上能修理各种类型的大小船舶。青山船厂在修理“江蓉”“荆门”“夔门”“人民 13”轮和 1470 千瓦推轮的基础上，1969 年 5 月 20 日又对长江下游大型客班轮“东方红 7”轮进行修理。“东方红 7”轮，船长 109.9 米，宽 17.7 米，深 4.27 米。上船台修理，不仅检验了新建船台的承受能力，而且标志着青山船厂生产能力与修船技术进入一个新阶段。结束了长江大型客班轮只能远驶上海修理的历史，实现了“江船江修”的战略目标。

东风、宜昌、江东、金陵等修造船厂亦根据各自的生产能力和技术水平，对大中型客班轮、货轮、推轮及区间客货轮进行修理。至 1976 年，船舶修理竣工数中干线水运工业占 90.65%，船舶技术状况有所好转。此外，各分局和船管部门还发动船员，对船舶进行维修保养。1976 年，芜湖分局共抢修、维修船舶 760 艘次；重庆分局发动船员进行设备维修，不断消除隐患，改善船舶技术状况；上海分局积极开展船员自修活动，自修船舶占计划修理完工船舶数的 21.40%。“汉道 1201”艇自 1965 年投产以来，坚持 10 年自修，安全运转 7898 小时；货字“1073、725”驳坚持日常维修保养，10 年安全无事故。全线运输船舶经计划修理和船员的维修保养，船舶技术状况有所好转。1975 年，纳入技术排队 1376 艘船舶，一、二类船舶比 1965 年增加 2.10%，比 1972 年增加 11%。

1970 年 4 月 27 日，长江第一艘双体船在青山船厂建成，命名为“东方红 117”轮。该双体船是国家科委下达的建造任务，船体总长 39.4 米，总宽 15 米（片体宽 5 米），型深 3.6 米，主机 2×294 千瓦，载客 758 人，载货 40 吨，航速 23 千米每小时。新型双体船从原材料到机电设备均为国产，采用液压传动舵和主机遥控装置，与一般客货轮相比，稳定性好，抗风力强，能在 9 级风浪中航行，适于川江航行。双体客货轮的建造成功，表明青山船厂造船能力和技术水平向“江船江造”的目标迈了一大步。12 月 26 日，青山船厂设计和施工的汉渝大型客班轮“东方红 38”轮建成试航。技术人员经过反复研究和比较，首先在客班轮上将五等统舱改设三层固定铺位。这样不仅未减少旅客容量，而且改善了旅客乘坐的环境，又增加了国家收入。这一设计，受到了旅客和用户的好评。因此，“东方红 38”轮被评为全国 8 种优秀民用船舶之一。1975 年 3 月 20 日，青山船厂仿造建成“江峡”轮。原“江峡”轮是毛泽东主席三次乘坐过的船舶，为使这艘有意义的船舶能在长江上长久航行，国家计委决定重新仿制 1 艘“江峡”轮。仿制的“江峡”轮，船长 80 米，宽 16.9 米，深 3.4 米，吃水 2.4 米，主机 2×970.2 千瓦，载货 306 吨，载客 757 人，主要尺度和数据不仅超过了原“江峡”轮，而且超过了“东方红 38”轮。外形与原船相似，造型美观，乘坐舒适，设备齐全，装潢精致。“江峡”轮经汉申线试航，符合设计要求。同时，东风、宜昌、江东、金陵、吴淞等船厂也开始建造 1500 吨级甲板驳、1000 吨级分节驳、3000 吨级原油驳、1940.4 千瓦推轮，以及适应区间航行的客货轮等。1974 年 4 月，东风船厂设计制造的“东方红 119”轮获得交通部船型设计一等奖。1975 年 2 月，金陵船厂受上海海运局委托建造“华山”船坞。这艘船坞举力为 9000 吨，总长 164 米，宽 27.7 米，总高 14.6 米；空坞吃水 1 米，最大下沉吃水 12.1 米，配有 1300 立方米每小时水泵 6 台、10 吨起重能力吊机 2 台、440 千瓦发电机 2 台、90 千瓦电机 1 台，浮船坞自重 5000 吨。建造这样大的船坞，在长江上还是第一次。船坞由 6 只浮箱、两边各一组上下道坞墙组成，该厂采取立体分段建造、水上焊接合龙实施方案。职工顶住“文革”干扰，不分昼夜，住在厂里，吃在船台。经全厂干部职工的努力，克服重重困难，在上海立新船厂、安徽荻港船厂等兄弟单位的配合下，终于在 1975 年 12 月 26 日毛主席生日当天将“华山”船坞建成试浮。另有 1.9 万吨级“大庆 50”油轮开进浮坞，浮沉自如，各种性能指标均达到设计要求。

（二）试制船用柴油机

制造船用柴油机，是“江船江造”的重要组成部分。长江航运公司在技术力量较强、设备较好的青山、东风和江东船厂，分别试制 1102.5 千瓦、1470 千瓦和 294 千瓦船用柴油机。青山船厂承担试制 8300ZC 型、1102.5 千瓦柴油机。制造这样的大型船用柴油机，该厂还是第一次。试制工作从 1969 年 9 月开始，经过 8 个月的努力，于 1970 年 4 月制造出第一台 1102.5 千瓦柴油机。东风船厂在一无图纸、二无样板、三缺设备的情况下，干部职工团结奋斗，在 1970 年 9 月 16 日造出机型为 8E350 的样机，定名为“长江”牌；接着，又制造出一台同样机型。当年，这两台主机安装在“长江 4002”大型拖轮上。1970 年 5 月，江东船厂试制完成第一台 6300 型柴油机样机，装在“东方红 247”轮上。造机所需要的活塞环、中冷器、进排气阀、缸套、轴瓦、水泵、机油泵、铝活塞等配件，由重庆、武汉、南京配件厂组织生产供应。交通部和长江航运公司分别对 8300ZC、8350ZDC 型和 6300C 型柴油机进行技术鉴定，并批准批量生产。截至 1976 年底，共生产 8300ZC 型柴油机 5 台、850ZDC 型柴油机 5 台、6300C 型柴油机11台。

江苏省镇江船厂在1973年开始试制6160型柴油机，由南通地区轮船公司保修厂和盐城船厂制造配套件。经过两年多努力，共生产各型6160柴油机218台、21639.08千瓦，其中包括99.23千瓦、110.29千瓦、183.75千瓦6160型增压增速三种型号。船用柴油机小批量生产，为江苏省新船配套和旧机更新创造了条件。

三、干线港机工业的兴起

长江港机工业在“二五”“三五”时期，特别是1973年2月27日周恩来总理作出“三年改变港口面貌”指示后开始兴起，先后在沿江主要港口建立港机维修和制造基地。到1975年，长江干线港机工业不仅能够修理各种装卸机械，而且能够批量制造浮吊、岸吊、铲车、桥吊、牵引车、轮胎吊和皮带机等。

重庆川江港机厂是国家工业建设的重点工程，总投资3500多万元。1970年6月1日开工兴建，1975年基本完成，并局部投入试生产，建设规模和能力仅次于上海港机制造厂，“四五”时期共完成港机与船舶制造等产值283.25万元。宜昌红光港机厂是生产16吨轮胎吊的专业厂家，1966年11月动工兴建，完成投资750万元，1968年基本建成，并形成一定的生产能力。1970年7月1日，第一台轮胎起重机在宜昌红光港机厂试制成功，极大地鼓舞了全厂职工。按照“边基建、边生产、边受益”的原则，逐步形成批量生产能力，到1976年，该厂上缴利税199.84万元。武汉港机厂和南京港机厂生产的浮吊和铲车、牵引车、卷扬机、皮带运输机等装卸机械，分布在长江全线，随处可见。武汉港机厂生产的链板机、牵引车、皮带机、缆车、少先吊和电瓶车等成为港口装卸作业中不可缺少的装卸机械，特别是1吨~5吨叉车深受工人的欢迎；制造的PM850和1000的大型减速箱、螺旋式卸煤机、大型卸煤机头和整套大型皮带机等为改变港口装卸落后面貌、提高装卸效率发挥了重要作用。

第七节 长江通信工程的建设

一、长江干线有线通信的建设

1965年，交通部批准在汉渝邮电代维的干线上扩建十二路载波段设备，使用国产312型载波机，大大缓解了汉渝间有线电路紧张的局面。1966年，为了改变汉渝区间多数港站和部分航道信号台通信不畅的局面，国家投资650万元，建设汉口至重庆沿江的通信干线（代号664工程），于1970年完工，沟通了汉渝区间各个港口的有线通信。1971年，又投资93万元，增开汉口至上海的12路载波长途线路。1974年，投资90万元，建成江阴战备通信线路。1976年，投资100万元，完成汉口至沙市3路载波线路。从此，长江干线通话便捷、联络迅速。

二、无线电通信设备更新换代

“三五”“四五”时期，长江航运公司陆续将船岸电台使用的美制电台，更新为国产的XFC—ZD—100型、TC—401、1.6—A、7512型、56型发讯机和收音机；先后在重庆至上海间设立船岸电台380座，船岸无线电话台376座；在重庆至上海17座电台之间建立当有线电路中断时，启用无线传递电报业务，有20座电台利用有线载波电路，开放人工“莫尔斯”电报。

长江干线通信工作的加强和建设，促进了长江航运发展。船舶与港口、船舶与航道、船厂与船舶，指挥机关与基层单位，不受时空限制，电波将其连接成整体。发展现代通信业务，成为发展现代长江航运事业的必备条件。

三、长江航运公司成立通信总站

1973年5月29日，宜昌话务台工作间

1972年5月27日，交通部同意长江航运公司设立通信总站，负责长江全线的通信业务管理。各分公司设立通信站，负责所辖船岸电台和有线无线通信管理。江阴、镇江、南京、马鞍山、铜陵、安庆、九江、黄石、沙市、宜昌、万县、涪陵及洪湖13个港设立通信段，船管部和长江航道局成立通信科，负责辖区内的机线管理。为搞好日常机线维护工作，平原地区每20千米~25千米、山区每10千米~15千米设立巡房点。重庆到上海的2500千米干线上，共设巡房点98处；在芜湖、宜昌、巴东、涪陵区间线路上，还设有6艘线路维修船。这些巡房点有的建在峡谷上，有的设在悬崖陡坡上，维护线路的工人用他们艰苦、辛勤的劳动换来了长江全线通信联络的畅通无阻。

第八节　动乱中坚守岗位保生产

一、学先进树榜样狠抓安全生产

1966年3月4日，长江航运公司党委召开电话会议，号召全体干部职工开展以“双反”（反浪费、反服务质量不高）、“三查”（查资料、查设备、查资金）为主要内容的增产节约运动。3月9日，中共长航政治部发出《关于向奉节航道段学习的决定》，学习他们斗险滩恶水、战风沙水石大无畏的英雄气概，确保船舶安全航行；同时，命名奉节航道为“大庆式企业先进集体”。5月21日，长江航运公司、中共长航政治部向全线发出通报，号召全体职工学习“长江168”轮船队和“江阳”“恩施”等船员临危不惧、抢救国家财产的精神，为把长航办成“大庆式企业”而奋斗。

在“文革”运动中，长江航运的绝大多数党员干部、职工群众没有动摇热爱祖国和拥护共产党的立场，对社会主义的信念是坚定的。他们坚守岗位，坚持生产，从而使“文革”的冲击受到一定程度的遏制。

1968年9月11日，长江航运公司成立革命委员会；1970年4月，中共长江航运公司革委会核心小组成立。1971年7月13日，中共长江航运公司选举产生中共长江航运公司委员会，使全线党组织生活正常化。党委着手狠抓安全生产规章制度落实，号召职工时刻把安全放在心上；同时，大力总结和推广安全生产先进经验，特别是“东方红2”轮安全航行100万千米的事迹，受到交通部表彰。

1973年，长江航运公司党委进一步狠抓安全生产，刹事故车，避免国家财产和人民生命遭受损失。8月14日，召开全线安全生产会议，建立健全各级安全委员会、安全领导小组、安全员，开展安全生产活动。1974年10月28日，认真贯彻全国“抓革命、促生产”会议精神，按照农、轻、重的方针，进一步调整和改进运输组织，把支援农业运输放在首位。1975年5月14日，长航局党委认真贯彻《工业二十条》精神，在全线整顿企业的党员动员大会上提出苦战三年，实现运输生产翻番，把长航局办成“大庆式企业”的目标。根据中央统一部署，长航局成立工作组，分别对长江港口进行整顿，加快港口建设步伐。同时把整顿客运秩序、狠杀“捎、买、带”歪风列入党委议事日程，认真学习重庆港反腐斗争经验，学习“货 1002”驳 10 年运百杂货 290 余万件一丝不苟、一尘不染的先进事迹。水运工业也从解决企业“软、散、懒”入手，明确职权，严肃纪律。通过全面整顿，长江干支流生产显现出勃勃生机的景象。

1977 年 8 月，党的十一大召开，以粉碎“四人帮”为标志，“文革”宣告结束，并提出在 21 世纪把我国建成伟大的社会主义现代化强国。长航局党委号召全体干部职工为建设现代化的长江航运企业而努力奋斗，广大职工被压抑的生产积极性得到解放，为实现“四个现代化”而努力生产，再度成为人们为之奋斗的目标。“文革”中被迫停刊的《长江航运报》也于当年 3 月 29 日复刊。

随着社会秩序逐步恢复正常，长江运输生产重新走上健康发展的轨道。实践证明：长江航运要发展，必须有一个稳定和谐的社会环境和健全的规章制度；必须依靠科学技术的不断进步；必须深入改革管理体制和加强企业经营管理。

二、先进集体不断涌现

（一）支农运输先锋船

“宁可自己麻烦千遍，决不让贫下中农为难一时。”这是长江航运职工的共同心愿。“东方红 219”轮是航行在长江中游的小型客货轮，是支农运输线上的一面先进旗帜。1968 年始，一直坚持为农业服务的方向，坚持“三不计”（在支农运输上不计较运距长短，不计较轻、泡、重、大，不计较装卸难易）、“三优先”（对支农物资做到优先安排、优先装船、优先留舱位）和“四愿意”（在支农港点上，船要开，有人来，愿意多等一下；船刚开，有人赶船，愿意转回头接；船不靠的地方，社员有特殊需要愿意专程送；装卸来不及，船员愿意参加搬运）的原则。每航次沿途要停靠 70 多个小站小点，从船长到船员不嫌麻烦，毫无怨言，人人为支农所想，为支农所急，被广大社员盛赞为“方便船”“周到船”“贴心船”。

（二）安全航运百万千米先进船

“东方红 2”轮是航行汉申航线的大型客班轮，建于 1907 年，到 1973 年已有 67 年的船龄。由于船龄老、设备差、航速慢，被称为“老爷船”。1962 年这条船的固定资产折旧已提完，有人主张“报废算了”。但是“东方红 2”轮全体船员精心养护，扩大自修，使船上的一、二类设备使用率由 67% 上升到 94%，老船焕发青春。这艘船历任党支部团结一致，带领全体船员“一切从人民利益出发”，人人、事事、时时重视安全生产，严格执行各种规章制度，建立了以船长、轮机长、客运主任为主的安全监督网。航行中，坚持不开“霸王船”，把方便让给别人，把困难留给自己；认真掌握不同河段、不同季节、不同气候的安全航行规律，及时加强瞭望，注意主动避让。

12 年来安全航行 100 万千米，机器安全运转 6.6 万多小时，安全运送旅客 220 万人次。1973 年 9 月 28 日，长江航运公司党委召开了“东方红 2”轮安全航行百万千米表彰大会，同时作出《关于向东方红 2 号轮学习，开展百日无事故运动的决定》，并授予“东方红 2”轮“安全航行百万千米先进船”的称号和奖旗。

三、先进个人层出不穷

在长江旅客运输战线上，长航职工全心全意为旅客服务的好人好事数不胜数，他们视客船为旅客的家，把旅客当作自己的亲人，把旅客的困难当作自己的困难；在平凡的岗位上做出了不平凡的业绩，先后涌现出一批先进个人和群体。例如，几十年如一日，勤勤恳恳为人民服务，多次出席全国群英会、全国劳模会，受到毛主席接见的长江著名劳动模范、八大标兵之一的刘正清；不怕肮脏和劳累，一心为旅客着想，不断提高服务质量的长江全线“工业学大庆”先进集体，光荣出席湖北省“工业学大庆”会议的“东方红 12”轮“三八”服务工班；连续 23 年客运安全无事故，年年超额完成客运任务，数九寒冬为旅客送温暖、炎夏热暑送清凉，全心全意、主动热情为人民服务，被评为江苏省、南京市、长航“工业学大庆”先进企业的南京客运港；迎着困难上、顶着逆流干，保质保量，屡创班作业新纪录，提前 75 天跨入 1978 年的全国“工业学大庆”先进集体的宜昌港装卸一队等。

这期间，长江航运文化作品创作渐趋活跃，特别是宜昌港著名码头诗人黄声笑创作的《黄声笑诗集》和长篇叙事诗《站起来了的长江主人》（第一、第二部分），开始在行业间和社会广为传诵。

这正是：

挑山担海显精神，笔蘸江花诗意真。
文化传播担使命，码头号子唱心声。

第五章

春潮激荡——长江航运改革发展

（1978—1988 年）

春风踏浪改革来，航运新葩应日开。
船舶畅行连四海，港城开放敞胸怀。
横空一坝三江畅，竞渡千帆万里排。
引领外轮鸣序曲，蜿蜒玉带降雄才。

中共十一届三中全会作出改革开放的重大战略决策，把工作重点转移到社会主义现代化建设上来，国民经济秩序迅速恢复并实现快速发展。交通部提出“有水大家行船”，鼓励多种所有制经济共同发展。长江航运迎来改革发展和对外开放的新时代，全线职工的心绪如春潮激荡，充满了蓬勃发展的热情和动力！

1984 年，国家实施长江航运体制改革，成立交通部长江航务管理局、交通部长江轮船总公司；实行政企分开、港航分管，港口下放，一城一港，充分发挥地方政府参与长江航运建设的积极性；长江水系水运网络开始建设，外贸运输、集装箱运输发展迅猛，旅游客运兴起；航道建设逐步由劳动密集型向技术密集型转变，完成第二次航标制式改革，实现航标灯电气化；航运基础设施建设全面铺开，外贸港口相继建成投产，煤炭中转形成“三口一枝”格局；葛洲坝船闸建成通航；长江引航员引领新中国第一艘入江外轮成功停靠张家港港，正式揭开长江航运对外开放的序幕。

第一节　长江航运管理体制改革启动

一、政企分开改革方案出台与实施

随着改革开放的深入，长江航运原有管理体制不适应长江航运发展要求，束缚了航运生产力发展。政企合一，条块分割，用行政办法进行管理，不仅违背货物流通的客观规律，而且加剧了水运企业之间的矛盾。“改革开放、经济搞活”方针的实施，促使沿江工农业生产迅猛发展，物资交流日趋频繁，非计划托运量大幅上升，特别是小批量轻纺产品和农副产品运量急剧增长。这些给原有水运管理模式提出严峻挑战。市场要搞活，水运事业要发展，长江航运体制改革势在必行。

1980年8月4—9日，国家经委、交通部在京召开长江水系航运管理体制改革调查研究座谈会，决定成立由国家经委，交通部，川、湘、鄂、赣、皖、苏、沪六省一市交通部门和长航局等单位组成调查研究小组，贺崇升任组长。调查组就运输、港口、航道、航政、水运工业、通信、物资供应等体制改革以及水系航运机构的设置提出建议后，交通部人事局向长航局和沿江各省市（包括云、贵、浙三省）发出《征求意见稿》。

1982年4月，交通部拟定《长江航运体制改革方案》，于1983年3月10日上报国务院；25日，获国务院批准。这次改革，包括行政管理体制、运输管理体制和港口管理体制三大改革。长江航运实行集中统一领导，组建长江航务管理局，为交通部派出机构；中央和地方所属运输企业均可在长江经营运输业务；交通部所属长江航运企业成立长江轮船总公司，下设若干轮船公司；干线重点港口由交通部和所在城市政府双重领导，以交通部为主，其余港站交地方管理，实行地方与长航局双重领导，以市政部门为主。1983年7月20日，交通部在《长江航运体改工作会议总结》中指出：“这次改革就是要改变内河运输失误的状况，要以解决失误的问题、改善水运条件为出发点，立足于全局观点进行改革。”11月21日，交通部宣布长江航务管理局和长江轮船总公司领导班子。12月29日，《关于组建长江航务管理局和成立长江轮船总公司的实施办法》获交通部批准。1984年1月1日，交通部长江航务管理局和长江轮船总公司分别成立，长江航运政企分开迈出了第一步。

长江航务管理局（以下简称“长航局”）1984年1月1日成立。党委负责人张绍震，行政负责人唐国英，副局长岑毅生、丁永珍、吕宗鹤，顾问马志义。4月19日，张绍震、唐国英分别就任党委书记和局长。统一负责长江干线的航政、港政、航道整治管理，发展规划，船舶监督检查，船员考试发证，水域防污，海难救助，港航事故处理，公安、通信和运输市场的行政管理工作；协调部门间、企业间的相互关系；承担长江水系协商委员会的日常工作；全面领导管理长江干线直属港口；协调港航之间的业务关系。长航局直属单位有：长江航政管理局、长江航道局、长江航运公安局、葛洲坝船闸管理处、长航通信总站、长江船舶设计院、长江航运科研所；重庆、万县、宜昌、枝城、城陵矶、武汉、黄石、九江、安庆、芜湖、南京、镇江、南通、张家港 14 个重点港口；川江港机厂、红光港机厂、武汉港机厂、安庆港机厂、南京航标厂、九江钢窗厂、长航电子设备厂等 7 座工厂；长航总医院，东湖疗养院，万县、宜昌、南京港口医院和长航职防所，以及长航党校、长航职工大学、重庆河校、南京河校、武汉水运工业学校、长航水运卫生学校、长航七中等 13 个医疗职防单位和专业院校。

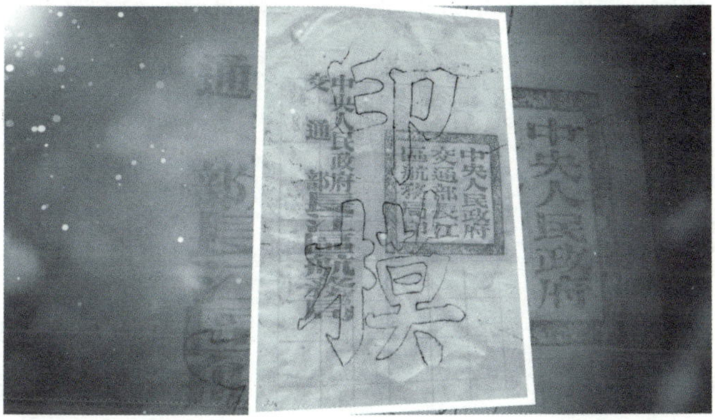

1984 年 1 月 1 日，交通部长江航务管理局和长江轮船总公司分别成立，长江航运政企分开迈出了第一步

1984 年，交通部成立长江水系航运规划领导小组及其办公室。随后成立由长江干线航运机构和沿江省市交通部门负责同志参加的长江水系航运协商委员会。1984 年 5—7 月，长航局、中国生产力经济学研究会发起组织了包括中国社会科学院、国家计委、经委、交通部、铁道部、水电部、农牧渔业部、中国人民大学，以及川鄂两省社科院领导、专家、科技人员 36 人组成的考察组，对长江水系综合开发利用进行专题考察，并向国务院呈送《长江水系综合开发利用考察报告》。《报告》分析了长江的战略地位、作用和发展长江航运的经验教训，提出了综合开发利用长江水系、特别是振兴长江航运的一些政策性建议和发展设想。

长江轮船总公司（以下简称“长轮总”）于 1984 年 1 月 1 日成立，党委副书记邵可诚主持党委工作，行政负责人顾永怀，副书记陈福珊，副总经理谭开明，顾问解莅民。4 月 18 日，顾永怀任总经理。长轮总是交通部直属一级独立核算的运输企业，经营长江干线客货运输和船舶修造业务，承担干支直达、江海直达的物资运输及外贸运输业务。下辖重庆、武汉、芜湖、上海 4 家长江轮船公司和南京油运公司，长江燃料供应总站；东风、川江、宜昌、青山、金陵、渡口 6 个船厂，武汉配件厂，各分局所属修船厂、站、点；汉口中心门诊部，重庆航运医院，芜湖航运医院，上海航运医院，九江职防院，长航防疫站，船舶保健站和海员文化宫；涉外公司有中国交通进出口公司长江分公司、长江旅游总公司、国旅长江分社、长江中国旅行社、蛇口公司、汇海航运公司；合资企业有扬子江轮船股份有限公司等，并设调度、通信、机务、安全、供应、卫生、教育等配套服务机构。

长轮总首先对企业内部分级核算体制实行改革，归口计算全公司的实际收入和利润，对直接从事生产经营活动的船舶实行航线分工、分段管理、独立核算、自主经营，按实际收支与盈亏进行全面核算，变总公司统收统支为各公司实收实支，变收支两条线为各公司自负盈亏。1984年11月12日，交通部批复长轮总《所属企业财务管理改革方案》，于1985年1月1日起实行。计划、机务、劳动、物资、干部等10个方面也相应改革。1985年，长轮总拥有船舶2256艘，221.93载重吨，10.6万客位，正式职工77192人，固定资产36亿元。

二、港口管理体制改革同步展开

根据《长江航运体制改革方案》，长江港口体制改革同步展开。1983年5月1日，南通港、张家港港直属交通部领导分别更名为交通部南通港务管理局和张家港港务管理局。5月11日，重庆港按照“一城一港”原则，组建重庆港口管理局，实行交通部和重庆市政府双重领导、以交通部管理为主。同年9月1日，交通部重庆港口管理局成立。该管理局既是交通部派出机构，又是重庆市政府职能部门；该管理局既有利于发挥中央和地方建设管理港口的两个积极性，又实现港口统一管理和港埠企业的转轨变型。1983—1991年长江干线各港口交接时间，详见表5-1。

表5-1　　1983—1991年长江干线各港口交接时间

港　别	协议签字时间	双方签字人
江阴港	1983.10.20	周　华　崔志仁
高港港	1983.10.20	周　华　崔志仁
城陵矶港	1985.11.3	唐国英　肖大雍
监利港	1985.12.20	孙斌泉　吴震岩
南通港	1986.12.9	林祖乙　龚虎城
南京港	1988.3.3	林祖乙　戴顺智
镇江港	1988.3.4	林祖乙　陈碧显
九江港	1988.4.13	张　奇　骆传琅

续表

港　别	协议签字时间	双方签字人
武汉港	1988.4.23	林祖乙　赵宝江
安庆港	1988.10.15	唐国英　蔡文中
马鞍山港	1988.10.21	唐国英　谢志平
铜陵港	1988.10.25	唐国英　卢成静
池州港	1988.10.28	唐国英　季昌清
芜湖港	1988.11.1	唐国英　傅祖浩
重庆港	1988.12.9	林祖乙　秦昌典
涪陵港	1988.12.12	唐国英　白在林
万县港	1988.12.15	唐国英　唐章锦
巴东港	1988.12.16	张永泰　段克孝
张家港	1988.12.27	林祖乙　余兴德
枝城港	1991.1.26	唐国英　刘克毅
宜昌港	1991.1.28	唐国英　罗清泉
沙市港	1991.2.23	吕宗鹤　张道恒
洪湖港	1991.2.26	吕宗鹤　韩从银
黄石港	1991.3.27	唐国英　陈日进
武穴港	1991.3.29	唐国英　吕文涛

资料来源：交通运输部长江航务管理局档案中心。

长航局仍全面领导管理干线14个重点港口。1984年2月，江阴港和高港港成建制移交江苏省管辖，下放最早。3月4日，分别更名为江苏省江阴港务管理局和高港港务管理局。为推进港口下放，经财政部同意，实行三项优惠政策：一是除南京、武汉、九江等少数港口外，其他港口全部免缴利税；二是“七五”时期，基本建设投资渠道不变；三是物资供应渠道不变，能源、交通基金上缴一定三年不变。这些优惠政策的实施，给当时港口建设和发展创造了有利的条件。

1987年8月4日，国家经委与交通部联合上报国务院《关于长江港口管理体制改革的请示》。11月6日，获国务院批准并实施，长江干线港口按照港务局成建制移交地方，实行地方政府与交通部双重领导，以地方政府领导为主的管理体制；由交通部与省市政府办理交接，有中心城市依托的港口，原则上移交市政府管理，无中心城市依托的港口由省政府确定管理部门。港口公安机构、战备设施、港机厂等随港口移交地方。

三、航道管理在改革中调整加强

1984年1月，长江航道局提出面向长江水系，为多家船舶服务的指导思想和工作方针。上游增设小轮绞滩设备，改善小轮施绞条件，将长寿至郭家沱58千米河段昼标改为固定灯标，重新发布川江航标、信号、绞滩规定和标志配布图，重新制定川江航槽开放与封闭的揭示办法，满足多家船舶航行要求。中下游为方便小轮航行，维护68处经济航道，设标420座，长达670多千米，同时加强海轮航道的维护，满足大型深水船舶航行基本要求。

第二节　放开航运市场搞活运输生产

一、整顿企业加强生产管理

（一）调整领导班子与内部管理体制

1978年，根据中央和交通部的统一部署，长航局发动群众、清查与“四人帮”阴谋活动有牵连的人和事。5月18日，撤销长江航运管理局革命委员会，恢复“长江航运管理局”名称。9月，在“一五”“大跃进”“文革”时期为长江航运事业建设与发展作出卓越贡献的长航局党委书记贺崇升调离长航，任交通部副部长。曾直接任党委书记，许西为第一副书记，解莅民为副书记、局长，张绍震为副书记、副局长。1980年8—11月，充实马志义为党委副书记，邵可诚为政治部副主任，张绍震为代局长，顾永怀、唐国英为副局长。

“文革”运动致使长江航运成为国民经济薄弱环节，于是，长航局着手调整管理体制。1978年4月，按照方便船员、有利生产的原则，成立“武汉船舶供应站”，负责武汉地区船舶和过境船舶燃润料、淡水、物料及生活物资供应；7月，将武汉分局油管处并入南京分局，统一经营管理干线油运业务；将工业局改为职能局，负责干线各工厂生产业务、技术管理；将长江航运科研所及规划、土木设计两室划归局直接领导；基建工程处改为附属施工企业，实行内部经济核算，南京、重庆、宜昌等港和重庆、武汉、芜湖分局基建工程处也改为附属施工企业。

（二）整顿、健全各项规章制度

1977年5月，长航局在全线组织运输生产大会战，当年运量首次突破3000万吨。1979年10月，修改《船舶机务工作分段分级管理办法》，根据航行地区、类型分别由重庆、武汉、芜湖、上海分局管理，南京分局和武汉港、南京港由长航局直接管理；

机务管理规章制度、各项技术标准、操作规程等由长航局统一颁布执行。10月30日，废除“港港交接制”。1980年1月1日起，实行船港交接制度。同年7月17日，颁发《关于船舶开展遵章守纪教育和整顿驾驶业务管理的决定》，重申认真贯彻执行《长江运输轮驳船员职务守则》《内河避碰规则》《长江下游船舶防风、防台规定》《船舶防雾规定》，以及《驳船操作规则》等17项规章制度。航行上海和川江的船舶，要执行上海港有关规定和川江航行特殊要求，油船要执行《长航油船安全生产管理规则实施细则》。1982年3月1日，建立健全了调度命令制度，从而树立调度权威。1983年底，开始执行交通部一线（直接生产）、二线（辅助生产）、三线（管理服务）的定员试行比例标准。

通过企业整顿，特别是开展“工业学大庆”运动，长江全线面貌发生深刻变化。1979年1月18日，经交通部和湖北省委检查验收，长航局被命名为“大庆式”企业。

（三）企业质量管理达标升级

“七五”时期，长轮总制定《企业升级、推进管理现代化规划》《企业管理基础工作评审细则》《实行方针目标管理暂行办法》《深化全面质量管理规划》《先进工业企业标准（试行）》等，提出以发展长江航运生产力为目的、积极发挥大型企业骨干作用，全面提高企业素质的奋斗目标。1987年4月，长轮总提出“立足内部挖潜，开展双增双节运动，走内涵扩大再生产道路”。改进船舶运行组织，合理用船，提高船效。开始推行全面质量管理和方针目标管理，开展创收升级活动。共建立QC小组（Quality Control Circle质量控制小组，中文译名：品管圈）1861个，其中全国优秀QC小组2个，交通部优秀QC小组18个。重庆公司、武汉公司、上海公司、金陵船厂、东风船厂及电机厂通过全面质量管理达标验收，武汉公司、重庆公司获得交通部质量管理奖。

二、改革开放促进运输发展

（一）改革企业经营机制

1984年5月，国务院颁发《关于进一步扩大国营工业企业自主权的暂行规定》。9月，交通部同意长轮总扩大自主权。8月6日，长轮总印发《运输生产调度规程》，确立总公司统一领导全线调度系统的两级管理、分段（专业）负责、集权与分权相结合的体制；11月，出台《运输生产经营管理改革方案》及《实施细则》。按照“统一计划、分级管理、航线分工、自主经营”原则，分别由重庆、武汉、芜湖、上海公司负责经营管理各自辖区的客货运输及相关业务，7条骨干跨区航线分别由重庆公司、武汉公司、上海公司经营管理，原油专线运输由南京公司经营，芜湖公司主要经营管理区间运输。

1985年1月1日，经交通部批准，长轮总实行《运输经营改革方案实施细则》；

10月17日，根据国家第二步利改税政策，推行基层单位、修船、车间和单项等多种形式经济承包责任制。1988年1月，全面推行内部承包经营责任制。

（二）外贸运输得到较快发展

1977年，交通部决定设立南通港、南京港、武汉港为海轮进出长江靠泊港口。1980年2月14日，国务院批转国家经济委员会和交通部、铁道部、对外贸易部、商业部、物资部《关于开办长江对外贸易运输港口的报告》。4月26日，上海海兴轮船公司“新华6”轮在武汉港装载3629吨“五羊”牌水泥、“荆江”牌热水瓶等货物首航香港；9月，武汉港务局与海兴轮船公司、湖北省外贸运输公司联合开辟长江第一条香港货运航班；11月7日，“泰山”轮在武汉港装载武汉钢铁公司生铁3000余吨首航日本。1980年10月，国务院批准黄石为外贸运输港口；至1984年，黄石港进出外贸海轮98艘次，外贸物资吞吐量31.3万吨。至1985年底，武汉港进出海轮305艘次，外贸物资吞吐量44.1万吨。中国外轮代理公司和中国外轮理货公司分别在两港设立分公司，属总公司和港务局双重领导。1980年，上海海兴公司“新华5”轮由九江港启程首航香港。1981年8月，上海远洋运输公司等继续外运业务；到1981年底，九江发运直达香港4个航次，出口货物总值约1000万美元。1982年9月，中国远洋运输总公司和江西省交通厅合营成立中远江西省公司，开创江西省自营远洋货轮业务。

1986年1月20日，长轮总成立长江集装箱运输公司。1987年，南京成立中美合资的集装箱公司。

（三）大力开拓江海运输

1982年4月3日，长航局、上海海运局、中国国际信托投资公司合资组建扬子江轮船股份有限公司，分别占股45%、35%和20%。张公忱、解莅民分任正、副董事长。这是长江第一家外贸轮船公司，总公司设在武汉。沿江各省也成立了外贸运输公司。1980年2月6日，由中国远洋运输总公司和江苏省交通厅合营的中远江苏省公司成立，这是长江水系第一家由部省合营的地方远洋运输企业。1982年，湖北省政府批准成立晴川轮船股份有限公司，这是沿江第一家江海联营的地方运输公司。省外轮代理公司和外轮理货公司亦相应设立。1983年3月30日，中远安徽分公司6000吨级海轮“皖平”轮从芜湖首航香港。至1984年6月，长江已有5家外贸运输公司，船舶28艘、15.82万载重吨。1983年与1984年上半年，5家公司分别承运长江7个外贸港进、出口物资总量的50%和30%。

1980年4月23日，长航局从南京分局抽调3~4艘5000吨级油驳承担南京以上开放港口的外贸散装原油直达运输任务。至1985年，有9艘油轮从事长江外贸原油运输，先后开辟南京、安庆、九江至深圳、汕头、黄埔、珠海、湛江、惠东、汕尾、马尾、泉州、香港、大连及日本等地近 20 条航线。

1982 年 8 月，江苏省组建省联运公司。1985 年 10 月，湖南省外贸物资运到南通、张家港中转，同时接运外贸进口的粮食、矿石等运回湖南。1988 年 10 月，湖北省阳新县航运公司将 1 艘载重 830 吨的简易江海直达货轮改造后，命名为“黄鹤 1”轮投入江海直达运输。到 1989 年，获利润 20 多万。安徽省用近 10 年时间，完成从“收购站”向外贸口岸的转变。1980 年 2 月 24 日，芜湖港对外开放。4 月 10 日，上海海运局“泰山”轮装载外贸物资从芜湖首航香港，开创了安徽对外贸易的新篇章。

三、客货运输的发展与旅游运输的兴起

（一）长途货运的发展与运量的变化

20 世纪 80 年代初，长江干线长途运输主要由长航局船舶承担。随着长江航运市场的放开，各地船舶不仅从支流进入干流，而且可从事跨省干支长途直达运输。

湖北、安徽、江西的黄沙主要运销江苏、上海。煤炭运量则受到多种因素影响。1988 年，江苏、浙江等地乡镇企业发展较快，华东地区用煤量扩大；仅湖北发运的煤炭就从 1987 年 272 万吨增加到 1988 年 347 万吨。1985 年后，从宜昌港发出的磷矿石 80% 运往华东，1988 年达 291 万吨。

1983 年 12 月，“二汽”试运第一批商品汽车通过汉江、长江直达南京港，运距长达 1359 千米。1984 年正式纳入运输计划，当年运往武汉、芜湖、南京、镇江、上海及长沙的汽车达 2380 辆，其中包括通过上海中转运往菲律宾、乌干达的 252 辆。

（二）客运的变化与旅游运输兴起

1978 年 7 月，长航局新辟汉口至南京客运航线。1985 年 4 月 4 日，新辟宜昌至奉节航线。10 月，新辟宜昌至南京航线。沿江各省市区间客班航线，随着运输工具及方式的更新，逐步萎缩。

长江旅游资源丰富，改革开放促进了旅游客运的繁荣发展。特别是长江三峡瑰丽雄奇的自然景观，以及气势恢宏的万里长江第一坝——葛洲坝，对国内外游客具有极大的吸引力。1979 年，国家旅游局在武汉设立中国国际旅行社长江分社，挂靠长航局。长航局将“昆仑”轮按国际标准改装成豪华型旅游轮，包租给瑞典林德布雷特旅行社。1979 年 11 月试航南京、武汉至重庆成功，1980 年正式投入营运。至 1985 年，接待 18 个国家游客 3300 多人，被誉为“世界五星游轮”。随后，湖北省旅游局“扬子江”轮，长航局的“神女”“峨眉”“三峡”“巴山”“西陵”等轮相继建成投产。

1981 年 2 月 1 日，涪陵轮船公司“红阳 25”轮率先冲出乌江，跨入长江，开辟彭水至重庆的支干直达客运航线，实现“朝彭暮涪晨抵渝，长江乌江一船通”。1982

年3月，涪陵轮船公司开辟涪陵至丰都一日游。1983年初和1984年6月1日，开辟长寿至丰都一日游和重庆至高家镇客运航线，并率先在川江实现客轮下水夜航。1987年4月11日，涪陵市（现涪陵区）轮船公司与重庆钢铁公司合资建造的“川陵55”旅游客轮首航重庆至宜昌“一线六点”旅游航线成功。

苏州、杭州素为国内外游人所喜爱的旅游城市。对外开放以来，港澳台同胞、海外侨胞和外国旅客纷至沓来，1980年旅游人数高达2000余人，1981年超过3000余人。1978年，江南航运公司开辟无锡经古运河至杭州的直达客班轮。1980年10月15日改为无锡横渡太湖直达杭州的旅游航线，使游客能“夜渡太湖，早游西子。”1986年江浙二省达成协议，苏杭线变一家经营为两家共同经营。1986—1987年，“湖光”“湖辉”“二泉”“东林”“西神”5艘新游轮投入锡杭线运行。

四、“有水大家行船”形成多元运输格局

（一）运输企业的发展及其经营机制改革

1977年，长航局“拨乱反正”，狠抓企业经济效益，建立八项经济指标考核制度，利润总额达2506万元，同比增长420%。1979年，长航局试行《安全、优质、低耗、超产奖励办法》。1983年，实行承包经济责任制，港航利润总额达到14518万元。1984年政企分开后，长轮总发展更快，最大的武汉公司1987年利润总额为834万元。沿江各省市航运企业有全民所有制和集体所有制两类。其中规模最大的全民所有制企业是湖北省航运公司。四川省属全民所有制企业有重庆轮船公司和南充轮船公司，从1981年开始落实经济责任制，企业效益明显提高。江苏省航运公司在加强行业管理的同时，承担着长江三角洲地区大量货运业务。其上海营业部成为江苏进出口物资上海集散、中转联运的机构，也成为江苏内河航运在上海的统一调度中心。1990年完成进出口运量1273.8万吨，实现利润194.3万元。

（二）乡镇和厂矿企事业单位船舶的发展

1981年后，乡镇水运企业和个体水运户（含联户和承包户）发展迅猛。1988年，湖北省有乡镇集体水运企业249家，运输船舶1046艘，共计10433载重吨、7848客位、35022千瓦；个体水运户2254户，运输船舶2316艘，共计106748载重吨、6099客位、340484千瓦。江苏省个体运输专业户蓬勃兴起，1982年运力达96万载重吨，1985年达到142万余载重吨。1990年，江苏省有船舶137515艘、462.4万载重吨，而乡镇、个体及非交通部门合计115426艘、304.9万载重吨。一些厂矿企业也开始建造运输船舶，最多的是水利堤防和农场部门，其次是大中型厂矿企业，规模最大的是葛洲坝工程局所属物资局船队，航线远至上海。1988年，湖北省207家厂矿拥有运输船舶船

舶 915 艘、158865 载重吨、5873 客位、46259 千瓦。

（三）股份制和集团型航运企业的兴起

1981 年 2 月，晴川轮船股份有限公司在武汉成立，经营湖北及沿海港口至中国香港、日本和东南亚各港口间的外贸进出口货运业务。1984 年 10 月 1 日，民生实业有限公司（以下简称“民生公司”）在重庆重建，经营国内沿海及韩、俄、日及东南亚各国航线、国际货代业务，经营范围扩展到世界各地。

改革开放以来，交通部提出“有水大家行船”，长江水系办航运的积极性普遍高涨，形成以交通部门为主的多形式、多成分、多层次的航运产业新格局。至 1985 年，航运企业发展到 803 家，运力近 800 万吨；水运专业户 40 余万户，个体船舶 151123 艘、180 万吨，约占水系船舶总吨位的 22.50%。

五、军交运输开展正规化建设

20 世纪 80 年代，随着军委关于和平时期军队建设战略方针的转变，长江军交机构随着大军区的合并进行调整，开展了军交运输正规化建设。

1980 年以后，长江军交机构在裁军 100 万的背景下发展变化。1984 年 3 月 12 日，驻长江航运管理局军代处更名为驻长江航务军事代表办事处。1985 年，长江沿线由原五大军区管辖变为成都、广州、南京三大军区管辖，原武汉军区航务军代处及所属军代处、船运队并入总后驻长江航务军代处。12 月，驻上海航务军代处改称南京军区航务军代处，下辖 5 个省航、3 个沿海港口和 5 个长江港口军代处。1986 年 4 月，总后勤部颁发驻长江航务军代处编制，下设驻宜昌、武汉、黄石地区航务军代处和驻湖北航务军代处以及 1 个船队。

根据“五部”下发的《铁路、水路交通部门主要负责同志兼任驻在地军事代表办事处领导职务问题的暂行规定》，师级军代处分别由驻在部门的局长或书记兼任第一主任和党委第一书记；团级军代处由驻在部门局长兼任第一主任。长江沿线五大军区合并为三大军区后，长江军交变为总后和沿线三大军区管理的体制，实行统一管理、分段负责和“双兼”制度，初步理顺了管理体制和工作关系。总后军交部提出“迅速准确、安全保密、综合运用、经济合理”的十六字新方针。提出军事运输计划管理要“集中组织、分级实施、方便部队、简化手续、统筹安排”。要求部队、港航部门、军交部门服从大局，正确贯彻军事意图，科学管理，严密组织，密切配合，保证军事运输任务的完成，不断提高军事运输质量。

1981 年 4 月，总后军交部明确了经济调整时期交通战备方针、原则和工作重点。提出“全面规划、突出重点、立足现实、平战结合”的原则。驻长航军代处主动征求沿江军区意见，重点抓好船舶、码头、港口、船厂、航道、渡区等保障方案的编制；抓好交通战备资料的建设；抓好战备训练、演练和科研；坚持平战结合原则，对长江航运建设适时提出军事要求；抓好战备工程、器材、物资管理。

第三节　整治滩险改善航道条件

一、先进技术和设备的引进与应用

（一）测绘技术与疏浚设备的更新

20 世纪 80 年代中期，长江航道局会同上海航道局、南京水科院主持制定交通行业第一部《航道技术政策》。根据这一政策，长江干支流航道部门逐步采用微波定位、微光定位等新技术，引进、研发回声测量仪，运用计算机实现自动定位成图，大大提高航道测绘的效率和质量。

长江航道局、上海航道局更新疏浚设备，研制新耙头，改进挖泥船控制系统，更新土方计量仪具。为解决山区航道急流施工难题，长江航道局从国外引进关键部件，在国内成功造出两艘 4 立方米抓斗挖泥船，满足川江鸡扒子滑坡治理工程的需要。

（二）航标制式与设施的革新

改革开放以来，江海直达运输受到重视，海轮进江增多，长江航道局会同交通部标准研究所制定《内河助航标准》，规定沿岸标、浮标等侧面标志的顶标，左岸左侧用椎体，右岸右侧用罐体，同时就航标尺寸、灯质及配布原则作了规定。从 20 世纪 80 年代末开始，长江干线和支流按国标进行新的航标制式改革，大大便利海轮进江、江海直达和干支流沟通，而且保障了营运船舶航行安全。

随着技术进步，航标电气化程度越来越稳固，标灯的光源、电源及控制系统得到不断改进和完善，灯光质量和稳定性明显提高。这一时期，长江干线岸标标杆由木质改为钢质，川江浮标逐步由木标志船改为 6.7 米钢标志船，中下游竹三角浮逐步更新为钢质船浮和浮鼓，航标可靠性大大增强。

二、鸡扒子与新滩滑坡的治理

鸡扒子位于四川省云阳县城东 1.5 千米北岸，是古滑坡区。1982 年 7 月中旬暴雨造成鸡扒子大面积滑坡，滑动面纵深 1200 米，宽 800 米，平均厚 25 米 ~30 米，总面积 77.4 万平方米，共 1300 万立方米，滑坡堆积成三道挑流水埂，航道条件严重恶化。9 月 17 日，交通部批准长江航道局第一航道工程处制订的航道整治方案。第一阶段是应急抢险工程，基本维持通航；第二阶段是在地探和试验的基础上选择最佳方案，达到根本性治理。10月11日，国务院批准由国家经委牵头，中央7个部委和四川省人民政府共同组成鸡扒子滑坡整治工程领导小组，交通部副部长钱永昌任组长，四川省副省长刘星任副组长。

1982年12月，时任交通部副部长钱永昌到鸡扒子滑坡抢险工地了解治理情况

一期工程采取“水陆并进、多工种协调配合、人力与机械并重、统一指挥与合理分工相结合”的施工方式。1982年10月21日开始水下施炸，到1983年4月5日完成，12月恢复顺、逆水夜航和原油运输。该工程获国家科技进步三等奖，成为川江整治上首次荣获国家级奖励的项目。1983年6月8日，在万县成立二期工程指挥部，确定“消除绞滩，达到全年正常通航，基本上做到滑坡稳定，在正常水文条件下不发生滑动”的治理目标。11月24日动工，开挖北岸，扩大过水断面，平整南岸岸线，进一步改善整个滩段水流结构条件，减缓流速，降低比降，消除绞滩，保证全年正常通航，1986年完工。两期工程，国家共投资8220万元。经过整治，鸡扒子航段实现标准船队全年正常通航。

1985年6月12日凌晨3时45分，湖北省秭归县新滩镇姜家坡至广家岩一带发生崩山滑坡，近200万立方米乱石直接滑入河床。北岸堆积的滑坡体伸入江中，在龙马溪上游的三尖石形成一个碛坝，迫使由西向东的主流折向东南，形成汹涌急流，船舶被迫停航。为了让被阻船舶安全通过险区，宜昌航道区“航征”轮船船长叶长林凭着强烈的责任心和丰富的川江驾驶经验，在新滩航道进行探险性航行，往返三次都取得成功。6月13日，长航局、长轮总、湖北省航运局、长江航道局、长江航政局等单位组成新滩通航领导小组，指挥险区航道复航工作。6月14—16日，因滑坡受阻的12艘客班轮和其他一些拖驳船队全部安全通过险区；20日，新滩险区太平溪到秭归段在白天实行临时通航；25日，恢复正式通航。

三、干线航道整治与维护

（一）上游兰叙段航道治理

兰家沱至宜宾段长301.8千米，有滩险61处。其中急流滩6处、险滩26处、浅滩29处。枯水期航道水深泸州以下1.8米，泸州以上1.4米~1.5米，航道宽度30米，神背嘴、风簸碛的弯曲半径仅200米。700吨级船舶需减载40%~50%才能上行到合江，客轮需分两段航行，洪水期停航。

1978年4月，661工程指挥部编制了《川江兰家沱至宜宾段航道整治初步设计书》，设计的航道尺度为深2.7米、宽50米、弯曲半径560米。工程计划两期：1978—1980年主要整治13个严重碍航滩险，1981—1985年对其余滩险全面整治。1986年12月，交通部组织现场审查；1987年1月复工，按先上后下、先重点后一般的原则实施。第一期工程历时4年，整治兰家沱至纳溪段17处滩险。航标和通信项目同时建设，新建200艘6.7米长钢质标志船。1987年淘汰棒形浮标，增加设标里程和设标密度。建立泸州至江津98.7千米的特高频接力线路和江津航道处甚高频无线电话网。总造价1871.48万元。经整治，兰家沱至纳溪段航道能常年通航1000吨级船队。

（二）中下游航道维护的加强

长江中下游航道，因复杂多变而难于维护。20世纪70年代，以“保深、保标、保畅通”为内容的战枯水工作，成为每年枯水季节的中心任务。

1978—1979年，长江出现特枯水位。枯水来得早，持续时间长，中游航道变化剧烈，浅情严重，出浅水道多达20余处，创历史纪录。除监利、周公堤、碾子湾等重点浅水道外，连过去变化不大的藕池口和尺八口也成为中下游能否通畅的关键。航道部门全力维护主航道和港区航道，派出13艘疏浚船舶，在16处浅水道及进港航道共挖泥300多万立方米，施工船舶和挖泥量之多前所未有。

1983—1984年枯水期，是在1983年中下游发生特大洪水，汛后水位迅速退落后出现的。中下游部分航段出现了仅次于1954年和1931年的高水位，监利、九江两地超1954年最高水位。11月中下旬，中游水道相继出浅，汉口航道区派出三批工作组深入现场，与一线职工同战枯水。为最大限度地维护通航，投入挖泥船3艘、工作船艇17艘、测量队2个、清障组2个，最多时工地人员达273人，共施炸1370炮，消耗炸药32.5吨，挖泥25.5万立方米。尽管如此，这届枯水期仍然出浅19天，阻航

136 小时，107 艘大型船舶受阻。

1986年1月上旬，下游马当水道由于主流北移，航道南槽恶化，上下深槽互相交错，其间约 900 米不相贯通；同时南岸上边滩淤高淤长，水深不足 3 米的浅埂直向下游航槽逼近，航槽内水深仅有 3.4 米。加之有水雷隐患，一向不敢贸然挖泥的马当水道可能阻航。为此，南京航道区采取“先爆炸、后扫床、再挖泥”的步骤，先排除挖泥施工的隐患，严格控制挖泥船耙头下放深度在设计水位下 4 米，提前做好人员和船舶的防范准备和万一发生事故后的应急抢险措施。1 月 28 日，测量队、爆炸组、扫床组、航标站、挖泥船云集工地，现场施工人员达 100 多人，是历届下游战枯水任务中少有的情况。1 月 30 日—2 月 1 日，“航浚 7”轮克服困难坚持施工，冲破马当水道挖泥险区，达到维护枯水水深的目标。

（三）长江口海轮航道治理

随着上海宝山钢铁总厂的兴建和对外贸易的扩大，长江口海轮航道越来越不适应海运迅速发展的需要。这一时期，主要实施三沙整治工程、铜沙与鸭窝挖槽改线工程和北槽开挖工程。

1978 年 9 月 13 日，国务院批准整治宝山钢厂前沿水域中的三块隐沙，力争将口门航道浚深到 7.5 米，确保矿石运输。1979 年，由上海市副市长韩哲一任组长、交通部副部长陶琦任副组长的长江口航道整治工程领导小组成立。1981 年 3 月 11 日，上海航道局对长江口铜沙挖槽改线工程研究制订挖槽改线措施。当年交通部批准改线工程设计，同意将长江口铜沙航槽 H24 灯浮至 H11 灯浮段向南平移 800 米，原航槽底宽 250 米、设标宽 350 米、通航水深 7 米不变。1982 年 3 月进行航槽改线和移标工作，对南移的新航槽进行疏浚，完成工程量 180 余万立方米，达到设计要求。1983 年 3 月，上海航道局因南槽深水航道维护困难，决定开挖北槽深水航道。在设计航线进行扫测，扫获大小沉船 5 艘。

1984 年 3 月 26—28 日，长江口北槽航道试航。上海海运局“海州”“长寿”两轮乘潮通过北槽航道，完成试航任务。4 月 25 日，北槽航道首先对国轮开放；10 月 1 日，对外轮开放。

鸭窝沙位于南港过渡段，横贯于瑞丰沙与江亚心滩之间，是船舶进出上海港的必经通道。上海航道局先后进行 5 次改线工程。1983 年 11 月将中央沙灯船移至江亚与鸭窝沙新航槽轴线交点处。1985 年 12 月、1988 年 12 月，两次对鸭窝沙航槽改线和局部调整。

（四）镇江港“中口袋”整治工程

20 世纪 70 年代中期，征润洲边滩扩展到下游和畅洲头分流区，迫使长江主流不断向左偏移，镇江港与长江主流的距离越来越远。焦南航道下口淤积区越来越长，焦南航道维护挖泥量到1981年达到150万立方米，到1984年高达385万立方米，面临焦北航道淤废前挖不胜淤的困境。

“中口袋”方案是废弃焦南航道，在征润洲上端开辟口门，开挖一条新引航道直达港池。1986年3月，泰州县挖塘公司施工队在引航道中部2854米一段进行水力冲挖；南京航道区担任其余1215米引航道开挖工程。水力冲挖式在长江航道上首次使用，利用高压水流冲击土体，使之成为泥浆，用泥浆泵输送到弃土场，仅用134个工作日完成土方工程350万立方米。1986年12月上旬，引航道开挖工程结束。在两岸设灯塔、通行信号台等助航设施，长江大轮也由新引航道出入港池。

（五）川江小轮绞滩问题的初步解决

改革开放以来，地方航运企业发展快，船舶数量猛增，仅四川就有220余家航运企业，小型机动船舶上千艘。设置川江绞滩站的初衷，主要是为施绞长航大轮服务。绞滩规则上，只有施绞大轮的规章制度。若施绞小轮，不但人员不够，而且绝大多数小轮因功率小不能自行上架、定向、稳船，自身安全无保障。1978年3月20日，宜昌航道段在青滩绞滩站施绞小型船舶现场安全会上，形成川江第一个《小轮绞滩施绞规则》。重庆航道区于1979年10月根据青滩和奉节段以及各站施绞小轮的问题，对原有绞滩规定和操作规程作了重申和完善。1982年7月，云阳鸡扒子滑坡成滩后，小轮绞滩问题进一步突出。本着统筹兼顾，确保安全，更好地为大、小型船舶服务的原则，重新制定了《小型船舶绞滩试行办法》。1985年9月，再次修改，适应了小轮施绞的需要。

四、支流航道及京杭运河整治

（一）长江支流航道整治

随着改革开放不断深入，沿江各省市在支流航道治理上取得新的进展。1976—1979年，云南投资578万元对溪落渡至新市镇76.5千米航道23处险滩进行整治。贵州在锦江和桃映河进行船闸复航试点。1979年，四川按照“改善干线，提高支流，分段治理，逐步延伸”的原则，分期分批整治岷江、渠江、大渡河、嘉陵江、乌江等主要支流航道。1983年，对乌江涪陵至龚滩段进行整治，打通武隆滩、红志滩等14处险滩，实现长江、乌江相通。湖南为实施“北水南路”建设方针，落实开发湘江与洞庭湖“9”字形黄金水道的总体规划。1983—1988年，整治湘江松柏至城陵矶497千米航道。1984年，洞庭湖区津市至濠河口209千米的澧湘航线、沅水干线凌津滩至鲇鱼口275千米航道全面治理，提高了航道技术等级。湖北从1977年开始整治汉江碾盘山至钟祥段的金蛙滩，修丁坝 12 座、抛石 20.8 万立方米，沉排 5 万立方米，使这一游荡性河流枯水期水深达 1.7 米，可通航 500 吨级船舶。

（二）京杭运河的治理

1981 年 3 月，万里副总理视察苏北运河，指示“充分利用水运，继续整治和利用京杭运河分流北煤南运，减轻铁路压力”。1982 年 3 月，国家计委批准续建苏北运河，3 年内国家共投资约 6.23 亿元，包括运河疏浚、船闸、港口扩建、补水、铁路、通信等 30 个单项工程。这是新中国成立以来投资最多、规模最大的内河建设工程。之后，江苏省又重点改建、扩建常州、无锡、苏州等市区河道，建设镇江谏壁船闸，开挖秦淮新河等。1983 年，浙江省治理全长 252 千米的杭甬运河，兴建京杭运河与钱塘江之间的沟通工程，重建了三堡船闸等。

五、葛洲坝工程对航道的改善

（一）葛洲坝枢纽对航道的改善作用

1970 年 12 月，葛洲坝枢纽工程（代号 330）破土动工，它是三峡大坝的反调节坝，主要解决通航问题。1981 年一期工程完成后开始蓄水，三江航道和 2 号、3 号船闸开始通航，库区多个滩险消失，南津关以上约 2 千米航道得到较大改善。二期工程主要在长江原主航道一侧，建设大江航道和 1 号船闸，1988 年完成。

一期工程暂停期间，曾有人提出停建葛洲坝工程，先上三峡枢纽工程的意见。一期工程完工时，又有人提出缓建大江航道和 1 号船闸。交通航运部门据理力争，上述意见未被采纳。事后反思，如果先建三峡工程，可能造成三峡大坝至宜昌航道通航条件恶化甚至断航；如果不建大江航道和 1 号船闸，葛洲坝枢纽将成为川江“瓶颈”。因此，葛洲坝枢纽的建成和两线三闸的通航来之不易，至关重要。

（二）葛洲坝枢纽的通航管理

1971 年 2 月，长航局成立“330 工作组”。1973 年 6 月，成立 330 船闸筹备处，1981 年 5 月 12 日，定名葛洲坝船闸管理处，管理三线船闸。1981 年 1 月 4 日，大江截流成功，6 月 15 日开始进行为期 8 天的 2 万流量第一阶段试航，6 月 30 日起进行 4 万流量的第二阶段试航。1981 年 6 月至 1990 年 12 月，葛洲坝船闸通过船舶 57.20 万艘次，保持了船闸正常通航。

1979 年，宜昌航道区成立，专司葛洲坝枢纽引航道清淤，专门建造 5 艘挖泥船。从 1981 年冬开始，连续 3 个水文年，长江航道局均由总工程师带队指导宜昌航道区汛后冲沙淤积物的治理工作，使三江航道最小水深保持在 2.9 米 ~3.1 米。经过几年实践，逐步摸索出维护引航道的规律，积累了较为丰富的工作经验。

第四节　加快港口建设提升港口功能

一、干线港口加快建设步伐

“六五”“七五”时期，国家加大对长江港口的投资力度，干线港口的建设步伐加快。

镇江港建成万吨级码头4座，2000吨级码头1座，内河码头7座及万吨级锚地浮码头3座，新增吞吐能力236万吨。1987年4月，江苏省物资局镇江木材转运站投资1600万元兴建木材专用码头，有栈桥式码头4个，其中最大泊位为1000吨，年吞吐能力50万立方米，担负进口木材以及贵州、四川、湖南、江西等省木材的转运业务。

南京港建成新生圩外贸港区，包括万吨级集装箱泊位1个、散杂货泊位2个，设计年吞吐能力110万吨。至1985年，南京共新建泊位33个。1990年12月，新生圩港区二期工程通过竣工验收，包括6个万吨级泊位和7个千吨级泊位。

20世纪80年代的南京港

1977年1月，长江最大的原油中转港区在南京动工。1978年8月建成2座万吨级油码头并试投产，1979年11月正式竣工验收，并在仪征赵庄同时建浮码头10座，年吞吐能力达到1500万吨。1984年12月油港改扩建工程动工，新建和改建靠泊能力2.4万吨的油码头各1座，原油通过能力大幅提高。

1979 年 5 月，芜湖港朱家桥新港区 1 期工程动工，1983 年 12 月建成，包括千吨级浮码头 2 座，扩大了港口散货吞吐能力。1985 年，兴建 5000 吨级海轮泊位 3 个，设计年吞吐能力 90 万吨。1986 年 7 月 15 日，朱家桥新港区外贸码头开工，1990 年 11 月 6 日竣工，新增吞吐能力 90 万吨。

1980 年 2 月，武汉港投资 2970 万元兴建长江中游首座大型岸壁式码头——汉阳作业区 9~12 码头，1984 年 6 月竣工；建成 5 个 3000 吨级泊位，2.4 万平方米仓库，年通过能力 100 万吨。1985 年，武汉港有生产性码头 38 座，年综合通过能力 1530 万吨。1986 年 10 月，武汉外贸码头开工，1992 年 9 月 9 日建成，投资 8372 万元，新增吞吐能力 90 万吨。

1981 年 3 月，张家港港将原战备浮码头成功改造为集装箱码头。1983 年，兴建 2 座万吨级高桩板梁式码头，年通过能力 70 万吨。1985 年，建成码头泊位 8 座，港口年通过能力超过 300 万吨。1987 年 10 月，2.5 万吨级粮油码头一期工程竣工投产，江苏及长江中下游各省每年将在此中转和进出口粮食 300 万吨、油脂 10 万多吨。

1982 年 3 月，南通港 2.5 万吨级深水码头动工兴建，1983 年 11 月建成，1984 年 7 月交付使用，新增吞吐能力 60 万吨。至 1985 年，已有千吨级以上泊位 14 座、通过能力 638 万吨。添置 1 艘 3 万吨级水上过驳平台“滨海”号和 6 个万吨级浮筒、7 个 5000 吨 ~7000 吨级系泊浮筒，年驳运能力达 500 万吨。1988 年经国务院批准，南通港狼山作业区第二期工程被列为国家“七五”重点项目，包括深水泊位 3 个及配套工程，工程总投资 2.1 亿元，新增吞吐能力 840 万吨。1990 年，南通港完成吞吐量 1044 万吨，其中外贸吞吐量 145.8 万吨，集装箱 1.2 万 TEU。

1986 年 9 月 29 日，黄石港外贸码头开工，1990 年 12 月 15 日竣工。共建 5000 吨级海轮泊位 2 个，年吞吐能力 70 万吨，工程投资 6200 多万元，成为湖北省内仅次于武汉港的又一新兴外贸口岸。1986 年 6 月，九江外贸码头开工，1990 年 9 月 13 日竣工，投资 5693 万元，新增吞吐能力 60 万吨。

扩大“三口一枝”，即南京浦口、芜湖裕溪口、汉口杨泗庙及枝城同津浦、京广、焦枝等铁路的水陆联运能力。1980 年上述港口均兴建和扩建煤炭码头设施，使 4 港在”六五”时期末煤炭年通过能力增加 1200 余万吨。此外，九江港和沙市港在 1982 年也建成大型煤炭码头，扩大了煤炭转运能力。1989 年 9 月，沙市港石首港区煤炭码头工程开工，1991 年 12 月竣工；建成千吨级泊位 1 个，增加年卸煤能力 50 万吨。

1977—1985 年，长江干线港口基建投资 29091.6 万元。其中 1985 年 6611 万元，占总投资的 18%，为 1976 年的 2.4 倍。港口建设投资逐年上升，“五五”时期为 11750 万元，“六五”时期升至 20058 万元，增长 70% 以上。“七五”时期，长航局

投资 63395 万元，对计划管理的 21 个港口先后新建、改建和扩建 27 个码头泊位，新增通过能力 1163 万吨。

二、地方港口建设不断提速

改革开放促进了长江支流港口的建设发展。随着宝山钢铁总厂、金山石化总厂等国家重点工程陆续兴建，宝钢 1983 年兴建的主、副原料码头和成品油码头总长达 2750 米，拥有 10 万吨级泊位 3 个、万吨级泊位 4 个，1000 吨 ~5000 吨级泊位 6 个，设计年吞吐能力 250 万吨。江苏省内河港口密布长江、运河及太湖水网，码头泊位、库场均有较大增加。苏北运河万寨港 1983 年开工复建，成为江苏省最大的内河煤炭中转港。无锡港 1979 年之后兴建、改建码头 15 座，拥有泊位 661 个，码头岸线长 17355 米。至“六五”末，江苏建成内河港口 340 处、泊位 11104 个，其中万吨级以上泊位 23 个。湖北内河港口众多，1983—1990 年，53 个港口新建、扩建煤炭、磷矿石、件杂货码头 57 座，新增吞吐能力 1400 万吨，汽车装船能力 1.5 万辆。长沙、株洲、常德、益阳、岳阳、湘潭、津市等港相继建成机械化码头。1985 年，湖南省港口货物吞吐量 4754 万吨，其中 12 个港口超过 100 万吨。

1985 年，长江水系十省一市共有港口 1412 个，约占全国内河港口总数的 80%。其中百万吨以上港口 120 个，千吨级以上泊位 1497 个，码头岸线总长近 580 千米。

三、港口作业采用先进工艺

1979 年，长江干线 260 余条装卸作业线中，真正达到工艺配套要求的仅占 11.50%。为改变这一状况，长航局决定加强装卸工艺工作。重庆、宜昌、沙市、武汉、黄石、九江、安庆、芜湖、马鞍山、南京、南通 11 个港务局成立或恢复装卸工艺科，其他港口设 1~2 名专职或兼职工艺员。1980 年 11 月，制定《长航港口装卸工艺工作暂行规定》，委托武汉水运工程学院培训一批工艺技术骨干。1981—1982 年，长江干线港口装卸工艺工作取得较大进展。各港根据生产需要，按不同货种、不同船型及作业线，制定装卸作业标准图，编印成册并付诸实施，建立一套装卸作业规章制度，初步实现港口生产的科学管理。

南京港仪征港区建成长江第一条管道运输线，枝城港采用较为先进的堆取料机系统。一些港口货场安装高效率的龙门式起重机和装卸桥，并从国外进口一批 2.3 立方米单斗装载机，配备国产 3 立方米单载机，有效提高港口散杂货通过能力。长江港口皮带输送机占港机总数的 50%，马鞍山、南京、武汉、重庆、南通、芜湖、沙市等港采用皮带的热压胶补、冷胶粘接，以及皮带机的增宽加速、自动调偏、电子计量和程控技术，大大提高皮带机的自动化水平和通过能力。沙市、武汉、黄石、九江、芜湖、马鞍山、南通等港对码头进行工艺改造：一是变革操作方式；二是调整货物构成；三是配备更适合的装卸机械，使装卸工艺流程更趋合理。武汉港 1980 年在装卸散杂货时采用成组装卸工艺，提高工效 12 倍。

四、干线港口对外开放

20 世纪 70 年代，沿江各省外贸物资主要通过上海港转运出口。为从根本上解决上海外贸码头泊位日趋紧张、压船压货严重等问题，国家经委、交通部、外贸部 1979 年初组织调查组，对沿江主要港口进行调查。12 月 24 日，六部委向国务院报送《关于开办长江对外贸易运输港口的报告》，拟在张家港、南通、南京、芜湖、九江、武汉、城陵矶、重庆 8 个干线港口开办外贸运输业务。1980 年 2 月 21 日，交通部落实长江港口开办外贸运输的运价、港口费、外轮代理、外轮理货及引航等问题。4 月 16 日，交通部颁发《关于开办长江港口对外贸易运输业务的暂行规定》；5 月 9 日，发出《关于做好长江港口开办外贸运输的货运计划的通知》，强调各港航单位应向港口办理托运计划，将长江外贸运输正式纳入运输计划体系。根据长江航道现状，对进江外贸运输做了分工：南京长江大桥以下各港外贸物资，由中国远洋总公司及其所属公司承运；大桥以上各港外贸物资，则由上海海运局或长航局派船承运。

1980年2月1日，南京港率先开办外贸运输业务；27日，江苏远洋公司近海货轮“雨花”号满载 3000 吨水泥离宁驶香港；3 月 31 日，“雨花”轮首次停泊南通港，加载棉花 400 吨运往香港。4 月 1 日，芜湖、九江、武汉、城陵矶、重庆 5 港对外开放。当日上海海兴轮船公司“新华5”轮从九江港载1456吨瓷器及猪肉、水果罐头首航香港；4 月 10 日，“泰山”轮装载水泥 4000 余吨由芜湖首航香港；4 月 26 日，“新华 6”轮满载水泥和热水瓶等日用品，由武汉首航香港；8 月 9 日，武汉港与海兴轮船公司、湖北省外运公司商定，联合开辟汉口至香港定货、定船、定时的货运班轮航线；8 月 28 日，长航重庆分局“人民 17”轮顶推和 3 艘千吨级驳船，在重庆港载将四川首次出口的钢材 4400 吨运往武汉，再由“泰顺”轮转运香港；12 月 4 日，黄石港对外开放，“新华 1”轮满载钢材、水泥、针棉品等首航香港。南京、武汉等港先后开辟至日本、新加坡等 8 条国际航线和多条国内近海航线。1982 年 12 月 18 日，国务院、中央军委发布《关于南通港、张家港港对外国籍船舶开放的通知》。1983 年 5 月初，口岸办、海关、边防站、港监等 14 个涉外机构先后进驻张家港港；7 日，悬挂巴拿马国旗的“日本商人”轮装载1.1万立方米木材靠泊张家港港，这是长江口迎来的第一艘外国籍船舶，张家港港成为长江首个对外轮开放的口岸。5 月 24 日，巴拿马籍“格陵兰梅”货轮装载朝鲜铁矿石 1.1 万余吨靠泊南通港狼山作业区。

1986 后的几年间，长江干线重庆、城陵矶、武汉、黄石、九江、安庆、铜陵、芜湖、马鞍山、南京、镇江、江阴、张家港、南通 14 个港口对外开放。

第五节　水运工业蓬勃发展

一、干线修造船能力进一步提高

（一）合理布局拓展生产业务

1978 年，长航局在全线实行“江船江修”，调整改组水运工业。长江干线 10 家定点厂，生产配件 500 个品种、规格达 14 万件，使运输船舶配件自给率达到 95%。1979 年，长航局贯彻国务院“修造并举、以修为主”的水运工业方针，按照“统筹规划、合理布局”的原则，对工业布局进行调整，水运工业产品数量、质量和经济效益明显提高，全年产值达到 18558 万元。

1980 年 5 月，长航局发出《关于进一步抓好广开门路工作的通知》，青山、东风、金陵、宜昌等船厂和川江港机厂积极对外承揽业务，开展多种经营，一定程度上弥补了计划任务的不足。1982 年，长航局增拨造船贷款，做好原材料供应，摒弃“大而全”“小而全”的思想观念，扩大横向联系，逐步按照专业化原则组织生产，收到一定成效。1983 年 5 月，长航局推行“利润包干、增产分成、减额扣奖金”的包保方案。通过改革，干线水运工业体系进一步完善。形成“工厂有生气、产品有名气、职工有志气”的新局面。青山、江东、金陵、宜昌、东风等船厂先后承担对外建造任务，建造工艺、船舶质量均达到设计标准。

1979 年，交通部决定建造一批新型旅游船，东风船厂设计人员根据长江航道、水流、气候条件，以及民族习俗、生活习惯等要求精心设计。1981 年 6 月，“神女”轮试航成功，长江第一代豪华旅游船问世，标志着长江造船工业进入一个崭新阶段。1958 年，“神女”轮获内河船型设计一等奖；1987 年，获重庆市科技进步和新产品百花奖二等奖；1989 年，获四川省科技进步二等奖。至 1989 年，东风船厂先后设计建造“三峡”“峨眉”“巴山”“长城”“西陵”“隆中”“白帝”“长江之星”和“江上明珠”等第一代和第二代旅游船。

（二）改革修船制度和提高修造船技术

长期以来，由于船舶修理费过高而固定资产折旧提成过少，影响船舶更新换代。据测算，1 艘“人民 3”型货轮 15 年的修理费相当于其造价的 3 倍多。长江船舶中机动船舶船龄 20 年以上者占 48.70%，非机动船舶船龄 15 年以上者占到 55.10%。船龄越长，技术状况越差，经济效益越不合算。因此，改革修船制度已成当务之急。

1980 年，长航局着手改革修船制度，按照“确保、维持、改造、报废”的分类原则，制定船舶维修规划。包括延长修船间隔期；驳船一般不安排中修；机动船一般不进行更机、更炉、更壳修理，也不安排大修；维持使用的船舶不再安排中修；船舶油漆工程，一般不搞拷铲出白等。随着修船制度的改革，特别是实行修船费节约提成奖后，船舶修理费大减，1983 年船舶修理 218 艘次、修理费 1849.34 万元，分别相当于 1977 年的 52.50%、48%；1985 年船舶修理艘次、修理费分别为 1977 年的 3%、38%。

1986 年，长轮总完成修造 11118 艘次，产值 57 亿元；造船 1946 艘，总吨位 152 万，创造和采用了一批科技成果。1990 年，长江干线修造船生产能力在国内居首位。东风船厂形成自制柴油机及装配同一功率拖轮的能力，1978 年研制成功 8E3502DC 柴油机镁稀土合金球墨铸铁曲轴，其低压铸造工艺获交通部科技成果奖。1981 年，在 4 米刨床上开始采用可控硅技术。1984 年，参与研制硬矮齿形双圆弧齿轮，获交通部科技成果三等奖。宜昌船厂经过扩建与技术改造，具备建造 1500 吨级甲板驳与长江中上游客轮的能力。东风船厂和宜昌船厂成为上中游地区两大骨干水运企业。青山船厂具有批量建造大型客班轮、拖轮、5000 吨级油轮及制造大型金属构件的能力，80 年代被国家确认为大型骨干企业。1977 年 3—6 月，江东船厂成功建造 588 千瓦拖轮和 1000 吨级甲板驳后，1978 年建成 1000 吨级分节驳。1985 年 9 月，第一艘 740 千瓦新型推轮下水。1979 年 10 月，金陵船厂建成 3000 吨级造船平面分段流水线，是中国第一条自动化程度较高的平面分段流水线。1981 年 4 月，引进美国德拉孚船厂 2000 吨级分节驳预制件，各项技术指标均达到要求。

二、跻身国际市场建造出口船舶

1987 年，金陵船厂承接建造 17 艘港驳。首先，免去船东提交委托书进行方案设计两道程序。谈判一结束，就拿出技术设计图纸；同时开始施工设计。这样，动工前的准备由 4~6 个月缩短为半个月；施工技术由主管工程师、技术部门、经营部门一起研究，最多两天即可解决。由于加强管理，减少环节，加快进度，17 艘港驳如期交付，以优良的质量赢得港商赞誉。1988—1989 年，金陵船厂承接香港、台湾、新加坡等地客商业务，逐步形成以建造出口船为导向的新格局。承建的 5 艘港驳，最长 150 米，获得较好的经济效益，被南京市评为出口创汇企业第一名。江东船厂建造的 6 艘 1500 吨级散装水泥驳船功能新，船舶性能、质量和各种技术指标均达到设计要求。为新加坡建造的两艘 220 英尺（1 英尺 =0.3048 米）驳船经 ABS 船级社检验，质量上乘，

取得显著经济效益，被安徽省评为“创汇大户”。

三、沿江省市修造船能力大幅提高

1985 年，长江水系贵、川、陕、湘、鄂、赣、皖、苏、浙、沪 10 省市交通系统修造船企业共 138 家，总造船能力 62.38 万综合吨。1985 年沿江省市造船能力统计详见表 5–2。

表 5–2　　1985 年沿江省市造船能力统计

省市	隶属关系	企业（个）	造船能力（万综合吨）	代表船型及吨位
贵州	地方	2	0.25	内河小型客货轮、浅水拖驳船
四川	交通部	2	2.0	长江上游客货轮、1941 千瓦拖船、1500 吨驳船、工程船
	地方	5	2.3	
陕西	地方	1	0.03	汉水上游小型轮驳船
湖南	地方	27	6.6	40~250 载重吨轮驳船、小型工程船、430 千瓦拖船
湖北	交通部	2	7.0	5000 吨客货轮、1940 千瓦拖轮、5000 吨级驳船
	地方	22	6.8	
江西	地方	9	2.7	50~100 吨轮驳船、小型工程船
安徽	交通部	1	1.5	735 千瓦拖船、1000 吨级驳船、小型挖泥船、气垫船
	地方	8	3.2	
江苏	交通部	2	6.0	长江中下游客货轮、拖船、1000~2000 吨级驳船、工程船
	地方所属	35	19.0	
浙江	地方所属	13	3.3	300~1500 吨级内河轮驳船
上海	交通部属	4	0.7	397 千瓦拖船、1000 吨级驳船、工程船
	地方所属	3	1.0	

注：上海造船企业及造船能力数字中均含沿海部分。

资料来源：交通运输部长江航务管理局档案中心。

四、船舶配套工业的发展

长江各船厂除造船外，还生产船用机械与配件。到 1979 年，东风船厂、青山船厂、江东船厂建成造机车间，生产出一批质量较高的船机部件和配件，如江东船厂的 437 电动起锚机和 5 吨电动绞盘，宜昌船厂的 NND 型铝活塞，青山船厂的 NAN20/27

型柴油机缸套，东风船厂的柴油机配件油嘴、油泵、连杆等。川江港机厂5年共生产3吨~10吨各种型号的浮式起重机21台，5吨~10吨桥式起重机11台，减速器129台，750吨与1500吨级驳船12艘。红光港机厂成为长江最大的港机制造厂，至“六五”末，生产16吨轮胎吊车377台，J25型集装箱1004个，3吨~10吨轮胎平板车192台。南京港机厂1972—1984年共生产装卸机械1200余台，其中3吨~5吨浮吊108台、牵引车290台、5吨门吊16台、40吨系列平板车805台。南京航标厂是中国两家航标制造厂之一，1981年试制成功中绞摆式推轮装置与滚轮式推轮装置，在交通部技术鉴定会上受到好评。1983年，组装的轮机主机遥控装置，合格率达100%。

第六节　航运支持保障系统的新发展

一、航政管理进一步加强

（一）理顺体制加强监督

“文革”时期，长江航运安全管理的体制被严重削弱，全线安全监督人员最少时仅80余人。1977—1978年，各级安全监督机构得以充实，增设若干处、站；相继恢复船舶签证、船员考试，修订新制各项航行安全规章制度。1979年5月，长航局明确安全监督部门的任务与职责。11月14日，长江航政局重新公布局属各分支机构管辖范围，并在汉口召开全线安全监督会议，强调重点抓好船舶管理，确保航行安全。1979年，长江航政局监督力量得到加强，全线职工达1109人，配有巡逻艇42艘。

1980年1月5日，交通部《关于长江港口开放后港务监督和船舶检验工作安排的通知》规定，长江航政局负责长江各开放港口航行国际航线船舶的监督和检验；由长航局和长江航政局成立引航站，统一负责干线以外的进江船舶引航工作。2月14日，张家港、南通、南京、芜湖、九江、武汉、城陵矶、重庆8个港口开办外贸运输业务，设立中华人民共和国港务监督、中华人民共和国船舶检验局办事处，在长江区港务监督局的统一领导下，履行对航行国际航线船舶的监督和检验职责。

1981年6月16日，长江航政局成立引航站，在不增加管理人员编制的前提下，先在南京分局和南通处设立引航站，为沿江各省和沿海进江船舶提供引航服务。1983年5月7日上午6时40分，引航员陈守德、吴民华、施歧元3人首次引领巴拿马籍“日本商人”轮首航张家港港。到“六五”末，引航总站设6个引航组、1个引航办事处，引航员163名，引领船舶3295艘次，其中外轮强制引航250艘次。引航工作安全、优质、及时，迅速适应了长江对外开放的需要。

1983年5月，第一艘进入长江的外籍船舶——巴拿马籍“日本商人”号

1989年，交通部长江航政局正式更名为交通部长江港监局，重庆航政分局、宜昌航政分局、武汉航政分局、九江航政分局、芜湖航政分局及万县航政处分别更名为重庆长江港监局、宜昌长江港监局、武汉长江港监局、九江长江港监局、芜湖长江港监局、万县长江港监局；南京航政分局、镇江航政处和南通港航监督局、张家港港航监督局更名为交通部南京长江港监局、镇江长江港监局、南通长江港监局、张家港长江港监局。截至1990年，共对6480艘次航行国际航线的中外船舶进行审批并办理进出口手续，引领中外船舶26370艘次，其中引领50多个国家的5367艘次外轮。

（二）保障长江船舶运输安全

改革开放以来，长江航政部门致力于变单纯管理为服务管理，变被动管理为主动管理，变单一管理为全面管理，依法治理水上通航秩序，强化现场监督，努力建立长江船舶航行新秩序。

1980年，在长江下游宝山嘴至江阴感潮河段及牧鹅洲、寡妇矶、道士袱、掀棚嘴、葫芦山、马当嘴、大王庙及黄州新滩等8个弯道，对干线船舶推行分道通航制。1984年，加强与地方航政部门的联系与协作，重点开展水上交通秩序的整顿；在事故多发的镇江都天庙至三江营30千米航段，对所有通航船舶实行水上交通安全管制。加强桥区、库区、油区的安全监督管理，全年纠正船舶违章14929艘次，纠正桥区违章1650艘次。“六五”“七五”时期，根据国家有关水上安全法规，建立了长江干线港航监督与安全管理规定规则8大类、225个条规细则，做到有法可依、有章可循；完成对25883人次船员的考试，航政管理工作取得明显成绩。

（三）实施“三航一港”管理体制

1980年3月1日，湖北省实施“三航一港”（即“航运、航道、航政及港口”）统一管理。其他省市相继形成“三航一港”管理模式，几个业务部门合署办公，组成一套领导班子。这既精简了机构，又便于统一指挥和管理。1987年6月，江苏省交通厅设立港航监督局，管理水上安全，港航监督人员从1100人增至2365人，在全水系港监力量最强、人员最多。

1981年9月，长江航政局及芜湖分局、安徽省交通厅及地方监督部门首次实行“航政大联合”，整顿长江航行秩序，开展安全大检查，纠正违章航行，收到较好效果。到“六五”末，航政大联合进一步推广。

（四）海损事故实行目标责任制

1984年，长江水系已有800多家轮船公司，运力6943万吨，中央、地方、个体拥有运力各约1/3。虽然航政管理不断加强，但海损事故未能得到有效扼制。1988年，海损事故上升到466件，比1983年增长一倍多。一些重大事故令人痛心，教训深刻。1987年5月8日，“长江22033”船队与南通轮船公司“江苏0301”渡船碰撞翻沉，死亡114人，李鹏总理亲自过问此次事故；1989年1月2日，“长江62008”船队油驳燃烧爆炸，大火持续154小时才被扑灭，两艘3000吨油驳和所载4800吨原油全部烧毁；6月27日，湖南“湘常1—1008”机驳载50吨苯酚在长江荆河口倾覆，250桶苯酚全部沉入江中未能打捞成功，李鹏总理亲自批示国务院有关部委办赴现场调查处理。

为扭转这种被动局面，长江航政局根据不同时间、航段、水位、船舶流量和航道情况，找准薄弱环节，确定每年工作重点，实行目标管理。1986年确定交通管制、港区及船舶航行安全三个重点，事故下降15%为目标。1987年，以渡船和乡镇船舶为重点目标管理。1988年，重点整治川江河段的航行秩序。

二、船检业务能力的提升

（一）建立干线独立的船舰体系

为适应江海直达运输发展，长江船检部门对管理体制进行较大调整，逐步成为集船舶、船用产品检验、规范科研、人员培训于一体的机构。

1983年1月19日，交通部发出《关于加强地方验船工作的通知》，规定按省、地、县设立处、所、站，实行三级管理，地方专职船检人员按检验登记船舶总数至少每6000总吨配船体检验人员一人，每3672.0千瓦配机电检验人员一人。由此，长江水系地方船检机构逐步建立和完善。1984年3月，交通部决定长江船检部门与长江航政管理分管，自成体系。同年9月，全线15个检验办事处、检验站全部从长江航政局分出，改由船检局直接领导，以重庆航政分局检验科、宜昌航政分局检验科、武汉航政分局检验科、芜湖航政分局检验科、南京航政分局检验科和各航政处检验组为基础，分别组成中华人民共和国船舶检验局重庆分局及船舶检验处、宜昌分局及船舶检验处、武汉分局及船舶检验处、芜湖分局及船舶检验处、南京分局及船舶检验处，长江船检部

门第一次成为国家船检局的直属机构，长江干线形成独立完整的船舶检验体系。

（二）扩大船检对内对外业务

改革开放以来，长江运输方式不断改进，不仅涌现一批新型船舶，而且出现了“海船江造”的新情况。长江船检部门打破江海界限，从单一内河船舶检验发展到江海各类船舶检验，包括对进入长江港口的外籍船舶进行检验。

1981年青山船厂首次为新加坡航商建造船舶，中国船检局长江区办事处与英国劳氏船级社首次联合检验。1982年劳氏船级社给“银星”“银光”两轮颁发入级证书，并在《劳氏验船报告》上专文介绍。6月，国家船检局颁布《船舶和船用产品监督检验条例》，强调船检部门必须做到“质量第一、保障安全”。1983年5月，国家船检局公布《船用产品检验规则》，长江区办事处编写《船用钢板检验须知》《电动液压舵机检验须知》等具体操作规程，规范船用产品检验工作。船用产品检验业务的发展，既发挥了国家船检部门的技术监督作用，又促进产品创优和新产品开发，取得较好的社会效益与经济效益。

长江船检部门的涉外产品检验业务发展较快，先后与英国劳氏船级社（LR）、德国劳氏船级社（GL）、挪威船级社（DNV）、美国船舶局（ABS）、法国船级社（BV）、日本海事协会（NKK）等签订联合检验协议。1981年，与外国船级社联合进行船用钢板、电焊条、铸锻件、甲板机械等产品认可工作。1982年，与DNV验船师对武昌造船厂承建的6艘DNV级三用拖轮联合检验；1983年，与GL验船师对武昌造船厂建造的4400吨多用途集装箱船联合检验；1985年，与ABS、GL、LR船级社对武钢船用产品联合认可。这些联检认可工作受到国外同行欢迎和好评，加强了国际船检合作与技术交流，提高了中国船检部门的国际声誉。

（三）编制船舶建造规范

1978—1982年，船检部门组织修订编制长江水系船舶规范。经认真调查研究、反复计算分析和广泛征求意见后，1978年8月1日发布《长江水系钢船建造规范》。后相继制订和公布《长江水系船舶隐性和载重线规范》（1980年）、《内河船舶乘客定额与舱室设备规范》（1981年）、《长江水系营运船舶检验规程》（1982年）等，形成第二代内河船舶规范。1985年7月1日，船舶检验局河船规范科学研究所在武汉成立，标志着中国河船规范研制工作进入了新阶段。

三、长航通信在改革中的发展

（一）实施通信体制改革

1984年，长航局根据交通部（84）河信字89号通知要求，改革长航通信体制。

对各长江航运公司和港口的干线通信设施及人员进行重组，组建长江航务通信导航管理处，作为长航局直属单位，统一管理全线通信机构人、财、物，成为长江航运通信的主体，逐步发展成为具有独立法人资格的事业单位。下辖重庆、宜昌、武汉、芜湖、南京、上海6个通信导航区和28个通信导航段。部分作为长轮总所属业务部门，成立各企业通信导航处，另有部分人员划到港口。长江通信实行人、财、物统一管理后，通信技术、业务明显进步。

（二）改造船岸通信设施

随着半导体技术发展，适合长江使用的PH-5型无线电话研制成功，有效通信距离达30千米。1978年3月，长航局批准长江下游各类船舶装备PH-5型无线电话。1979年7月，长航局颁发《长江船舶使用无线电话联络办法》；1980年，长江干线所有船舶均配备PH-5型无线电话。4月，交通部批准长航局在汉沪线上设立18座甚高频无线电话基地台，2座高频单边带无线电话基地台，在4艘大型船舶上装设单边带无线电话。首次在“东方红19”轮安装试用甚高频无线电话，有效通信距离可达50千米。9月，长航局颁发《关于长江港口使用甚高频无线电话的频率分配及有关规定》。1983年2月，汉口以下港口正式开放甚高频系统；8月，交通部批准将汉沪无线电话工程向上延伸，在洪湖、监利、城陵矶、沙市、枝城、宜昌、万州、涪陵、重庆建设基地台。至“六五”末，先后投资350万美元，引进29座甚高频基地台。投资470万元，由国内组织生产有线、无线转接控制台等配套设施。至1985年，长江共有1000余艘船舶安装甚高频无线电话，建成国内规模最大的船岸甚高频通信网。

1978年5月，交通部发文要求汉宁两港改进海轮进江通信，投资275万元改造汉申、汉渝线江岸电台，更新增设短波单边带或双边带收发信机33部。1979年11月起，长江干线大部分客轮承办国际公众船舶电报业务，乘客可随时将电报发往国外及港澳地区。1980年4月，长航汉口通信总站电台与交通部正式开放单路传真电报通信。1983年，长航局批准对汉口集中发信台进行配套完善。1986年，长江通信导航处所属重庆、宜昌、武汉、芜湖、南京、上海6座岸台开放传真通信，随后又对各通信导航段开通有线传真业务。

（三）成立无线电管理机制

1989年，交通部以交无〔89〕303号文批复成立交通部长江无线电管理委员会，由长航系统海事、公安、通信等单位领导组成，长航局领导担任。主要职责为：受交通部委托组织、管理长江船岸通信导航网，统筹安排长江无线电台的建设布局；贯彻国家和交通部无线电管理委员会颁布的通信政策、法规，制定长江通信导航具体实施细则；审批核发长江范围内的交通部直属水运企业及各港务局船舶电台执照，核配水上业务甚高频无线电话频率等。

（四）建设干线传输及枢纽楼工程

汉口通信枢纽作为汉渝有线扩建工程的一个项目，投资 100.3 万元，建筑面积 3311 平方米，1978 年建成投入使用，1979 年通信总站全部迁入。1980 年 11 月 15 日，交通部批准汉口建设 2000 线纵横制交换机，工程总投资 221.34 万元，1981 年 1 月 17 日正式开通，成为当时全国交通系统容量最大的纵横制交换机。实现长航局在汉各机关、生产部门内部电话及与市话网的自动转接，为长江各港航单位的长途自动交换、船岸自动交换打下了基础。

葛洲坝工程通航设施一期投资 300 万元，建成 1000 线纵横制交换机、人工长途台等配套设施，开通至艾家河、南津关的 12 路载波电话，为保障葛洲坝船闸通信指挥发挥了积极作用，标志着长航在宜地区的电话交换中心开始运行。二期工程建成宜昌通信枢纽楼 3061 平方米，成为宜申、宜渝微波及三峡库区淹没复建与汉—宜光缆工程的重要节点。

1981 年 3 月，对贵池至芜湖长途有线通信工程进行扩建改造，安装 12 路载波电话及配套设备，工程总投资 95 万元。10 月，交通部批准投资 199 万元建设重庆通信枢纽，建筑面积 2150 平方米，建设 1000 线纵横制交换机、人工长途台等配套设施；1986 年正式投产使用，成为长航局在渝地区的电话交换中心。

1984 年，南通、张家港、镇江、黄石、沙市、枝城等港口建设通信枢纽楼，安装 360 或 450 线纵横制自动电话交换机，涪陵、万州分别安装 200~400 线纵横制交换机，城陵矶安装模拟程控交换机，成为当地港航系统的电话交换中心。1988 年 9 月 12 日，芜湖通信综合楼工程与芜湖港务局合建，总建筑面积 6716 平方米，通信部分面积 2911 平方米。1989 年 11 月，交通部同意建设南京通信枢纽，工程总投资 679 万元，建筑面积 4032 平方米，成为长航局在宁通信枢纽中心。

为适应长江改革开放的新形势，交通部与水利电力部合建宜申 480 路数字微波通信系统，长航占 120 路；交通部批准长航宜申微波总投资 4868 万元，包括干线分摊投资 1050 万元。微波电路全长 1318 千米，设干线微波站 38 个，连通至宜昌、枝城、沙市、汉口、黄石、九江、安庆、贵池、铜陵、芜湖、马鞍山、南京、镇江、张家港、南通、上海通信枢纽的 16 条支线。5500 多用户进入长江长途自动交换网，形成以汉口为中心的甚高频联播网、船岸无线电话转接网，初步建成汉口、芜湖、上海计算机远程分组交换网。

四、长航公安发展的新时期

（一）加强机构建设

改革开放初期，长江出现民工潮、学生潮，客运量大幅增长。为维护客运治安秩序，长航公安机关加强客轮乘警力量。1984 年，长航公安局所属武汉、重庆、芜湖、上海分局共设 96 个乘警队、375 名乘警，分布在 96 艘客轮上，乘警占全局人数的 19%。设立长江航运公安局宜昌分局，负责保卫葛洲坝船闸。截至 1990 年，长航公安局共设 6 个分局、3 个港口公安局、15 个直属派出所和 1 所人民警察学校，形成比较完整的公安保卫系统。

（二）平反冤假错案

1978 年，长航公安局遵照中央“拨乱反正，平反冤假错案”的部署，对“文革”时期重要案件进行复查，共平反 135 人；同时，清理复查“文革”前案件。对粉碎江青反革命集团后办理的 44 起案申诉件进行复查。1979 年 2 月 9 日起，根据公安部的要求在全线开展对四类分子的“摘帽”和复查纠错工作。全线共有四类分子 142 名，经群众评议、上级批准，“摘帽”110 人、纠错 14 人。

（三）整治港航治安秩序

1980—1982 年，长航公安机关针对客运码头大量出现的摊贩、散搬运和车辆以及干线客轮增设夜宵、电影、拍照等项目给治安管理带来的难度，重点抓了重庆、武汉、九江、芜湖、南通等客运码头的治安秩序整治工作，使港口治安面貌有了改善。开展 4 次打击流窜犯的统一行动，抓获流窜犯 343 名。督促指导 239 个基层单位建立了治安保卫责任制，火灾事故逐年减少。

第七节　科教卫生事业的新进展

一、科技成果的推广应用

科学技术是第一生产力，对实现长江航运现代化建设起着决定性作用。据统计，截至 1985 年，长航局拥有长江航运设计事务所、长江船舶设计院、长江航运科研所及长江航道规划设计研究所 4 家研究设计单位。

主要科研成果有：《长江分节驳顶推船队运输成套技术试验研究》获得国家科技进步一等奖。至 1990 年 12 月，分节驳发展到 504 艘，形成 300、1000、2000、3000、5000 吨级分节驳系列。《纵流压浪消波船型及几种新尾型》项目获得国家科

技进步二等奖。该船型比常规艏型艏兴波高减少60%左右，最大波高减少30%，提高船舶推进效率3.40%，还可提高船舶稳性适用于川江航道泡漩水航行。发展《820客位沪渝双尾客轮》，是长江第三代新型客轮，获交通部科技进步一等奖。该船航速快、兴波小、吃水浅、稳性好，操纵灵活、舒适性好，可全年行驶沪渝航线。“六五”“七五”时期，该船型共建造39艘；年利润增加1000万元以上，经济效益尤为显著。“2500H自动联接器”获全国科学大会奖，是长江半分节驳船的纵向联接装置，供1000吨、3000吨和5000吨级半分节驳使用，使船队编组实现了机械化，具有抗风力强、节约钢缆、减轻劳动强度的优点。“长江鸡扒子抢险工程”项目获国家科技进步三等奖。该工程经半年整治恢复通航，航宽达84米、流速降为5.4米每秒。长江重庆轮船公司预计因阻航将亏损250万元，结果赢利311万元；重庆港预计亏损280万元，年终赢利120万元。1986年“6200GZC型船用柴油机”获国家科技进步三等奖；1987年“人字门自压近坎冲淤装置研制”获国家发明四等奖等。

1979年初，长江干线7种机型32艘船舶实现主机启动、变速、换向、停车等程序遥控和机舱集中遥控，为实现无人机舱和全自动化机舱创造了条件。长江船舶普遍推广以重代轻、烧渣油、机油锯末滤清器、油水分离器、余热利用等节能新技术，以重代轻所节约的燃料费，占全线的62%；1981—1983年累计烧重油56万吨，节约燃料费5148万元。

长航局注重新能源的开发和利用。至1983年，建设太阳能电池航标灯96座、信号台9座；太阳能热水器吸热面积700平方米，水力发电浮标装置48座；推广使用电焊机空载自动断电装置1400余台，远红外烘箱140台。1985年，镇江航段建造成长江上第一座太阳能岸标。

1979年，长航局在科技处设立标准化科，统一管理标准化工作，各分局及航道局、工业局成立标准化组或配备专职人员，长江科研所设立标准计量研究室。干线各船厂编制企业标准100余项，对于加速长江船舶的更新换代和航运新技术的推广发挥了巨大作用。

二、职工教育培训的加强

“文革”运动致使长航职工队伍出现文化水平低、技术等级低、管理水平低和技术人员少的现象。1979年4月，长航局成立以李振宇为组长的职工业余教育领导小组，多级办学，恢复建立培训基地。1981年3月，成立以马志义任组长的职工教育领导小组。逐步形成职工教育体系，建立健全教育机构，配备271名专职教育干部。按照“加强领导、统一管理、分工负责、通力协作”的原则，做到党委领导、行政管理、工会团委密切配合、党政工团一起抓。到1983年底，长航系统初步形成一定规模的幼儿园、小学、初中、中专技校的全日制教育体系和职工培训学校、干校（党校）、电视大学、职工大学的成人教育体系。

1979年2月，长航局在汉创办电视大学教学班7个，设机械、电子、英语等专业。4月将南京河运学校改办为中专，规模达1000人，设驾驶、轮机、电工等专业；并将南京河运学校金陵船厂分校改为厂办技校，规模达300人，设船机、船体修理等工种。1982年9月，经交通部批准，长航局干部进修学校成立，负责技术、业务和管理干部培训。1983年4月1日，长航干部进修学校更名为长江航运职工大学，规模暂定600人，学制两年。长航系统9所中专、技校能同时容纳6000余名职工培训。到1985年9月，长航局有学校52所，在校学生9006人，教职工2180人。电大毕业299人，中专毕业生6600人，技校毕业生1800人。

长航局根据职工教育面广、人多、工种复杂等情况，广开渠道，采用多种办学形式。至1983年，7万余人次参加技术业务培训，1.3万人次参加党政干部短训班学习。3.8万青壮年职工参加文化补课，其中获得高中合格证书者2000人，获得初中合格证书者1.2万人。

教育事业的蓬勃发展，使职工队伍的文化知识结构发生重大变化。1976年长航系统职工中大专以上占2.30%，而在1983年达到3.90%；1976年初中及初中以上学历的职工占7.50%。而在1983年达到61.40%。实践证明，智力的开发推动了技术革新，促进了安全生产，提高了劳动生产力，增加了企业经济效益。

三、医疗卫生保障能力的提高

（一）医疗水平和服务质量的提高

1978年12月，长航局将长江航政局176.4千瓦的巡逻艇“江巡监30”号改作巡回医疗船。1979年1月16日，长江首艘水上医疗船——“长航医疗船1”号投入使用，配备心电图、超声波、X光机等医疗器械及常备保健药品，方便船员及时就医。截至1983年，在重庆、万县、宜昌、汉口、九江、芜湖、南京、上海等地新建和改建职工医院、疗养院、职业病防治院12座；门诊部、卫生所、保健站分布各生产生活区域；基本实现了“哪里有职工，哪里就有医疗”的目标。长航总医院建成放射学大楼，购置1250毫安X光机一台及B超诊断仪、心电监护仪等设备。长航总医院开展“四个一样”和“五无”活动，即对待群众和领导一样认真，对待生人和熟人一样热情，忙时和闲时一样负责，夜班和白班一样细致；做到无陪伴、无痛注射、无化脓感染、无差错事故、无误诊。医务人员的精神面貌发生较大变化，医护质量不断提高。

1979 年 1 月下水使用的“长航医疗船 1 号”——长江上唯一一艘医疗船

（二）重视职业病防治

1977 年 6 月，交通部批准长航局在庐山建立职业病疗养院，设 350 张床位，职工总人数 300 人，总建筑面积 2.15 万平方米。1979 年组织 4 批职工休养，主要是从事有毒有害工种 4 年以上的工人，重点是油船船员；以及各厂从事冷作、电焊、电瓶、油漆、塑料、铸造、煤运及油运等工作的老工人，并选送 21 名职工赴北戴河疗养。此后，每年均选送职工到疗养院（所）疗养。1979 年，组织对全线 49 个单位、1245 个作业点，有害作业工种进行调查，共计 76525 人次，占长航职工总数的 78.31%。调查结果表明，长航系统从事粉尘、有毒、有害作业的工人占工人总数的 59.95%，粉尘、有毒、有害工种 60 余种、8853 人从事有毒作业，职业病发病率较高。为此，长航局大搞船岸爱国卫生运动，加强职业病、血吸虫病及各种传染病预防和治疗，并对高温作业船员进行健康调查。

沿江省市各航运主管部门及水运企业，定期和不定期组织船员健康检查。尤其在湖北、湖南、江西水网地区，血吸虫病防治引起广泛关注和重视。1982 年 12 月，长航九江职工职业病防治院竣工验收，占地 14.5 万平方米。1983 年 1 月 1 日开院，开设床位 200 张，担负职业病防治和职工疗养双重任务。

第八节　行业文明与文化建设的新成效

一、职工收入增长与就业面扩大

“文革”结束后，长航局按照国家统一部署，多次调整职工工资。1977 年，调整部分低工资船员和 18 级以下干部的工资，全线调整 4.6 万人，每月平均增资 6.6 元。

1978 年，部分有特殊贡献人员调资，调整面为 2%，全线调整人数 2540 人，每月平均增资 7.05 元。1979 年，全民所有制企业调整部分职工工资，调整面为 40%。1980 年 1 月，交通部对部属一级企、事业单位调整面进行分配，长航局职工总数 131835 人，分配调整人数 52734 人。1980 年，全线职工工资年平均达 952.7 元，月平均 79.4 元，比 1979 年增长 12.30%。1981 年，文教、卫生系统职工调资；1982 年，国家机关、事业单位职工调资；1983 年，全民所有制企业职工调资。经过三次调整，1978 年以前参加工作的职工基本上晋升一级工资，工资较低的老工人和中年技术骨干一般晋升两级工资。

1985 年，长航局按照国家对事业单位工资改革的统一要求，执行基础工资、职务工资和工龄津贴的结构工资制，对职工工资全部实行套改。长轮总按照交通部企业工资改革方案进行套改，并自筹资金实行浮动升级。至此，长航局、长轮总职工年平均工资达到 1397 元，月平均工资 116 元，比 1977 年增长 96%。

1978 年，长航全线共有职工子女、待业知青及职工家属 4 万余人，其中在汉单位待业人员约 7000 人。长航局积极争取政策支持。12 月 21 日，湖北省劳动局批准长航局组织 11 个集体所有制企业，即生产服务大队，招收对象为本单位回城知青和待业家属，招收指标 3960 人。翌年 5 月，长航局成立集体企业管理处，各单位也相继成立类似机构。1980 年 10 月，长航局成立机关第一个集体性经济实体——机关综合工厂经理部，下设洪江服装厂、洪江汽车修配厂、长航机关修建队，均独立核算、自负盈亏；随之，撤销生产服务大队。1984 年 2 月，湖北省劳动厅同意成立长航局劳动服务公司，并保留集体企业管理处。至 1984 年底，长航局与长轮总两家机关历年的待业人员全部由长航局安置完毕。这些举措，对调动职工及其子女的积极性，保持内部稳定，起到了积极的作用。

二、职工住房条件得到改善

1977 年，邓小平同志提出“到 1985 年城市平均每人居住面积要达到 5 平方米”。1978 年，国家建委提出适当提高工矿企业住宅标准。为此，长航全线集中人力、物力、财力，加快住宅建设速度。1979 年 3 月，长航局成立统建办公室。1979 年 12 月至 1983 年间，先后在武昌喻家湖、汉口罗家庄、汉阳鹦鹉大道建成 3 个宿舍区，共有职工宿舍 114 栋，建筑面积 32 万平方米。1985 年，长航局、长轮总系统住宅竣工 195.97 万平方米，为 1957—1976 年总和的 2.39 倍，人均住房面积基本达到中央提出的 5 平方米目标，干线一些港口人均住房面积达到或接近 10 平方米，职工住房条件得到较大改善。

三、长江航运史志书的编辑出版

1982年，长航系统和水系12省市在交通部的领导、中国航海史研究会的具体指导下，启动首轮水运史志及年鉴的编纂工作。到1992年“中国水运史丛书”中长江片史书基本完成。数以千计的工作人员，笔耕不辍10余年，甘洒汗水写春秋，先后由人民交通出版社、武汉出版社、中国文史出版社出版了《长江航运史》（古代、近代、现代），以及港口史、轮船公司史、船厂史、长江航道史、民生公司史、招商局史和沿江各省市航运史，共52本、1400万余字。

1982年创刊的《长航史志通讯》在史志书的编纂、研究、交流和信息沟通等方面发挥了积极推动和指导作用。长江水系各港航单位承担了新中国成立以来第一届地方志编写任务，编写出版了各省水运志，如安徽水运志、湖北水运志、江西水运志等。长江航运史志的出版展示了长江航运发展的辉煌历程，为长江航运文化建设奉献了一份宝贵的史学成果，填补了我国航海史学研究的空白。

四、《长江三部曲》等问世

1979年8月，宜昌港务局职工鄢国培所著小说《长江三部曲》第一部《漩流》由湖北文艺出版社出版，受到广大读者的欢迎；1983年12月，《长江三部曲》第二部《巴山月》由长江文艺出版社出版；1986年4月，《长江三部曲》第三部《沧海浮云》由中国文联出版公司出版。《长江三部曲》共计190万字，艺术地再现了半殖民地半封建社会的历史场景，堪称千里川江的风俗画卷。

1984年7月1日，由交通部主管、长航局主办的《中国河运报》在武汉创刊。时任国务院副总理李鹏为该报创刊题词：“发展内河航运，大有可为。”交通部部长钱永昌题写了报名。1986年12月，由中国美术家协会主席吴作人题写画名，长江海员画家陈作丁、诸文龙、刘一原、乐建文、黄志等历时二年集体创作的150米长卷巨幅国画《万里长江图》，先后在中国美术馆、深圳美术馆、武汉展览馆展出，引起热烈反响。

这正是：

巴山漩彩谱新篇，航运史书系列全。
报社创刊国字号，长江画卷史无前。

第六章

涉水闯滩——长江航运跨越发展

（1989—1998 年）

内河发展响春雷，水运扬帆势欲飞。
航道工程揭大幕，界牌整治逸芳菲。
三峡管理开新局，港口转型壮虎威。
全线标灯齐闪烁，波光霓影竞朝晖。

随着社会主义市场经济体制的建立和“八五”“九五”计划的实施，长江航运生产逐步从计划经济模式向市场经济轨道转型。由于其他运输方式发展较快，加上航运发展整体水平较低，长江航运发展一度陷入困境。鉴于此，长江航运通过加强管理，加快建设，降低成本，技术更新，积极探索由粗放型向集约型转变的新路径。

1995 年 10 月，全国内河航运建设工作会议召开。内河航运建设基金的建立，有力推动了长江航运跨越式的发展。自“以上海浦东开发为龙头，进一步开放长江沿岸城市”规划实施以来，长江航运管理体制逐步理顺，保障体系不断完善，形成世界上内河开放水域最长的干线港口群。其间，国家实施界牌航道的综合整治，拉开了长江干线航道系统治理的帷幕。推进事企分开、疏养分管改革，实现航标全线电气化与标准化。三峡枢纽的建设，促进了旅游客运蓬勃发展，开启了三峡通航管理的新篇章。干线港口吞吐能力和吞吐量实现翻番。水运工业迈上“海船江造”与内贸出口并举的新台阶。数字微波通信成功引入。长江航运战略地位日益提升，蓄势腾飞。

第一节　长江航运改革与发展规划

一、全国内河航运建设工作会议的科学决策

1995年10月9—13日，全国内河航运建设工作会议在江苏、浙江两省召开，研究确定内河航运发展规划、建设重点和政策措施。邹家华副总理出席会议，要求正确认识内河航运建设重要地位，抓住机遇，加快发展，尽快改变内河航运面貌。交通部部长黄镇东作题为《抓住机遇，加快发展，振兴我国内河航运事业》的报告。副部长刘锷介绍全国水运主通道总体布局规划及内河航运“九五”计划建设重点。有关部委和18个省市区政府主管领导、25个省市区交通厅（局）长和部属有关单位负责人参加了会议。

会议确定内河航运的主通道规划是：建设“一纵三横”4条主通道，即京杭运河淮河主通道、长江水系主通道、黑龙江松花江主通道、珠江水系主通道共20条河流，总长15000千米左右，发展船舶运力。主通道由1000吨级三级航道和部分500吨级四级航道组成，将连接百万人口以上城市7个、开放城市24个、经济特区5个，承担全国内河运输总量的80%以上。

“九五”时期，长江水系航道建设重点是：长江干线及金沙江、嘉陵江、湘江、汉江、信江、赣江及江淮运河等重要航道。长江干线结合长江口航道治理工程及三峡工程建设，逐步实现50000吨级海轮通至南京、10000吨级海轮通至铜陵、5000吨级海轮通至武汉、3000吨级海轮通至城陵矶，由1000吨~3000吨级驳船组成的总载量达万吨的船队通至重庆。支流航道，逐步建成岷江蕨溪—宜宾、嘉陵江合川—重庆、湘江松柏—城陵矶、汉江丹江口—汉口、江淮运河寿凤线、合裕线等千吨级航道。港口建设，以长江干线港口为重点，在宜宾、重庆、宜昌、城陵矶、武汉、九江、芜湖、南京、镇江、南通、襄阳及长沙等港重点建设能源、石油、原材料和外贸物资的江海直达、中转换装码头泊位。京杭运河江苏段和浙江远景为三级标准，“九五”时期按Ⅳ级标准建设，相应建设无锡、苏州等重点港口。长江三角洲江南航道网以江南运河与长湖申线为主骨架，相应改善苏申外港线、苏申内港线、杭申线和锡澄运河等干线航道，完善水运网出江入海通道，提高集疏运能力。建成以Ⅳ级航道为骨架，以Ⅴ、Ⅵ级航道为基础，以相邻江河湖海相通、航港船配套、四通八达的水运网。

二、长江干线水监体制改革的启动

1991年8月4日，镇江长江港航监督局从南京长江港航监督局剥离，由长江港

航监督局直接领导，管辖航段维持不变。1996 年 1 月 25 日，原由重庆港监局代管的万县长江港监局改由长江港监局直接领导。1997 年，交通部组建长江三峡通航管理局，成立长江三峡通航管理局港监处、航道处和公安处，分别负责坝区水域通航安全、航道维护和水上安全工作。1999 年，长江港监局下设重庆、万县、三峡、宜昌、武汉、九江、芜湖、南京、镇江、张家港、南通 11 个直属局和 4 个二级局、1 所学校、12 个港监处及 80 个监督站，实行长江港航监督局综合管理、直属局业务管理及处站现场管理三级管理体制。

三、沿江省市航运管理体制改革

1991 年，上海市内河航务管理局更名为上海市航务管理处。1996 年 4 月，隶属于上海市交通办公室；2000 年 5 月，隶属于上海市城市交通管理局。

1993 年 3 月，江苏省交通厅航务局更名为江苏省交通厅航道局，负责全省内河航道和交通系统所属船闸规划、建设、维护和管理，航道、船闸规费征稽，船闸养护费用收支计划编报等。2000 年，江苏省交通安全监督机构职责进行调整。江苏海事局负责沿海、长江水上安全监督职能，江苏地方海事局负责其他内河水上安全监管职能。同年 11 月，江苏省交通厅明确运输管理局负责全省道路和水路运输业、搬运装卸业全行业管理。

2000 年 11 月 2 日，交通部与安徽省签订水上安全监督管理体制改革协议，明确安徽省交通厅设置的马鞍山船舶证照检查站仍保留，负责检查过往的安徽省地方海事机构签发的船舶、船员的证书、证照，稽查应由安徽省地方征收的各类运输船舶的规费交纳情况。

1992 年，湖北省航务、港监部门逐步从偏重行业管理向以港航基础设施建设管理为主转变。2000 年，湖北省航务管理局更名为湖北省港航管理局，对全省地方航运、航政、航道、港口实行统一管理。

1997 年 3 月 14 日，重庆成为直辖市。重庆市航运管理处接收原对口单位，并将涪陵、万县和垫江纳入行业管理。2000 年 8 月，重庆市交通委员会组建，同时组建重庆市港航管理局、重庆市港航监督局、重庆市船舶检验局，实行一门三牌，为重庆市交通委员会直属事业单位。

四、干线航道疏养分管体制的改革

1996 年，干线航道疏养分管的体制改革在南京航道局先行先试。改革后的长江南京航道局，作为事业性的管理部门承担航道养护任务；新成立的长江南京航道工程局实行企业化管理，进入市场。1997 年，武汉航道局实行疏养分管体制改革，分别成立长江武汉航道局、长江武汉航道工程局。1997 年冬至 1998 年春长江航道枯水出浅早、持续时间长，在战枯水中两局密切配合，取得长江中游航道实行疏养分管后的第一次战枯水胜利。不仅积累了中游协同保航的经验，而且增强了疏养分管走“长江模式”道路的信心。

1997 年 9 月，长江武汉航道局挂牌

1997 年 8 月，长江武汉航道工程局挂牌

五、长江水系航运发展规划目标的拟定

改革开放初期，长江航运发展很快。跨省运输从长航局独家经营发展到 3000 多家，促进干支直达和江海直达运输，开创了长江航运多层次、多渠道、多成分活跃发展的局面。南京以下 4 个港口建成万吨级深水泊位 38 个，芜湖、九江、黄石、武汉、城陵矶相继建成 12 座 5000 吨级海轮泊位，干流建成 45 座江轮泊位，扩大吞吐能力近 2000 万吨，为流域经济开发开放和外轮进江创造了条件。1993 年，10 个开放港口已有 40 多个国家和地区的 6400 艘次外轮进港装卸货物。渝宜、宜申数字通信微波工程、港口客运站等建设，对长江航运发挥了支持保障作用。工业布局在长江沿岸展开，强调水资源综合利用，例如三峡工程将航运效益列入工程三大效益指标中，可以观之。

但长江航运的潜在优势还未充分发挥，航运滞后于经济发展的局面尚未根本扭转。一是航运基础设施仍然薄弱，长江干流航道基本处于自然状态。宜昌以上川江滩险有 87 处，武汉以上至宜昌水浅弯多，枯水期水深不足而常断航；武汉以下至浏河口 8 处浅水道阻碍海轮进江；三峡工程 17 年施工期，将制约船舶航行。二是港口设施落后，功能单一。干流 216 个港口共有生产泊位 1617 个，装卸机械 6694 台，库场面积 516 平方米，其中 1/3 的装卸机械和 40% 的仓库超期使用，不适应运输市场的变化。三是安全保障和支持系统薄弱。安全监管手段落后，船岸通信不配套，水上消防尚未起步，运输船舶效率低下，在一定程度上阻碍了航运生产力发展。四是依靠技术进步和培养航运人才刻不容缓。内河航运职工初中以下文化程度的占75%，文盲、半文盲约20%，大专以上文化程度的不足2%。因此，实现内河航运现代化必须先要解决好人才培养和新技术运用问题。

分析研究表明，发展长江航运的根本出路在于深化改革和加快建设。深化改革必须从实际出发，改革生产关系，促进生产力发展，调整上层建筑，夯实航运经济基础，制订切实可行的发展规划。为此，长航局于1990—1993年组织对1986年编制《长江水系航运规划报告》进行修订，经交通部审查，“九五”时期需投入64.32亿元。其中港口建设48.6亿元，航道建设8.5亿元，支持保障系统建设7.22亿元。长江航运市场应有多种类型，建立市场代理人和代理机构，实行公平、公开、公正的市场竞争，建立一整套市场规则。通过市场促进航运企业经营机制的深化改革，应用新技术降低成本，以市场需求为引导，不断调整企业的经营决策，加快建设，深化改革，努力适应经济发展的需求。

第二节　长江运输市场的变化

一、运输格局变化与水运发展的困境

20世纪90年代，随着国民经济高速增长和改革开发的深入，航运生产逐步从计划经济模式向市场经济轨道转型，市场对运输服务的快速高效要求越来越强烈。由于公路、铁路运输高速快捷，适应市场需求，促使长江腹地运输格局向公路铁路倾斜。而水运因初期建设资金投入大、收益慢、经济效果不明显等缺陷，在竞争中处于劣势。加之国家对长江黄金水道投入不足，沿江工业布局未充分利用水运等因素，长江航运发展环境恶化；在水资源开发方面，长江腹地部分支流航道水利闸坝碍航制约水运发展。90年代后期，长江航运市场无论是国有企业，还是集体企业和个体联户，都面临着公路铁路的外部竞争和水运业自身运力过剩而激烈竞争的局面，企业大范围亏损，客运、货运均陷入经济效益下滑的困境。

1997年，长江水系共有运输船舶48049艘、362981客位、8587240载重吨、2091115千瓦功率，分别为1989年的67%、85%、114%、118%。1989—1997年长江运力结构发生明显变化，船舶艘数和客运运力下降，货运运力增加，船舶大型化和机动化程度明显提高。1997年完成的客运量、客运周转量、货运量、货运周转量，分别为 7630 万人、91.3 亿人千米、20352.1 万吨、1018.9 亿吨千米，仅为 1989 年度的 35%、77%、41.20%、97%。客运量、货运量均不足 1989 年的 50%，仅货运周转量接近持平。

二、集装箱运输发展与客运市场的变化

集装箱运输以其优质、快速、高效和门到门服务的独特优势，得到广泛运用。长江航运国际集装箱运输起步于 1987 年，到 1995 年呈现超常规的发展势头。

1986 年，长航集团筹组长江集装箱运输公司，填补了长江空白。1987 年，上海远洋运输公司、长江运输公司和上海、武汉港务局及上海外轮代理、武汉外轮代理公司合作，开辟了长江第一条武汉至上海的国际集装箱运输航线。全国第一家集装箱装卸合资企业在南京成立，开辟了南京至香港、 日本等近海航线，开创了合作经营集装箱码头的先河。南京、南通、镇江等港也先后开展集装箱运输业务。长江发展集装箱运输有其得天独厚的综合优势，长江流域全方位的开放格局，推动沿江外向型经济快速发展；外贸、集装箱运量急剧增长，长江成为中国 20 世纪 90 年代集装箱运输发展最快的区域之一。集装箱运输成为长江港航企业发展新的经济增长点。尤其在水运业滞后、运输结构不合理的状况下，发展长江集装箱运输更显必要。

这一时期，长江集装箱运输发展很不平衡，业务主要集中在江苏。以南京为界，1995 年南京上下游的运输量比例为 1 ： 9，南京以下镇江、泰州、江阴、南通、张家港的集装箱运输初具规模，步入发展快车道。1996 年，达到 39.9 万 TEU；1997 年，达到 43.6 万 TEU；1998 年，降到 42.7 万 TEU，集装箱运输发展停滞不前。其主要原因是：运力运量失衡使适箱货源流失；航道条件的制约使货源弃水就陆；缺乏良好揽货机制，管理体制也不健全；亚洲金融危机带来影响等，影响了长江集装箱运输的进一步发展。

长江航运体制改革后，在“有水大家行船”方针指引下，地方航运客运迅速发展；一改长江客运独家经营格局，成为长江客运的一支重要力量。形成长途客运主要由长航集团承担，中短途客运由地方客运企业承担的互补局面。“东方红 11”型、“东方红 38”型、“江汉 57”型及“江汉 21”型等新型客货轮，成为长江上第二代、第三代和第四代客船，基本满足了当时旅客运输和旅游业的需要。

1985 年，长轮总客运量占总运量的 72.77%，1990 年为 51.19%，到 1995 年下降到 40.20%。1980 年，地方客运仅占 24.19%，1995 年上升到 59.80%，而且继续呈上升趋势。2000 年，长航集团仅占长江客运总量的 3.20%，客运持续亏损。究其原因，一是水路客运速度慢，不适应旅客出行需求；二是由于客运票价调整，水路客运廉价

优势不复存在；三是受沿江公路、铁路、民航迅速发展影响，大量客源弃水。这一变化基本符合长江腹地社会经济发展规律，也是腹地交通运输业发展的风向标，反映出水路普通客运已不适应社会发展的需要。

“八五”“九五”时期，长江客运主要向高速化、旅游化发展。20世纪80年代前期，长航局引进气垫客船，开辟汉口—九江高速客运航线；后期，湖北、四川开辟重庆—涪陵、重庆—宜昌等多条高速船客运航线，使用水翼船、气垫船、压浪型等多种船型。至1998年，共有高速客船47艘、6177客位，占长江客运运力的2.87%。长江旅游客船自1979年“昆仑”轮首航以来，1998年旅游船公司已有30余家，豪华涉外旅游船由7艘发展到57艘、7373客位。涉外旅游运输企业27家，长江客运旅游化成为发展主流。长江轮船海外旅游总公司（以下简称“长江海外”），是长江上规模最大、实力最强、技术力量最雄厚的旅游骨干企业，于1990年1月成立。长江海外在经销长江多条旅游航线的同时，设计开发适应台湾、东南亚游客的“名山名城名水游”线路。1990—1994年，接待22万余人次、创收3.8亿元、获利润1个亿。1993年，长江海外获全国旅游企业第二创利润大户金牌匾。1999年，豪华游船达14艘。12月，“长江花园”“隆中”“西陵”“白帝”“峨眉”“巴山”“三峡”“神女”等游轮分别更名为“国宾1~9”轮，长江海外以统一的形象、统一的品牌、崭新的面貌跨入新的世纪，先后接待党和国家领导人多次。

长江客运运力由1990年的44万客位发展到2000年的83万客位。其分布及构成，以长航集团和四川省为主，其中四川省年均递增率为3.79%，长航集团年均递增率为1.61%。从改革开放至20世纪末，长江水路客运发展已打破单一经营模式，运输结构已由单一常规客运向旅游客运、涉外旅游、国内旅游多样化方式转变；客运船舶也由常规型逐步发展为常规船、高速船、旅游船多种船型并举，满足了不同层次旅客的需求。

三、中国长航集团的成立及其多元经营

1991年，国务院国发〔1991〕71号文和有关部委组建企业集团的11个配套文件下发之后，长轮总完成组建中国长江航运集团的报告、章程、可行性研究报告等一系列文件的起草、报批工作。1992年12月29日，国家三委办〔1992〕2601号文批复，同意成立中国长江航运集团。1993年2月初，中国长江航运集团完成工商登记。2月7日召开第一次董事会，通过《中国长航集团章程》。3月6日，中国长江航运（集团）总公司（以下简称“长航集团”）正式成立，为全国55家大型试点企业集团之一。戴金象任长航集团总经理，蔡驱为党委书记。国务院总理李鹏为《长江航运报》题字。

长航集团组建后，主营水上运输，兼营旅游、水运工业、贸易、房地产等产业。

主要航线包括长江干线和干支直达、江海直达，以及沿海、近洋、远洋运输，从事散货、石油、集装箱、液化气、滚装运输。下设19家子公司和19家半紧密层、协作层企业，密布长江沿线及深圳、珠海等地。1995年，完成客运量1620万人，客运周转量52亿人千米；货运量7220万吨，货运周转量518亿吨千米。客货运输量均超“八五”计划指标，运输收入为1990年的2.36倍，工业产值为8.355亿元。同年7月，长江集装箱运输公司与台湾中国航运股份有限公司合资，组建“长伟国际航运实业有限公司”。“八五”时期，长航集团大力发展多元经营、培养新的经济增长点，引进外资近1000万美元，成立合资企业17家，多元经营涉及建筑、劳务和技术外派、进出口贸易、汽车维修、房地产、酒店宾馆、船舶及货运代理等多种产业，形成集技、工、贸、服务于一体的多元经营新格局，其收入增速超过运输工业收入增速。

随着社会主义市场经济体制改革的不断深入，长航集团在经营思想、管理方式、企业机制、经营组织等方面滞后于市场，企业缺乏活力。1994年出现亏损，1995年有所转机，减亏1800万元。1995年9月13日，交通部调整长航集团领导班子。李宗琦任总经理，蔡驱为党委书记。新班子提出“九五”时期企业发展构想，号召职工“负重自强、同舟共济、扬帆奋进、勇创一流”，决心扭亏为盈。1996年，长航集团除客运有所下降外，完成货运量7597.4万吨，货运周转量566.9亿吨千米，分别比上年增长2.30%、5.40%。1997年，资产总额125亿元，其中固定资产原值88亿元，完成货运量7882.7万吨、周转量578.8亿吨千米，同比分别增长3.64%、2.41%。1998年在亚洲金融危机的冲击下，外贸出口大幅下降，沿江外向型经济增长受到影响；有相当一部分国企经营困难，国内消费市场需求不旺，货运量受到制约；同时，长江流域发生特大洪灾，持续44天的禁航，运输船舶停航停产，经济损失严重；沿江公路铁路运输方式快速发展对水运市场的强大挤压，使客货分流严重。面对诸多困难，长航集团仍完成货运量7624.51万吨、货运周转量565.91亿吨千米，同比分别下降3.10%、2.45%。

1999年，长航集团实施“五大战略”，即大市场、大货主、大联合、大经营、大集团战略。抓住国家实施“大公司、大集团”的战略机遇，按专业化、市场化生产要求，进行结构调整和资产重组，巩固和发展在内河航运企业的主导地位。年货运量首次突破8000万吨，达8098.4万吨，货运周转量607.17亿吨千米，同比分别增长6.20%、9.10%。2000年，完成货运量3.09亿吨，货运周转量867亿吨千米，分别占长江干线比重的19.50%和42.80%。

四、军交运输专业素质的提高

1994年7月，总后勤部明确驻长江航务军代处任务。9月，南京军区航务军代处下设驻上海长江航务军代处、南京长江航务军代处、芜湖长江航务军代处、安庆长江航务军代处、九江长江航务军代处。

“八五”时期，驻安庆长航军代处、九江长航军代处，划归南京军区航务军代处直接领导。1992 年 3 月，驻长江航务军代处对“关于长江沿线军代处实行统一管理”进行初步论证。“九五”时期，长江军事运输工作重点是加强管理。1998 年 8 月 18 日，驻宜昌长江航务军代处进驻长江三峡通航管理局办公。1999 年 3 月，驻长江航务军代处进驻武汉客运公司办公。军事运输主要完成兵员复补运输、建制部队运输、海军装备运输等。

“九五”时期，主要完成军用物资油料运输、人员运输，以及海军装备运输任务。2000 年，驻宜昌长江航务军代处与三峡机场建立工作联系，为进驻机场开展航空军事运输奠定了组织基础。为支援东南沿海作战，交通保障准备得到长江各级军交、战备部门的普遍关注和重视。港航系统开展交通专业保障队伍的整组工作。1996—1999 年，长江各级交通战备部门和沿线军交部门投入抗洪抢险第一线，交通专业保障队伍发挥了骨干作用，做出了积极贡献。到 2000 年，通过学习、培训、训练和演练，长江交通专业保障队伍建设进一步加强。

为克服 1500 吨级战备甲板驳在运输重装备中存在的各种不便，1994 年由驻武汉地区航务军代处会同武汉长江轮船公司进行研制，1996 年 3 月研制成功；1997 年，“长江 1500 吨级战备甲板驳中门改造”获军队科技进步三等奖。针对内河小型甲板驳货舱宽度不能满足滚装军用车辆转变半径的问题，借助转向装置实施原地转向；1997 年，“甲板驳滚装军车转向装置”荣获军队科技进步三等奖。为克服船运大队修理所船台滑道泥沙沉积、影响船舶上台修理的实际问题，船运大队负责组织研制，于 1996 年获得成功。1997 年，该成果荣获军队科技进步三等奖。为解决重装备滚装码头栈桥的机动性能，以提高长江平战时应急军交运输快速保障能力，1996 年，“野战机动栈桥”由驻长江航务军代处会同国有 446 厂共同研制。

五、沿江省市水路运输的演变

“八五”“九五”时期，沿江省市船舶运力的变化经历了两个阶段。“八五”时期主要是运力结构调整，淘汰老旧船舶和木帆船。1991—1996 年，船舶数量、载货吨位均有所减少，包括上海、江西、湖南、湖北、四川等省市；载货吨增长的有河南和重庆；江苏、安徽、贵州船舶数量减少、载货吨位增长。“九五”时期主要是规模化、标准化，运力发展很快。在“放开搞活”方针指引下，民间资本大量投入水运。

“八五”时期，长江航运发展滞后于沿江经济发展，从航道、港口到运输船舶，普遍存在与经济发展不相适应的矛盾，出现货运“弃水就陆”的情况。1996 年，13 省市货运量仅为 1991 年的 41.27%，货运周转量 76.08%。发展滞后的局面在“九五”后期逐步扭转，首先是各省市大力发展船舶运力，运输船舶载货吨位不断攀升。

六、战胜特大洪灾作贡献

1998 年，长江发生全流域性的特大洪水。武汉关水位高达 28.96 米以上的超高水位持续 60 天，最高达 29.43 米，历时 46 天。先后出现 8 次洪峰，宜昌以下 360 千米江段和洞庭湖、鄱阳湖水位长时间超历史最高纪录。长航系统共投入 11 万人次、物资 4100 万元，仅港口就动用车辆 1112 台次、船舶 820 多艘次，圆满完成抗洪的各项艰巨任务。长航集团为沿江省市防汛指挥部提供船舶共 141 艘，其中客轮 13 艘、拖轮 43 艘、驳船 52 艘、集装箱船 2 艘。运送抢险解放军官兵 6600 人次；运送防汛物资 26.8 万吨，并在短时间内调集 5000 余件救生设施空运灾区。“长江 62008”“江申 6”“江汉 34”“长江 22030”等轮被用作抢险指挥船、解放军宿营船、伤病员医疗船和生活保障船。在簰洲、监利抢险中，投入 10 艘拖轮、20 余艘驳船，共计 3 万吨，5 个船队，4 个医疗组，紧急开赴险区，为防汛抗洪提供了有力保障。长航公安局“长公 9”号艇参加抢险 21 艘次，仅小黄州溃堤抢险就抢救群众 85 人。长江航道局洪湖航道处“1243”艇多次出航抢救灾民，被誉为冲向溃口的“生命之舟”。在三峡坝区，长江高水位、大流量时临时船闸 4 次停航、明渠 3 次封航，长江三峡通航管理局、宜昌港和地方交通部门及时联合组织长达 46 天的翻坝转运，安全转运 47 万多旅客和 3300 艘客船，做到断航运输不中断、船停客运不停，既减少旅客滞留，又保证旅客安全。

按照国家防总和交通部的统一部署，长航局组织航道、港监部门加强航道维护和船舶的航行监督，先后对石首—武汉、武汉—小池口和石首—松滋口 807 千米河段实施长达 43 天的禁航，时间之长、航段之长为历史之最。其间，共拦截船舶 1916 艘，放行抢险救灾和装载生产急需物资船舶 1242 艘，既圆满完成禁航保堤任务，又尽力满足了抢险救灾与禁航区的生产、生活需要。8 月 1 日，嘉鱼簰洲湾段突然溃口，长江港监局监督 47、87 号艇率先进入灾区摸排受灾基本情况，被湖北省防汛指挥部指定为地方政府的抢险指挥艇。两艇连续航行 140 多小时，指挥转运灾民近 4 万人。8 月 7 日下午 1 时 45 分，江西省九江城区西 4 千米处一段防洪堤塌陷溃决。滔滔江水从 50 米宽决口奔涌而出，九江城区 40 万人民的生命安全受到严重威胁。在这紧要关头，九江港监局局长陈纪如带领港监人员乘监督艇火速赶到现场，指挥“奉港 501”“鄂襄阳 012”拖轮，顶推长航集团所属 75 米长、满载 1600 多吨煤的“甲 21025”驳驶向溃口，成功堵住决口，为夺取抗洪救灾的最后胜利奠定了决定性基础。长航集团无私奉献货船，全体船员积极投身抢险斗争，充分体现了长航职工大无畏牺牲精神和良好职业道德风貌。九江港民兵舟艇转移群众2000多人，转移物资价值2000余万元。公安县孟溪溃口，荆州市航务局组织突击队、26艘船舶救灾，经5天5夜奋战，使5000名群众获救。8月12日，九江市市长刘积福特向九江港监局局长陈纪如表示了热烈慰问和深切感谢。

9月28日，全国抗洪抢险总结表彰大会在北京举行，全国抗洪抢险英模陈纪如出席大会并受到中央领导接见，长航集团、武汉长江港监局荣获“全国抗洪抢险先进集体”。10月17日，长航局被中共湖北省委、湖北省政府、湖北省军区授予湖北省1998年抗洪抢险“特别贡献单位”，湖北省航务局荣立抗洪抢险集体一等功，长航集团武汉公司获“抗洪抢险国家队”称号。

第三节　航道通过能力的提升

一、长江口深水航道治理工程开工

“治理长江口、打通拦门沙”是几代中国人的夙愿。1958年以来，大批专家学者对长江口开展大规模观测试验，进行系统研究。20世纪70—80年代，交通部门虽努力治理长江口航道，但限于疏浚开槽，主要采用轻型整治建筑物，效果不理想。1992年，“长江口拦门沙航道演变规律研究”列入国家“八五”科技攻关项目，取得了重大突破。基本掌握了长江口水沙运动特点和河床演变规律，论证了选择南港北槽作为深水航道先期整治开发的可行性，提出整治与疏浚相结合的工程治理总体方案，为实施中国规模最大、技术最复杂的巨型河口治理工程奠定了坚实的技术基础。工程分三期进行，北槽航道水深要求分别达到理论最低潮面下8.5米、10米和12.5米。一期、二期工程均包括整治建筑物工程和航槽开挖工程，三期工程主要是疏浚开挖工程。1998年1月，一期工程开工。建成后的南槽上半段分流鱼嘴、南北导堤和丁坝，结合航槽开挖，水深达到8.5米、有效航宽350米，获得良好的经济效益。

二、长江干线航道加大整治力度

“八五”时期，长江航道基建投资3.4亿元，“九五”时期达16.66亿元。10年来的投资，超过前40年投资的总和。“八五”时期，长江干线整治滩险14处，改善4条244千米千吨级航道，航道通过能力明显增强。建成航道段房、站房、信号台房

81处。“九五”时期，交通部集中建设“一纵三横两网”。一纵即京杭运河，三横包括长江干流，两网包括长三角水运网。

（一）整治川江兰叙段千吨级航道

“八五”时期，川江兰叙（兰家沱—宜宾）段航道整治续建完工。1993年11月24日进行通航验收，航行条件满足千吨级船队航行需要，工程质量优良，为西南经济建设开通了一条黄金之路。

（二）联合治理中游界牌河段

界牌河段位于长江中游湖北省洪湖境内，处于洞庭湖与长江交汇处。由于河道弯曲、水流分散，江中沙洲众多且变化剧烈，枯水期极易碍航，素有长江中游“瓶子口”之称。1993年，国家批准由交通部、水利部会同湖北、湖南两省联合实施整治。1994年12月2日，总投资近亿元的长江界牌河段综合治理工程正式开工，拉开了长江干线航道联合整治的大幕。共兴建固滩丁坝14座，锁坝1座和固滩分流鱼嘴1处。经整治后，航道改善效果明显。1999年12月，洪湖港新堤夹下口航道水深明显好于往年，1500吨级船舶可全年通航。

（三）长江道人矶航道整治工程

长江道人矶水道全长约6千米，位于城陵矶下游8千米，江中磨盘石等散乱，礁石林立，河床分为东西两槽，两槽沙质边滩冲淤不定，东槽挑流、泡漩，水流紊乱，航道尺度仅2.9米×70米×1000米，单向通行1000吨~1500吨级驳船队，是武汉至城陵矶不能通过3000吨驳船队的“瓶子口”。城陵矶港是湖南省唯一的外贸港口和物资集散地，道人矶浅险水道直接控制和影响着城陵矶港口的营运发展。该工程主要炸除江中磨盘石碍航部分及零星碍航礁石，按3.7米×190米×1000米航道设计尺度施工，1994年11月开工，1996年11月完工。整治后的航道经硬式扫床及测量达到设计要求无浅点，被评为优良工程。

（四）整治太子矶水道事故多发段

太子矶水道上起前钱江口，下止七里矶，全长21千米，属交错复杂的鹅头型弯曲分汊水道，是长江下游安庆至芜湖河段著名浅险水道。该河段多处有暗礁、沉船。铜板洲、铁板洲、玉板洲将水流分成左右二汊，右汊为主航道，江心滩分其东西两港，东西两港交替出浅开放通航。东港上口围拦江矶礁致流态险恶，事故频发，1989—1998年发生重大海损事故43起。特别是1989年12月1日“江申3”轮在拦江矶触礁搁浅长达86天，造成直接经济损失数百万元。为改善东港进口航道条件，经交通部批准，于1996年12月开始实施整治工程。完工后经一个水文年观测和适航试验，取得明显整治效果，船队不再分拖，节省时间，降低运输成本，安全有保障，社会效益和经济效益十分显著。

三、干线重点航道战枯水成为常态

1991年汛期，长江流域暴雨使干流各站水位大多超过警戒水位。9月份，枯水来得早，上、中游最枯水位出现时间较上年提前10~39天，中、下游最枯水位较上年低0.3米~0.57米。1992年长江全线汛期来得早，涨水快，洪峰峰值偏低。7月份洪峰过后，水位持续大幅退落。10月初就逐步进入枯水期。最枯水位各站一般均较上年低0.7米左右。1993年9月上旬出现洪峰，大部分港站水位超警戒或高于多年平均值，洪水持续时间长达45天，对荆江河段造成顶托，流速降低，航道淤积严重。1994年“洪水不洪”，长江全线水位偏低，陡退陡涨，致使浅滩较为集中的中游部分水道出现浅情。1995年2月1日，“蓝鲸”涉外旅游船在湖北石首碾子湾搁浅并造成航道严重淤积，碾子湾水道断航；300余艘客货轮因此延误航行，长江干线春运工作受到严重影响。经全力疏浚，3月2日才恢复通航。6月中旬至7月上旬，中下游地区洞庭湖、鄱阳湖区多次出现大暴雨，水位居高不下。枯水初期水位退落快、退幅大，至1996年3月下旬，水位才缓慢回升。1996年汛期，长江中下游遭遇洪灾。7月下旬，各站水位相继达到最高，涨幅在3.23米~7.87米之间。7月23日24时，长江干线武汉至监利段禁航，27日16时复航。枯水期全线港站水位持续下退，退落过程平缓。11月初，长江流域普遍降雨及丹江口水利枢纽泄洪，长江水位大幅回涨。中下游河段淤积严重，给航道维护带来不利影响。1997年，长江流域降水量少，长江汛期各主要港站水位普通较低。同年8月下旬，上游兰竹坝、中游芦家河等因沙、石泓冲刷不及出浅。枯水后期，长江监利以上浅水道浅情较重，维护期较长。

1998年，长江流域特大洪水持续时间长，中下游水位居高不下，监利持续3个月超警戒水位，航道淤积严重。9月初至10月中旬，宜昌至九江水位退幅为5.75米~8.21米，日均退幅约0.15米。

“九五”时期，长江全线共设标4766座。其中岸标1478座，浮标2887座，信号标401座，设标密度为每千米1.773座。

四、三峡工程通航论证与实施

1983年5月，国务院曾原则批准长江流域规划办公室提出的“150米方案”，交通部不同意，重庆市提出“180米方案”的建议，国家决定再作研究。国家计委、科委组织专家比较“150米方案”与“180米方案”的优劣，后由水电部组织全面论证，共涉及6种方案。412位专家参加论证，交通航运专家近30位。论证初期，长航局

积极争取，提出6个方面的基本要求，得到交通部认同。有关意见得到论证领导小组重视，1989年最后形成的“175米分期蓄水方案”吸收了这些意见。20世纪90年代，交通航运部门的专家参加了三峡工程初步设计和相关单项技术设计的审查，为三峡枢纽通航建筑物设计施工做了大量工作，为长江航运持续发展做出了重大贡献。

五、沿江省市治理重点支流航道

（一）上海市完成“长三角”水运网建设计划

1994年，上海市内河航道210条，通航里程2100千米，航道长度仅占全国的2%，货运量却达到1.2亿吨。“八五”时期，上海投入1.95亿治理航道，建设油墩港，治理蕴藻浜，并对苏申内港线按V级标准进行整治，使浦西300吨级航道形成环线。随着浦东开发，内河运量猛增，航道通过能力有限。为此，整治白莲泾，建设赵家沟300吨级船闸、节制闸枢纽工程。“九五”时期，按300吨~500吨级通航标准，建成苏申外港线、苏申内港线、长湖申线、杭申线、六平申线等主通道及其浦东、浦西的延伸线，加大浦东地区内河航道建设力度，完成国家“长三角”水运网的建设计划。

（二）江苏省多方筹资建设内河航道网

江苏省内河货运量在全省综合运输中占近50%。1994年拥有内河航道里程23787千米，占全国的23%。江苏省采取政府投资、社会集资、引进外资、贷款等方式筹集资金，对利用集资、贷款、外资修建的航道、船闸，经省政府批准，可以向过往船舶、排筏收取专项费用，用于偿还集资和贷款。300吨级以上船闸经批准后，可利用外资建设和经营。“八五”时期，京杭大运河苏南运河全面整治，至1997年底基本完成。工程各项管理规范化、制度化，成为国家级样板航道，年货运量达亿吨。

（三）安徽省制定优惠政策加快航道基础建设

1994年，安徽省建有通航建筑物37座，渠化航道1500千米，通航里程6013千米。“九五”时期，按“工”字形建设水运主通道，形成以千吨级航道为骨架、300~500吨级航道为基础的内河航道网。先期开工的合裕航线与南淝航道，效益显著。1995年执行《安徽省鼓励外商投资交通基础设施办法》，鼓励外商以独资、合作等方式投资航道、船闸、港口、码头等基础设施建设，并给予税收优惠，可将经营所得利润用于基础设施建设的再投资。

（四）江西省加强整治提升航道等级

赣江、抚河、信江、饶河、修河与大河流构成鄱阳湖水系，与长江沟通，通航里程4937千米。1992年，信江支流昌江渠化工程完工，由2个梯级及50千米航道组成。赣江下游南昌至湖口156千米航道经过整治，由Ⅵ级提高到Ⅳ级，500吨级船舶常年通航。“八五”时期，信江按Ⅲ级航道进行综合开发，工程包括泄水闸、滚水坝、1000吨级船闸和2万千瓦发电站，相继于1995年、1996年建成。“九五”时期，完成赣江、信江500吨~1000吨级航道建设。至2000年，Ⅲ级航道新增199千米，Ⅳ级航道新增140千米，Ⅴ级航道新增145千米。

（五）湖北省建设干支直达的水运网络

“八五”时期，湖北省水运建设投资达4.25亿元，为“七五”时期的2.87倍，重点整治汉江襄阳至钟祥154千米航道。“九五”时期，建设洪湖螺山船闸、荆门新城船闸、李市船闸，把江汉平原水网与长江、汉江沟通，形成干支直达的水运网络。“江汉航线工程”是重点工程，总投资28.4亿元，建设期5年。1996年11月开工，按Ⅴ级航道标准设计，通航300吨级船舶，在长江、汉江间缩短320多千米运距。

（六）湖南省重点整治湘江株洲至城陵矶航段

“九五”时期，湖南重点建设湘江航运主通道。千吨级航道延伸至衡阳，连接岳阳、长沙、湘潭 、株洲、衡阳。建设沅水临津滩至茅草街202千米Ⅳ级航道，形成从浦市至茅草街400多千米的500吨级船舶通过能力，给湘西、怀化等贫困地区开辟出海通道。为振兴内河航运采取“六个一点”的筹资措施，即“财政挤一点、水上规费收一点、公路资金支一点、地方政府优惠一点、收益单位筹一点、效益好的项目向银行贷一点”。湘江航运二期工程作为中国第一个利用世行贷款的内河建设项目，进行了“以电养航”试点。

（七）四川省航道与航电枢纽工程

“八五”时期，四川省投资水运建设1.96亿元，为地方交通投资总额的9.70%。“九五”时期，继续建设乌江航道及航电枢纽工程。根据嘉陵江航运发展规划，开工建设东西关、金银台、青居、广昭段等枢纽工程，以及府河复航工程、乌江上段航道整治工程和渠江金盘子航电枢纽工程等12个项目，共投资18.32亿元。

第四节　长江港口建设步伐加快

一、干线重点建设主枢纽港

“八五”“九五”时期，长江港口作为航运建设的重点继续强化。“八五”时期，完成基建投资11.18亿元；“九五”时期，完成基建投资15亿元。

1991—1995年，先完成重庆九龙坡港区总体改造一期、涪陵白涛化肥码头、万县牌楼作业区、宜昌临江坪新港区、城陵矶外贸码头、武汉外贸码头和武汉港7、8、

9号码头改造与池州港非金属矿码头、芜湖港裕溪口煤码头扩建，以及南京港上元门13、14码头等一批货运码头建设工程。新建扩建货运泊位29个，新增吞吐能力1214万吨，缓解了港口通过能力严重不足的矛盾。客运设施方面，完成重庆、涪陵、巴东、监利、洪湖、武汉、武穴、九江、安庆、芜湖和高港客运设施续建和新建，新建、改造客运泊位16个，站房面积7.8万平方米，新增旅客发送量1530万人次。沿江主要港口客货运输条件得到较大改善。1993年1月10日，武汉港新客运站开通使用，成为中国内河最大客运站。

1996—2000年，完成或基本完成重庆港猫儿沱港口扩建、九龙坡港区二期、万县红溪沟一期、城陵矶客运码头和黄石2、3号码头扩建、安庆五里庙二期、铜陵铜矿砂进口专用码头、马鞍山外贸码头工程、仪征石油化工码头、南京港35号码头堆场扩建、南京港客运码头、泰州杨湾港区一期，以及江阴老港区扩建等工程。1989年11月，芜湖港裕溪口33号码头开工，1992年11月投入试生产，1993年9月交付使用。芜湖港是长江四个煤炭中转港之一，1995年再次扩建。工程总投资8625.68万元，1997年6月3日开工，1999年8月23日完工。南京港浦口作业区磷矿石码头改扩建工程，系国家交通部投资、南京港务局建设的项目，批准概算为4667.38万元。1994年11月开工，1996年10月竣工。城陵矶港原8、9号码头的城陵矶港外贸码头，1991年5月23日开工，1997年11月7日竣工。该工程实际投资（总造价）为11550.0万元。

长江港口建设以干线主枢纽为重点，完善煤炭、矿石、集装箱、滚装、液气体等运输系统的建设，使港口码头结构趋于合理、综合通过能力基本满足需求、配套设施有所改善，力争尽快建成大中小结合、江海直达，以及水陆联运、布局合理、层次分明、功能协调的现代化长江港口。

二、沿江省市加快港口码头建设

“八五”“九五”时期，上海统筹调整内河港口布局，发展集约化、专业化港口。1994年，全市11个内河港口，年吞吐量7000余万吨，港口运输总量的23%~27%由内河承担。江苏形成以南京、镇江、南通、江阴、张家港和徐州、无锡等为枢纽，大中小、深中浅相配套的港口群；开发建设太仓港，扩建沿江3.5万~5万吨级深水泊位，提高集装箱吞吐能力。安徽“八五”时期投资1.38亿元，比“七五”时期增长178%，相继建成码头1119座、泊位131个，其中1000吨级泊位7个，新增码头岸线4520米。1995年，内河港口达169个、码头泊位947个。1994年，江西以九江为重点，建成2个5000吨级海轮泊位和10多个1000吨级以上的内河泊位，建成南昌主枢纽港，新增泊位 20 个，新增吞吐能力 805 万吨。湖北“八五”时期建成港口泊位 69 个，新增吞吐能力 149 万吨。重点建设襄阳煤炭作业区，建成煤炭装船泊位 2 个，年装船能力 500 万吨。“八五”“九五”时期，湖南分别完成港口投资 1.81 亿元、1.06 亿元，新增码头 26 个，形成以长沙、岳阳为主的大中小相匹配的港口格局，城陵矶、岳阳、长沙等 12 个港口货物吞吐量过百万吨。四川“九五”时期重点建设宜宾、泸州等枢纽港区。泸州集装箱码头 1996 年 12 月开工，建设 5 万 TEU 的 1000 吨级直立式泊位一个。

三、港口生产与集装箱吞吐量大幅增长

（一）长江干线港口吞吐量增长

通过“八五”“九五”时期的基本建设，沿江干线港口吞吐能力比“七五”时期翻了一番，货物吞吐量从 1991 年的 1.4 亿吨上升到 2000 年的 2.2 亿吨。1991—1998 年长江干线港口货物吞吐量统计，详见表 6–1。

表 6–1　　1991—1998 年长江干线港口货物吞吐量统计

年份	货物吞吐量（万吨）	同比（%）	船舶停港时间（天）
1991	14022.2	6	3.0
1992	15472.6	10	3.2
1993	15844.3	2	3.0
1994	15186.4	–5	3.2
1995	16620.2	9	2.9
1996	17707.2	7	3.1
1997	18377.0	4	2.9
1998	17950.0	–2	2.8

资料来源：交通运输部长江航务管理局档案中心。

1991—1992 年，长江干线港口吞吐量增幅较大；1993 年增长趋缓；1994 年严重下滑；此后，稳步上升。1999—2000 年，增速达两位数。1991—2000 年，长江干线港口吞吐量年均增长 6%，主要得益于国家经济快速复苏和发展。长江沿线煤炭、石油、金属矿石和矿建材料占总吞吐量的 70%~80%。其间，长江航运受到国内经济低迷和 1997 年亚洲金融危机影响，港口货物吞吐量出现负增长。

（二）沿江省市港口吞吐量的增长

1991 年，湖北省地方港口货物吞吐量 7697.9 万吨，其中进口 4257 万吨、出口

3440.9万吨。以散货为主，煤炭、非金属矿石、矿建材料占总吞吐量的60%以上。1996年，水路运输需求减少，除煤炭略有增长外，其余货种均有所减少。2000年，湖北省地方港口旅客吞吐量1223.8万人次，货物吞吐量4113.5万吨，其中矿建材料1918.55万吨、非金属矿石137.55万吨、煤炭及制品508.89万吨、件杂货669.95万吨。

“八五”时期，江苏省港口完成货物吞吐量12.67亿吨，比“七五”时期增长41.80%；1995年，完成货物吞吐量3.06亿吨，比1990年增长近1倍。1995年有港口企业78个，港口生产有所增长，部属五大港、地方港口企业货物吞吐量，分别比1990年增长61.00%和4.80%。“八五”时期，累计完成货物吞吐量1.61亿吨，比“七五”时期分别增长5.30%和10.00%。“九五”时期，累计完成货物吞吐量1.85亿吨。

（三）集装箱运输快速发展

“九五”时期，长江干线开展集装箱装卸业务的港口达17个（重庆、涪陵、宜昌、沙市、城陵矶、武汉、黄石、九江、安庆、铜陵、芜湖、南京、镇江、泰州、江阴、张家港、南通）。定期航线主要有：重庆—上海；沙市—上海；武汉—上海；九江—芜湖—上海；南京—日本、香港、韩国；张家港—日本、香港、韩国、西北欧；南通—日本、香港等。

第五节　水运工业迈出新步伐

一、从“江船江造”到“海船江造”

随着改革开放的深入，长江水运工业立足长江、面向海洋、多种经营、积极出口，一步一个台阶，走出从“江船江造”到“海船江造”，从“造国内船”到“造出口船”并举的新步伐，修造船能力得到新发展。

长轮总工业系统在1990年取得较好业绩情况下，乘势而上，抓住机遇，提高修造船能力。青山船厂出口的5000吨级江海直达货轮“长展”号，为长轮总公司工业系统走向国际市场积累了经验，赢得了声誉。金陵船厂实现三级跳，造船规模从千吨到5000吨，从造江船到造海船，从造驳船到造大型机动船。1992年，金陵船厂建成4200吨级“大庆343”号油轮，造船市场道路越走越宽。

二、长江工业总公司扭亏为盈

1993年，长航集团为了提高综合经济效益，将其所属水运工业和运输公司按系统重组，改变多年水运工业从属于运输公司的格局。组建长江工业总公司，统一管理6家修造船厂和电机厂，实行自主经营、自负盈亏。1994年，长江工业总公司实现工业总产值8.3亿元，比1990年增加了3.3亿元，全员劳动生产率4.97万元每人；1995年工业总产值达到8.36亿元，全员劳动生产率5.3万元每人；2000年工业总产值达到11.37亿元，全员劳动生产率13.02万元每人。

"九五"时期，长江工业总公司累计完成工业总产值51.9亿元，其中造船产值47.44亿元，占总产值91.40%；修船产值1.3亿元，占总产值2.50%。1991—2000年，金陵船厂、江东船厂、青山船厂、宜昌船厂、长航电机厂、红光港机厂等，由连年亏损发展到全盘盈利，完成经济转轨期的历史性突破。

三、沿江省市修造船能力的提高

"八五""九五"时期，江苏造船企业扩大自主权，开拓市场。建造大吨位港作船、大运河千吨级顶推驳、水泥散装船、液体危险品运输船，以及全液压斗轮挖泥船、大吨位打捞船、航政艇等。2000年，主要船厂63家，是1990年的1.37倍；年产量48.28万综合吨，是1990年的2.17倍；年产值32.36亿元，是1990年的8.6倍。江苏造船业之所以能稳步前进，抓改革、促发展是主要因素。

"八五"时期，安徽尽管遇到1991年的特大洪水、1994、1995年罕见干旱和国家宏观调控后的运输造船市场疲软，但主要船厂造船14.96万载重吨，完成工业总产值3.33亿元，比"七五"时期增长2.21倍。1995年，钢质船舶产量高达1017艘、35.23万综合吨，分别是1979年的8.6倍、8.2倍。船舶工业的发展带动船舶配套工业的兴起，船用甲板机械、电热电器产品、大发系列柴油机（机组），船用锚链、阀件、灯具、厨房设备、舾装件，船用热交换器、焊材等也得到很大发展。"九五"时期，依靠科技进步，提高船舶建造工艺技术水平，船舶产品的技术等级也随之上升。到1998年底，国有船厂15家。经多次更新换代，安徽内河船舶发展到第三代，海船制造达到2万吨级水平。

第六节　支持保障系统取得长足进步

一、进一步加强航政管理

（一）加强安全综合管理

20世纪90年代，大量采砂船舶不顾航道安全，违章占据主航道滥挖滥采，影响了航道稳定，威胁船舶航行安全。为此，长江港监局颁布《长江干线采砂作业安全管理规定》，建立采砂动态报告制度和采砂现场动态跟踪制度，开展取缔非法采砂船联合行动。同时，还开展了捕鳗碍航的整顿，确保鱼汛期主航道畅通。

交通部批准施行《川控规定》以后，经严格控制，河段船舶违章率逐年下降，水上交通事故有所减少。1991 年，川控《风箱峡补充规定》公布，长江港监在大南门、白鸽背信号台和风箱峡控制河段上下口实施监控。同时建立联席会议制度，分 4 个层次控制处理违章现象，初步形成川江控制河段联合管理网络。1996 年，交通部针对小型船舶和快速船大量增加的新情况，修改《川控规定》。长江港监局以此为契机，以涉外旅游船、高速客船、危险品船舶管理为重点，认真落实交通部 1995 年川江航运紧急会议提出的遏制川江事故八项紧急措施，整顿船舶航行、停泊秩序。对“四抢一冒”，即抢航、抢槽、抢靠码头、抢滩、冒雾航行，以及超载航行进行专项整治；对重点水域、重点船舶实施监控。

1991 年起，长江港监深入开展“安全生产周”活动。针对长江安全管理的热点、难点问题，展开大检查、大宣传、大整顿，对突出问题进行专项整治。开展反“三违月”“安全质量月”“百日安全无事故”、进江小海轮专项整治、集中清理长江小型船舶的“99 联合行动”、川江客船专项检查、2000 年水上统一执法行动、川江行动、“两防一禁”，以及长江干线客船和小型危险品船舶安全检查大会战等一系列专项活动。1995 年，交通部提出实施长江水上安全应急工程，先期在长江下游实行“分道通航”。为此，长航局制定《长江下游分道航行规则》。这是船舶定线制在长江内河水域的研究与应用。长江港监局在单向通航水域、分边通航水域、横驶区的偏远险要航段，临时增设监督网点，24 小时派艇驻守现场。1997 年，南浏交管试运行，采取雷达监控与现场监督相结合的管理手段，进行立体监控，较好维护了通航秩序。

20 世纪 90 年代，长江干线高速客船发展迅速，但缺乏管理，安全状况堪忧。1997 年 6 月 1 日，交通部颁布实施《高速客船安全管理规则》，长江港监局重点加大对川江区段高速客船“四抢一冒”和超载航行等违章行为的处罚力度。随着长江干线港口不断对外开放，一批超长、超吨位、超吃水的“三超”船舶和废钢船相继涌入长江。为保证安全，长江港监局从进口审批、运输维护、装卸作业等各个环节入手，加强审批、引领、停泊、交接、冲滩、拆解及防污各环节管理，制订颁布《水工工程及施工作业》《拆解船舶监督工作程序》《“三超”船舶内部管理程序》，逐步实现对“三超”船舶的规范管理。

（二）规范船员管理

1992 年，长江港监局将船员考试逐步面向企业、面向生产、面向现场，着重解决“能干的考不取，有证的不能干”矛盾。改进考试办法，把船员考试立足于提高船员技术水平和实际操作能力，以适应企业生产的需要。同时，着手微机开发，将船员技术档案、海员证、船员考试试题纳入微机管理。1995 年，制定船员考试反馈机制以提高船员素质。1998 年，加大对非统考船员考试发证工作的管理力度。

（三）组建水上搜救中心

1997 年，根据中国海上搜救中心加强搜救工作的要求，借鉴沿海港口组织模式，长江港监局制定《长江干线海难搜救管理办法》，主动争取地方政府支持，分别在重庆、万县、武汉、芜湖、九江、张家港、南京、南通成立搜救机构，制定相应工作制度、工作程序及通讯联络办法等，办公室设在各长江港监局。随着搜救中心的成立，长江沿线对长江水上事故的组织施救与协调能力明显提高，有效地保证了长江航行船舶的安全。

二、葛洲坝与三峡通航管理的加强

1992 年 4 月 3 日，第七届全国人民代表大会第三次会议审议通过《关于兴建长江三峡工程决议》。1994 年 12 月 14 日，三峡工程正式开工。三峡工程的建设和葛洲坝枢纽的通航管理受到全国广泛关注。

1984 年 8 月 27 日，长航局成立三峡水利枢纽通航领导小组，并在武汉召开第一次通航工作会议。1990 年 5 月 1 日，葛洲坝一号船闸正式通航，葛洲坝二期工程结束。葛洲坝船闸管理局开始全面承担葛洲坝“两线三闸”的运行管理职责。按照葛洲坝枢纽电航统一管理、分工负责的体制，葛洲坝船闸管理局精心实施船闸运行管理，颁布执行船舶过闸规定，规范船舶过闸行为，建立完善的调度工作程序。以船舶过闸调度为龙头、船闸运行为核心、维护修理为保障的船闸运行管理体系。1987 年 6 月—1997 年 12 月，“两线三闸”累计运行 18.64 万闸次，通过船舶 119.92 万艘次，运送旅客 4986 万人，货物 13427 万吨。1991 年 4 月 13 日，长航局成立三峡施工现场航运指挥部，胡体淦任指挥长。1993 年 7 月 31 日，林云卿兼任指挥长。三峡工程一期施工期，面对复杂的施工环境，指挥部组织长航局在宜昌的葛洲坝船闸管理局、航道、港监、公安、通信等单位，对三峡工程施工水域实施水上交通、水上施工安全管理和航运秩序维护，既服务三峡工程，又保证航运畅通。1993—1997 年，为三峡工程一期通航管理期，长江主河道保持天然形态正常通航。指挥部贯彻“集中领导、统一指挥、统一对外”的原则，积极协调各方，保证工程正常进行与长江航运畅通。1997 年 10 月 6 日，“神州”轮满载 200 多名游客顺利通过导流明渠，宣告长江主航道封闭。11 月 8 日，三峡工程大江截流。1998 年进入最为艰难的三峡碍断航期。1998 年 2 月 26 日经交通部批准，撤销葛洲坝船闸管理局和三峡工程现场航运指挥部，组建长江三峡通航管理局（以下简称三峡局），集船闸、航道、港监、公安、通信于一体，全面管理三峡大坝以上庙河到葛洲坝以下中水门 59 千米河段的通航事务，局长张庆松，党委书记黄强。1998 年，长江发生百年一遇的洪水，三峡通航经受 8 次特大洪峰考验。三峡局积极服务三峡工程，着力加强通航规范化管理，制定执行“两坝统一调度联合运行”管理方针、《三峡工程二期通航管理办法》、《三峡工程二期通航调度规程》、《三峡水利枢纽水上交通管制区域管理办法》、《三峡工程围堰发电期通航管理办法》、《三峡（围堰发电期）—葛洲坝水利枢纽通航调度规程》等，组织汛期大流量试航，做好汛期翻坝转运工作，保障了三峡施工和通航建筑物的安全运行。

长江三峡河段通航管理所走过的历程表明：在大型水利枢纽建设中，航运管理是其中不可缺少的重要组成部分，三峡工程建设充分显示了航运部门的重要作用。长江三峡通航管理局集航道、船闸、港监、公安等航运支持保障系统为一体，互相配合，整体行动，避免多头管理、分而治之的弊端。其优势随着时间的推移和管理工作的深入，越来越显示其重要性。

三、长航公安体制改革和专项行动

（一）体制改革

1990 年 8 月 3 日，交通部、公安部联合下发《关于改进长江港口公安机关管理体制的通知》，16 个港口（高港、江阴、镇江、南京、马鞍山、芜湖、铜陵、池州、安庆、九江、武汉、城陵矶、巴东、万县、涪陵、重庆）公安机关，恢复实行长江航运公安局和当地公安机关双重领导、以长江航运公安局为主的管理体制。1994 年 4 月 3 日，国务院下发《批转公安部关于企业事业单位公安机构体制改革意见的通知》。长航公安局及时向长航局党委、长航集团党委提出保持长航公安队伍稳定、逐步理顺公安分局干警工资关系、保证公安培训经费，以及客轮乘警队不宜大幅减员等意见。对下属公安机关存在的具体问题，商请港航单位给予解决。如武汉长江轮船公司在部分航线停航情况下，准备精简 40 名乘警。长航公安局立即将此情况向长航集团汇报，保留了这支队伍。继南京港公安局、武汉港公安局、重庆港公安局之后，芜湖分局、旅游船舶公安处和黄石、荆沙港公安局等单位也实行经费单列。

（二）打击刑事犯罪

1993 年 10 月 5 日，武汉港公安局刑警队获悉广东毒贩在武汉贩卖毒品的线索后，立即制定行动方案，采取布控方式，抓获犯罪嫌疑人 5 人、吸毒人员 4 人，收缴海洛因 149 克、钢珠枪 2 支。1995 年 6 月 30 日，“江汉 8”轮航行在南通至南京航段途中发生恶性凶杀案。南京新机场建设指挥部副总指挥、原江苏省计委副主任姜仍昭被杀害，尸体被抛入长江。南京港公安局通过缜密侦查，从购票环节入手获取重要线索，于1995年7月7日将犯罪嫌疑人陆向荣、陆昌兵抓获归案。

（三）积极扑灭火灾

1993年1月5日14时，停泊于武汉港晴川阁码头的“扬子江乐园”游轮发生大火。武汉港公安局“长公消1201”艇紧急出动救援，6分钟后赶到现场，与武汉市消防支队官员并肩作战，于17时7分将火扑灭。事后查明：该船船医在船停电的情况下，违章点燃蜡烛找书，离开后未将蜡烛熄灭，引燃室内物品引起火灾。此外，还先后成功扑救“江汉60”轮特大火灾、“大庆243”油轮火灾等。

四、长江通信管理和建设不断完善

（一）成立长江通信导航局

1992年，长江航务通信导航管理处更名为长江通信导航局，实行局、分局、处三级管理体制。下辖6个分局，原28个通信导航段更名为通信导航处。1993年，交通部批复设置重庆、宜昌、武汉、芜湖、南京、上海6个分局，负责掌握管辖范围内长江无线电台站及频率使用情况；负责长江无线电通信秩序的监听、报告及处理；与当地无线电管理委员会办公室进行经常性工作联系等。

（二）长江通信建设快速发展

1991年9月，交通部与邮电部签订宜昌至重庆干线微波合作共建协议。当年开工，竣工后的干线全长588.9千米，设13个微波站，同步建设重庆、长寿、涪陵、忠县、万州、宜昌6个端站，新建6座微波铁塔，安装36套微波信道机、20套数字终端，配套建设重庆等8处长途和本地自动交换等设备。建成240条数字电路，形成贯通长江干线的数字传输网络，把重庆、涪陵、万州等地1998个自动电话用户纳入长江长途自动交换网，改变长江上游依靠有线载波长途通信的历史。1994年，利用三峡库区淹没复建工程机遇，在国家确定5700万元静态投资的基础上，交通部另拨1.5亿元投资，建设重庆至坝河口光传输系统。2000年以前，重点建设三峡库区复建杆路，筹划架设12芯光缆，西起重庆、东至宜昌，光缆全长935.35千米。1995年，交通部投资512.01万元在汉口建设卫星地面站，1997年12月完工。通过建设微波和卫星通信系统，长江干线20多个港口与全国交通卫星通信长途通信网相连，形成贯通长江、辐射沿海、连通全国各地交通部门的长途通信网。1998年，交通部投资892.09万元建设高港、江阴、张家港数字微波通信工程。全长69.3千米，初期容量60路，填补了长江干线数字微波的空当。1996年5月，建设汉口5000线数字程控交换机，8月投入试运行。1997年以来，建成重庆2000线、宜昌3000线、南通900线等数字程

控交换机。

为满足江轮出海、海轮进江通信需求，交通部1991年投资275万元改造汉申区间15个江岸电台，1995年竣工。1997年，交通部投资355.1万元改造南京发信台，安装窄带印字电报（NBDP）设备，1999年7月完工。

20世纪90年代，长江航运快速发展到近千家航运公司，船舶数量大增，水上通信秩序一度较为混乱。1998年3月27日，交通部令1998年第5号颁发《长江机动船舶安全通信管理规定》，中华人民共和国交通部无线电管理委员会实行《长江机动船舶安全通信进网登记管理办法》作为配套措施。通过大力宣传和实施船岸通信管理有关规定，长江无线电通信秩序迅速好转。

（三）通信保障能力增强

为确保船舶安全航行，长江江岸电台每天三次通过全线20座VHF基地台和汉口SSB无线话台的2个频率，以语音方式广播航行安全通告，发布气象、水位、航道变迁及有关遇险、紧急安全事项，有效预防事故的发生。长江通信网中的所有电台、话台随时收听和转接船舶遇险信息。在1990年安庆沉船、1995年万县海难、1996年重庆大佛寺海损等有重大影响的海损事故中，及时保证搜寻求助的通信联络畅通。每当长江有塌方、滑坡、大风、洪水、枯水等自然灾害发生时，均按上级和地方政府要求，及时发布抢险通告。1998年夏，长江中下游发生特大洪水，长江通信部门及时用电报、无线电话、传真等手段播发禁航令。8月1日晚，嘉鱼县簰洲湾溃堤，长航集团10个船队投入抢险，汉口电台随时与抢险船队保持联系，下达抢险指示电报12份。8月7日，九江溃堤，九江通导处应抢险指挥部要求，迅速在现场安装一部甚高频无线电话，为抗洪抢险工作提供通信保障。

随着航运发展，通信业务量迅猛增长。如甚高频无线电话，1984年为30万分钟，1996年已达到90万分钟。武汉、南京等15个港口先后对外籍船舶开放后，1997年进江外轮达7000多艘次。外轮进出长江各港的通信联络统一纳入长江通信网管理。1998年，进江外轮通信业务量达3.3万分钟。由于运输市场调整，长江船舶江海直达运量逐年上升，长江江岸电台提供近海业务量较快增长，仅单边带话台的话务量1997年达到4.3万多分钟。

五、长江引航体系不断健全

（一）建立多个引航站

1997年5月31日，城陵矶港迎来第一艘外轮。至此，长江已有15个港口正式对外籍船舶开放，纵深1331千米，形成世界内河对外开放距离最长的港口群。根据国家外籍船舶航行长江水域的规定，在长江港口建立了9个引航站，培养了一支拥有143名引航员的引航队伍，占全国引航队伍的1/5。长江引航员以“把世界引进长江，把长江引向世界”为己任，共引领来自60多个国家和地区的船舶8万艘次，4亿总吨，引航里程2000万千米；维护了国家主权和尊严，也促进了长江外向型经济的发展。为满足长江港口和外轮运输需要，长江引航员精心组织、精心导航，将一艘艘超长、超高、超吃水、超泊位负荷的特大型船舶和困难作业船引进长江港口。其中有单船长达347.5米的巴拿马籍“摩斯克里夫”轮，高达100.2米的“振华4”集装箱岸桥运输船，宽达75米的“南通”船坞，载重27万吨级的“美和”轮，吃水达11.06米的“金山海”轮，拖带长度660米的“黄金鱼翅”船队等。年轻的长江引航员引领海轮在航道弯曲、船舶密集的长江上航行，创造了长江航运史上一个又一个纪录，连续多年保持全国港口安全引航的最高纪录。国外船长盛赞长江引航员“技术精湛，堪称世界一流”，航海家感叹：“若非亲眼所见，真不相信中国有这么好的年轻引航员。”

（二）加快长江引航与国际接轨

随着国家对外开放的不断深入，长江引航原有的分散管理体制已无法适应发展需要。长江港监局加快实施引航机制改革。1994年12月15日，实施进出长江海轮在浏河锚地一地交接。1996年10月1日，上海—长江引航在宝山成功实现在航交接。长江引航交接方式的改变，加快船舶周转，减少了船期损失。12月，筹建长江引航中心，彻底打破地域界限，对长江引航工作实行集中、统一、归口管理。1997年5月，将原来属于各港监局的引航站全部划归长江引航中心。8月1日，长江引航中心按集中统一管理的新机制独立运转。

1997年6月，长江引航中心正式成立

长江引航中心成立后，变分散管理为集中管理，变粗放型管理为集约型管理，长江引航调度的计划性、准确性明显提高，保证了在航交接的顺利进行。1997年春节，常熟港进口 20 万吨纸浆，临时增加 38 艘进口船任务；长江引航中心迅速从全线抽调引航力量，保证 38 艘进口船及时抵达。1998 年，长江洪灾加上东南亚发生金融危机，长江航运受到严重冲击，引航中心职工与港口各单位发挥整体优势、克服重重困难，安全引航中外船舶 7000 余航次，创历史最好水平。

长江引航中心积极筹备实施长江分段引航和夜航工程，寻求更高层次的发展。分段引航是国际上通行的先进引航方式，一般在较长的开放河段设若干个引航交接点，于船舶航行中交接引航员，做到人停船不停，既能保证船期，又能保证引航员有足够的体能支持。随着长江进一步扩大开放和长江口航道整治工程实施，长江分段引航迫在眉睫。长航局和长江港监局把实施长江分段引航和夜航列为长航系统“九五”重点科技攻关课题。1997 年 6 月，长江引航中心总部迁至江阴市。江阴市距上海、南京两大城市各 150 多千米，素有江海门户之称，是长江下游分段引航的最佳交接点，标志着长江分段引航和夜航工程开始启动。这是继长江引航中心成立后，长江引航改革的又一重大举措。长江引航中心大力推行国际 ISO9000 质量管理标准体系，深化改革，提高效率，不断壮大长江引航事业。

第七节　科教卫生事业不断进步

一、开展科学研究增强航运实力

改革开放以来，科学技术与长江航运发展紧密结合，在长江航运的各个领域发挥先导和中坚作用。“八五”“九五”时期，获省部级以上奖励的科技成果达 100 多项，其中获国家级科技进步奖 8 项。

承担国家“七五”重大科技攻关项目：长航局会同国家计委综合运输所、交通部水运科学研究所等科研单位完成了“75-25-01-01”及“75-25-01-02”课题研究，对长江水系主要河流航运开发建设方案及支持保障系统提升方案进行研究，对运输组织形式进行研发，并进行技术经济论证。

开展港口装卸设备与应用的研究。长航局先后承担国家经委重大科研项目《长江煤炭装卸工艺及其配套的研究》，包括直线摆式装船机（台时效率 360 吨每小时，南京港使用）；新型翻车机（南京港使用）；门式斗轮堆取料机（南京港使用）；悬链式链斗卸船机（台时效率 360 吨每小时，宜昌港使用）。其中，两个项目被列为“八五”时期国家级推广项目。

加强运输船舶研制实现高效低耗。国家重点科研项目《分节驳顶推船队运输成套技术试验研究》1993 年 12 月荣获国家科技进步一等奖。分节驳船队推轮每马力推载量比普通驳船队推轮提高 35% 以上，燃料消耗减少 15%，运输成本降低 10%。双尾船型被广泛应用于各类内河船舶中，并逐步推广应用于江海型运输船舶。川江“三机三架”新推轮船型的研制，经济效益十分显著，成为川江推轮的更新换代产品。长航集团根据控成本增效益的需要，先后完成《江海直达干散货顶推运输方式经济效益研究》《“长江天使”轮燃用重质油试验》《船用配套产品选优简统目录研究》通过评审验收。《库区游船机浆匹配及运行参数优化研究》《江海直达浅吃水肥大型散货船型开发与经济论证》《外高桥—洋山 ATB 船队联接装置深化》《长江上游船队运输，液态沥青和商品车运输船型开发研究》，提高了企业经济效益。

分节驳顶推船

为配合三峡工程可行性研究和建设开展科技攻关，长江航运承担了一系列国家重点科技攻关项目：《长江三峡工程回水变动区原形观测》，具有广泛的使用价值；《三峡工程航运经济与营运研究》《三峡工程通航条件、运输组织研究》等，对三峡工程施工期和完工后船舶与船队在坝区复杂的环境条件下，提出安全快捷营运的优越方案和预测，为三峡工程建设提供了科学依据。组织编制《长江航运信息化“九五”规划和 2010 年远景目标（纲要）》，对跨世纪长江水运信息化建设进行规划和部署。“长江航运”网站正式开通后，开始全面介绍长航局系统职能，及时宣传报道行业新闻，开辟为社会和行业服务的众多栏目，行业特点突出。注重推广科技成果，加强科技队伍建设。主要项目有：与上海港务局共同承担的《内河新型装卸机械、港口新型抓斗吊具》系列；内河大水位差斜坡码头调位技术、半自动调位囤船和缆车断缆保护装置，在长江船舶较大面积推广双刚度橡胶联轴节系列减震装置。长航局受交通部委托组建全国内河港口科技情报网和全国航运科技情报网。长航局形成一支技术结构比较合理，水运各主要专业领域齐全的科研设计队伍，拥有中国内河航运最强的科技实力和最雄厚的科技基础。

“八五”“九五”时期，长江航运科学技术虽然取得巨大进步，但与欧美水运发达国家相比仍有一定差距，需要深化改革、积极探索新途径，多渠道、多层次地落实科技投入，引导和推动“产、学、研”联合，抓好科技成果推广转化，大力培养青年科技骨干，围绕长江航运的关键技术问题开展科技攻关，促进长江航运科技进步。

“八五”“九五”时期，长航局共完成长江航道技改项目 30 余项，解决长江航道维护生产项目 170 余项，20 余项获国家和省部级科技进步奖。开展“长江中下游航道演变分析研究”，包括河工、水工物理模型试验，一、二维数学模型计算等。长江中游界牌整治工程中新材料、新工艺研究开发和应用，为中游航道整治积累了大量经验。大型吸盘式挖泥船的开发成功，为葛洲坝大江航道清淤提供有力保证。成功改进国际上先进的 DGPS 差分全球卫星定位测量系统，用于长江下游白茆沙等水道测量，为航道生产和科研设计及时、准确地提供多种比例的航道测量图。

20 世纪 80 年代，长江开始引进港口雷达加强船舶管理，实施分道航行。1986 年，在宜昌葛洲坝配套工程中设置第一台港口雷达；1991 年在镇江建立雷达站。“八五”末期，南京至浏河口交管系统工程陆续交付使用。该系统采用并联式结构，通过 VHF 无线电话、雷达、微光电视、中频广播等手段，在各监督站、监督艇的配合下完成区域和全航段的船舶交通管理，成为长江交管系统建设的样板，使长江船舶交通安全管理跨上新台阶。

二、振兴长航教育提升员工素质

1998 年，长航系统有 10 所大、中专和技校，形成多层次、多渠道、多规格、多功能的办学新格局。10 所学校开设专业近 70 个，招收学历教育学生 3872 人，在校生 11971 人，当年毕业生 3000 人；4 所普通中专招生 2362 人，在校生 8522 人，分别为 1978 年的 3 倍和 4.85 倍。全系统职工培训学校（含培训中心）20 所，校舍建筑面积 6 万余平方米，全年职工教育经费突破 1000 万元，为 1984 年的 4.9 倍，年培训突破 3 万人次。

贯彻中共中央、国务院《关于加强职工教育工作的决定》，经过多种形式的岗位培训、学历教育和继续教育，长航职工政治思想、文化技术素质显著提高。1998 年与“六五”末相比，大专以上的学历占 14.80%，上升 5.80%；中专学历占比 15.00%，上升 4.90%；初中以下学历下降 23.80%。大专以上学历的干部占干部总数的 58.00%，中专学历占 35.00%，与“六五”末相比分别提高 39.00% 和 10.00%，高级工占比提高 24.00%。

1992—1993年，重庆河运学校、南京航运学校和武汉水运工业学校，分别被交通部和当地省政府确认为交通系统规范化普通中专和省级重点中专。通过教育质量、办学条件和办学水平评估，武汉航道学校1991年确认达到B类标准。1994年，武汉水运工业学校经国家教委批准为国家级重点中专学校，重庆河运学校被国家教委、国家体委和劳动部批准为“全国职工技术教育体育工作先进学校”。武汉交通卫生学校1997年迁入新址，经湖北省教委评估确认办学水平达到A类学校。随着各校办学规模的扩大，办学效益也不断提高。直属6所院校1998年教学与三产收入2883.06万元，为当年上级拨给事业费的1.5倍。

“九五”时期，师资队伍数量成倍增加，质量明显提高。10所学校拥有教师730名，高级专业技术职务占25%，中级职务占51%。与“七五”时期相比，本科学历教师增加19%，6名教师获硕士学位，20余名教师硕士在读，15名教师成为长航局教学带头人。4所普通中专学校中，6名教师被评为交通部职业技术教育教学带头人。1991年各中专技校全面推行半军事化管理，提高学生的思想和军事素养。南京航运学校自1998年初开始，组织专班建立船员教育和培训质量体系，以适应与国际接轨的航海人才的需要。不久，即通过交通部海事局委派的专家组的审核。

长航实行体制改革以来，用于院校基建投资近2亿元，新增建筑面积15万平方米，新征教学用地近6.67万平方米，新建教学（含图书、电教、实验）楼12栋、学生宿舍9栋、礼堂兼食堂3座、职工宿舍近千套。1997年，占地80余亩（1亩约等于666.67平方米），建筑面积1.6万平方米的卫校新校舍和工校1.2万平方米新教学楼投入使用。南京航校0.84万平方米新学生宿舍和重庆交校近0.90万平方米新教学楼竣工，大大改善办学条件。为提高办学质量和效益，将长江航运职工大学和武汉交通政治管理干部学院合并，成立武汉交通管理干部学院。1998年底，为优化教育结构，长航局党委决定合并武汉水运工业学校和长航职业中专学校，组建新的武汉水运工业学校。既克服了分散的弊端，实现优势互补，又完善了办学条件，保证学校可持续发展。

三、发展卫生事业提高健康水平

医疗卫生事业伴随着长江航运事业的发展而壮大，逐步形成一套医疗、预防、防疫、保健、科研和教学较为完善的医疗卫生网络。医院和卫生管理机构有：长江航运总医院、长航集团卫生中心、武汉长江轮船医疗中心、上海长航医院、宜昌长航医院、芜湖长航医院、长航卫生防疫站、长航疾病控制中心、南京港职工医院等。

1997年，长江航运总医院成为“三级乙等医院”，是原卫生部评定的首批“爱婴医院”“国防紧急救援中心医疗网络单位”。2000年，接诊病人26.5万人次，急诊救治45万人次，收治住院病人3400人次。科研方面，1993年，《梨状肌·坐骨神经和梨状肌综合征超声显像研究》被湖北省卫生厅评审为“国内先进水平”；1994年，《激光疏通血管实验和临床应用》获湖北省科技进步三等奖；1998年，《中国心脏研究 –1》获国家卫生部科技进步一等奖。还承担了5所医学大专院校、11所中等卫生学校实习生、进修生的带教工作，为交通系统培养了数千名医、技、护人员。

长航集团卫生中心是由长航集团卫生处、长航集团医院、长航集团卫生中心防疫站按“三位一体”的原则重组而成，是集卫生行政管理、卫生防疫、医疗保健于一体的卫生机构。根据企业特点，加强卫生防疫工作，组织医疗队到各船、港巡回医疗，为船员送医送药；定期对船舶进行消毒、杀虫灭鼠除害；定期对船上饮食从业人员及卫生情况进行检查，开展健康知识宣传等。20世纪90年代初期，上海长航医院迁至浦东，床位204张。1995年，医院被上海市卫生局评为二级乙等医院。宜昌长航医院、芜湖长航医院等也在各自辖区内为航运职工和群众的健康服务。

长航疾控中心是长航系统集卫生检测、环境监测、评价、推广、健康教育、健康体检、处理突发公共卫生事件等为一体的综合性疾病预防控制机构。疾控中心服务长江沿线，开拓环境监测评价工作，重点开展血吸虫疾病综合防治和艾滋病宣传防治工作，处理公共卫生突发事件。2000年，疾控中心荣获“全国职业卫生工作先进集体”。长航卫生防疫站对所辖单位食品、公共场所、生活饮用水及从业人员进行体检、培训与办证，对船舶卫生、饮食、饮水、餐具、茶具消毒进行监督。

长航集团所属职工医院9个，专科医院1个，门诊部5个，基层卫生所（医务室）63个，船舶保健站5个，专科研究所2个，船舶医务室84个，病床695张。长航集团医院、江东船厂职工医院、青山船厂医院被评为一级甲等医院。上海公司职工医院、芜湖公司职工医院、南京港职工医院，在辖区内承担各类常见病、多发病的诊治、急危重病人的抢救、会诊、治疗、卫生防疫及卫生保健等工作；在管理上，狠抓医疗质量，促进医院上等级。

第八节　文明创建与文化建设深入开展

一、深入开展文明创建活动

1991年，长航系统开展“两学一树”“三学一创”（个人学包起帆、集体学“华铜海”轮、单位学“青岛港”，全系统争创文明行业）活动。1995年，制定了三学的活动规划和评先标准。1996 年 6 月，长航局在重庆港召开“三学”经验交流会。通过“外学青岛港，内学重庆港”，把“三学”活动推向高潮。同时，狠抓文明“窗口”创建工作，在港口、航道、港监、公安、通信、船闸、医院 7 个主要门类选树 12 个文明示范“窗口”。12 月 9 日，重庆港客运总站、武汉港客运总站、长航集团武汉公司“甲21028”驳被交通部授予“学习青岛港和华铜海标兵”荣誉称号。1997—1998 年，连续开展“创文明‘窗口’月”活动。多年来的学习创建，激发了广大干部、职工的事业心和责任感，促进了单位的各项工作，特别是管理工作再上新台阶。

长航局始终把发现、总结、培养、宣传身边的先进典型作为一项重要工作来抓。1992 年，宣传“交通系统模范党务干部”铜陵港监处徐章元先进事迹。1995 年，宣传重庆航道工程局唐泽薏、李泓卫舍己救人的英雄事迹。通过开展“争先创优、选树先进典型”活动，涌现了一批先进集体和先进个人。1998 年，南京长江航道局黄石大桥站荣获“全国五一劳动奖状”，站长李汉成荣获“全国劳动模范”；1999 年，武汉港客运总站荣获“全国职工职业道德十佳单位”和“全国精神文明建设先进单位”。

1990 年，长航集团上海公司荣获全国“五一劳动奖状”；1994 年 7 月，荣获国家企业管理最高奖“金马奖”；1995 年，获中国企业最佳形象 AAA 级。1995 年，南京公司荣获全国“五一劳动奖状”。

1993 年 8 月，长航局纪委、监察室合署办公。1996 年，被交通部和湖北省评为纪检监察工作先进单位。按照“标本兼治、综合治理”的方针，先后制定《长航局机关内部接待工作规定》《关于对长航局各级党政工作人员在国内接待工作规定》、礼品登记制度等规章制度，对规范党员领导干部的行为发挥了重要作用。

安徽省航运系统深入开展“三学一创”活动和“四职一纠”（职业理想、职业道德、职业技能、职业纪律，纠正行业不正之风）竞赛。1998—1999 年，制定和修订《创建文明行业实施办法》。到 2000 年 12 月，全系统 5 个单位进入省、部级文明单位行列。1991 年，湖北省航务港监局举办 15 期“双基”教育班。1992—1995 年，开展“优质服务年”“学雷锋、访英模”和“远学包起帆、华铜海轮，近学刘厚明”活动。建成县以上文明单位 27 个。1996 年，华航集团舵落口港埠公司、宜昌虾子沟港埠公司、襄阳市区航务港监所荣获全国交通系统学习“青岛港”和“华铜海”轮先进集体。1997 年，制定文明示范窗口优质服务标准和文明客船、班组、航道段、港区考核标准。江苏省航道局邵伯船闸荣获“全国精神文明建设先进单位”，所长秦振中被评为“江苏省首届十大行业标兵”。

二、丰富多彩的行业文化

（一）广泛开展职工文化建设

改革开放以来，围绕经济建设中心，服务航运发展，长江航运群众性文化建设活动迅速展开，更多的长航职工积极参与文化建设，创作出许多优秀的文化艺术作品。如歌曲《浪花集》，反映两代职工敬业爱岗、献身长江航运事业的高尚情操，获得全国优秀节目奖，制成影像片全国发行。长江航运美术书画、摄影作品在社会上产生了强烈反响，获得众多媒体赞誉。连续多年举办的十省四市交通航运职工参加的“长江杯歌手邀请赛”、丰富多彩的长江航运职工体育活动，更令其他行业刮目相看。1992年武汉市“六门杯”三棋赛中，长航职工李文伟先后战胜中国象棋特级大师李义庭，国际象棋大师、省象棋队主教练刘成万，以及省围棋队教练刘乾利，勇夺冠军。1996年的“首届中日职工富士通杯围棋业余赛”中，长航职工彭时佳两战两胜，为中国职工队 8 ：4 胜日本队立下大功。

（二）开展新中国成立 50 周年庆祝活动

新中国成立 50 周年之际，长航局在全系统组织开展“六个一”系列庆祝活动，即一项书画摄影展，展出由长航职工自己制作的书画摄影作品 226 幅；一次主题演讲比赛，15 名选手分获一、二、三等奖；一次座谈研究会，回顾历史，畅谈宏伟蓝图；一本专辑和一部电视专题片，反映长江航运改革、建设和发展成果；一次庆祝大会暨文艺调演。长江航道局举办“长江航道职工书画摄影展”，并举行文艺演出、职工歌咏会和艺术节。长江港监局举办知识竞赛，编辑出版《改革发展中的长江港监》，召开庆祝大会和座谈会，举办书画摄影展和文艺调演。长航公安局举办歌手赛、演讲赛和老干部迎国庆座谈会。长江通信导航局举办书画摄影展，庆祝会暨文艺调演。长航总医院举办歌咏比赛。长江船舶设计院举办国庆、中秋统战茶话会和青年联谊会。武汉港举办文艺演出，进行拔河比赛。九江港以“爱我中华、兴我港口”为主题举办朗诵比赛和职工歌咏比赛。

长航集团举办以“歌颂党、歌颂社会主义、歌颂改革开放”为主题的首届职工文化艺术节。通过文学艺术、舞台艺术、展览艺术，全面展现职工精神文化生活的新变化、新面貌、新成果。编辑出版《长航人优秀文学作品选萃》。组织 7 场文艺调演，包括群口快板《油运赞》、小合唱《船台男子汉》、小品《引路》、独唱《爱我母亲河》等节目。《橘颂》夺得全国中老年健身舞比赛一等奖；歌曲《爱我母亲河》、湖北大鼓《特殊战斗》分获湖北省楚天文艺奖和百花书会一等奖。共展出 339 件优秀作品，10 个基层单位受到表彰，32 名职工被授予“群艺明星”称号，69 个文艺节目和

92 件展览作品获奖。

（三）“中山舰”打捞出水

1997 年 1 月 18 日，一代名舰——“中山舰”由长航集团重庆长江救助打捞公司打捞出水。李铁映、何鲁丽、贾志杰、蒋祝平等国家和湖北省领导以及武汉各界人士 1 万余人，在武汉金山镇“中山舰”打捞现场，举行了隆重的出水庆典。在打捞过程中，30 多名潜水队员累计下潜 516 人次，水下累计作业达 1117 小时，水下打沙 1400 余吨，打捞文物 1800 余件，为国家、民族争得了荣誉。重庆长江救助打捞公司“潜水队”荣获“全国青年文明号”；重庆长江救助打捞公司党支部被评为重庆市“先进基层党支部”和长航集团“十佳党支部”；“双驳抬撬、整体打捞著名历史文物中山舰工程技术”荣获“科学技术进步奖”。中山舰的打捞出水对我国广大青少年的爱国主义教育和国防科技教育具有深远意义。

三、行业媒体推进长江航运文化建设

《长江航运报》《中国水运报》《中国水运》杂志等，为长江航运经济发展摇旗呐喊，为长江航运文化建设推波助澜。1992 年 5 月创办的《长江航运研究》杂志，为研究、发展长江航运，倾注了交通部及长江水系港航单位各级领导的心血。1995 年 1 月，《中国水运报》从小报改版为大报。1988—1990 年，《中国水运报》两次举办全国内河明星船长金帆奖评比，200 多名船长荣获“明星船长”称号，同时报道他们安全行船的宝贵经验，推动水上安全工作的开展。该报开办的特色栏目《水运信息》《太平斧》《厅局长话水运》《水运经济研究》等，受到读者广泛好评。1995 年，该报被评为“湖北省优秀专业报”。1997 年，《中国水运》杂志荣获中宣部、国家科委、原新闻出版署授予的全国优秀科技期刊二等奖。各报社（杂志）记者编辑沙里淘金，编写出一组组、一篇篇新闻精品，成为航运文化系统中一个不可缺少的组成部分。航道文化、港口文化、海事文化的建设亦各有特色、各有亮点。航运史学文化的研究与开拓，取得了丰硕成果，由交通部和中国航海史研究会主持编纂的《中国水运史丛书》中长江水系所有书目如期圆满完成。

这正是：

名舰中山起水边，文明创建浪花掀。
邀来歌手长江赛，放眼棋坛一马先。

第七章

千帆竞发——长江航运创新发展

（1999—2008 年）

世纪腾飞两岸苏，黄金水道起宏图。
乘风鼓浪合群力，朗月当空指望舒。
双线船闸迎蓄水，三峡帆影畅平湖。
高歌猛进鸣笛远，不负长江万古出。

经过积极探索，长江航运逐步摆脱“夕阳产业”争论，发展步伐加快。2005 年 11 月 28 日，交通部与沿江七省二市“合力建设黄金水道，促进长江经济发展”座谈会在北京召开，明确了长江航运发展总体目标，提出了合力实施航道治理、港口升级、船型标准化、三峡扩能、水运保障和干支联动 6 大工程。

“十五”时期，长江成为世界上运量最大的通航河流。长三角成为中国内河航运最发达地区。长江口深水航道治理一期、二期工程，长江三峡双线五级船闸等国家重大项目顺利完成。长江港口全面下放，政企分开；专业化、大型化码头的新建，使港口整体通过能力提高，长江航运物流体系初步形成。长航集团名列中国企业 500 强。水运工业突飞猛进，一批产品占领国际新市场，30 万吨级超大型油轮“远大”号在南通建成下水。长江航运体制改革全面深化，长江干线水监体改全面完成，长航公安离企归政，港航企业经营机制改革深入推进。长江航运文明创建获得多项殊荣。长江航运现代化建设快速发展，一路高歌猛进。

2003 年 6 月 16 日，试航船舶在三峡五级船闸三闸室

第一节　长江航运管理体制改革全面深化

一、长航局进入国家行政序列

2001 年，长江航运管理体制改革方案获交通部原则通过后上报中编办。2002 年，中编办下达《关于交通部长江航务管理局主要职责和人员编制的批复》，交通部发出《关于交通部长江航务管理局主要职责、内设机构和人员编制的通知》，明确长航局为交通部派出机构，对长江干线航运行使行业管理职能，受交通部委托或法规授权行使长江干线航运行政主管部门职责。长航局机关实行国家公务员制度，编制 120 人，内设 14 个处室。黄强任局长、金义华任党委书记。

长航局主要职责：贯彻国家水路交通行业发展战略、方针政策和法规，组织或参与长江干线航运有关规章草案的拟定工作，按法定程序批准后负责监督实施；拟定长江干线航运发展战略，组织编制长江干线航运中长期规划和五年计划，报交通部批准后监督实施；负责长江干线航运行政管理；负责长江干线航运市场宏观调控和秩序监督管理；规范长江干线水运建设市场，维护平等竞争秩序；负责长江干线港航设施建设和使用岸线布局的行业管理；组织长江干线国家重点物资和紧急物资运输；协助军事物资运输；负责长江干线水运规费稽征；负责长江干线客货运输质量、航运基础设施工程项目和水运工程质量的监督管理；负责长江干线航道、枢纽通航、通信、引航、卫生监督等管理工作；按规定管理长江干线水上安全监督和航运公安工作；协调长江水系各省市交通厅（局）及其航务管理机构、港口管理机构的相关业务工作，协调长江水系水资源综合开发中的有关航运工作；指导长江干线水运行业体制改革、法制建设和结构调整；组织航运重大科技开发、推行行业技术进步；负责长江干线水运行业相关的统计和信息指导；负责政府间长江干线航运涉外工作，指导利用外资工作；开展国际间内河运输经济技术合作与交流；指导长江干线航运信息化和职工教育工作；负责局机关和直属单位的年度固定资产投资计划、财务管理和审计监督工作；负责局机关和直属单位人事、劳动工资、机构编制管理工作，按规定管理直属单位领导干部，负责直属单位的廉政建设和思想政治工作；指导长江干线水运行业精神文明和职工队伍建设工作；承办交通部交办的其他事项。

长航局直属单位有：长江海事局、长江航道局、长江三峡通航管理局、长江航运公安局、长江通信管理局、长江航运总医院、中国水运报（刊）社。机关直属单位有：长航局离退休干部服务中心、长航局机关服务中心、长航局档案中心、长江航运规划研究中心、长江航运工程质量监督中心站、长江三峡工程航运办公室、长江航运信息中心。

“十五”时期，长航局深化长江航运发展战略研究，提出长江航运跨越式发展的目标与重点；组织编制了《长江水系航运规划》《长江干线航运总体规划》《长江干线航道发展规划》，以及海事、公安、通信、三峡通航、信息化等专业规划，形成比较完善的长江航运规划体系，明确了长江航运发展的目标、布局、重点和建设序列。

2005 年 12 月 1—22 日，长江芜湖段和三峡河段实行联合执法，分专项整治、联合巡航和水上政务大厅三种模式。开展联合执法，增强了长航局处理复杂事务和应急处置的能力，对于依法管理长江航运，推动行业发展具有重要意义。

根据“合力建设黄金水道、促进长江经济发展”座谈会的部署，交通部与云南、四川、重庆、湖南、湖北、江苏、上海沿江七省市政府于 2006 年联合成立长江水运发展协调领导小组，交通部部长李盛霖任组长。11 月 21 日，在南京召开第一次会议，共同签署了《“十一五”时期长江水道建设总体推进方案》。

二、水监体改全面完成

根据 1999 年国办发〔1999〕90 号文的决定，国家按照“一水一监、一港一监”的原则，实施水监体制改革。2000 年 7 月 28 日，交通部长江港航监督局正式更名为“中华人民共和国长江海事局”。行政上隶属交通部长江航务管理局，业务上接受交通部海事局统一领导。管理水域为长江干线重庆九层岩至江苏省浏河口，全程 2461 千米。相应的沿江各省市，成立以各省市交通部门主管下的地方海事局。同时，长江干线江苏段从原管辖水域中划出，成立江苏海事局，由交通部海事局直接管辖。

2001—2005 年，按照国办函〔1998〕48 号和国办发〔1999〕54 号文的要求，交通部分别与重庆市、湖南省、湖北省、江西省、安徽省签订水监体制改革协议。长航局、长江海事局与各省市交通主管部共同实施了重庆市、湖南省、湖北省、安徽省、江西省水监体制改革，长江干线两监体改工作全面完成。2002 年 2 月 19 日，交通部下发《关于全国海事系统统一以海事局（处）名义履行海事行政执法的通知》；3 月 15 日，中编办批复长江海事局设置 10 个分支海事局，55 个海事处、站，其中重庆海事局为副厅级，三峡、宜昌、荆州、岳阳、武汉、黄石、九江、安庆、芜湖各局为正处级。长江海事局管辖水域范围为长江干线重庆江津九层岩至安徽芜湖乌江河口，辖区长 2013.5 千米。

三、三峡工程实施通航管理

2002 年 11 月 1 日，国务院办公厅下发《关于长江三峡枢纽工程建设期通航建筑物管理体制有关的通知》，明确工程建设期、船闸等通航建筑物由中国长江三峡总公司委托长江三峡通航管理局（以下简称三峡局）管理。三峡局是交通部设置在长江三峡河段，具有行政管理职能的事业单位。集船闸、海事、航道、调度、通信为一体，统一管理三峡船闸、葛洲坝船闸通航建筑物及其配套设施，确保 59 千米辖区水上交通安全畅通。2003 年 6 月 10 日，三峡局组建三峡船闸管理处并接管三峡船闸。2004 年，中央编办、交通部批复三峡局机构编制和“三定”方案。

四、长航公安离企归政

2002 年 1 月 7 日，《国务院关于长江港航公安管理体制改革有关问题的批复》（国函〔2002〕1 号），要求改革长江港航公安管理体制，逐步建立与长江治安相适应的新体制。同年 12 月，中央编办下发《关于批复长江航运公安机构设置和人员编制的通知》，明确长江港航公安机构作为国家治安行政力量和刑事司法力量的重要组成部分，行使跨区域的中央管理水域的公安管理事权。长江航运公安局由交通部公安局领导，其党政关系由交通部委托长江航务管理局管理。设立 16 个分局、78 个派出所和 1 所人民警察学校，实行长江航运公安局和所在地公安机关双重领导，以长江航运公安局为主的领导体制，全部纳入国家行政编制。2003 年，长江港航公安体制改革正式实施，2137 名民警参加公务员录用考试。2004 年 1 月 1 日，长航公安新体制正式运行。

五、长江港口全面下放

2001年11月23日，国务院办公厅转发交通部、国家计委、国家经贸委、财政部、中央企业工委《关于深化中央直属和双重领导港口管理体制改革的意见》国办发〔2001〕91号，要求在2002年3月以前完成港口下放工作。这是港口体制的第三次改革，交通部对全国港口实行统一行政管理，负责制定全国港口行业的发展规划、政策和法规；省级交通主管部门负责本行政区域内港口的行政管理工作，包括制定港口发展规划、政策和法规；港口所在城市政府按照“一港一政”的原则，依法对港口实行统一的行政管理；港口企业作为独立的市场主体依法从事经营。2002年，长江干线25个港口完全下放地方，并实行政企分开。《中华人民共和国港口法》实施后，港口管理体制改革全面加快，至2005年5月，长江沿线港口体制改革全面完成，长江港口管理新体制基本建立。四川省、湖南省、江西省的港口行政管理机构归口省航务（运）管理局，湖北省、安徽省和重庆市的港口归口省级港航管理局，江苏省和上海市成立专门的港口管理局；沿江市级港口行政管理体制大体形成了三种港口行政管理模式——单独设立港口管理局或港航管理局、“一门两牌”、将港口行政管理职能纳入交通主管部门。

“十五”时期，长江港口企业日趋大型化、集团化、民营化，逐步建立起现代企业制度。一些有发展潜力的港口拿出优良资产组建股份制公司，如重庆港以九龙坡港区为主，成立港九股份有限公司；芜湖港以朱家桥港区为主，成立芜湖港储股份有限公司；武汉、重庆、安庆等港与上海集装箱公司合作成立集装箱股份有限公司；其他港口如宜昌、马鞍山、泰州等港口也进行企业改制，企业抗风险能力大大提高。2003年，江阴港职工持股组建完全民营化的“江苏江阴港口集团有限责任公司”；湖北公安港职工买断国有资产，重建“湖北通运有限责任公司”。这些民营公司都取得较好业绩。为抢抓机遇，各港都制定中、长期发展战略规划。重庆港、武汉港提出建设航运中心的构想，南通港提出创亿吨大港的发展目标。随着长江港口的开放，太仓、常熟、扬州、南京、武汉、宜昌等港不断有外资进入。港口体制改革后，地方政府除直接投资外，还以土地、贷款、政策等方式支持港口建设。岳阳市提出以港兴市的发展战略，修建连接市区和港口7千米的通海大道；芜湖市协调建成朱家桥港区铁路；南京市将龙潭作为工业卫星城镇，建设南京港龙潭物流园区，重点发展区域物流分拨和临港产业；武汉港规划建设临港物流园区，发展港口物流；江阴港口物流园区占地面积2.5平方千米。

长江干线港口下放地方后，经过一段时间磨合，“城为港用”“港为城兴”的新型港城关系开始形成。

六、长航集团的战略调整

2001 年 1 月 5 日，长航集团领导班子调整，刘锡汉任总经理，王镭为党委书记。新班子提出扭亏脱困、改革调整的战略思路：一是搭建专业化产业构架；二是注重产业协同和提升系统竞争力；三是重点培育核心竞争力；四是强调发展的有效性和风险防范能力。2003 年，长航集团提出“十五”战略目标：做强主业、优化结构、提升管理、推进改制、增进和谐，努力谋求和实现“三大转型”。由内向型的长江运输向外向型的江海洋联运转型，推进由单一的水上运输向综合物流转型，推进传统的国有独资向产权多元化的现代企业转型。“十五”时期，长航集团内抓改革调整，外抓航运商机，走出艰辛可喜的五大步。2001 年，大幅减亏；2002 年，扭亏为盈；2003 年，克难奋进保持盈利；2004 年，盈利能力大幅提升；2005 年，加快发展，多项生产经营指标创新高。

“十五”时期，长航集团推进“两条主线”“三步走”。两条主线是指主业与非主业两条线。三步走第一步是生产经营性重组，解决主业结构不合理、产业分散、内部竞争的问题；第二步即资本经营性重组，改善资本结构，提升经营能力和质量，实现产业升级；第三步为集团整体上市，解决国企法人治理结构问题。相继实施“五步棋”结构调整。第一步退客运——退出长江中下游客运，客运板块每年减亏 1 亿元，盘活客运资产转向水上旅游，“国宾”系列涉外旅游船和“长航江山”系列国内旅游船形成强势品牌；第二步调货运——集中原四个地区公司的优良货运资产，组建干散货运输总公司。干散货业务由 2002 年以前亏损 1 个多亿到盈利 8000 万元；第三步是转油运——向海上转移，与中石化签订了长期稳定的运输协议，长航集团油运船队成为中国原油运输的生力军，海上油运运量和收入超过长江航线；第四步是统工业——对造船工业实行经营、资金、采购、生产四统一管理，实现造船能力倍增，产值年均增长 34%，并扭亏为盈；第五步合燃贸——将燃油贸易业务与中石化实现对等股份合资，规模快速增长，盈利过亿元，市场占有率达 60%，成为长江水上加油标杆企业。

2005 年 8 月，长航集团召开航运危机应对研讨会，强调“航运热”后的危机与风险应对，完善航运发展战略，其主要思路有五个方面。第一是坚持科学发展原则，降低投资风险。发展项目必须满足“有市场、有条件、有效益和可持续发展”的原则。运力发展采取“买一批、造一批、租一批、技术改造一批”等多种方式，强调从拥有船向控制船转变。第二是坚持差异化战略，规避竞争风险。干散货、油运、商品车滚装运输先后实现远洋运输突破，成为国内唯一一家能够实现远洋、沿海、长江及运河一体化运输的航运企业。第三是坚持大客户战略，回避市场调整风险。2003 年，与武钢、中石化等大客户建立战略伙伴关系，签订长期包运合同（COA），巩固主导市场和利润来源。2005 年，干散货运输中最大的 20 家战略客户完成运输收入比重达 80%，其中武钢占 40%，中石化的运输收入占南京公司运输总收入的 57%。第四是坚持价格联动，转移油价上涨风险。南京公司与中石化建立 VLCC 运价形成机制。干散货、滚装、集装箱运输等都及时根据运价油价互动机制调整运输价格。第五是坚持多措并举，化解出口造船汇率风险。研究制定接单、生产、交船三段汇率风险防范预案。2007 年套期保值 18.4 亿美元，规避汇率损失 13.6 亿元人民币。“十五”时期，由于合理控制接单，增加船价近 8000 万美元。

2005 年 4 月 16 日，国务院批准长航集团债务重组方案。5 月 10 日，国务院国资委同意长航集团与中国工商银行实施债务重组。10 月 18 日，长航集团以优良干散货资产置换中石化“中国凤凰”资产，中石化向长航集团转让“中国凤凰”总股本 40.72% 的国有法人股，总价款为 5.78 亿元。11 月 23 日，长航集团与中国工商银行在汉签署“债务重组合作协议”“债权转股权协议”，涉及资金近 50 亿。长航集团成功实施债务重组，提高了融资能力和经济效益，开创了由中国工商银行直接持股的银企全面合作的先河。由此，步入了新的发展轨道。

第二节 长江水路运输跃居世界内河第一

一、长江水路货运量跃居世界内河第一

“十五”时期，随着国家经济持续快速增长，能源和交通的旺盛需求有力地带动了长江水运的发展。长江水系水路货运量稳步增长，增速逐年加快，屡创新高。2001—2005 年，货运量分别达到 8.4 亿、9.2 亿、10.33 亿、11.87 亿、13.76 亿吨，年增长率分别达到 7.70%、9.50%、12.30%、14.90%、15.80%；2005 年，货运量占全国水运量的 62.60%。2005 年，长江干线货运量达到 7.95 亿吨，超过密西西比河和莱茵河，跃居世界内河第一。

（一）大宗散货运输持续增长

“十五”时期，煤炭、石油及制品、金属矿石、矿建材料、非金属矿石等运输需求持续旺盛，长江大宗散货运输持续增长，长江航运优势得到了进一步发挥。

2001 年，长江水系完成煤炭运量 1.57 亿吨、周转量 118 亿吨千米；2005 年，完成 2.53 亿吨、2499 亿吨千米，同比分别增长 12.40% 和 13.70%，平均运距达 988 千米。

主要是海进江煤炭、“三口一枝”（浦口、裕溪口、汉口和枝城港）的煤炭中转和小部分出川煤炭。2001 年，完成煤炭运量 1.7 亿吨、1212 亿吨千米；2005 年，完成煤炭运量 1.46 亿吨、2585 亿吨千米，同比分别增长 26.70%、40.66%。2001 年，完成金属矿石运量 0.39 亿吨、周转量 309 亿吨千米；2005 年，完成金属矿石运量 0.97 亿吨、894 亿吨千米，同比分别增长 3.57%、11.24%。由于铁矿石价格暴涨，长江干线金属矿石运输增速放缓。2001 年，完成矿建材料运量 2.3 亿吨、周转量 401 亿吨千米；2005 年，完成矿建材料运量 3.75 亿吨、810 亿吨千米，同比分别增长 10.5%、5.75%。随着房地产行业的持续兴旺，黄沙、装饰材料等矿建材料需求大增，成为长江干线运量最大货种。但长江水系大宗散货运输量分布极不均匀。以 2005 年为例，长江上游（云南省、贵州省、四川省和重庆市）占 9%；长江中游（陕西省、湖南省、湖北省、河南省、江西省）占 20%；长江下游（安徽省、江苏省、浙江省和上海市）占 71%。

（二）货运平均运距不断延长

“十五”时期，长江水路货运平均运距不断延长，从 2001 年的 1075 千米上升到 2005 年的 1328 千米。其中内河货物平均运距 268.1 千米、沿海货物平均运距 1251.7 千米、远洋货物平均运距 8434.1 千米，同比分别增长 5.90%、3.70%、7.50%。货物运输平均运距的延长，意味着长途货物运输比重不断增加，长江航运运行质量不断提高，综合优势进一步显现。

（三）长航集团名列中国企业 500 强

2005 年，长航集团利润总额达 4.1 亿元。主营业务收入 160.6 亿元、资产总额 220 亿元，分别比“九五”时期增长 152%、56%；货运量 1.24 亿吨、周转量 1300 亿吨千米，分别比“九五”时期增长 47%、87%。2005 年，在中国企业 500 强中名列第 169 位。2002 年 9 月 17 日，南京油运公司“大庆 453”轮首次环球远航成功，长航集团跨出走向远洋的第一步。2005 年 8 月 20 日，南京油运公司期租的第一艘超大型油轮（30 万吨）“FRONT SABANG”号在宁波交船，投入运营，这代表着长航集团正式进入中国进口原油市场。

二、长江干线客运萎缩和旅游运输发展

“十五”时期，长江干线客运不断萎缩，水系客运量则先抑后扬。2001 年开始，长江普通客运一路下滑，至 2003 年受三峡断航及“非典”影响，降幅达 24.90%，大量客船停航，而宜昌以下普通客运因“非典”影响带来的冲击基本消失。2001 年长江水系客运量 12519 万人，到 2003 年下降到 10870 万人；2004、2005 年有所回升，分别达到 11518.2 万人、12466.3 万人。干线客运主要集中在长江上游，沿海客运集

中在浙江省和上海市，远洋客运仅在上海市。

2001 年北京申奥成功，2002 年，三峡工程二次截流，长江三峡旅游快速发展，当年重庆、宜昌两地接待入境游客达 88.17 万人次。2003 年，受三峡工程蓄水通航发电和非典影响，三峡旅游跌入低谷，当年跌幅高达 61.90%。2004 年 9 月 6 日，湖北省与重庆市在武汉签署《关于加强长江三峡区域旅游经济合作协议》，联手打造长江三峡旅游完整品牌，共建“长江三峡无障碍旅游区”和世界级旅游目的地。三峡工程蓄水成库后，三峡旅游进入新老产品交替的转型期，“世纪天子”等第四代邮轮投入运营，“高峡出平湖”的效应初显。三峡旅游市场在波动中逐步恢复并出现分化，入境游客集中到渝宜线，国内游客快速发展并集中于万宜线。

（一）长航集团旅游业不断开拓

“十五”时期，长航集团率先调整旅游产业结构，将重庆公司游船纳入长江海外统一管理，使其拥有 20 艘涉外豪华旅游船。2002 年，长江海外分别对“长江之星”“国宾 5”“国宾 7”游轮进行升档改造，包装设计出 6 条不同特色的游船航线。2003 年，经历“非典”严峻考验，仍蝉联全国“国际百强旅行社”称号，其排名由 2001 年的 43 位上升到 13 位。长江最豪华的观赏型游船“长航朝天宫”轮在渝成功首航；上海公司将交通船“长交 909”改造为“船长”轮巡游黄浦江，取得较好的经济效益。2002 年 4 月 17 日，亚洲议会和平协会（AAPP）第三届年会重庆市欢迎招待会在“朝天门”和“满江红”游轮上举行，来自 39 个国家的议长及议会代表 400 余人与会，并于 4 月 22—24 日乘“长江天使”“长江之星”“国宾 7”号三艘游轮观赏长江三峡风光。2005 年 10 月 12 日晚，来自 41 个国家和地区的第五届亚太城市市长峰会在重庆召开，124 个城市市长、部分国家的前任领导人及 255 家跨国公司的代表 400 余人乘“朝天宫”轮夜游山城，观看迎宾焰火晚会。

（二）长江三峡旅游客运的兴起

随着人民生活水平的不断提高，旅游客运需求急速增长。长航集团和重庆、湖北将一批客船改造为普通游船投入长江三峡市场。其中重庆市 54 艘客船达到国内旅游船标准，涉外旅游船增至 15 艘，包括 4 艘 200~300 客位的超大型五星级豪华旅游船。2005 年，长江干线游轮达到 72 艘，年接待能力超过 130 万人。

沿江省市充分利用滨水城市旅游资源发展水上旅游，成为城市发展的助推器。2003 年 10 月 18 日，双体豪华游轮“滕王 1”号在南昌下水，总长 54.5 米，型宽 15 米，载客量 400 人，主要从事赣江、鄱阳湖旅游营运。2004 年，上海港旅客发送量达 621.4 万人次，同比增长 17.60%；旅客到达量 626.6 万人次，同比增长 11.80%。2005 年，四川重点开发广元龙湖、三台鲁班水库、二滩库区旅游，完成客运量 3800

万人次、旅客周转量 2.8 亿人千米，同比分别增长 10.20% 和 0.60%；湖北充分利用三峡旅游资源的优势，客运量大幅回升，全年完成客运量 598.9 万人次、旅客周转量 42285 万人千米，同比分别增长 14.60% 和 27.10%。同时，旅客平均运距从 2001 年的 48.4 千米减少到 2005 年的 29 千米。

三、三峡通航经受严峻考验

“十五”时期，三峡船闸通航经受了三峡工程二期施工、碍断航期、三峡船闸试运行期的考验，实现了通航安全、平稳、有序。2003 年 6 月—2005 年 12 月，三峡船闸共运行 2.16 万闸次，通过船舶 17.4 万艘次，货物 8080 万吨，旅客 468 万人次。随着西部大开发战略的实施和三峡水库蓄水后库区航道条件的改善，带动了长江上游水运快速发展。三峡过坝运量从 2002 年的 1800 万吨，迅速增长到 2005 年的 4392.8 万吨。

2002 年 11 月 1 日起，三峡坝区进入碍断航期。6 日，导流明渠截流，三峡临时船闸单独通航。三峡局加强明渠截流现场通航及安全维护指挥，实行明渠单向控制，6 次调整明渠过船标准，及时恢复临时船闸 24 小时运行。11 月 1 日—12 月 10 日，日均运行 17.1 闸次，通过船舶 119 艘，闸室平均利用率达 76.76%，全面超过日运行 22 小时、16.4 闸次、闸室利用率 60% 的设计标准；打破常规在引航道临时设置靠泊趸船，缩短进闸时间，提高运行闸次，平均每天多运行 2.4 闸次，多通过船舶 26 艘。碍航期翻坝转运实现了安全有序，共安全转运客船 7432 艘，滚装船 3575 艘。

2003 年 4 月 11 日，三峡工程临时船闸关闭并结束历史使命。长江三峡水域断航 67 天，翻坝转运工作全面启动。6 月 16 日三峡船闸试通航。在此期间，长航局启动应急联动机制，与地方政府、工程业主和重庆、湖北港航部门密切配合，三峡局重点加强茅坪港水上安全监督和通航秩序维护，海事部门上下联动加强船舶管理，公安局部门增设茅坪港水上派出所，维护水上秩序，先后实施 10 次滚装翻坝转运，启动 6 次客运翻坝。2003 年春运期间，40 天完成 50 万人次上、下行旅客安全过坝，陆上转运 38 万人次，最高峰达 18300 人次每天，没有发生旅客滞留现象，让每位旅客都能“走得了、走得好、走得安全和及时”。川江载货汽车滚装船最初在 2000 年出现，到 2004 年已有近百艘。每日需过闸的滚装船 30 艘次左右，每日滚装车 1000 车次以上。滚装船型尺寸大、数量多，若全部过闸必定会造成中小船舶待闸积压。2004 年 4 月 26 日后，基本形成南北两线“水—陆—水”滚装翻坝转运局面，减轻了船舶过闸压力。2005 年，三峡坝区翻坝转运旅客 165859 人次，船舶 7976 艘次、货车 314316 辆次，保持安全有序的运转态势。

四、军交运输进一步加强

进入21世纪，长江军交运输贯彻落实军委新时期军事战略方针，深入研究加强长江军交运输的工作思路和对策。虽然军运量减少了，但军运质量得到提高。

2001年12月和2002年12月，驻宜昌长江航务军代处和驻湖北省航务军代处分别进驻宜昌三峡机场、武汉天河机场，实现重大突破。2002年7月，南京军区驻九江长航军代处进驻九江机场。2003年6月，驻黄石长航军代处由黄石港务局转驻黄石市交通局开展军交运输和交通战备工作。2004年1月，成都军区撤销驻重庆港、涪陵港军代处。7月，总后勤部颁发驻长江航务军代处编制表（正师级），下辖驻湖北省航务军代处、驻宜昌长航军代处、驻中国海运集团总公司军代处和船运大队，均为正团级单位，撤销驻武汉、黄石、芜湖长航军代处。

“十五”时期，驻长江航务军代处对军交运输工作着眼长江全线谋划，着力长江中游发展，打好支援保障基础，形成战略保障枢纽，提高综合保障能力，逐步实现由单一的水路运输保障向航空、公路等多种运输方式转变，由长江运输向江海直达运输转变，适应支援东南沿海军事斗争需要。“长江3000吨级江海直达驳船滚装军事重装备改造”和“船艇上排快速定位装置”两个科研项目，分别获得全军科技进步二、三等奖。

2001年起，长江中下游客运退出市场。这期间，完成了兵员补退、物资油料、海军撒手锏装备、特种车、长江潜艇拖带运输，以及航空军事运输等任务。

“十五”时期，长江交通战备工作大幅调整。原双重领导港口下放地方后战备工作由地方政府交通战备机构承担。随着总部下发《第三战略机动保障集群输送保障方案》，长江交通战备工作沿着支援东南沿海作战交通保障准备的思路全面展开。主要抓了航运设施战备建设和交通战备队伍建设，新建5000吨级江海直达货船，组织开展长江交通战备训练和演练。2005年5月，长航局召开交通战备工作研讨会，明确继续实施长江交通战备统一管理的体系不变，强调交通战备工作不但不能削弱还应进一步加强。此后，交通战备工作实现层层有人管，事事有人干，各项工作有效开展。

五、运力的快速增长与船型标准化推进

2005年，长江水系13省市拥有水路运输船舶161074艘，净载重量6472.9万吨，载客量69.97万客位，集装箱箱位67.53万TEU，船舶总功率2495万千瓦，同比分别增长0.64%、23.30%、5.20%、21.40%和20.80%。

（一）货运船舶运力再创新高

“十五”时期，长江水系货运船舶运力快速发展。2003、2004 和 2005 年增幅分别达到 30.00%、28.70% 和 22.90%。2005 年，长江水系 13 省市拥有货运船舶 14.3 万艘，净载重量 6454.7 万吨，平均净载重量 451.4 吨，同比分别减少 0.30%、增长 22.90% 和 23.20%。其中内河船舶 137911 艘，净载重量 3702.5 万吨，平均净载重量 268.5 吨；长江上游（云、贵、川、渝）占 8%，长江中游（陕、湘、鄂、豫、赣）占 17%、长江下游（徽、苏、浙、沪）占 75%。

（二）专业化船舶运力快速增长

“十五”时期，长江流域外向型经济快速发展，集装箱船舶迅猛发展。2005 年，长江水系 13 省市拥有集装箱船舶 853 艘、箱位 67.07 万 TEU，同比分别增长 43.80% 和 21.20%。其中，内河集装箱船舶 459 艘、箱位 4.09 万 TEU，同比分别增长 71.30% 和 58.70%。

“十五”时期，川江载货汽车滚装运输在规范整顿中快速发展。2000 年 12 月，交通部统一部署，长航局与重庆、湖北两省港航管理部门组织运管、船检、海事、三峡通航管理部门，联合实施川江载货汽车滚装运输市场清理整顿，明确由中国船级社所属机构检验；船舶安全管理、船舶签证、船员考试培训等除宜昌黄柏河内签证仍由地方负责外，其余均移交长江海事局负责；滚装运输企业需经交通部审批取得经营资格，船舶必须由长航局核发营运证，否则船检部门不予审图和检验发证。其中宜昌市出台“三统一”政策，即统一组织车源、统一调度管理、统一收费结算。滚装运输车流量由 2000 年的 4.5 万辆增长到 2001 年的 15 万辆。

2002 年，川江滚装船运输企业实行公司化改造达到 19 家。同年 12 月 18 日，宜昌江顺公司“宜盛”号滚装船与重庆长寿水上运输公司“长运 1”号客渡船发生碰撞，客渡船翻沉并造成 40 人死亡失踪。国家组织事故调查组深入现场调查、安抚家属、处理相关责任人和责任单位，交通部、长航局组织湖北、重庆交通海事部门开展滚装运输安全专项整顿，对管理松懈、安全隐患突出的公司和船舶，责令退出水运市场。要求滚装运输企业建立安全管理体系，重新核定船舶单车重量，配齐《车辆安全装载手册》。2000—2004 年，运力与运量较为均衡，滚装船月均航行 4 个航次，经营效益可观。2005 年，新标准船型船舶相继投入运输，到年底，21 家滚装运输企业有船舶 101 艘、4820 车位，分别是 2001 年的 1.33 倍和 2.92 倍。

2004 年，长江水系省级内河液货危险品运输船舶结构大幅调整。6 月 18 日，中石化“甬、沪、宁”原油管道全线贯通，进口原油国内水运中转量急剧减少，原油运输格局严重失衡，油船运行效率下降，等货等装现象十分普遍，长江干线原油船舶运力大量停航或封存。2005年，长江水系省际内河液货危险品运输企业286家，船舶4631艘、2028155载重吨，同比分别减少11%、12%和27%。其中油船2745艘、1535749.5载重吨，同比分别减少24.50%和35.40%；化学品船1673艘、492405.5载重吨，同比分别增加5%和27%；液化气船11艘、载气量14634立方米，分别与上年持平和增加26.50%；推（拖）船202艘，同比持平。

2005年，油船平均船龄8年、油驳23年，同比分别下降2年、上升1年，其中老旧油船188艘，占油船总数的9.5%；老旧油驳274艘，占油驳总数的35.60%；化学品船平均船龄7年，同比下降2年，其中老旧化学品船188艘，占化学品船总数的11.20%；从事液化气运输公司仅5家，船舶11艘，载气量14634立方米，同比增加26.5%。

（三）普通客船向旅游客船转变

“十五”时期，长江干线普通客船纷纷向旅游客船转型，长江水系客船运力小有变化。2001年，长江水系13省市客船11740艘、565388客位，平均48客位。2005年，客船达14237艘、67万客位，平均47客位。其中内河客船13861艘、61.5万客位，平均44客位；沿海船舶272艘、4.22万客位，平均客位155。

川江及三峡库区游艇运输开始兴起。主要有两类：一类是重庆以“爵驰”号为代表的游艇，载客定额在15~30客位之间，航速约25千米每小时，船舶主甲板以上设置两层，设有卧铺和座席；另一类是巫山和奉节的水上快艇，客位在5~20客位之间，均为敞开式。长江游艇运输作为一种新型运输方式具有良好的发展前景，但其安全、管理等配套措施尚待规范和完善。

（四）船型标准化工作有序推进

2003年8月26日，交通部发布《关于川江和三峡库区船舶运输准入管理的公告》，决定自2003年10月1日起，川江和三峡库区禁止挂桨机船、水泥质船和木质船航行；禁止新建造或者改建非标准客船、油船、化工品船和非标准的载货汽车滚装船、游览观光船、集装箱船、干散货船进入；自2005年1月1日起，禁止200总吨以下船舶通过三峡船闸。2004年1月1日，京杭运河船型标准化示范工程启动，山东省、江苏省、浙江省、河南省、安徽省和上海市大力推进。至2005年底，基本实现全线禁航水泥船，挂桨机船拆解改造任务完成过半并在部分航道禁航。同年11月22日，交通部发布《“川江及三峡库区运输船舶标准船型主尺度系列”及有关规定的公告》。按照上述部署，长航局会同四川、重庆、湖北等省市港航管理部门和船检、海事与三峡通航管理部门，全面启动并积极推进船型标准化工作。

六、七省二市合力推进黄金水道建设

（一）合力建设黄金水道

2005 年 11 月 28 日，由交通部和上海市、湖北省、重庆市共同发起，沿江七省二市党政主要领导参加的“合力建设黄金水道，促进长江经济发展”座谈会在北京召开，中共中央政治局常委、国务院副总理黄菊出席会议，做了关于“加快长江黄金水道建设，促进沿江经济更好更快发展”的重要讲话，强调以科学发展观统领长江水运发展，把建设长江黄金水道作为中国现代化建设总体战略布局的重要组成部分切实实施好。会议认为，加快发展长江航运，是贯彻落实科学发展观，是促进我国东、中、西部区域经济协调发展的重要纽带，是长江流域经济快速发展和沿江产业带形成的重要基础，是建设资源节约型、环境友好型社会的重要举措。这次会议凝聚共识，形成合力，加快推进长江黄金水道建设，对于促进长江流域形成沿江东中西互动、优势互补、相互促进、共同发展的新格局意义重大。会议明确了长江航运发展的目标、任务，提出用 20 年左右的时间实现长江航运现代化，为沿江经济社会发展提供高效、畅通和有竞争力的航运服务，使长江航运优势充分体现，黄金水道作用充分发挥。会议明确了“十一五”时期长江黄金水道建设的“六大工程”，即航道治理、港口建设、船型标准化、三峡过坝运输扩能、水运保障、干支联动工程。

2006 年的长江水运发展协调领导小组第一次会议签署了《“十一五”期长江黄金水道建设总体推进方案》。2006 年，沿江省市更加重视依托长江黄金水道，大力推进长江经济带开发开放，成立水运发展协调领导小组，出台加快水运发展的政策。2007 年，江苏省每年拿出 5 亿元用于内河航道建设，重庆市每年拿出 2.3 亿元用于水运建设，湖北省、安徽省每年拿出 1 亿元用于水运建设，四川省每年拿出 6000 万元用于水运建设。

（二）沿江省市大力发展内河水运

上海、江苏、浙江大力推进长三角内河航运网建设。随着上海国际航运中心地位的确立，以及交通部“三体系”的定位，即上海国际航运中心集装箱体系，舟山等港口组成的矿石、原油等大宗散货海进江中转体系和南京以下港口组成的江海物资转运体系，形成长三角地区组合港的国际竞争优势。

江苏内河运输发展迅速，2005 年完成货运量 25061 万吨、631 亿吨千米；客运量 37 万人次，1094 万人千米；内河机动船达 33837 艘、7382179 载重吨、40794 客位。浙江省运力运量持续增长，水路货运量和货运周转量分别年递增 15.00%、24.70%，新增运力 620 多万吨，船舶平均吨位达 114 吨，比“九五”时期提高 67 吨；淘汰水

泥船42000多艘、淘汰挂桨机船8200多艘。

三峡库区形成后，重庆航运快速发展。2005年，重庆市完成水运货运量3896.36万吨、周转量400亿吨千米、港口吞吐量5251万吨，分别是2000年的2.8倍、3.7倍、2.1倍，年均增长22.86%、30.50%、16.49%。其中外贸吞吐量193.9万吨，集装箱吞吐量21.98万TEU，滚装汽车吞吐量41万辆，年均分别增长43.74%、48.83%、40.10%；运输船舶4052艘（不含游览船、客渡船1356艘），总运力240万吨，年均增长21.6%；货运平均运距突破1000千米，全市90%以上的进出口外贸物资通过水运完成；水运企业288家，65.00%以上实现公司化经营，平均运力7100吨，8万吨以上运力的企业增加到4家；机驳船以2000吨~3000吨为主力船型，最大达8000吨，库区水运成本大大降低，企业效益大幅提高。

四川省大件运输发展迅速，重大件、集装箱、石油、旅游客运成为水运经济新的增长点。2003—2005年，突破岷江条件限制，在枯水期承运大件213批次、4.41万吨。2005年，完成大件运输67批次、1.54万吨，同比分别增长34.00%和40.00%。大型设备单重量在200吨以上的共22件每台，特大件设备5台，其中东方电机厂为三峡水电枢纽制造的转轮特大件净重440吨。

湖北省水运发展提速，船舶大型化明显。船舶运力、平均吨位分别达到201万载重吨、473载重吨，比“九五”时期分别增长11.30%、190.00%。民营船舶所占比重由41%增加到87%；货运量、货物周转量分别达到1.98亿吨、990亿吨千米，比“九五”时期分别增长37.00%、77.00%。集装箱和滚装船运输发展迅猛，集装箱吞吐量73.3万TEU，是“九五”时期的5.8倍。2005年，滚装运输载货汽车超过30万辆。

安徽省创新船舶发展投融资模式，与银行、保险和担保公司合作，以船舶所有权为抵押提供融资，着力打造上规模、有特色的专业化运输船队。“十五”时期，船舶抵押贷款高达13亿元，更新大吨位舱机船3000余艘，有力推动船舶运力的快速发展。全省完成货运量30274万吨，周转量1059亿吨千米，分别比“九五”时期增长39.30%、45.50%，占全社会运量的比重分别增至15%和21%。

江西省船舶运力突破百万吨，2005年船舶总量达5539艘、111万载重吨、17345客位、1015箱位、437879千瓦，分别比2000年增长14.00%、159.00%、7.00%、167.00%和156.00%；平均吨位由2000年的82吨上升到236.7吨。其中个体船舶总数3769艘、525114载重吨，占全省总量的68%和47%。

湖南省船舶运力持续增长，2005年拥有船舶97.24万吨、87.3万载重吨，比“九五”

时期增长 61.70%，平均吨位 108 吨，比“九五”时期增长 323.00%。危险品船 62851 载重吨，集装箱 0.38 万 TEU，分别比“九五”时期增长 64.00% 和 323.00%。

第三节　长江航道建设迈上新台阶

一、干线航道建设总体思路的提出

（一）加快长江航道建设

因 1999 年洪水的泥沙携带，使长江全线尤其是中下游河床发生巨变，航道遭到严重破坏。航道局提出对 14 个重点河段和浅滩进行应急治理。国家计委、交通部高度重视，决定投资 2 亿元实施清淤应急工程，在 2000 年底至 2003 年初的两届枯水期内完成。长航局采用先进的结构形式和建筑材料，通过精心组织、科学管理，工程按时完工。缓解了航道维护面临的严峻局面，为重点浅滩的系统整治奠定了基础。

2001 年 5 月 18 日，长江口深水航道治理一期工程完工并通过交通部验收，长江口航道水深由 7 米提高到 8.5 米。2002 年 4 月，长江口深水航道治理二期工程开工，2005 年 5 月完工，水深提高到 10.5 米。工程治理前，“拦门沙”滩顶水深仅为 5.5 米 ~6 米，5 万吨级以上船舶难以通过。8.5 米水深航道开通后，平均每天 3~4 艘次；10.5 米水深航道开通后，平均达到 13 艘。2004 年，上海港货物吞吐量达 3.8 亿吨，跃居世界第二。同年 11 月 21 日，交通部宣布长江口深水航道治理二期工程及 10.5 米深水航道向上延伸至南京工程竣工，5 万吨海轮可乘潮通航，3 万吨海轮可通达南京。

长江口深水航道工程治理现场

2003年6月，三峡库区蓄水到135米，三峡船闸试通航，库区通航条件全面改善，航道拓宽、水深大幅提高、水流变缓，碍航险滩基本消失，万吨级船队可畅行无阻，库区航运跳跃式增长。至2005年底，货运量、周转量、港口吞吐量连年大幅攀升，船舶平均吨位跃居全国内河第一。同时，三峡库区淹没复建工程总体进展顺利，实施了库尾娄溪沟至铜锣峡炸礁工程，海事、通信等支持保障系统复建项目基本完成并投入试运行，涪陵、万州、巴东、宜昌港等客、货港区加快建设，部分项目简易投产。长江航道大力实施《长江干线航道发展规划》，在对重点河段、重点滩险航道系统整治深入研究的基础上，分阶段、有重点地推动瓶颈河段航道控导和整治工程。“十五”时期完成建设投资124亿元，干线航道通航条件明显改善。

（二）总体思路提出与实践

2004年10月28日，经过近一年的深入调研，长航局局长黄强在重庆“长江黄金水道与国际航运峰会”上明确提出“深下游、畅中游、延上游”的长江干线航道建设总体思路。这一思路得到交通部部长张春贤的认可，在2005年全国交通工作报告中予以采用，要求加快长江航运建设，充分发挥黄金水道作用。

按照“深下游、畅中游、延上游”的思路，加快实施整治，提高航道尺度，扩大通过能力，改善航行条件。“深下游”——重点完成长江口深水航道治理工程，并上延至南京。“畅中游”——关键在提高武汉至宜昌段航道尺度，解决荆江河段航道水浅多变的棘手问题。“延上游”——主要是提升重庆以上长江干线航道等级，建设水富以下Ⅲ级航道。

2006年，长江干流航道开始实施“深下游、畅中游、延上游”工程。

上海市以建设集装箱集疏运通道为重点，加快内河航道整治，形成以“一环十射”为骨架的内河航道网。2006—2010年，启动大芦线、赵家沟、苏申内港线、杭申线等航道建设，使上海内河集装箱网络与浙江省对接，与外高桥区、洋山港区连通。2008年，上海内河航道有199条、2146.37千米。“十一五”时期，江苏省新增Ⅳ级以上航道达标工程5934千米，建成船闸10座，苏北运河“三改二”、京杭运河常州市区改线段等一批重大项目先后建成通航。2007年3月15—16日，京杭运河苏南段“四改三”工程启动。4月26日，京杭运河两淮段航道整治工程竣工。该工程打破航道瓶颈，极大提升苏北运河的整体通航效能。12月21日，京杭运河常州市区段南移改建工程建成通航；可通航1000吨级船舶，是苏南地区第一条现代化的Ⅲ级航道。2008年1月17日，京杭运河常州段提前竣工通航；5月31日，长三角水运主干线芜申运河宜兴段全线建成通航，按Ⅳ级标准Ⅲ级预留建设。9月4日，经过5年整治的省干线航道锡溧漕河无锡段全线建成通航。浙江省妙湖线航道改造工程投入使用，标志着“四自”，即“自资、自建、自养、自用”创新模式获得成功。2007年10月，全省第一条千吨级航道——湖嘉申线航道嘉兴段一期工程初步设计获得省发改委批复。12月，湖嘉申线湖州段通航。2008年7月29日，长湖申线浙江段航道扩建工程开工。这是湖州有史以来投资规模最大的水运建设项目，总投资18.59亿元，改造航道77.7千米。

江西省航道建设重点是“一横两纵”的1052千米高等级航道和其他区域性的航道，包括赣江南昌至湖口Ⅱ级航道、樟树至南昌Ⅲ级航道，提升通航标准和通航能力。2006年12月24日，芜申运河安徽试验段开工；2008年11月25日，裕溪复线船闸重点工程开工。该闸沟通的合裕线航道是合肥市通江达海的唯一水运通道，列入全国高等级航道布局规划。汉江崔家营航电枢纽工程是湖北省水运建设第一个世界银行贷款项目。工程以航运为主，兼有发电、灌溉、改善环境、旅游等综合功能。该项目的建成使崔家营以上33千米汉江航道提升到Ⅲ级，渠化唐白河航道17.5千米。江汉运河引江济汉通航工程，是利用南水北调引江济汉工程干渠作为船舶航行水道，辅助建设通航设施、同步实现通航的水运工程。湖南省重点建成湘江株洲航电枢纽工程、洞庭湖区益阳至芦林潭航运建设工程。株洲航电枢纽库区航道由建库前通航的300吨级船舶的Ⅴ级航道，提高到通航1000吨级船舶的Ⅲ级航道标准，并按照Ⅲ级标准渠化湘江株洲—衡阳段439千米航道。通过多年治理和建设，湘江航道，特别是中下游航段的通航条件明显改善。

四川省嘉陵江重点渠化工程快速推进，省内534千米航道已渠化280千米。2008年，开工建设新政、金溪、小龙门、风仪、沙溪、苍溪、青居枢纽；2008年1月2日，嘉陵江重庆段最后一个航运枢纽——利泽航运枢纽工程全面启动。该枢纽为嘉陵江15个梯级中最重要的一级枢纽，同时整治嘉陵江河口至草街段航道。5月22日，三峡枢纽重要支流航道大宁开发试点工程工可报告通过审查；9月17日，通过施工图设计审查，重庆选择大宁河河口至水口段为三峡生态环境建设与保护工程试点，作为支流通航保障整治的示范项目，掀开三峡重庆库区重要支流航道整治利用工程的序幕。

“深下游、畅中游、延上游”的实施，使下游航道通过能力大幅提升，实现万吨级海轮直达芜湖，5万吨级海船直达南京，第三、四代集装箱全天候进出长江，第五、六代集装箱和10万吨级散货船及邮轮乘潮进出长江口。中游瓶颈河段阻航问题大为缓解，实施枝江至江口等14个水道整治项目，宜昌至城陵矶河段航道维护水深提升到3.2米，城陵矶至武汉河段水深提升到3.5米，中游航道维护标准实现历史性突破。上游实施泸渝段、叙泸段一、二期整治工程，三峡库区先后实施库尾炸礁、航标迁建、航路改革等工程。三峡蓄水到175米后，库区通航条件大为改善，万吨级船队可直达重庆主城港区。Ⅲ级航道由重庆上延至宜宾，实现全线夜航。

叙泸段航道整治现场

二、干线航道管理与维护的加强

（一）特殊条件下的航道维护

由于2001年汛期及汛后水情特殊，7月中旬芦家河水道出现浅情，到2002年4月太平口水道解除浅情，枯水期长达10个月。窑集佬、监利、武桥、芦家河、太平口水道变化尤为剧烈，航道维护工作极其艰难。长江航道全线投入疏浚工程船17艘进驻16处浅水道，疏浚挖泥278万方，5个清障队爆破施工2000余炮，耗雷管2668只、炸药58350千克。通过超常投入，集中力量、突出重点，实现了“保深、保标、保畅通”。2003年5月25日—6月10日，三峡蓄水135米，因此调整航标10046座次。为应对三峡工程首次蓄水及相关库底清理工作，宜昌航道工程局对三峡下引航道实施清淤，完成工程量170余万平方米，在长江中游航道疏浚近90小时。2005年，为改变年年战枯水的被动局面，长江航道局积极探索枯水期航道维护的新举措，提前实施枝江水道清障工程和窑监水道试验性维护应急工程，取得明显成效，确保了航道畅通。

2006年，沿江省市更加重视依托长江黄金水道，大力推进长江经济带开发开放，成立水运发展协调领导小组，出台加快水运发展的政策。2007年，江苏省每年拿出5亿元用于内河航道建设，重庆市每年拿出2.3亿元用于水运建设，湖北省、安徽省每年拿出1亿元用于水运建设，四川省每年拿出6000万元用于水运建设。

2007 年 7 月，国务院批准《全国内河航道与港口布局规划》，明确全国高等级航道“两横一纵两网十八线”的建设重点和长江水系高等级航道布局方案，即“一横一网十线”。“一横”即长江干线，“一网”即长三角高等级航道网，“十线”即岷江、嘉陵江、乌江、湘江、沅水、汉江、江汉运河、赣江、信江、合裕线。

（二）航标和测量科技含量的提高

长江干线航道航行航标一期工程调整方案（南京燕子矶至宜宾河段）成功实施，基本实现航标大型化、明亮化。工程主要建设内容为：新建塔标 77 座、2400 毫米钢质浮标 2 座、标志船 315 艘每标；配备航标灯器 405 个、太阳能电源 88 套、普通电源 317 套、雷达应答器 2 套、雷达反射器 40 套，建设武汉长江大桥桥区航标遥测监控系统 1 套。重庆以下库区航道实现全面夜航，部分河段助航设施明显改善。

2004 年 6 月 24 日，长江航道局引进法国阿特拉斯（ATLAS）多波束水下测量系统，特别适合浅水水域扫测，具有全覆盖测深技术、精度高、自动成图等特点，是世界上最先进的水下测量组系统之一。同年 8 月，该套设备首次投入三峡库区航道扫测。2005 年 12 月 23 日，由南京航道局研制的长江电子海图系统投入应用，航标一旦出现故障可自动向航道部门报警，航行船舶也可通过电子海图观测了解航道情况，该系统成功解决了航标发生故障如何尽快发现并排除的难题。由此，长江航运向实现数字航道前进了一大步。

三、省市支流航道加快治理

2002 年 9 月 26—27 日，全国内河航道养护管理工作会议在浙江嘉兴召开。“十五”时期，沿江各省市加大航道治理力度，赣江、汉江、长三角内河高等级航道网和航电枢纽建设成效显著。

（一）长三角高等级航道网建设

“十五”时期，上海、浙江、江苏加快推进长三角内河高等级航道网建设。上海以建设集装箱集疏运通道为重点，整治内河航道，形成“一环十射”内河航道网，打通与江、浙两省航道连接的瓶颈。江苏河网密布，长江横贯东西，京杭运河纵贯南北，形成了江、河、湖、海联通的水运网。京杭运河在江苏境内全长 682.7 千米，苏南运河全线达四级航道标准，年运量超过 1 亿吨。

（二）赣江航道整治

“十五”时期，赣江航道建设完成投资 8.1 亿元，整治航道 580 千米，新增Ⅲ级航道 250 千米，Ⅳ级航道 87 千米，Ⅴ级航道 243 千米。樟树至湖口Ⅲ级航道的建成，实现了江西省高等级航道零的突破，赣江中下游通航条件大为改善。其中赣江（樟树—

南昌）航道全长92千米，按Ⅴ级航道标准整治并兼顾500吨级船队中水位航行要求，航道水深1.5米，航宽80米，曲率半径不小于340米。2000年12月动工，2002年12月竣工，完成投资9933.25万元，工程质量优良。

（三）湖北省内河航道整治

2003年6月—2005年3月，实施汉江丹江口至襄阳唐白河口全长117千米的航道建设工程，航道由Ⅵ级提高到Ⅳ级。经过两个水文年的整治，完成营房滩等6滩整治和回龙港码头水下施工。该工程根据汉江中游游荡性沙质河床的特点，实施“束水固槽”，修筑丁坝、顺坝、护滩、护底、平堆，堵塞支汊，束水归流。2003年4月，三峡淹没复建项目香溪河航道一期整治工程开工。香溪河口至峡口20千米按Ⅲ级航道标准建设，峡口至响滩17千米和建阳河峡口至建阳坪7千米按Ⅳ级航道标准建设。2005年12月交工验收，完成投资1056万元。

（四）湖南省内河航道治理

洞庭湖区常德至鲇鱼口航运建设工程，是湖南省和交通部“十五”重点工程。该工程历时5年，于2005年竣工。常鲇航线主线西起常德、东至鲇鱼口，为192千米千吨级航道，穿过洞庭湖腹地，沟通西洞庭、东洞庭和南洞庭，连接四水并与湘江千吨级航道汇合，然后经城陵矶进入长江，通江达海。支线为安乡至茅草街，共53千米500吨级航道。常德港建成千吨级通用泊位和集装箱泊位各1个，设计吞吐能力50万吨，其中集装箱吞吐能力2万TEU。

（五）嘉陵江渠化工程

“十五”期间，四川省加大嘉陵江渠化工程建设力度，多个航电枢纽相继开工。2005年12月21日，重庆市草街航电枢纽开工建设。该工程是西部十大建设工程之一，以航运为主，兼有发电、拦沙减淤、灌溉等综合效益，可渠化嘉陵江航道180千米，使支流渠江和涪江的船舶通航能力提高到300吨级和500吨级。计划安装发电机组4台，单机容量12.5万千瓦，总装机容量50万千瓦，年均发电20亿千瓦时。

第四节　长江港口建设投入力度加大

一、新建改建码头和运输系统的形成

“十五”时期，长江干线规模以上港口年设计吞吐能力达5亿吨，是1995年的2.8倍，年均递增12.40%，新增万吨以上泊位70个，万吨级以上泊位达到195个，比“九五”时期增加60%，南京以下码头泊位大型化、专业化趋势明显。同时，以港口为核心

的长江航运物流体系和五大运输系统基本形成。2006 年，沿江省市更加重视依托长江黄金水道，大力推进长江经济带开发开放，成立水运发展协调领导小组，出台加快水运发展的政策。2007 年，江苏省每年拿出 5 亿元用于内河航道建设，重庆市每年拿出 2.3 亿元，湖北省、安徽省每年拿出 1 亿元，四川省每年拿出 6000 万元用于水运建设。

2007 年 7 月，国务院批准《全国内河航道与港口布局规划》，长江水系主要港口布局 16 个，即泸州、重庆、宜昌、荆州、武汉、黄石、长沙、岳阳、南昌、九江、芜湖、安庆、马鞍山、合肥、湖州和嘉兴内河港。长江南京及以下港口则纳入 2006 年 8 月国务院批准的《全国沿海港口布局规划》。同年 8 月 26 日，交通运输部和沿江七省二市联合举办“保护长江航运资源、共建和谐黄金水道”主题宣传活动，长江“接力瓶”从上海溯江而上，经江苏、安徽、江西、湖北、湖南、重庆、四川等省，9 月 24 日在云南水富结束。

（一）新建专业化码头

“十五”时期，长江干线新建一批集装箱、矿石、汽车、煤炭、石油化工等专业化码头，建成马鞍山、芜湖、九江、黄石、武汉、城陵矶等外贸码头和重庆主城港、万州集装箱码头。苏州、南京港吞吐量过亿吨，南通、镇江、武汉、江阴、芜湖 5 个港口吞吐量超过 5000 万吨，重庆等 10 个港口吞吐量在 1000 万吨以上。2001 年 1 月，长江上第一座专业化汽车滚装泊位在南京港新生圩外贸港区开工，2002 年 10 月建成，

亿吨大港重庆寸滩港

2003年12月9日通过交通部验收正式投产。年设计通过能力36.4万辆轿车，工程投资7995万元，建设万吨级载车海船滚装泊位1个、千吨级内河载车驳船滚装泊位1个及6.2万平方米的存车场等。

2005年，投资8.2亿元的龙潭集装箱港区一期工程竣工投产，集装箱吞吐能力50万TEU，缓解了南京港集装箱吞吐能力不足的问题。南通狼山港区三期工程完工，投资7.3亿元，建成10万吨级矿石进口泊位2个，5000吨级泊位1个，3000吨级矿石装船泊位3个，新增通过能力1500万吨，使南通港矿石堆、取能力分别达到4200吨每小时和3000吨每小时。重庆寸滩港区一期工程开工建设，总投资7000万元，集装箱吞吐能力28万TEU，商品汽车滚装能力15万辆。武汉港务集团投资6610万元兴建沌口滚装码头，设计商品汽车滚装能力13.9万辆。

（二）技术改造老码头

“十五”时期，长江干线主要港口投资9.63亿元，改造货运泊位13个，集装箱泊位6个；改造生产作业线2条，库场面积15000平方米，购置机械设备40余套台；新增通过能力1617万吨，集装箱吞吐能力44.8万TEU。据测算，改建与新建同等规模的码头，时间减少1/2，投资节省1/10。南通港集装箱改扩建工程是国家“十五”重点技改项目，新增12.4万TEU，达成25万TEU的通过能力。城陵矶港老港区改造工程投资7400万元，新增通过能力120万吨。汉阳集装箱码头改扩建工程投资6000万元，新增集装箱吞吐能力5.8万TEU。

（三）长江干线五大运输系统的形成

“十五”时期，沿江各省市积极推进现代物流发展。上海、南京、武汉、重庆纷纷制定规划，建设区域性物流中心，沿江主要港口积极筹建港口物流园区，一些传统航运企业，如中远、中海、中外运和中国长航集团强强联合，在沿江地区发展现代物流，建设自己的物流园区。通过多年建设，长江干线五大运输系统基本形成。一是集装箱运输系统。初步形成以上海港为干线港，南京港、镇江港、张家港港、南通港等为支线港的集装箱运输体系。二是汽车滚装运输系统。围绕汽车制造企业形成重庆、武汉、芜湖、南京等较大规模的汽车市场，商品汽车大量采用水运方式。三是煤炭运输系统。“三口一枝”（浦口、裕溪口、汉口和枝城港）煤炭运输格局趋于完善，海进江、京杭运河及川江煤炭运输发展迅猛。四是矿石运输系统。马鞍山、武汉、重庆等钢铁企业所在地铁矿石码头装卸能力得到提高，南京、南通、镇江等港的专业泊位相继建成。五是危险化学品运输系统。与上海、南京、武汉、重庆等地的石油产业基地相配套，一批专业化油品运输泊位相继建成。

二、港口企业改制转型谋发展

“十五”时期，长江干线港口相继进行改制。一是成立上市公司。2003 年 3 月 25 日，“南京港”股票在深圳证券交易所正式上市。加上重庆港九股份有限公司、芜湖港储股份有限公司，长江干线港口上市公司达 3 个。二是民营竞买。2003 年，巴东港以职工为主通过法定竞买程序，以 5076 万元整体购买巴东港资产及经营权，于 2 月 2 日成立巴东长江港口发展有限公司。江阴港、泰州港、公安港分别组建江阴港港口集团股份有限公司、泰州港务有限公司、湖北通运运输股份有限公司。三是资产重组。2005 年 12 月 22 日，经商务部批准，南通港资产重组，香港保华集团公司、南通众和控股有限公司、国投交通公司分别持股 45.00%、42.68%、12.32%，注册资本 96600.44 万元。张家港资产重组，苏州港口（集团）发展有限公司、国投交通公司、张家港港务有限公司职工持股会分别持股 38.00%、36.00% 和 26.00%。镇江港务集团有限公司与国投交通公司和镇江港口有限责任公司实行资产重组，其股比为 56.25% 和 43.75%。四是合资经营。2005 年 4 月 29 日，武汉市国资委、上海港务集团和上港集箱合资组建武汉港务集团有限公司，股比分别为 45%、30% 和 25%，注册资本 67390 万元人民币。12 月 28 日，武汉港务集团有限公司出资 3100 万元，与荆州港务集团公司组建荆州港盐卡集装箱有限公司，注册资本 6760 万元，投资比例各占 45.86% 和 54.14%。

三、港口货物吞吐量快速增长

2001 年，长江干线港口完成货物吞吐量 2.29 亿吨；2002 年达到 2.57 亿吨；2003 年完成 4.81 亿吨，同比增长 16.30%；2004 年达到 6.83 亿吨，同比增长 42%；2005 年，长江干线港口，包括云南、四川、湖北、湖南、江西、安徽、江苏 7 省和重庆市境内所有港站，完成货物吞吐量 7.95 亿吨，同比增长 16.40%。其中外贸货物吞吐量 0.79 亿吨，集装箱吞吐量 274.78 万 TEU，同比分别增长 21.50%、26.41%。

四、港口集装箱吞吐量增长迅速

“十五”时期，长江干线港口集装箱吞吐量增长迅速，有力促进了长江经济带的开发开放和外向型经济的发展。2003 年，长江干线 20 个主要港口完成集装箱吞吐量 142.4 万 TEU，同比增长 34.30%，进口 66.9 万 TEU，出口 75.5 万 TEU，同比分别增长 30.20% 和 38.20%。主要港口集装箱吞吐量排列前 10 位的是：南京、张家港、南通、镇江、武汉、重庆、芜湖、江阴、城陵矶和泰州。2004 年，沿江省市港口完成集装箱吞吐量 217.37 万 TEU，同比增长 31.74%。其中四川 0.85 万 TEU、湖北 18.57 万 TEU、湖南 4.87 万 TEU、江西 2.35 万 TEU、安徽 9.14 万 TEU、江苏 165.65 万 TEU、重庆 15.94 万 TEU，同比分别增长 400.00%、47.30%、141.00%、158.20%、22.80%、25.40% 和 61.00%。2005 年沿江省市干线港口集装箱吞吐量统计，详见表 7–1。

表 7–1　　2005 年沿江省市干线港口集装箱吞吐量统计

省市	箱 量（万 TEU）	其中内河（万 TEU）	重 量（万吨）	其中货重（万吨）
四川省	2.15	2.15	27.8	23.2
湖北省	27.68	27.68	249.07	178.45
湖南省	15.72	15.72	151.45	119.78
江西省	6.00	6.00	60.06	48.05
安徽省	11.26	11.26	121.43	87.75
江苏省	305.42	203.82	3146.24	2499.58
浙江省	555.71	0.23	4820.59	3651.02
上海市	1808.49		16250.38	12606.45
重庆市	21.98	21.98	232.36	186.67
总计	2754.41	288.84	25059.38	19400.95

资料来源：交通运输部长江航务管理局档案中心。

注：空白表示无。

长江上中下游的集装箱运输各有特点。长江上游随着西南地区轻重工业、外向型经济的快速发展，外贸进出口大幅增长，重庆市腹地箱源增幅迅猛，四川、贵州等地越来越多的企业选择重庆为进出口贸易中转港，重庆港的区域枢纽地位逐步显现。长江中游港口发展潜力巨大，武汉市是港口集装箱吞吐量大户。2004 年，武汉市的集装箱运量为 1.6 万 TEU，同比增长 45%；2005 年达 23.72 万 TEU，在湖北省占比高达 85.70%。长江下游外向型经济发展迅速，外贸适箱货较多，集装箱化率较高，且航道条件较好，江海联运系统较为完善，内陆出口货物可一票运达目的地，运价也较为合理。因此，集装箱运输优势明显。长江集装箱运输 80% 集中在长江下游江苏省和上海市境内。2004 年江苏省完成集装箱吞吐量 165.65 万 TEU，占长江全线的 76.30%；2005 年为 200.5 万 TEU，占长江全线的 73%。上海港作为长江流域重要的出海通道发挥了极为重要的作用。2002 年，完成集装箱吞吐量 861.22 万 TEU；2003 年达到 1128.2 万 TEU，同比增长 31%；2004 年达到 1455.41 万 TEU；2005 年，达到 1808.49 万 TEU，同比增长 24.30%，港口集装箱吞吐量居香港和新加坡之后列世界第三。

第五节　长江水运工业取得突破

一、长航集团水运工业取得重大突破

“十五”时期，长航集团工业产值达130亿元，是“九五”时期的3倍，水运工业整体迈上新台阶。船舶年完工量从“九五”时期的10万吨提高到42万吨，单船吨位从2万吨提高到5万吨；职工年人均产值由“九五”时期的1万元提高到40万元。

2003年，长航集团直属船舶工业抓住机遇，上规模、增效益，一举扭亏为盈。由2002年的亏损3400万实现盈利1980万元，工业总产值突破25亿，同比增长36.70%。自营出口船舶占总吨位的45%，订单59艘、73.2万总吨，90%以上为出口船舶。同时，收购镇江船厂，尝试低成本扩张。2005年，长航集团船舶工业完成总产值43.6亿元，实现销售收入47.2亿元，同比分别增长33.10%、27.00%，直属工业利润总额达1080万元。

二、产品高技术含量不断提高

2002年3月15日，金陵船厂采用职工募股形式，筹资近1000万元建造的300吨龙门吊，一次性试吊成功并通过鉴定。该厂首次为芬兰船东建造的25000吨化学品船，就是用300吨龙门吊进行定位合拢的。2003年10月，金陵船厂申报的“横向下水自重最重的船舶”项目通过英国吉尼斯总部的审核，并被确认为横向下水自重最重世界纪录，该船台总长210米，26台斜船架可承载自重12000吨的船舶。2004年由金陵船厂为欧洲空中客车公司建造的专门用于运载“空中巨无霸”A380重大部件的滚装船“波尔多城”号按期交船，荣获“欧洲滚装船物流运输概念奖”和英国皇家造船协会2004年度“最具有影响船舶”称号。

青山船厂在国内无技术资料、无经验借鉴的情况下，成功建成18500吨不锈钢舱化学品油船“维勒莉（VA·LERIE）”，并于2002年12月交付使用。2003年3月28日，“18500吨双相不锈钢舱化学品船焊接技术及建造工艺”通过湖北省科技厅鉴定，达到欧洲化学品船造船标准，填补国内空白并处于国内领先水平。7月22日，江东船厂与武汉理工大学合作制造的“JXS·160型程控机械手肋骨冷弯机”通过试车，各项技术数据及设备性能均达到设计要求，是我国先进的船体肋骨整形设备。2004年9月，青山船厂为武汉天兴洲大桥三号桥墩建造的钢围堰运抵现场，成为当时世界上最大的浮体钢围堰。

2005年，青山船厂、金陵船厂被世界著名的克拉克松航运咨询公司评为全球20

大化学品船建造厂，分别排名第15、16位。金陵船厂出口瑞典的14500DWT品船在世界上首次采用全回转360度舵桨推进系统，首次应用环保船级标志，在欧洲滚装船航运年会上获得《劳氏船名录》最佳船舶奖。

金陵船厂

三、水运工业市场竞争力增强

2002年，我国运力最大、现代化程度最高的运输船舶——30万吨级超大型油轮“远大”号，在江苏南通中远川崎船舶工程有限公司建成下水，实现了我国建造巨型油轮零的突破。该轮船长333米，宽60米，深29.3米，续航能力2万海里，船体自重4.07万吨，配备无人机舱，可实现一人驾驶操作。9月17日，江东船厂为德国批量建造的第一艘1100箱快速集装箱船（13000吨）在上海交船，这是该厂在新世纪成功建造的第一艘万吨级船舶。2003年5月18日，我国内河最大的一艘环保型自航自卸散装水泥船“长亚1”在青山船厂建成下水。该船总长106米，型宽19.6米，型深7.2米，设计吃水5.5米，最大载货量6600吨，双尾、双桨、四舵，航速可达17.5千米每小时，满足内河A级航区的稳性要求，可在全封闭情况下按环保规范自卸散装水泥。6月30日，金陵船厂为德国建造的第一艘37300吨级化学品船顺利下水。该船总长186.3米、型宽31米、型深16.4米、设计吃水9.5米，双底双壳，单机单桨，主机最大持续功率8580千瓦，航速15.2节，无限航区，续航力12000海里。主要用于装运成品油及二类化学品，可同时装载9种液货。10月16日，长江上最大规模的水上燃油超市白浒山水上加油站建成，日销量由30吨跃升至100吨。

“十五”时期，长航集团水运工业形成建造技术等级较高的滚装船、化学品船、海洋工业船等为主打产品的经营特色。

四、沿江省市水运工业新发展

2001年12月11日，四川省船舶工业总公司实施改制并移交宜宾市。2003年实施IS09001·2000版质量管理体系，步入科学化、程序化、规范化的轨道。2004年合同额达1.14亿元，造船完工16艘，交验合格率达98%，保持合同履约率100%。10月26日，“大洋8”轮在重庆长寿周家沱顺利下水，总长97米、型宽15.8米、型深7.4米，主机功率1325千瓦，载重5000吨，总排水量6600吨。这是长江上游建造的最大单船。

2004年，安徽省大力推进船型标准化，编制实施《安徽省内河船型标准化发展纲要》和《挂桨机船舶改造资金补贴实施办法》，完成拆解改造厂资质考核认定，向社会公布41家定点船厂，拆解改造挂桨机船舶114艘。皖籍在外省自行改造船舶达150艘。同年，重庆市江万船厂成为库区首批标准化散货船承建船厂，开工建造2500吨级标准化普通散货船；常熟华海船舶设备厂研制出新型开舱机，经20多艘出口船舶使用证明，工作性能可靠，操作翻滚灵便。

2004年1月12日，江西江新造船厂为黄骅港建成4000匹全回转港作拖轮。总长35米，型宽9.8米，型深4.5米，吃水3.4米，正车系统拖力不低于51吨，倒车系统拖力不小于48吨，航速13千米每小时，续航力1250海里。3月29日、4月9日，“长汛4”“长汛5”两艘2000吨级深舱型货船在江西省造船公司分别开工建造。该型货船总长84.8米、型宽14米、型深4.6米，载重量2000吨，分别于2005年7、8月竣工。2005年7月18日，“江湾”350方全液压绞吸式挖泥船在江西航务工程船厂建成下水，是江西建造的最大挖泥船。

第六节　支持保障系统进一步完善

一、长江航运安全保障能力大幅提高

“十五”时期，长江海事辖区年均发生一般及一般以上水上交通事故82起，死亡109人，沉船53艘，经济损失2600万元。与“九五”时期相比，分别下降55.80%、34.10%、31.70%和31.90%；特别是死亡人数大幅下降，安全形势逐步好转。

（一）安全监管不断加强

长江海事局积极探索安全监管规律，着力优化辖区通航环境，于2004年提出“四化三步走”发展战略，即到2020年分三步全面实现管理信息化、反应快速化，执法

规范化，监管现代化；坚持标本兼治、综合治理，不断强化安全监管，大力实施渡船监管“牛鼻子工程”，开展“渡船平安行动”，突出重点船舶、重点水域、重点时段安全监管，打击治理船舶超载、假证书、非法采砂和低质量船舶治理。到2005年底，取得明显成效。

2001年7月12日，交通部发布《中华人民共和国船舶安全营运和防止污染管理规则》（试行）（以下简称《规则》），2003年1月1日起，《规则》对国内跨省航行载客定额50人及以上的客船（包括客滚船、旅游船等），150总吨及以上的气体运输和散装化学品船生效，2003年7月1日对油船生效。长江海事局选定6家国内船舶公司进行试点。12月9日，召开长江片区第一批实施《规则》船东大会。2002年6月28日，国务院颁布新修订的《内河交通安全管理条例》（以下简称《条例》），8月1日起施行。长江海事局将8月份作为贯彻《条例》集中宣传月，在港口、码头等现场大力开展宣传活动。至12月，长江海事局辖区基本实现“四个明显、一个提高”，即安全意识明显增强，安全规章制度明显完善，安全管理责任明显加强，安全管理水平明显提高，确保了水上交通安全形势稳定。长航局充分发挥全线一条链的整体优势，组织海事、公安和航道部门联合开展打击碍航采砂和超载运砂船舶的专项活动83次，取缔小型吸砂船1488艘次，大型吸砂泵122艘次。

2005年，三峡库区新增配备应急设备的码头单位5个，新增围油栏1200米、撇油器2套，实现了三峡库区污染应急设备零的突破；在三峡库区开展船舶防污专项检查，共检查船舶646艘，船舶污染物接收单位13家，查处缺陷869项。

（二）船员管理上新台阶

2001年6月1日—9月30日，长江海事局开展船员秩序整顿。以“四客一危”及三等以下船舶船员为重点，举行培训班385期、培训12598人次；查船5282艘次，现场培训船员4585人次。组织长江汽车滚装船船员特殊培训，船员实际操作技能普遍得到提高。2003年8月27—29日，由交通部海事局组织的第一期长江干线船员适任证书理论统考在武汉举行，300名船员参加，打破了由原各海事局组织考试的格局，首次实行重大改革。2004年，长江海事局试行建立船员培训质量管理体系和“黄牌”警示制度，收到了良好效果。2005年，参加培训考试人员达9748人次。6月1日，《内河船舶船员适任考试发证规则》在长江实施，船员考试、评估和发证质量体系从8月10日开始试行。

（三）长江引航成效显著

2003年，长江引航中心一手抓防“非典”，一手抓引航生产，5—6月份共引领中外船舶2671艘次，同比增长14.80%。其中来自疫区港口船舶166艘次，没有误过一次船期，也无一人感染“非典”。全年引领中外籍船舶16352艘次，总吨14132万吨，净吨7455万吨，引航里程268.8万千米，同比分别增长17.64%、18.68%、22.33%、11.95%，为历年最好水平。2004年，长江引航中心以长江江苏段船舶定线制实施为契机，健全安全管理机制，以“反违章”为重点，狠抓预防预控。全年发生上报等级事故5起，引航事故率为0.024%，安全形势稳定。成功引领50万吨级的“海上巨无霸”，顺利通过ISO9001质量体系外审认证。

2005年，长江引航中心基本实现“三化两率先”，即管理信息化、服务规范化和反应快速化，率先在全国引航系统实现管理现代化、率先在全国海事系统实现生活小康的战略目标。扩大网上引航业务信息平台的服务内容和用户群，使用平台的代理达107家，网上申请船舶数量达80%以上。严格执行各项操作规则，完成ISO9001质量管理体系运行第二个循环，确保了顾客投诉率为零，引航申请受理率100%，按时开航率99.98%，行风受理举报为零。基本建立覆盖长江安徽、江苏段水域的网络平台和水陆交通一体化的快速反应体系。普通船舶申请10分钟受理完毕，发生引航事故（港内）有关人员30分钟赶到现场。

（四）船检业务全面加强

2000年，交通部海事局在辽宁、天津、上海、广州及武汉设立船舶检验管理处。武汉处业务上受部海事局领导，也属长江海事局职能部门，负责对中国船级社武汉、重庆分社和云南、贵州、四川、湖南、湖北、江西、安徽及重庆等七省一市的船舶检验机构实施监督管理。

中国船级社武汉分社下辖宜昌分社和九江、黄石、沙市办事处及城陵矶检验处。船检业务范围上至宜昌、下至九江，覆盖湖北、湖南、江西、河南等省。2005年，完成国内船入级60艘，16.5万总吨，新造船舶完工82艘，19万总吨，营运船舶检验1940艘，106万总吨，产品检验70万套（台）每件。中国船级社南京分社2002年检验船舶1583艘，同比上升29%，并承担30万吨超大型油轮的检验工作；检验产品1518万台每件，同比上升39%，完成国内首只液化天然气罐式集装箱的样箱认可与检验工作。

2001年3月，武汉规范研究所成为中国船级社直属单位，负责全国内河船舶规范、法规、标准的编制和相关科研工作，以及安徽、江西、湖南、湖北、四川等地船舶图纸审查工作。2005年4月21日，全国低质量船舶专项整治工作电视电话会议召开。长江沿线各省市认真组织，层层落实，将造船厂（点）和船舶数量、质量基本摸清，滩涂造船等非法违规造船有所收敛。武汉规范研究所专门成立专家评审组和船舶结构、稳性技术支持组，积极配合中国船级社武汉分社、重庆分社完成“大巴山”“峨眉山”

等10余艘船舶附加检验问题的评估及图纸确认、稳性复核工作，以及10条在建川江滚装船私自加宽问题的处理。至10月31日，完成180艘船舶附加检验，占CCS附加检验船舶总数的42%。

二、长江航运通信快速发展

（一）新技术广泛应用

2001年，交通部批准建设长江电视电话会议系统工程，以数字微波电路作传输通路，带宽384千字节，连接长江全线16个会议电视会场和30个音频电话会场。建成后，长航系统利用会议电视召开紧急会议和举行大型报告会，受到长江各港航领导机关的好评。2002年3月，重庆至宜昌935.35千米12芯光缆线路开始架设。下半年安装光传输设备，开通2.5千字节每秒干线电路，彻底改变三峡库区航运通信的落后面貌。2003年，初步建成长航数据通信网，长江干线甚高频无线覆盖率达98%。依托宜申、宜渝数字微波，武汉为一级节点，重庆、宜昌、芜湖、南京、上海为二级节点，万州为二级辅助节点，其他为三级节点，奠定了长航系统内部传输网络与外网实行物理隔离的基础条件。

（二）通信服务水平明显提高

2002年，长江无委办对6个港航单位、122座岸台进行清理核查，提出关闭注销电台22座，限期整改无线电台42座。2005年，长江水上无线电专项整顿历时1个月，检查船舶6180艘，处理违章船舶391艘，处理违规配置大功率VHF电台72台，核发船台执照655份，办理船舶安全通信进网登记270艘，配置无线通信设备16台套。2004年5月1日，在对安全信息广播系统进行升级改造基础上，充实播音力量、扩大工作场地、增加播音设备，长江水上安全信息联播台正式开播。每日播音由3次增加到5次，其中1次为综合互动节目，播出行业新闻、航运综合信息和专题节目，深受广大船员和港航单位欢迎。

三、长航公安力保治安稳定

2001年4月，长航公安局在长江全线组织开展为期两年半的严打整治专项斗争，先后组织“打击江盗水匪”“打黑除恶”“追逃”“质爆缉枪”“整顿客运治安秩序”“扫黄打非”“整治非法采砂碍航”“缉毒”“整顿经济秩序，打击经济犯罪”9个专项行动，破获刑事案件3396起，抓获违法犯罪人员34229名；打掉犯罪团伙204个，抓获团伙成员873人；缴获赃款、赃物折款170余万元。成功破获黄石“4·1”杀害解放军战士案、宜昌“7·14”特大抢劫杀人案和重庆“4·7”特大水上抢劫案，这三起案件的主要犯罪嫌疑人均被判处死刑。针对欺客、宰客、盗窃、诈骗、围船叫卖等问题，组织全线客运治安环境专项整治，查处治安案件33962起，处罚36634人次。积极配合水利、海事等部门，进行10余次打击非法采砂的专项整治行动，查获非法采砂船665艘，捣毁采砂设备634套，打掉一批带有黑恶性质的“砂霸”。2002年5月，长江干线重庆、万州、鄂西、荆州、武汉、九江至武穴、安徽、江苏、上海9个区段水上“110”报警服务联动中心实现全线贯通。长江水上“110”报警服务联动中心建成，不仅把长航四大保障系统联系在一起，而且增强了港航公安机关快速接处警的能力，彰显出良好的社会效益。

2004年，长航公安机关积极探索出与海事、水利、航道、通信等部门及地方公安机关相互配合，联合执法，各司其职，“打、查、防、控、管”为一体的联动体系的新路子。2005年，在长江干线推行水上治安巡逻长效管理机制。以水上“110”报警服务联动分中心为依托，建立水上巡逻防控体系，将巡逻制度、警力配备、勤务方式、执勤战术、警务建设、后勤保障逐步纳入规范化轨道。

第七节　科教卫生事业大发展

一、航运科技取得丰硕成果

（一）深化行业关键技术研究

“十五”时期，长航局加大科技投入，组织编制《长江航运中长期科技发展规划》，完成212个科研项目。开展三峡库区航运安全监管系统建设和长江航道整治建筑物稳定性关键技术研究，完成国家“十五”时期重大装备攻关项目——具有首冲功能的300方自航耙吸挖泥船的研究及实船试验工作。着手建立长江航运科技管理综合信息库，开展了长江航运信息化标准体系研究。《三峡工程明渠导流及通航研究与运行实践》获国家科技进步二等奖和湖北省科技进步一等奖。长江航运一级办公业务网基本建立，电子政务主网站群初具规模，船岸VHF通信系统覆盖全线，干线光纤传输网建设步伐加快，长江水系省际“四客一危”（高速客船、普通客船、滚装船、涉外旅游船和危险品船）运输企业库、船舶库初步建立，以南浏段、三峡坝区智能航运示范工程为标志的新一轮信息化建设启动。

开展航道科研项目84项，其中整治项目30项，维护项目35项，航标项目19项，投入科研经费2698万元，有效解决了航道建设工程中的一些突出问题。电子海图研究取得突破，为“数字化”航道打下基础。此外，研制了长江航道第一艘新型工程施工船舶——铺排船。《长江干线辖区安全状况综合评估办法》（以下简称《办法》）获2005年度“中国航海科技奖”三等奖，该《办法》就建立安全监管长效机制、小型船舶管理、联合执法和执法快速反应等方面开展了专题研究。同时，在运输、船闸、通信等方面开展科研项目37项，投入经费543万元，使科技兴航发挥了巨大作用。

2003年，争取国家重点攻关装备研制项目及交通部西部建设科技项目等部级以上科技项目达到5项，获科研经费1780万元；安排重点科研项目46项，经费354.4万元；科技攻关项目20项。长江航道局承担的交通部西部项目《长江中上游重点清淤工程关键技术研究（一期）》和《长江荆州大桥恢复北汉主通道孔通航对策研究》，通过交通部验收和课题鉴定。《长江航运景气指数研究》和《长江船东满意度指数研究》完成并投入试运行。长航局政府网站正式开通，设立栏目及专题40个。同年11月，《三峡库区航运安全监管系统建设关键技术研究》通过交通部西部交通建设科技项目专家评审，长航局牵头承担并获科研经费资助500万元。2004年，国家重大攻关装备研制项目“具有首冲功能的300立方米自航耙吸挖泥船研制”通过验收，解决了长江中游航道2.0米~2.3米超浅航道疏浚这一技术难题。长航系统组织开展了一批高级别、高层次，规模大、含金量高，具有行业牵动性、基础性的科研项目。包括《长江电子海图制作标准研究》《长江航运信息化标准体系研究》《安全监管、航道、船闸等关键技术的开发与研究》等。提高了行业科技整体水平，对长江航运快速发展做出了重要贡献。

（二）应用技术研究明显加强

“十五”时期，长航集团争取国家级科研课题17项，在船舶大型化、船型节能化等方面取得积极进展，造船领域不断创新。5200吨空中客车滚装船、18500吨双相不锈钢化学品船、37300吨化学品船、多极调速电机与大功率变频调速电机、磁搅拌器、50吨全数字化轮胎吊车等技术，填补了国内技术空白。ATB铰接技术、船型优化技术、燃烧重质燃料油抗磨损技术、中速柴油机全烧重质燃料油技术，以及双相不锈钢焊接技术、内河船舶轴带发电机等一批实用型技术获得应用。“十五”时期，运输船舶综合单耗比“九五”时期降低28.00%，节约燃油11万余吨，重质油比重由“九五”时期的33.70%提高到59.00%。

2002年，长航集团研究提出三峡库区船型表，《中速船用柴油机燃用低质油深入研究》获湖北省科技成果推广二等奖。长航电机厂与华中科技大学共同研制开发的《交流变级电机》，获得世界知识产权组织授予的“中国专利金奖”，成为新中国成立以来机电行业唯一获金奖的厂家。红光港机厂和武汉理工大学合作开发具有全交流变频调速、PLC 控制和故障监测功能的轮胎起重机，当年开发、当年投产、当年进入市场，填补了国内空白。2004 年，长航集团组织实施《江海直达船队成套技术研究》《长江干线新型推船船组及船型研究》《江海直达、长江中下游自航船系列船型研究》，以及《库区游船动力装置运行数据设计、机桨匹配研究》等，形成有核心竞争力的特色船型。7 月 30 日，《平底船江海联运疏运模式》被列入上海市首批科技兴市重大产业科技项目，解决了驳船和推轮的链接问题，减少江海转运环节，建立起洋山与外高桥集装箱运输的快速通道，形成洋山港与长江中下游港口间的直达运输。

2005年，长航集团先后开发具有先进水平的4.6万吨级和7万吨油轮、30万吨油轮、特种化学品船、5000 吨 ~10000 吨系列江海直达散货轮及 5000 吨散装水泥自卸船新型船舶、新一代旅游船等核心项目。完成《三峡 135 米库区航行草图的编制》，汇编库区新航道、航路航法和锚地资料，并组织有关职工进行培训，确保了长航集团所属船舶的安全运行。对此，交通部给予高度评价和充分肯定，并发专函向全国推荐使用。同时，长航集团承担了交通部三峡库区 8 个标准船型项目中的 5 项（散装、重滚、客轮、集装箱及化学品船）。重点开展《库区船舶动力装置运行数据设计、机桨匹配研究》，为船舶技术改造、新型游船建造中推进设备的选型提供了依据。6 月 6 日，《川江 1942 千瓦推轮节能技术研究》通过项目验收，加装导流管、重新优化机桨匹配等技术改造，经过实船试验，船效明显提高，成本大幅降低。该技术在 19 艘川江 1942 千瓦推轮推广应用，技改效益显著，成为一条投资省、见效快的节能途径。

（三）长江船舶设计院创新设计

万吨级江海直达自航油轮船队航行在长江下游

“十五”时期，长江船舶设计院勇于开拓特种运输、工程、军辅船舶市场和港口装卸设备市场，综合实力和船舶总体研发设计能力明显提高。50000吨以内海洋大灵便型双壳干散货船等项目的开发，迈出了大型海船设计领域的关键一步；完成江海直达干散货船3500吨~11000吨系列化设计，领先全国。ATB顶推技术的研究开发，形成46000吨、5000吨和400TEU敞口集装箱运输ATB顶推船队运输方式，填补了国内空白；2000立方米~3500立方米LPG船、2000吨~3500吨化学品船的开发设计成为拳头产品。新一代80TEU~400TEU集装箱船受到了长江各航运企业的关注。东海大桥300吨墩身运架驳、印度电力推进150吨全回转超重船、重庆港400吨全回转浮吊等一批项目的研究设计取得了成功，得到行业的高度肯定。

（四）沿江省市航运科技新发展

2006年5月，由浙江省嘉兴市港航局和中科院上海研究所共同开发的数字航道多项关键性技术，在嘉兴北郊河、南湖旅游区成功完成实地测试。测试表明，该技术实现航道现场与水路指挥中心之间实时移动语音、视频传输，实现了夜间监控、目标锁定及图像增稳功能，并利用无线传感技术实现航道水位的实时监测、传输和分析预警功能。

2007年，江苏省镇江亿华系统集成有限公司承造了亚洲最大的13500立方米疏浚工程船“新海虎”轮全自动控制系统，达到世界先进水平。4月29日，湖北省《三峡库区港口高边坡稳定性研究与防护新方法》，通过省科技厅成果鉴定。其边坡防护研究成果——香根草植被与加筋土相结合的边坡防护技术在港口边坡实践应用中经济和社会效益显著。12月8日，《汉江丹江口至襄阳段航道整治技术研究》通过交通部技术鉴定。该项目提出了不同类型坝下河段中河道纵横向调整的特点与规律，建立了适用于宽级配冲刷过程的推移质输沙率公式和整治线宽度半经验半理论计算公式和经验公式，提出了卵石河床航道整治建筑物新坝体结构。

四川省组织开发的浅吃水特重大件（单件450吨）机动运输货船，航区涵盖A、B、C及J级航段及岷江急流航段，为背载式双尾肥大船型，达到国内领先水平。可将“单件450吨三峡机组转轮”特重大件从岷江乐山运至长江三峡。2003年8月，该船安全运输440吨三峡机组转轮（直径10.07米，高5.43米），开通了岷江至长江下游大件运输高等级水运通道。另有科研成果《集中载荷作用下的船体结构强度计算方法》和《集中载荷作用下的相识畸变模型试验分析法研究”》，荣获四川省科技进步三等奖。

二、培养高层次复合型人才

进入21世纪，长航系统坚持分级规划、分类指导、分步推进，开展多类型、多层次、全方位的学历教育、岗位培训和继续教育，形成“以思想政治教育为核心，以全员培训为重点，以提高创新能力为目的，把培养高层次、复合型人才放在突出位置上”的职工教育新格局。“十五”时期，职工受教育面超过90%。

2002年，随着国家教育体制的深化改革，长江航运教育系统格局产生重大变化。原长航局管理的院校划转3个，长航职工大学升格为武汉航海职业技术学院。2003年，武汉交通管理干部学院与湖北大学联办知行学院，开始了普通本科教育。同时，举办了高等职业教育、成人专科教育和电大、自学本科及函授等多种办学形式。武汉航海职业技术学院逐步形成以高职为主体，成人教育、党校教育、船员及干部培训四种模式的办学格局。各港航单位落实“科教兴航”战略，突出全方位、多渠道、多层次开展职工教育培训，取得明显成效。长航局全年培训职工总计12177人次，投入经费1760.4万元。2004年，长航系统进一步落实《中共中央国务院关于进一步加强人才工作的决定》，实施人才强航战略，开办长航系统首届硕士班、博士班，全年培训职工8068人。2004年8月10日，长航局和武汉理工大学联合举办交通运输工程硕士班开班，40多位学员参加学习。长江海事局与武汉理工大学联合开办博士学位课程进修班，30名有发展潜力的年轻干部参加学习。长江航道局实施“111”人才战略，通过摸底、申报、审核，组织了博士、硕士研究生，以及专升本的职工培训。

“十五”时期，长航系统积极探索职工教育培训新路，投入4021万元，培训职工51076人次，其中干部继续教育27699人次，3566人参加学历教育，硕博研究生达85人。相继成立长江航道局培训中心、交通部海事局武汉培训中心和长江航运人民警察学校。教育对象由学历生为主开始向干部职工培训扩展，成为全国交通水运培训市场的一支新生力量，为长江航运的改革和发展提供有力的智力支持和人才保障。

三、医疗卫生水平不断提高

2001年，长航总医院与北京天坛医院合作成立“神经外科协作中心”。2003年，神经外科开展100多例大型神经外科手术，90%达到华中地区先进水平。神经外科、内科、麻醉、影像学及部分医技科室的医疗水平及业务量明显提升。至2005年底，神经外科协作中心实施1200余例手术，其中85%以上为脑瘤手术。高难危重手术占五成以上，手术成功率达98%以上，填补湖北省多项空白。

2004年4月，长航总医院成为武汉市“神经外科市级重点专（学）科建设单位”。同年11月，再度与北京天坛医院合作，成立“神经内科协作中心”。为方便长航职工、家属、周边居民就医，设立4个社区服务站。2005年，长航总医院纳入武汉警医联动抢救机制，设立绿色通道急诊科，开展各种急危重症的诊断及抢救。警医同步接警，实行24小时值班待令，专车专用，开设绿色生命通道。

第七节　文明创建与行业文化建设成效显著

一、长江航运文明创新深入开展

“十五”时期，长航局系统深入开展“三学四建一创”（学习包起帆、青岛港和“华铜海”轮；建设交通基础设施优质廉政工程、交通行政执法素质形象工程、交通运输通道文明畅通工程和交通运输安全效益工程；创建文明交通行业）活动和文明单位、文明样板航道、文明窗口创建活动，涌现出一大批先进单位、先进集体和先进个人。长航局连续两年荣获湖北省文明单位。长江海事局、长江航道局荣获全国文明单位，省级（含最佳）文明单位41个；全国“五一劳动奖状”单位5个、全国“五四”红旗团委1个、全国劳模2名、省部级劳模39名，全国“五一劳动奖章”9名。

2001年3月，《长航局“十五”时期社会主义精神文明建设规划》出台。2002年，全国交通系统创建文明行业工作会议后，长航局党委重点推进文明样板航道创建、文明执法队伍建设、廉政示范工程建设，开展有长航特色的文明“窗口”建设和文明单位创建活动。2002年，首批试点航区三峡、洪湖、上海三段荣获“全国文明样板航道”。

芜湖港企业文本发布仪式暨文化楷模报告

以“诚信在长江”“我为长江黄金水道做贡献”“构建和谐长江航运”为主题开展“文明窗口月”活动，长航局在全线命名19个示范“窗口”，通过现场观摩、经验交流、巡回报告等活动，使“窗口”建设走上延伸辐射之路。2004年4月，组织开展了“弘扬振超精神、创建三个一流”活动。2007 年，长航局大力倡导“同舟共济，扬帆奋进”的长江航运精神，开展“唱响长江之歌，共建黄金水道”系列活动；长航局荣获湖北省最佳文明单位，2/3 的局属及基层单位进入省级文明单位行列，5 个航区成为“全国文明样板航道”，新创国家级“青年文明号”5 个；长江航道基础设施制度防腐成功经验，被交通部树为先进典型并向全国交通系统推广。2008 年，长航局“唱响长江之歌、传递奥运火炬、共建黄金水道”接力长跑活动影响深远，首届长航系统职工运动会在武汉成功举办。全行业深入开展“改革开放 30 年”系列纪念活动，出版发行《长江儿女》，开辟网上陈列馆，系统总结长江航运的成就和经验；长航局连续两届获得“全国精神文明建设先进单位”和“全国交通系统文明行业”称号；创建全国工人先锋号 2 个、全国青年文明号 3 个，三峡局荣获“湖北省五一劳动奖状”。

新式信号台

（一）长江海事“执法为民、奉献海事”

“十五”时期，长航局组织制定《长江海事文化建设指导意见》，确定岳阳局为试点单位，坚持开展“文明窗口月”活动，以“诚信在长江”“执法为民、奉献海事”等为主题开展教育实践活动，全线 15 个处站分别荣获全国海事系统、长航系统和长江海事系统文明示范窗口，9 个单位获省部级文明单位，4 人获省部级劳模和先进工作者。

（二）长江航道实施新世纪文明工程

“十五”时期，大力实施“新世纪文明工程”，围绕构建“畅通航道、文明航道、数字航道、和谐航道”的奋斗目标，深入开展“三学四建一创”活动和创建文明单位活动。“为人民服务和对行轮负责”的思想深深扎根于航道职工心中，共有 183 个单位、集体和个人受到省部级以上表彰。

（三）长航公安全面塑造合格民警新形象

“十五”时期，通过创建文明行业、“爱民月”“争创人民满意单位，做优秀人民警察”等活动，全面塑造长航公安机关新形象。2001年，制定《长江航运公安机关“十五”时期社会主义精神文明建设规划》。2002年9月，“长江之盾”先进典型在全线巡回报告。2004年6月，开展提高“基本知识、基本体能和基本技能”的大练兵活动，88个集体、69人次获得交通部、公安部、共青团中央和长航局表彰，77个集体和291人次分别荣立一、二、三等功。

二、长航集团文明创建结硕果

“十五”时期，长航集团于2003、2005年两次获得全国“五一劳动奖状”，连续5年获全国“安康杯”竞赛优胜企业。2002年，“长江22037”作为拖轮首获全国“五一劳动奖状”。该轮安全航行26万千米，连创21个百日安全无事故，主机安全运转114627小时。2002年9月7日，长航“江山4”轮被命名为全国第一艘保护母亲河号客轮，并发出了致全国青少年“保护母亲河，保护生态环境，永葆中华文明灿烂辉煌”的倡议书。11月，长燃南京分公司上远门、兴隆州二个加油站，双双被评为中石化水上五星级加油站。2003年，红光港机厂获ISO9001 ：2000认证，荣登湖北省百业状元榜；2003—2004年，连续两年被评为“全国产品质量、售后服务信誉双保障企业”。2005年，中国长航荣获国务院国资委绩效进步特别奖。2007年，长航集团各级工会以“当好主力军、建功十一五、和谐奔小康”为主题，开展“节能降耗、降本增效、绿色环保”建功立业的劳动竞赛。南京长江油运公司“大庆432”轮船长孟林国的妻子吴美等7位“贤内助”，荣获“全国优秀海员家属”。

三、沿江省市文明创建成绩斐然

江苏省围绕“加快建设、规范管理、优质服务”这一主题，深入开展“三优三满意”“外学吴胜东、内学秦振中”等活动。苏南运河创建成为全国第一条文明样板航道，航道系统创建成为全国交通文明行业和江苏省文明行业，基层单位全部创建成省厅级以上文明单位。2005年10月26日，邵伯船闸管理所荣获“全国文明单位”。苏北航务局、盐城市航道处直属航道站荣获“全国五一劳动奖状”。浙江省港航管理系统成为省级文明行业，100%创建成文明单位，其中省级文明单位11个，文明执法示范窗口达到32%。京杭运河（浙江段）荣获全国交通运输十佳文明畅通工程，京杭运河（浙江段）、杭申线（浙江段）荣获全国文明样板航道。安徽省深入开展“六学六建一创”

活动，创建省部级单位18个，全国创建文明行业先进单位2个、国家级青年文明号2个、全国巾帼文明岗1个。江西省水运系统文明单位比例达95%，行业文明程度进一步提升。“南山”“南波2”高速客船，“新缘1”旅游客船，鄱阳港客运站荣获交通部“文明客船”“文明客运站”。湖北省港航系统深入开展“学习陈刚毅岗位创一流”活动，内强素质，外树形象，干部职工精神面貌焕然一新，行业凝聚力和战斗力明显增强。四川省航务系统168个管理部门全部建成文明单位，建成面达100%，40%以上的文明单位上等升级，建成3个部级文明达标单位，1个全国交通行业文明示范“窗口”。

四、行业文化建设方兴未艾

（一）隆重纪念郑和下西洋600周年

2005年7月11日，郑和下西洋600周年纪念大会在北京人民大会堂隆重举行。我国首届“航海日”启动仪式同日举行，以“热爱祖国、睦邻友好、科学航海”为主题，以爱国主义教育为主线，大力弘扬和培育伟大的民族精神，提高全民族的航海和海洋意识。2005年5月15日，太仓市“郑和宝船”扬帆巡游。“该轮的外观、桅帆均按照古船原形装饰布置，船长30米，宽6.4米，深2米；设五桅五帆，寓意“睦邻友好，扬帆天下”。7月4日，“郑和宝船”制造地——南京龙江宝船厂遗址公园建成开放。龙江宝船厂是当时世界上最大的造船厂，在2003年的遗址考古发掘中，出土了巨型舵杆、造船工具、巨型绞木、铁锚及工匠生活用品等珍贵文物1500多件。7月8日，郑和航海暨国际海洋博览会在上海市展览中心隆重开幕，该博览会由郑和下西洋史、中国航海史、航海、海洋、港口、船舶等部分组成。7月11日，为期4天的“世界华裔青少年郑和古船模型竞赛”在湖北黄石隆重举行，这次活动由国家体育总局、教育部、中国科协、共青团中央、全国妇联等联合举办，全国44个代表队338名运动员和数千名黄石市中小学生参加开幕式。

（二）长航集团创建企业品牌

长航集团创建企业品牌，经历了提高认识、积极探索、全面构架和起步实施4个阶段。2000—2003年，开展理论探讨，收到论文352篇，在全国率先提出企业文化“三层论”，陆续发表在《长江航运报》《海员文艺》《求实与创新》，构成长航集团企业文化建设的三层（内层、中层、表层）框架。2004年9月—2005年5月，长航集团召开两次全线企业文化建设会议，拉开企业文化建设序幕。企业文化与质量领导小组一起，在货运、旅游、工业造船等三个国际性竞争产业中进行试点，以提升中国长航系列品牌。长航集团总经理刘锡汉荣获“全国劳动模范”，并当选第十届全国人大

代表。

（三）《长江航运年鉴》（2000）面世

2001 年 11 月 18 日，《长江航运年鉴（2000）》编撰出版。这是第一部记载长江航运发展现状的百科全书。该年鉴由特载、专文、大事记、综述、航务机构、长江航道、长江港口、船舶运输、三峡通航、港监船检、通信导航、水运工业、公安法院、科教文化、社团报刊、英模专家、统计资料共 17 个分篇组成。全书有 96 个类目、1031 个条目，共 116 万字，由中国航海史研究会长江片委员会组织编纂。

交通部、长航局、长航集团领导纷纷为该书题词祝贺。贺崇升题词："长江，是祖国最大、最长、最好、最美丽的黄金水道。"原长江航运管理局局长张明题词："长江是我国的黄金水道，改革创新发挥更大作用。"长航局局长黄强作序："今后，我们将坚持以年鉴的形式，客观地记录长江航运所发生的一切，所奉献的一切。"

（四）千古绝唱的"川江号子"

千百年来，在那繁荣的木船航运时代，征服滩险的纤夫和船工们"脚登石头手趴沙，风里浪里走天涯"。坚硬的岩石上，留下一道道深深纤痕，纤夫船工负重前行时喊出的一声声号子，成为川江木船航行时代的千古绝响。2003 年、2005 年，先后有新华社记者、《中国交通报》记者，对川江号子这一日渐式微的文化现象作了专题报导。《工人日报》记者于 2005 年 8 月，大篇幅报道了湖北秭归县将船工号子申报国家非物质文化遗产保护名录这一抢救性工作。为使这一古老的长江航运历史文化保存下来，秭归文化部门成立保护遗产专班，深入峡江访问 80 多位老人，整理珍贵音像资料 200 多份，照片 120 多张，文字资料 10 余万字，基本完成了峡江船工号子的整理工作。"川江号子"这首古老的歌，成为川江航运文化特有的"活化石"。

（五）长江航运文化建设成果丰硕

2007 年 3 月，长江航运徽标设计工作小组经过深入研讨。邀请行业内外专家进行会审，明确了长江航运行业徽标设计必须体现"同舟共济、扬帆奋进"的精神理念，具有开放、蓬勃向上的动感和风帆、铁锚等特征元素。经多次征求意见、反复微调修改，最终形成了长江航运徽标图案。

长江航运徽标内涵丰富，寓意深远。徽标整体造型由外向内看，圆环象征地球、太阳，喻示广阔的发展空间、团结和凝聚力。中心实底反白图案，由巨轮、风帆、铁锚和浩浩长江水组成。由下向上看，简洁而又富有动感的水波纹造型，表现的是长江航运的行业环境——万里长江，生生不息，源远流长。江水上一只刚劲有力的铁锚彰显了航运业最显著的特征，其上方两条极具动感的弧线，抽象地构成鼓满的风帆，又恰似一艘劈波斩浪的巨轮，具有锐意开拓、驶向未来的寓意，体现"同舟共济、扬帆奋进”的精神理念。图形正上方的圆点，代表行业合力的凝聚点，与下面的线条组合象征着长江航运万众一心的共同理想，凸显“长江一家人，行业一盘棋”理念。整个徽标，像巨手，托起行业的美好希望；又仿佛是一张真挚的笑脸，体现着长江航运的服务宗旨和行业兴旺、人人幸福的新风貌。

长江航运各子系统也逐步推出形象徽标，既显示出长航的基本理念和元素，同时又体现了各自的特点。

2007 年 8 月，长航局组织知名词、曲作家和歌唱家到长江采风，创作完成《长江儿女——长航之歌》。歌词以长江航运人为核心，以长江为舞台，以时代为背景，把长江航运人对长江的深情融入旋律，使长江航运的核心价值理念跃然纸上，用音符和旋律昭示着长江儿女为实现美好理想开拓拼搏的决心与信念。通过一年多时间的征集评选，《长江之歌》和《长江儿女》共同作为长江航运行业歌曲，互为补充、形成系列。9 月底到 10 月中旬，长航局分别在芜湖、武汉和重庆组织举办三场演唱会。演唱会以长航艺术骨干为主力，以长江航运行业歌曲为主打，以歌咏长江、抒发长江航运人情怀为主体，气势恢宏，激情飞扬。国内知名歌唱家万山红、孙建倾情演唱，让广大观众深切感受到长江航运文化魅力。2007 年 10 月，长航局充分挖掘长江航运文化资源，展现长江航运文化建设的理论探索水平，宣传长江航运文化建设的实践成果，编辑出版了《扬帆奋进——长江航运文化建设成果集锦》（以下简称《集锦》）。《集锦》站在行业整体的高度，全面地反映了长江航运文化建设的主要成果。《集锦》图文并茂，

长江航运文化建设成果集锦

雅俗共赏。全书分展示篇、实践篇和理论篇三大部分，共 23 万余字。原交通部部长、中国交通运输协会会长钱永昌作序，盛赞该书填补了我国水运文化建设的一项空白。同年，由长江航运职工撰写编著的《长江大撤退》《险滩恶水之间》等文学作品陆续问世，扩大了长江航运文化的社会影响。

长航系统在全线开展“万里长江清风颂”活动

2007 年 7 月，长江航道局建局 50 周年之际，编辑出版了《长江航道文化手册》，围绕构建“畅通航道，数字航道，文明航道，和谐航道”，凝练出了“团结、诚信、奉献”的航道精神和“一切为了畅通”的核心价值；推出了《航道文化》《险滩恶水之间》等文化作品，编辑出版了《长江航道视觉形象识别系统手册》。2008 年，长航公安局成立 55 周年之际，编纂出版大型画册《大江鉴忠诚》，制作了电视剧《大江作证》和反映奥运安保的专题片《平安奥运大江魂》。

这正是：

同舟奋进共扬帆，文化功成万里欢。
年鉴声声传喜讯，长江儿女凯歌还。

第八章

宏图再起——长江航运绿色发展

（2009—2019 年）

燕舞莺歌春满堂，长河浩荡喜传扬。
国家战略书奇景，文化强航呈瑞祥。
坝起库成神女悦，峰回波远巨龙翔。
朝阳遍洒黄金道，万马奔腾畅海江。

2011 年 1 月 21 日，国务院印发《关于加快长江等内河水运发展的意见》，标志着长江航运发展上升为国家战略。中共十八大以来，习近平总书记多次强调长江经济带发展必须走生态优先、绿色发展之路。建设长江黄金水道，发展现代长江航运成为各方共识。“平安长江、数字长江、阳光长江、和谐长江”建设全面推进，长江航运绿色发展成为强航战略的主旋律。

这期间，长江航运体制改革全面深化，“一体化管理、一条龙服务”基本形成。长江干线货运量突破 26 亿吨，连续 15 年稳居世界内河第一。长江航道通过能力全面提高，“深下游、畅中游、延上游”的建设目标初步实现。三峡工程 175 米蓄水，显著改善库区航运条件。长江港口功能全面提升，亿吨大港达到 14 个。长江干线船型标准化全面启动，干线货船平均吨位达 1780 总吨。长江沿线铁水联运和江海运输稳步增长，长江水运工业发展迅猛。长江航运行业科技水平和创新能力不断提升，重点水域交管系统相继建成。水上 110 联动服务、数字传输系统全线覆盖，电子航道图不断完善。行业文化体系全面形成，精神文明建设及文化创作硕果累累。长江航运进入高质量发展阶段。

第一节　实施长江航运绿色发展战略

一、长江航运绿色发展上升为国家战略

2009年，国务院总理温家宝作出“充分发挥长江黄金水道的优势，带动两岸经济社会发展”等重要批示。国务院副总理李克强作出“开发长江水运潜力，带动区域发展”的重要指示。2009年12月，国务院副总理张德江在长江湖北段调研考察，先后考察了三峡船闸、三峡电厂、宜昌港艾家河船舶转载基地、荆州马家咀航道整治工程现场和武汉新港，听取了有关内河航运、长江航运和三峡航运的情况汇报，张德江副总理在武汉出席内河航运发展座谈会并讲话，提出要下决心把内河航运搞上去，加快发展畅通、高效、平安、绿色的内河航运，努力实现中国内河航运事业的新跨越，为国民经济和社会发展提供有力支撑。

2009年1月12日，交通运输部宣布长航局新领导班子，唐冠军任局长，黄强任党委书记。当时，国际金融危机对中国经济造成了严重冲击。国家明确提出加快钢铁、石化、造船、物流等产业发展，并把长江和京杭运河规划为全国十大物流通道之一。2月11日，长航局局长唐冠军在长江航务管理工作会议上明确提出“一条主线，四个长江”的发展战略，以及到2020年分三步实现长江航运现代化的总体目标。“一条主线”，即建设长江黄金水道、发展现代化长江航运；“四个长江”，即平安长江、数字长江、阳光长江、和谐长江。2月18日，长航局决定在全系统启动旨在积极应对全球金融危机冲击，帮扶港航企业健康发展的“春暖行动”。5月，《长江干线航道总体规划纲要》经国务院同意，明确到2020年国家将投入430亿元用于长江干线航道的整治和装备建设。6月25日，长江水运发展协调领导小组第二次会议在安徽合肥召开，交通运输部、财政部与沿江七省二市共同签署了《关于合力推进长江黄金水道建设的若干意见》和《推进长江干线船型标准化实施方案》。

2010年5月，交通运输部会同国家发改委、水利部、财政部编制的《长江干线航道总体规划纲要》获国务院同意，明确到2020年国家投入400亿元用于长江干线航道建设。8月25日，温家宝总理主持国务院常务会议，专题研究部署推进长江等内河水运发展工作，提出力争用10年左右的时间，建成畅通、高效、平安、绿色的现代化内河水运体系，中央与地方将投资1600亿元，用于加大内河投资、航道港口建设、补贴船型标准化的力度。

2011年1月21日，国务院发布《关于加快长江等内河水运发展的意见》，标志着长江航运发展上升为国家战略。3月24日，国家内河高等级航道“十二五”建设

启动仪式在长江荆江河段瓦口子至马家咀航道整治工程雷家洲护岸施工现场隆重召开，国务院副总理张德江亲临会场并宣布建设工程启动。仪式结束后，张德江副总理乘船视察了长江中游航道。

2011 年 3 月 24 日，国家内河高等级航道“十二五”建设启动仪式在荆州举行

2013 年 7 月 21 日，中共中央总书记、国家主席、中央军委主席习近平雨中考察了武汉新港阳逻集装箱港区，强调长江流域要加强合作，发挥内河航运作用，把全流域打造成黄金水道。9 月 14 日，长江水运发展协调领导小组第四次会议在武汉召开，交通运输部部长杨传堂宣布总投资 43 亿元的荆江航道整治工程正式开工。9 月 21 日，李克强总理在国家发改委呈报件上批示：依托长江这条横贯东西的黄金水道，带动中上游腹地发展，促进中西部地区承接沿海产业转移，打造中国经济新的支撑带。

2013 年，荆江航道整治工程开工

2014 年 4 月 27 日，李克强总理在重庆万州港乘船考察长江黄金水道，在轮船甲板上，他认真观察港口基础设施和航道建设现状，并与有关部门负责人共商长江黄金水道的未来发展大计。他指出，长江黄金水道是贯通东中西部、通航能力最强的航道，要用黄金水道串起长江经济带这条“珍珠链”。4 月 28 日，李克强总理在重庆主持召开了座谈会，研究如何依托黄金水道建设长江经济带，为中国经济持续发展提供重要支撑。9 月 12 日，国务院发布《关于依托黄金水道推动长江经济带发展的指导意见》（国发〔2014〕39 号文），在国家层面明确了长江黄金水道的主通道地位。12 月 28 日，十二届全国人大常委会表决通过了《航道法》，国家主席习近平签署了第 17 号主席令予以公布。

重庆港果园港区

2015 年 3 月 1 日，《航道法》正式施行。4 月 23—24 日，国务院副总理张高丽来到长江航道规划设计研究院，察看长江航道模型，调研长江航道疏浚整治等工作，长航局局长唐冠军汇报了相关工作。11 月 17 日，《长航系统“十三五”发展规划》经交通运输部审议通过，首次作为部专项规划执行和管理。

2016 年 1 月 4—6 日，习近平总书记赴重庆调研。4 日下午，习近平总书记来到重庆果园港考察，听取长江上游航运中心建设、铁路公路水路联运等情况介绍，察看正在作业的集装箱船。5 日，习近平总书记在重庆召开推动长江经济带发展座谈会，提出“当前和今后相当长一个时期，要把修复长江生态环境摆在压倒性位置，共抓大保护，不搞大开发”。2016 年 5 月，中共中央、国务院印发《长江经济带发展规划纲要》（中发〔2016〕14 号），长江经济带发展进一步上升为国家战略。随后，国家成立推动长江经济带发展领导小组，依托国家发展改革委员会设立办公室。交通运输部整合部内涉及长江航运事务的议事协调机构，建立推动长江经济带交通运输发展部省联席会议制度，协调解决长江航运发展中的重大问题。

2018 年 4 月 24—26 日，习近平总书记乘船考察长江航运和长江经济带建设情况。25 日，习近平总书记前往荆州市荆州港码头乘长江一号轮，沿江察看两岸生态环境和建设情况。途中，他听取交通运输部关于长江航运、航道治理情况和水利部关于河势控制、护岸工程情况汇报，交通运输部部长李小鹏和长航局局长唐冠军陪同并参加座谈会。26 日下午，习近平总书记在武汉主持召开深入推动长江经济带发展座谈会，提出了推动长江经济带发展需要正确把握整体推进和重点突破的关系，全面做好长江生态环境保护修复工作；正确把握生态环境保护和经济发展的关系，探索协同推进生态优先和绿色发展新路子；正确把握总体谋划和久久为功的关系，坚定不移将一张蓝图干到底；正确把握破除旧动能和培育新动能的关系，推动长江经济带建设现代化经济体系；正确把握自身发展和协同发展的关系，努力将长江经济带打造成为有机融合的高效经济体。

翠柳荆江　　（陈宝平 摄）

2019 年 6 月 11 日，交通运输部部长李小鹏到湖北省交通运输厅、长江航务管理局就开展“不忘初心、牢记使命”主题教育、取消高速公路省界收费站等工作开展调研。李小鹏强调，长航局要深入贯彻落实习近平总书记关于长江经济带发展的重要指示精神，推动长江航运绿色、顺畅、创新、健康发展，为交通运输高质量发展当好标杆示范。

2019 年 7 月 1—3 日，交通运输部党组书记杨传堂到武汉市、宜昌市就长航系统改革发展等情况开展调研和座谈。杨传堂强调，要深入学习贯彻习近平总书记新时代中国特色社会主义思想，认真推进主题教育，边学习、边调研、边对照、边检查，勇担责任使命，进一步深化长江航运改革，推进长江航运高质量发展，更好地服务长江经济带建设，以优异成绩向新中国成立70周年献礼。

2019年7月，交通运输部印发《关于推进长江航运高质量发展的意见》，提出要建立发展绿色化、设施网络化、船舶标准化、服务品质化、治理现代化的长江航运高质量发展体系，将长江航运打造成交通强国建设先行区、内河水运绿色发展示范区和高质量发展样板区，为推动长江经济带高质量发展提供坚实支撑和有力保障。

二、长江航运行政管理体制改革全面深化

2016年4月，交通运输部出台《关于深化长江航运行政管理体制改革的意见》（交人教发〔2016〕70号），长航局作为交通运输部派出机构的地位得到进一步加强，长江海事、航道实现统一管理，长江干线实现综合执法，长江航道、通信、引航实行政事企分开。这次改革涉及范围广、调整幅度大、职能转变彻底，成为自1984年以来长江航运行政管理体制的又一次重大改革。长江航运“统一政令、统一规划、统一标准、统一执法、统一管理”和“一体化管理、一条龙服务”的格局基本实现，为长江航运发展提供了有力的制度保障。

2016年5月28日，长航局局长唐冠军兼任党委书记。经过改革，长航局机关设10个室1个党群工作机构，分别是办公室、政策法规处、规划基建处、财务审计处、人事教育处（公务员管理处）、运输服务处、安全管理处（应急办公室）、航道与通航管理处、科技与信息化管理处、纪检监察处和机关党委（宣传处）。长航局管理长江海事局、长江航道局、长江三峡通航管理局、长江航运公安局、长江航运发展研究中心、长江水上交通监测与应急处置中心、长江航务管理局离退休干部服务中心、长江航务管理局机关事务中心、长江航务管理局档案中心、长江航运总医院和中国水运报社11个单位。截至2018年12月31日，长航局系统共有在职职工2.2万余人，离退休人员约1.4万人，实有人员达3.6万余人。

根据交通运输部《关于交通运输部长江航务管理局主要职责机构设置和人员编制的通知》（交人教发〔2016〕140号），长航局的主要职责包括：①贯彻国家水路交通行业发展战略、方针政策和法规，组织或参与长江干线航运有关规章草案的拟定工作，按法定程序批准后负责监督实施；拟定长江干线航运发展战略，组织编制长江干线航运中长期规划和五年规划，报交通运输部批准后监督实施。②负责长江干线航运行政管理。负责长江干线航运市场宏观调控和秩序监督管理；规范长江干线水运建设市场，维护平等竞争秩序；负责长江干线港航设施建设和使用岸线布局的行业管理；组织长江干线国家重点物资和紧急物资运输；协助军事物资运输；负责长江干线水运

规费稽征。③负责长江干线客货运输质量、航运基础设施工程项目和水运工程质量的监督管理。④负责长江干线航道、枢纽通航、通信、引航等管理工作。⑤按规定管理长江干线水上安全监督和航运公安工作。⑥协调长江水系各省（市）交通运输厅（局、委）及其航务管理机构、港口管理机构的相关业务工作；协调长江水系水资源综合开发中的有关航运工作。⑦指导长江干线水运行业的体制改革、法制建设和结构调整；组织航运重大科技开发、推动行业技术进步；负责长江干线水运行业相关的统计和信息引导；负责政府间长江干线航运涉外工作，指导利用外资工作；开展国际间内河运输经济技术合作与交流；指导长江干线航运信息化和职工教育工作。⑧负责局机关和系统单位的年度固定资产投资计划、财务管理和审计监督工作。⑨负责局机关和系统单位人事、劳动工资、机构编制管理工作；按规定管理系统单位领导干部；负责系统单位党的建设、廉政建设和思想政治工作，指导长江干线水运行业精神文明建设和职工队伍建设工作。⑩承办交通运输部交办的其他事项。

2016 年 5 月 20 日，交通运输部海事局与长航局签署了《交通运输部海事局 长江航务管理局关于江苏海事局管理关系调整的交接协议》，标志着原由部海事局直接管理的江苏海事局成建制划转长江海事局管理，纳入长航局管理范围，长江干线重庆至江苏浏河口段海事实现统一管理。

2016 年 5 月 6 日，长江口航道管理局调整由长江航道局管理交接协议签字仪式

三、“一条主线，四个长江”发展战略

2009 年，长航局提出实施“一条主线，四个长江”的发展战略，即“建设长江黄金水道，发展现代长江航运”，打造“平安长江、数字长江、阳光长江、和谐长江”，到 2020 年实现长江航运现代化。“平安长江”就是长江航运要安全、畅通、有序。

平安长江突出强调安全，要求长江航务管理要把安全和发展置于同等重要的位置，同时作为中心任务。在安全发展的基础上，航道畅通，运输市场规范有序、公平竞争。“数字长江”就是实现长江航运数字化、信息化、智能化。数字长江是长江航运现代化的重要引擎和关键因素，以数字化为基础、信息化为引领，不断提高长江航运的科技含量，实现智能航运。把创新的“触角”延伸到长江航运改革建设发展的各个领域，使长江航运成为一个创新型行业。“阳光长江”就是长江航运要公正透明、文明规范、廉洁高效。公开、透明、高效、廉洁是长江航运现代化的内在要求，它体现着长江航运人无私奉献的精神和品格。把发展好全行业的根本利益作为一切工作的出发点和落脚点，强化“执政为民”的理念，努力建设法制型、服务型、责任型、效能型和廉洁型政府部门。“和谐长江”就是长江航运要以人为本、便捷高效、安全可靠、法治有序、公平共享、文明生态，适应构建社会主义和谐社会的要求，适应沿江经济社会发展的需求，让流域广大人民满意。其战略目标是：到2020年，长江航运实现现代化，形成拥有世界先进水平的航运基础设施、装备和服务体系，适应沿江经济社会发展需求并适度超前，使黄金水道优势充分发挥，长江航运更畅通、更高效、更安全、更绿色、更经济、更和谐。其主要表现在：一是干线航道得到系统治理，达到规划标准，5万吨级海船通达南京，万吨级船队通达重庆，重庆至水富建成Ⅱ级航道；主要支流建成Ⅲ级航道，形成干支衔接、江海直达的高等级航道网。二是港口布局与结构合理、功能完备，规模化、专业化、现代化水平显著提高，形成以港口为枢纽的长江多式联运和现代物流体系。三是运输船舶基本实现标准化、大型化，干线货运船舶平均吨位达2000吨，船舶安全环保性能及主要技术指标达到世界先进水平。四是干线水上交通安全监管、治安防控和应急反应系统实现全方位覆盖、全天候运行，有较强的立体搜救和快速反应能力；长江航运信息化体系较为完善，基本实现智能航运。五是长江航运管理体制更趋完善，自主创新能力显著增强，政策法规体系完备，行业文明和文化建设成效显著，船东满意度和职工幸福指数较高，全面形成和谐长航的良好局面。

2018年1月4日，长航局局长、党委书记唐冠军在2018年长江航务管理工作会议上提出了新时代长江航运发展的新使命、新战略、新目标。即以“坚持以人民为中心，建设强大的现代化长江航运，打造全流域黄金水道，服务现代化强国战略”为新使命，以“一条主线，四个长江”为新战略，分三步全面实现长江航运现代化，全面建成全流域黄金水道的新目标。第一步，到2020年，基本实现长江航运现代化；第二步，到2035年，全面实现长江航运现代化；第三步，到本世纪中叶，全面建成强大的现代化长江航运，全面建成领先全球的长江全流域黄金水道。

2018 年 4 月，习近平总书记乘船视察长江，在武汉主持召开了深入推动长江经济带发展的座谈会并发表重要讲话。长航局大力学习领会、贯彻落实习近平总书记重要讲话的核心要义和精神实质，进一步明确了实现长江航运高质量发展的基本前提和重大原则是“共抓大保护、不搞大开发”“生态优先、绿色发展”，明确长江航务管理工作的总目标是“以供给侧结构性改革为主线、以创新为第一动力、以良好的生态环境为重要支撑、以解决长江航运发展不平衡不充分问题为着力点，推动长江航运高质量发展”，明确工作的总要求是把握“五个关系”，明确工作的总方针是坚持“一盘棋发展”，明确行动的指南是始终践行“创新、协调、绿色、开放、共享”的发展理念，明确工作的信念是始终坚定“一张蓝图干到底”。

2018 年 11 月初，长江生物资源保护论坛在武汉召开，该论坛由农业农村部和湖北省政府共同主办，相关部委、省市、企业、组织及交通运输部共同发起。长航局机关代表出席主论坛并作交流发言。

2018 年 11 月 29 日，长航局在武汉召开纪念改革开放 40 周年暨长航局 2018 年务虚会，回顾长江航运改革开放 40 年来的发展历程、辉煌成就并总结经验。会议认为，经过改革开放 40 年来的艰苦奋斗，长江航运已经发生了历史性巨变，实现了从瓶颈制约、基本适应到引领发展的历史性飞跃，长江成为名副其实的黄金水道。长江航运改革开放 40 年来的辉煌成就，可以概括为六大发展变化：一是战略地位空前提升，二是航运基础更加坚实，三是市场体系逐步完善，四是体制机制更加健全，五是创新驱动强劲有力，六是生态保护成效显著。部署全力推进新时代长江航运改革开放新发展。同时，会议号召全系统牢固树立“四个意识”，大力实施“一条主线四个长江”的发展战略，不断提升黄金水道功能，加快推动长江航运高质量发展，不断推进行业创新驱动发展，着力提升治理体系和治理能力的现代化水平。

2019 年 3 月 21 日，中共湖北省委书记蒋超良到长江宜昌至巴东段调研长江生态保护和绿色发展情况。调研中，蒋超良主持召开长江宜昌段、巴东段大保护座谈会。长航局局长唐冠军汇报了长航服务湖北经济社会发展所做的工作及其成效，三峡坝区岸电建设快速推进，长江规模以上港口船舶垃圾和油污水接收基本实现全覆盖，协助湖北省沿江政府拆除了 367 座非法码头，重拳打击破坏长江生态的违法犯罪行为，长江大保护取得了显著成效。蒋超良对长航局各项工作特别是保护长江生态取得的成效给予充分肯定。3 月 28 日，国家生态环境部部长李干杰、江苏省人民政府省长吴政隆乘“海巡 0681”船专题调研泰州长江生态环境保护和长江经济带发展的有关工作，对江苏长江水域水上交通安全、保障水域清洁和服务沿江经济发展所做的贡献给予高度肯定。

2019年5月14日，根据交通运输部工作部署，长航局启动《长航系统“十四五”发展规划》编制工作，提出了“站位要高、定位要准、谋划要深、落地要实”的总体要求，以部领导指示精神引领下步工作，围绕“交通强国建设中的长江航运发展”来精准定位，站在国家战略实施、长江经济带综合交通运输体系建设、沿江经济社会发展进入新阶段等大格局、大环境中，深入审视、全方位思考长航系统未来五年的发展方向，研究长航系统的改革发展、推动长江航运转型升级和高质量发展的重大政策、重大工程、重大任务，提升发展品质，回应上级关切。

四、长江黄金水道建设合力进一步凝聚

国家对长江航运发展高度重视，沿江省市积极行动，合力推进长江黄金水道建设，长江航运的国内和国际合作日趋广泛和深入。

（一）国家和沿江省市合力推进长江黄金水道建设

从2009年起，长江水运发展协调领导小组每两年召开一次会议。

2009年，长江水运发展协调领导小组第二次会议为新形势下推进长江黄金水道建设、发展现代长江航运明确了方向。

2011年，长江水运发展协调领导小组第三次会议，分别签署了《“十二五”期长江黄金水道建设总体推进方案》《关于合力推进长江黄金水道建设的若干意见》《推进长江干线船型标准化实施方案》等文件，加快推进长江高等级航道建设和船型标准化进程，长江水运发展进一步加快，服务和促进沿江经济社会发展的能力进一步提升。

2013年，长江水运发展协调领导小组第四次会议签署了《加快推进长江等内河水运发展行动方案（2013—2020年）》《长江水运发展若干重点工作合力推进协议》，从部省层面勾画了长江航运发展的重点，启动了长江中游荆江河段航道的整治工程。

2016年5月，推动长江经济带交通运输发展部省联席第一次会议召开，会议上提出要把全流域打造成黄金水道，高水平建设综合立体交通走廊。至2019年1月，召开推动长江经济带交通运输发展部省联席第六次会议，提出要按照生态优先、绿色发展的要求，解决长江经济带生态环境破坏、黄金水道短板、运输方式衔接不畅等问题，整体设计综合交通运输，发挥各种运输方式比较优势，提高综合立体交通走廊网络化、智能化、现代化水平。

（二）长航局携手沿江省市和有关方面共促长江水运发展

2009年5月，重庆与湖北签署了《关于推进渝鄂航运业交流与合作备忘录》。湖北成立由省市领导和长航局、长航集团等单位领导组成的武汉新港规划建设领导小组，提出“百万标箱、亿吨大港”的建设目标，每年筹集水运发展资金从1亿元增加

到 5 亿元。重庆市提出投资 200 亿元推进长江上游航运中心建设的宏大计划。

2009 年以来，长航局陆续与沿江各省市交通运输厅（委）及地市政府签订了战略合作协议，明确双方合作共建的总体原则和框架。在此基础上，针对“如何把合力和高效率落实到每项具体工作中，深化和优化微观及局部层面的合作”进行探索和实践，率先与安徽省交通运输厅及安徽沿江 5 个地方政府建立起“2+5”的皖江合作模式。在“皖江合作模式”的示范带动下，“2+N”合作模式得到沿江省市认可。2009 年 9 月 11 日，长航局局长唐冠军和湖北省交通运输厅厅长林志慧签订了“加快湖北长江水运发展共建协议”。11 月 13 日，长航局与安徽省交通运输厅在合肥签署了《加快安徽长江水运发展的共建协议》。12 月 24 日，长航局与江西省交通运输厅在九江签署了《加快江西水运发展的共建协议》。

长航局先后与沿江七省二市交通主管部门签订了加快长江水运发展的共建协议。同时，长航局还与武汉、南通、宜昌、宜宾等沿江主要港口城市和长江水利委员会等涉水部门，并与大连海事大学、武汉理工大学等大专院校、研究机构和新华社湖北分社等新闻媒体签订了战略合作协议，建立完善了与 55 家重点港航企业的联系制度和定期对话制度。

2010 年，长航局组织编制了《长江干线航道“十二五”建设规划》，完成长江水系水运规划修编和沿江大部分主要港口总体规划的审批，积极参与长江流域综合规划修编和长江三峡后续工作的规划编制等。

2018 年 7 月 13 日，长航局与四川、重庆、湖北、湖南、江西、安徽、江苏沿江 7 省（市）交通运输主管部门在武汉签署了“保护长江生态 发展绿色航运”共同行动方案，明确到 2020 年，实现绿色航道建设成效明显、绿色港口建设布局合理、绿色船舶发展稳步推进、绿色运输组织方式有效推广的目标。

2019 年 3 月 22 日，长航局局长、党委书记唐冠军与来访的部海事局局长、党组书记曹德胜一行进行座谈交流，研究双方在综合执法、锚地管理、危化品监管、油污水回收、强化沟通机制等方面的进一步合作。

2019 年 3 月 25 日，湖北省高级法院党组书记、院长游劝荣一行到长航局，召开长江经济带高质量发展司法服务与保障专题座谈会。长航局副局长魏志刚表示，长江大保护的关键在“共”、突破在“统”。长航局与各单位都有共同的政治责任、社会责任、法律责任，愿与各单位加强协作、共谋发展，共同探索构建“生态优先、绿色发展、法治护航”的新路径。4 月 8 日，长航局局长唐冠军与来访的武汉市副市长刘子清一行举行座谈，就武汉长江和汉江核心区长航局系统公务码头优化调整工作交换了意见。4 月 16 日，唐冠军局长与来访的泰兴市市长刘志明一行座谈，就泰兴市长

江生态保护、LNG码头建设等相关事宜交换了意见。4月17日，唐冠军局长与来访的湖北省港航局局长王阳红一行座谈，就共同推进长江航运湖北段绿色发展、武汉长江中游航运中心建设等相关事宜交换了意见。

（三）涉水管理的各部门加大沟通协调

2011年，国务院出台了《关于加快长江等内河水运发展的意见》，提出了“坚持科学发展，合理利用和有效保护水运资源，以市场为导向，突出重点，有序推进，充分发挥水资源综合效益。坚持科学，统筹协调水运、水利、水电发展，统筹协调水运、公路、铁路发展，统筹协调水运资源开发与水生生物资源养护、水生态环境保护。”长航局加强与涉水部门沟通协调，特别是在应对建设、发展、环境、社会等问题上，针对长江航运发展和水资源综合利用与保护问题，统筹一切可利用的资源和力量予以综合协调运行，形成了“你中有我，我中有你”相互融合的关系，以及共生、共存、共荣的合作格局，并创造出关系顺畅、协调有序、运转高效的协同治理运行模式，走出了一条合力共建黄金水道的发展道路。

一是与水利部门协调合作。2009年签订了《水利部交通运输部加强长江河道采砂管理合作备忘录》实施方案，2012年签署了《关于加强长江水利和航运发展合作协议》，2018年签署了《共抓大保护力推绿色发展行动方案（2018—2020年》。双方建立了联席会议制度和分工协作机制，在重点工程建设、采砂管理、水库应急调度等水资源综合利用方面，以及长江水环境保护方面紧密合作，共同推进长江流域水利和航运资源的合理开发、永续利用。与检察机关加强配合协作，共同推进长江水污染治理、水生态修复、水资源保护的“三水共治”。

二是与枢纽运行部门协调合作，与长江防总、国家电网电力调度中心、三峡集团公司等单位重点就通航水位和流量、蓄水方式、消落方式、下泄流量及其变化过程、过闸调度的基本原则、枢纽航道冲沙和航道维护、枢纽通航安全有关要求、因水上交通事故或险情及航道应急保通等情况下的航运应急调度等方面进行了沟通协调，保障了设计的航运条件，维护了航运部门利益，争取了更为有利的通航条件。

三是与农业渔政部门协调合作。2016年，与农业部长江流域渔政监督管理办公室签署了《共同开展长江大保护合作框架协议》，从“长江流域相关规划、航道疏浚、生态修复、渔业保护、渔政执法”五方面开展合作，突出环境保护、渔业保护、打击非法捕捞、优化生态措施、强化信息共享等。

四是与气象部门协调合作。加强长江干线通航水域灾害性天气监测预警服务系统建设。2019年3月7日，长航局与中国气象局综合观测司进行工作座谈，双方就长江干线通航水域气象服务现状、需求和监测系统建设等工作交换了意见。

五是与地方公安司法部门协调合作。理顺长航公安与地方公安的业务双重领导关系，共同服务长江经济带发展的合力不断提升。加强与司法机关协作，与所在地检察院、法院加强联系，保证在打击处理工作中认识统一、标准明确、证据完备。对于涉及破坏长江生态环境、损害公共利益，或者因破坏长江生态环境存在损害公共利益重大风险的案件线索，及时向检察机关移送，与检察机关建立沟通协调工作机制。加强与税务、保险、国土资源、物价部门的协作，为打击犯罪提供坚强保障。2018年10月12日，长航局与中国船级社在武汉召开工作座谈会，签署了《共同推进长江航运绿色生态发展合作协议》。11月2日，长航局参加长江流域生态保护公益诉讼三方合作协商座谈会，形成《湖北省检察院、水利部长江水利委、交通运输部长航局关于加强协作配合推进长江流域生态保护公益诉讼促进依法行政的会议纪要》，标志着各部门合力共抓长江大保护迈出了新的步伐。

（四）与国际间合作加强

2010年10月18日，首届“中国长江—美国密西西比河战略合作论坛”在重庆开幕。论坛以“内河航运、流域经济发展与内陆开放高地建设”为主题，展开了广泛的交流和互动，分享中美两江内陆开放和发展经验。

2011年，举办“中荷内河综合信息技术交流座谈会”，接待了德国交通部的考察交流，长江航运的国际影响进一步提升。

2012年10月11日，第三届“中国长江—美国密西西比河战略合作论坛”在武汉开幕，主题为“航运中心、多式联运与枢纽港建设”。武汉新港与美国中心港签署港口合作协议，双方将共享内河港口管理经验、用户信息，定期开展信息交流，组织企业互相考察及投资等。

2013年6月，德国交通部代表团访问三峡，就升船机建设运行等事宜开展了广泛而又深入的技术交流。

2018年5月22日，日本东海日中贸易中心访华团到访长航局。

（五）建立健全长航局系统区域联动协作机制

长航局系统是一个集海事、航道、三峡、公安、医院、报社等众多单位组成的管理系统，系统内相关单位分布在沿江干线不同地区和节点城市，具有点多线长面广的特点。2016年底，长航局在撤销沿江11个代表处的基础上，以沿江重要节点城市或地区为基础，建立了9个区域联席会议制度。各区域按照《长江航务管理局区域联席会议工作管理办法》中的文件要求，稳步推进区域联席会议机制建设，该会议机制总体运行良好。一是明确工作职责。各区域要明确牵头单位、成员单位、召集人、成员等，组建区域联席会议总体框架。联席会议下设办公室，负责日常工作，协调、督促和落实联席会议决定的事项。二是建章规范运行。各区域联席会议制定了《区域联席会议工作规则》，明确工作例会、工作报告、应急联动、党组织挂靠等制度，每季度召开例会，协调解决区域内重大事项和需要对外协调事项，每月收集区域内工作完成情况和辖区内涉及长江航运重大事项上报长航局。三是开展应急联动。加强成员单位间的工作协调与交流，促进相互协作与发展。长航局系统海事、航道、公安基层单位在各自区域联席会议的组织下定期开展应急演练和联合执法，并将联合执法过程中的相关案件移送公安机关，震慑水上交通违法行为，减少安全隐患，提高应急联动能力。四是合力推动工作。整合长航局系统同一区域不同单位的的优势，采取合作推进的方式推动工作的落实，展示长航力量。

五、实施“春暖行动”应对国际金融危机

2009年3月，长航局开展“春暖行动”。提高芜湖到南京段航道维护水深，完成长江干线电子航道图的研制和芜湖至安庆、丰都至涪陵段航路改革的前期准备，改分月为分旬公布航道维护水深，推广太阳能一体化航标灯；实施“平安渡”“放心渡”工程，保障4691万人次渡运安全；完善三峡——葛洲坝4小时船舶动态过闸计划和“绿色通道”制度，大幅缩短船舶待闸时间；开办10个船员流动学校、84个流动课堂，免费培训船员16639人次；配合完成国家成品油价税费改革，1057名航养费征稽人员得到妥善安置，组织职工全面体检。

2010年，长航局继续深化“春暖行动”。提出“新十条”帮扶措施，包括加强宏观调控，促进市场供求平衡；推进船型标准化；提高航道通过能力；改善通航环境，保障航运安全；加强坝区通航管理，提高船舶过闸效率；推行桥梁通航管理现代化；加强信息服务，方便港航企业；提升行业发展水平；规范收费行为，减轻企业负担等。“春暖行动”有效地提高了航运系统干部职工战胜金融危机的信心和斗志，得到长江港航企业的普遍欢迎和上级的充分肯定。

2010年9月29日，重庆航运交易所揭牌，该交易所是全国首个内河航运交易所。2015年至今，武汉航运交易所的建设不断加强。

六、长航局改革开发推出新政

2016年1月1日，长航局关于《长江干线省际运输旅客乘船实名制工作方案（试行）》《长航局关于实施长江干线省际汽车滚装运输司乘人员乘船实名制（试行）的通告》正式实施。长航局发布《关于长江水系内河单壳化学品船、600载重吨以上单壳油船禁航的实施意见》，即日起，相关水域对内河单壳化学品船和600载重吨以上

单壳油船实施禁航。

2019年1月7日，长航局在2019年安全工作会议暨安委会第一次会议上部署了继续实施“平安长江”“六项”（平安渡线、平安船舶、平安航道、平安三峡、平安引航、平安工地）升级工程，大力实施“四项”（绿色航道、绿色港口、绿色船舶、绿色运输组织方式）绿色工程，保障长江航运生产安全和生态安全。

第二节　长江干支流运输稳健增长

一、长江内河货运量实现跨越

2009年，长江内河货运量为12.54亿吨，周转量4050.97亿吨千米，同比分别增长19.09%和10.77%。2010年达到15.12亿吨，周转量为4798.4亿吨千米，同比分别增长20.57%和18.45%。长江成为世界上运输最繁忙、运量最大的通航河流，连续6年稳居世界内河第一。

2017年，长航集团自有运输船舶344艘，173万载重吨，包括干散货船172艘、121万载重吨；液货船113艘、36万载重吨；集装箱船31艘，9726TEU。完成干线货物通过量突破25亿吨。长江航运运能大、成本小、能耗低的优势日益凸显，黄金水道潜能不断释放。2017年，长江水系14省（市）完成内河货运量30.38亿吨、货物周转量13628.33亿吨千米，分别是2008年的2.88倍和3.73倍。

（一）长江干线通过能力大幅提高

2009年9月，三峡工程再次进行175米试验性蓄水，蓄水至171.43米。10月26日，长江三峡工程成功蓄水至175米，航运效益全面发挥。三峡库区航道条件大为改善，万吨级船队和5000吨级货轮可直达重庆，一大批支流具备了通航条件。库区港口得到快速发展，船舶日趋大型化，库区航运效益明显提升。2009年，三峡船闸通过货物6089万吨，同比增长13.40%；货物上、下

5万吨级海轮可直达南京港

行比例由2004年上行30.00%、下行70.00%，到2009年达到上下行基本平衡。

2010年3月14日，长江口12.5米深水航道试通航并上延至太仓，满足第三、第四代集装箱船和5万吨级船舶的双向通航要求，兼顾第五、第六代大型远洋集装箱船和10万吨级满载散货船及20万吨级减载散货船乘潮通过的要求。

12月12日，葛洲坝船闸在运行30年后，年货运量首次突破1亿吨大关，提前19年达到设计年通过能力。

2015年，长江干线货运量达到21.8亿吨，规模以上港口货物吞吐量达到21.18亿吨，分别是密西西比河的2倍、莱茵河的3倍，长江已成为世界上运量最大、通航最为繁忙的内河。

2018年，长江干线完成货物通过量26.9亿吨，同比增长7.60%，三峡枢纽通过量1.44亿吨，同比增长3.90%。

（二）长江水系货运量快速增长

2010年，长江水系上海、江苏、浙江、安徽、江西、山东、河南、湖北、湖南、重庆、四川、贵州、云南、陕西等14省市完成货运量26.47亿吨、货物周转量36632.3亿吨每千米，分别占全国的69.80%、53.50%，其中内河货运量15.12亿吨、货物周转量4798.4亿吨千米。同年，在全球经济缓慢复苏、国内内需增长的强劲拉动下，长江水系水路货运量呈现高增长态势，长江上中下游各区段货运量分别占长江全线货运量的10.42%、24.25%和65.33%。

2018年，14省市航运经济运行总体平稳、稳中有进，完成水路货运量49.8亿吨、货物周转量58099.3亿吨千米，同比分别增长5.7%和8.9%；其中，内河运输完成货运量30.6亿吨、货物周转量13954.6亿吨千米，同比分别增长0.50%、2.30%。全年港口完成货物吞吐量83.28亿吨，同比增长0.90%。

（三）主要种类货物运输量的增长

1. 集装箱运输量快速增长

2009年，受国际金融危机影响，外贸出现下滑，集装箱运量也有小幅下降。2010年世界经济复苏，集装箱运输快速增长，达到2408.2万TEU，货运量32208.8万吨。集装箱运输的快速发展，不仅促进外向型经济发展，而且提升了工业发展水平，成为内贸货物的重要运输方式，带动相关产业发展。截至2018年底，长江干线集装箱年综合通过能力2301万TEU。

2018年，推动长江经济带发展领导小组办公室印发《有力有序有效推进长江集装箱江海联运发展工作方案》，强力推进长江集装箱江海联运发展。14省市集装箱运输船舶1056艘，标准箱位243.57万TEU；其中，内河集装箱运输船舶391艘，标准箱位5万TEU。根据长江航运发展研究中心发布的长江集装箱运价指数报告，2018年，长江集装箱综合运价指数运行在1110~1148点区间。长三角地区港口完成集装箱吞吐量9025.64万TEU，同比增长5.56%，占全国总量比重达为35.97%。其中：上海港完成集装箱吞吐量4201.10万TEU，同比增长4.42%，集装箱吞吐量继续保持世界第一；浙江省主要港口完成集装箱吞吐量2946.99万TEU，同比增长8.29%；江苏省主要港口完成集装箱吞吐量1744.86万TEU，同比增长3.92%；安徽省主要港口完成集装箱吞吐量132.69万TEU，同比增长4.96%。

2. 大宗散货运量较快增长

2010年，长江干线共完成煤炭运输量5.39亿吨，增速同比上升13.89%；石油天然气及制品运输量2.30亿吨，金属矿石运输量2.32亿吨，钢铁运输量9626.34万吨，矿建材料运输量7.36亿吨，水泥运输量1.05亿吨，分别占27.82%、20.39%、8.77%、8.68%和3.96%，六大货类占总运量的73.26%。

2018年，长江干散货综合运价指数年平均值为872.14点，较上年上升24.00%，较年初下跌9.60%。全年在811~983点区间运行，一季度大幅上涨，二季度明显回落，三、四季度平稳小幅上涨，2月运价指数983.0 0点为全年最高值。主要大宗货类运价全年呈现先高后低走势。其中，煤炭运价指数运行在730~854点区间，平均795.40点，较上年上升27.50%；金属矿石运价指数运行在713~942点区间，平均792.40点，较上年下跌8.70%；矿建材料运价指数运行在1342~1498点区间，平均1410.60点，较上年下跌1.30%；非金属矿石运价指数运行在1050~1199点区间，平均1146.10点，较上年上升13.00%。

二、客运量下降与旅游业的发展

2010年，长江水系14省市完成水路旅客运输量1.53亿人、旅客周转量48.49亿人千米，占全国的68.30%和67.10%。其中内河旅客运输量9924.6万人、旅客周转量252156.5万人千米。2010年长江水系14省市水路旅客平均运距31.65千米，其中内河客运平均运距25.41千米。内河水路客运量主要在长江上游，占内河客运总量的65.60%，中游占18%，下游占16.40%。长江水系14省市内河客运量的分布，总体呈现从上游至下游逐步减少的状况。上游云南省、贵州省、四川省、陕西省和重庆市共完成内河客运量6509.5万人、旅客周转量180191万人千米；中游河南省、湖北省、湖南省和江西省共完成内河客运量1787.1万人、旅客周转量53919.5万人千米；下游安徽省、江苏省、浙江省、山东省和上海市共完成内河客运量1628万人、旅客周转量18046万千米。

2018 年，14 省市完成水路客运量 1.92 亿人、旅客周转量 50.90 亿人千米，分别比上年减少 1.50% 和增长 2.90%，分别占全国水路客运量和旅客周转量的 68.60% 和 64.00%；平均运距 26.60 千米，增长 4.50%。

“十二五”以来，长航集团大力开展长江旅游，包括长江邮轮旅游、滨江游船旅游和邮轮母港等业务。上海吴淞口邮轮港拥有 15 万吨级、22.5 万吨级邮轮泊位各 2 座。拥有长江邮轮 5 艘、1198 客位，滨江游船 7 艘、3826 客位。到 2017 年，长江邮轮接待量 8 万人次，同行排名第四；滨江游船接待量 110 万人次，区域市场领先；吴淞口邮轮港邮轮靠泊量 466 艘次，游客吞吐量 292 万人次，分别占全国总量的 47% 和 63%，为中国和亚洲第一大邮轮母港。

三、长江军交运输迈上新台阶

2010 年 5 月 25 日，驻长江航务军代处进驻北京中国外运长航集团有限公司。这一调整有利于海、江、河运力的统筹使用和军队近海远洋战略投送能力建设。

随着军交运输正规化建设的逐步深入，军航共创“网络化”管理，构建布局合理、层次配套、组织健全、协同高效的四大“军交运输工作专业保障网”，即以长航局为龙头，以长江航道、海事、公安、通信和三峡通航五大专业保障系统，构建“长江军交运输航务保障网”；以长航集团为核心，以沿线各客、货、油运专业公司为骨架，建立“长航军事运输保障网”；以二航局为主体，以沿线各抢修、打捞、疏浚工程公司为节点，编织“长航军交运输工程保障网”；以天河机场、三峡机场为平台，以航空公司为纽带，编织辐射全国的“省域航空军交运输保障网”。这四大专业保障网络，在中部战略腹地形成了较强的军交运输立体综合保障能力。同时，驻长江航务军代处实施“实装演练年”“应急动员年”“信息化建设年”“现代化开局年”“达标检验年”多层次发展步骤，其“网络化管理”“双向训练”等典型经验受到总部表扬和推广。

“十一五”时期，沿线军交机构加大了交通战备和装备研制力度，形成了具有长航特色的军民整合发展模式。建立可视电话会议系统和军用网站，联通全军综合信息网。探索在政府交通部门和多种经营的航运企业，开展军交运输的多元化新模式。

2018 年 10 月 19 日，长江鄂东段水上交通战备演习在长江黄冈段鄂黄大桥水域举行。演习由长航局、黄冈市政府、中部战区陆军某舟桥旅联合举办。这是一次长江干线水域军地共同举办的规模大、科目多、接近实战的交通战备演习。

四、沿江省市内河运输发展日新月异

2010 年，江苏沿江港口吞吐量和集装箱吞吐量分别达到 10.2 亿吨、738.2 万标箱，初步建成了长江港口海运直达、江海转运和长江中上游、内陆地区中转联运三大运输平台。2018年，全省实际从事国内水路运输经营者共944家，企业总资产1036.6亿元，净资产547.6亿元，运输收入397.5亿元，拥有国内水路运输船舶3.3万艘、2211.8万总吨，3792.5万净载重吨，集装箱箱位4.6万TEU，船舶总功率879.3万千瓦，船舶平均载重吨达到1004吨。全年完成水路货运量8.8亿吨，货物周转量6126亿吨千米；客运量10201万人次，客运周转量22567万人千米。全年规模以上港口完成货物吞吐量23.3亿吨，同比增长0.8%；外贸吞吐量4.9亿吨，增长0.8%；集装箱吞吐量1756.7万TEU，增长3.9%。沿江沿海规模以上港口完成货物吞吐量合计21.1亿吨，同比增长3.5%；外贸吞吐量4.9亿吨，同比增长0.8%；集装箱吞吐量1799万TEU，同比增长4.4%。

2010年，安徽省运力2100万吨，比"十五"时期增长57.20%；千吨级及以上泊位389个，占总泊位的28.80%，比"十五"时期增长10.60%；港口吞吐能力达3.9亿吨，比"十五"时期增长150%。2018年，全省港口拥有生产用码头泊位867个，年设计通过能力4.8亿吨，其中万吨级泊位17个；全年新增港口吞吐能力1988.65万吨。全省完成水运建设投资107.2亿元，同比增长95%。全省共拥有各类营运船舶2.51万艘，4707.4万载重吨，船舶数较上年减少418艘，净载重量增加80.8万吨，运力上升1.7个百分点。

2010年，湖北省船舶总运力达680万载重吨，货运船舶平均吨位达1240吨，比"十五"时期分别增长137.20%和87.50%；完成水路货运量16153万吨、货运周转量1145亿吨千米，比"十五"时期分别增长92%和154%。2018年，湖北省统筹推进长江干线和汉江沿线港口码头资源整合，开展"推动湖北省港口资源整合策略研究"，重点实施航运中心核心功能区建设、高等级航道畅通、多式联运培育、绿色安全智慧航运4项任务，完成水运固定资产投资59.5亿元，新增港口吞吐能力2054万吨，新增三级以上高等级航道60千米。截至2018年底，全省运力693万净载重吨，千吨级以上长江干线货船及江海直达船运力比重超过70%，滚装船、外贸内支线集装箱船、省际散装液体危险品船、江海直达船等专用船舶运力比重超过40%。

2010年，重庆市完成水运投资145亿元，比"十五"时期增长480%。新增航道里程229千米，港口吞吐能力达到1.3亿吨，集装箱吞吐能力达到200万TEU，完成水路货运量近1亿吨，水路货运周转量1219亿吨千米，占全社会总量的60.60%。货船日趋大型化、标准化、专业化，客船日趋旅游化、舒适化、多功能化；载货汽车滚装快速发展，年营运收入由不到2亿元增长到近10亿元；集装箱运输、化学危险品专业运输也发展迅猛。2018年，重庆市完成水运基础建设投资35亿元，航道整治提速推进，港口建设步伐加快，港口货物和集装箱吞吐能力增至2.1亿吨、480万TEU。航运经济稳中有增，全年完成货运量1.95亿吨、货运周转量2238亿吨千米，同比分别增长5.10%、5.30%；完成港口吞吐量2.04亿吨，增长3.60%。

2010年，四川省完成水运建设投资72亿元，比“十五”时期增长50%。Ⅳ级以上航道达990千米，港口吞吐能力达8395万吨，集装箱吞吐能力突破100万标箱。2018年，四川省开展长江上游标准船型研究，推广适合嘉陵江、岷江等主要江河航行的标准船型及主尺度系列9型。全省省际运输船舶441艘，千吨级船舶304艘，平均吨位3070吨、增加80吨，过三峡船闸船舶标准化率88%。全省省际水运企业79家，万吨以上水运企业31家。三级Ⅳ类以上船舶生产企业58家，船舶工业健康发展，运输服务更加高效。2018年，全省完成水路货运量6862万吨，同比下降11.50%；货物周转量270亿吨千米，同比增长5.70%。

五、船舶运力的增长与大型化发展

2010年，长江水系14省市拥有运输船舶15.54万艘，净载重量12936.89万吨，载客量70.52万客位，标准箱位106.53万TEU，总功率4031万千瓦。其中内河船舶14.80万艘，净载重量6751.45万吨，同比增长26.41%。沿海船舶6795艘，净载重量3253.93万吨，远洋船舶576艘，净载重量2931.5万吨。海运船舶达到47.80%，表明大量长江内河航运企业选择走外向型发展之路。14省市水上运输船舶数量和净载重量分别占全国的82.40%和74.90%。

（一）货船运力增长与大型化的发展

“十一五”时期，长江水系货运运力大幅增加。沿江14省市拥有内河货运船舶13万艘、净载重量6735.9万吨。内河货船运力居前三位的省份是：安徽1965.9万吨、江苏1926.3万吨、山东720.6万吨。

2010年，长江水系内河货运船舶平均载重量为516.4吨。内河货运船舶平均吨位的前三位是：重庆市1432吨、湖北省1114.9吨、山东省778.6吨。省际内河干散货船舶运力增长快速，2010年干散货船8.3万艘、净载重量4719.5万吨；省际内河集装箱和液货危险品运力快速增长，2010年集装箱船511艘、64289 TEU，平均载箱量125.8 TEU；内河油船3273艘、175.9万载重吨；散装化学品船2444艘、105.1万载重吨。液化气船12艘、气量15019立方米；二氧化碳气体船21艘，净载重量2856吨。三峡库区载货汽车滚装运力为84艘、4640车位，长江干线商品汽车滚装运输船23艘、10379台车位。

2018年，落实国家内河船型标准化政策，加快淘汰落后船舶，加快推进船舶生活污水防污改造，引导建造标准船型和川江及三峡库区大长宽比示范船、液化天然气（LNG）动力示范船或高能效示范船。长江水系 14 省市自内河船型标准化政策实施以来，累计报废拆解老旧运输船舶近 2.7 万艘，完成生活污水防污染改造船舶近 2.0 万艘。其中，重庆市船型标准化率达 83%，四川省过三峡船闸船舶标准化率 88%。2018 年长江水系货运船舶平均吨位 1897.3 总吨，同比增长 1.4%。其中，内河货运船舶平均吨位达到 1244.5 总吨，增长 4.6%；集装箱运输船舶平均箱位 2306.6TEU，内河集装箱运输船舶平均箱位 128.0TEU。内河货运船舶平均吨位超过 1000 总吨的省份有安徽省、山东省、河南省、湖北省、湖南省和重庆市，分别达到 1822 总吨、1004 总吨、2064 总吨、1971 总吨、1333 总吨和 3157 总吨，

（二）干线客船减少和水系客船小幅增长

2010 年，长江干线客运运力负增长，年均增长率为 -1.20%。到年底，干线省际客运船舶 160 艘、58704 客位。其中涉外旅游运输船 44 艘、8737 客位，占总客位的 14.90%；普通客船 93 艘、47077 客位，占总客位的 80.20%；高速客船 23 艘、2890 客位，占总客位的 4.90%。与此同时，水系客船小幅增长。长江水系 14 省市客船 15287 艘、载客量 70.1 万客位，分别是 2005 年的 1.07 倍、1.04 倍。

2018 年，14 省市客运船舶（包括客船、客货船，不含客运驳船）艘数和载客量分别为 1.18 万艘、57.91 万客位，分别减少 7.60%、2.00%。其中，内河客运船舶艘数和载客量分别为 1.12 万艘和 48.54 万客位，分别减少 7.90% 和 2.40%。同年，长江水路旅客运输实名制系统全面覆盖长江干线各个旅游码头，水路运输客运量统计数据实现 100% 真实客观。全年三峡邮轮完成客运量 64.86 万人次，同比增长 10.10%，其中重庆豪华邮轮企业完成客运量 46.21 万人次，湖北豪华邮轮企业完成客运量 18.65 万人次。受良好市场行情的带动，邮轮负载率和票价稳定在可观区间，邮轮平均负载率为 70.90%，新型豪华邮轮标准间平均价格在 2300 元每人左右，较早年份建造的邮轮标准间平均价格在 1900 元每人左右。

（三）机动船舶发展与驳船的减少

2010 年，长江水系 14 省市机动船运力增加，驳船运力逐步减少。机动船 13.34 万艘、11840.9 万载重吨，分别是 2005 年的 0.98 倍、2.24 倍，与 2009 年相比，分别增加了 8.20%、30.80%；驳船 2.2 万艘、1095.9 万载重吨，分别是 2005 年的 0.54 倍、0.59 倍。机动船占总数的 85.80%，运力占 91.50%。长江船舶机动化程度不断提高，拖带运输方式逐步淘汰。

2018 年，长江水系 14 省市水上运输船舶数由 1982 年的 17.86 万艘减少到 11.29 万艘，其中机动船由 1982 年的 6.59 万艘增长到 10.22 万艘，驳船由 1982 年的 11.27

万艘减少到1.07万艘；运输船舶平均净载重量由1982年的30.5吨提升到1671吨。截至2018年底，长江水系共有省际液货危险品运输船舶3031艘，较上年减少8艘，平均吨位为785.7总吨。其中，油船1382艘、105.7万总吨，分别占总量的45.60%、46.7%；化学品船1149艘、44.9万总吨，分别占37.90%、19.80%；油船和化学品船共计302艘、69万总吨，分别占10.00%、30.50%；液化气船33艘、2万总吨，分别占1.00%、0.90%；原油船263艘、23.7万总吨，分别占8.70%、10.50%。载货汽车滚装运输船45艘、2695车位，平均吨位为6440总吨，与上年持平。

第三节 长江航道建设管理服务全面提升

一、继续实施《“十一五”时期长江黄金水道建设总体推进方案》

2014年，在《国务院关于依托黄金水道推动长江经济带发展的指导意见》中，“提升长江黄金水道功能”的任务体现了这一建设方案的思路。至此，“深下游、畅中游、延上游、通支流”上升为国家层面对长江航道建设的指导意见。

（一）“深下游”航道治理

完成长江口深水航道三期治理工程并通过交通部验收，建成从东海到上海外高桥码头水深12.5米、全长92.2千米、底宽350米~400米的双向航道，拔除卡在长江口进出东海咽喉要道的“骨鲠”，对整个长江流域经济腾飞具有重要意义。

2009年，黑沙洲航道整治主体工程基本完工。2010年6月，马当河段航道整治一期工程开工主体工程基本完工。2014年6月9日，长江南京以下12.5米深水航道一期工程交工验收，江苏太仓至南通段12.5米深水航道进入试运行。2015年6月29日，长江南京以下12.5m深水航道二期工程正式开工建设。2019年初，长航局在上海召开《长江口12.5米深水航道减淤工程南坝田挡沙堤加高完善工程可行性研究报告》专家咨询会。2019年3月初，交通运输部水运局在安徽省马鞍山市组织召开长江下游江心洲河段航道整治工程竣工现场核查与验收会，指出江心洲工程已按批准的建设规模、内容、标准和要求全面建成，并通过了竣工环保验收和档案专项验收，工程质量合格。江心洲工程被交通运输部列为全国水运工程施工标准化示范创建试点项目。

（二）“畅中游”航道治理

长江中游以突破“肠梗阻”为重点，相继实施了荆江河段、宜昌至昌门溪河段、杨林岩水道、武桥水道、湖广至罗湖州河段、戴家洲河段、新洲至九江河段等航道的整治工程。2010年5月，戴家洲河段航道整治一期主体工程基本完工。2010年8月，枝江—江口航道整治一期主体工程完工。2010年6月，牯牛沙航道整治一期主体工程完工。2017年4月15日，长江中游荆江河段航道整治工程（全长280.5千米，工程投资近40亿元，实现了由单滩整治向长河段系统治理的跨越），通过竣工验收，中游航道最低水深从2.9米提高到3.8米。这是贯彻落实国家推进长江经济带建设战略的重点工程，其河段涉及国家级自然保护区、水产种质资源保护区、生活饮用水源保护区和漂流性产卵场，生态保护要求非常高。工程建设坚持“生态优先、绿色发展”理念，被交通运输部列为内河航道“生态环保示范工程”。11月8日，“645工程”(武汉至安庆6米水深、武汉至宜昌4.5米水深航道整治工程)先期工程——长江中游蕲春航道整治工程开工，“645”工程纳入国家“十三五”规划纲要和长江经济带发展规划纲要，是交通运输部《水运“十三五”发展规划》的重点项目。实施“645”工程，将有效解决长江干线航道“两头深、中间浅”的突出问题，形成一条超大容量、串起长江中游湘、鄂、赣、皖四省的“水上高速公路”，长江干线航道通航能力将实现整体飞跃。工程建成后，1.3万吨级内河船和1万吨级江海船可直达武汉，5000吨级内河船可直达宜昌，将产生巨大的经济效益和生态环保效益。作为“645工程”的一部分，新洲至九江航道整治二期工程于2018年9月开工。该工程上起葫芦山、下迄九江港客运码头，全长约35km，按照Ⅰ级航道标准建设，设计航道尺度为6.0米 ×200米 ×1050米，通航保证率为98%。建设工期为36个月。2018年10月，武安段航道整治工程开工，届时6米水深将通达武汉。2019年4月23日，长江中游沙市河段、嘉鱼至燕子窝河段2018—2019年度航道维护性疏浚工程交工验收会召开，顺利通过验收。

（三）“延上游”航道治理

长江上游完成宜宾至重庆长河段治理，实施了长江三峡水库变动回水区礁石炸除工程、朝天门至九龙坡航道整治工程、三峡—葛洲坝两坝间的乐天溪、莲沱航道整治工程，改善了三峡库尾和三峡—葛洲坝两坝间航道条件。2009年4月30日，泸州纳溪至重庆娄溪沟航道建设工程通过竣工验收。同日，历时7年的三峡库区航道专项设施复建主体工程通过了交通运输部验收。

2016年7月，三峡库区炸礁二期工程初步设计获交通运输部批复，同年10月施工图设计获长航局批复，2017年1月正式开工建设。2019年4月，在第二十三届“文明窗口月”暨“行业核心价值体系学习实践教育月”活动之际，长江航道整治中心组织质监、设计、施工、监理、测量及运管等单位参与三峡水库变动回水区碍航礁石炸除二期工程中的铜锣峡工程检测暨完工验收。此举，既是整治中心开展“文明窗口月”

五大活动之一的“共抓生态保护，打造绿色航道”的具体措施，也标志着三峡库区炸礁二期工程建设“再下一城”，朝着整体交工验收的目标“更近一步”。

二、提高干线航道维护管理质量

（一）积极实施航路改革

“十一五”时期，长江干线大力实施航路改革，先后制订了《长江安徽段船舶定线制规定（2009）》《长江三峡库区船舶定线制规定（2009）》《长江江苏段船舶定线制规定（2013）》等规定。修订的《长江安徽段船舶定线制规定》《长江三峡库区船舶定线制规定》自2019年7月1日起实施。目前，长江干线已有涪陵—丰都段、三峡库区段、安庆—芜湖段、芜南段、江苏段等河段实施了航路改革，实施船舶定线制的航道达1120千米，占长江干线通航里程的42%。

2019年3月1日，《长江上游界石盘至成贵高铁宜宾金沙江大桥段船舶分道航行规则(试行)》正式实施，长江干线四川段225.6千米水域来往船舶实行分道航行。至此，长江海事辖区2700千米长江干线水域实现了分道航行和定线制全覆盖。

长航局先后开通了长江下游裕溪口、太平府、成德洲东港、安庆南水道等支汊航道为公用航道。2013年9月30日，长航局开通裕溪口水道上段公用航道，安徽省合裕运河、芜申运河经由长江实现互联互通。

（二）提高分月航道维护水深

航道维护水深是一项重要指标。三峡蓄水前，武汉至重庆枯水期最小航深均为2.9米。蓄水后，库区水深显著增加，库尾和坝下荆江河段船舶吃水受限。在船舶大型化背景下，船方对航道水深的期望值越来越高。长江航道局一方面加大航道整治力度，一方面挖掘航道水深潜力。“十一五”时期，航道部门主动作为，在认真核查研究的基础上，逐步将原定的“分月设标水深”的规定改为“航道养护（分月）水深计划”，分期分段提高各月水深指标，为船舶配载提供更可靠的依据。

通过“两充分一加强”，上中下游航道尺度不断提高，覆盖长江干线2100余千米主航道：上游重庆至宜宾航道维护水深从1.8米提高到2.9米，实现了昼夜通航；中游荆江河段航道维护水深从2.9米提高到3.5米，其中荆州以下航道维护水深提高到3.8米，初步打通了长江中游通航瓶颈；下游航道初步实现了深水化。

航道尺度信息服务逐渐实现了按月公布计划维护水深、分旬公布实际维护水深、分周发布预报维护水深，乃至每天重点浅水道维护水深等信息的实时共享，最大限度实现了航道水深资源的充分利用。

（三）改进航道疏浚工作

荆州长江大桥由于建设期间遭遇特大洪水，桥区河段滩槽发生剧变，原设计的主通航孔在枯水期通航困难，被迫利用非通航桥孔通航，存在严重安全隐患。长江武汉航道局舍宽保深，投入10艘工程船舶加大疏浚力度；增设临时航道站，强化常规维护，与海事、船方共保畅通。后经多方协调，交通部决定对6个非通航桥孔、7座桥墩增设防撞加固设施，保障船舶航行和桥梁安全。2009年1月17日，荆州长江大桥防撞设置工程通过专家验收。

鉴于三峡工程汛后蓄水9月、10月下泄流量减少，为确保航道畅通，从2007年起对猪儿碛、胡家滩、太平口、窑监、张南（上浅区）、福南等水道提前开挖枯水航槽，加速航道内泥沙的冲刷。同时，在中游窑监河段首次实施夜间非通航高峰期疏浚工作。

2009—2010届枯水期，制定“三保一创”（即保安全、保畅通、保运输，创和谐通航环境）活动方案，确定了14处一类重点浅水道为枯水期的维护重点，提前对太平口、张南（上浅区）、福姜沙南等11处水道进行了维护性疏浚施工，疏浚11处浅区，挖泥202.9万立方米，

2015年，安排21艘疏浚船舶对23处水道实施航道养护疏浚施工1806万立方米。长江口主航道和南槽航道全年完成维护疏浚量6940万立方米。

2017年，强化重点水道疏浚，派遣疏浚船舶驻守香炉滩、小米滩、芦家河、太平口、戴家洲、嘉鱼、口岸直、福姜沙、南通、通洲沙、浏河等重点浅水道并实施维护疏浚。推进下线航道维护疏浚市场化，在5个重点水道实施维护疏浚市场化试点。完成航道维护疏浚量7967万立方米。

2018年，长江中游周天、界牌、嘉鱼等航道整治建筑物维修及太平口水道维护疏浚等四个三峡后续工作规划项目加快实施，启动实施长江中游芦家河河段、沙市河段、城陵矶至武汉河段航道维护性疏浚工程以及藕池口水道天星洲护岸维修工程、界牌河段航道整治建筑物维修工程等三峡后规划的2018—2019年度项目。全力做好重点航道维护疏浚工作，对上游香炉滩、叉鱼碛、瓦窑滩、鸳鱼嘴，中游涴市、太平口、芦家河、枝江、下游戴家洲、东流、福姜沙、南通、通东等30处重点水道实施了疏浚工作，完成维护疏浚量2788万立方米；开展南京以下12.5米深水航道维护管理研究及交接等前期工作，完善重点河段航道维护跟踪观测分析机制。长江口12.5米深水航道完成维护疏浚量5939万立方米，南槽完成航道维护疏浚量269万立方米。

（四）增强勘察疏浚力量

“九五”时期以来，航道疏浚船舶逐步更新，新建一批先进实用的挖泥船，水道

测量普遍采用GPS定位技术，推广运用自动化成图与航标遥测遥控技术。“十一五”时期，长江航道疏浚实力突飞猛进，各类疏浚船舶有50艘，年疏浚能力达到1.5亿立方米，年产值突破50亿元。

2010年8月31日，长江武汉航道工程局13280立方米自航耙吸挖泥船“长鲸6”轮下水。该轮系双桨、双机复合驱动、双尾耙自航，船长157.8米、型宽27米、型深10.5米，设计吃水7.5米、挖泥吃水9米，泥舱设计舱容13280立方米，最大挖泥深度45米，造价6.19亿元，是国内疏浚功率最大、现代化程度最高、设备最精良的自航耙吸式挖泥船。

2019年3月8日，“长江下游12.5米深水航道维护疏浚6000方自航耙吸挖泥船建造项目后评价审查”会召开。交通运输部、长江航务管理局、长江航道局、武汉理工大学等相关参建单位人员及特邀专家参加了会议，认为“长鲸7”是国内首艘采用全电力变频驱动方式和浚测一体化测量系统的挖泥船舶，创新点突出，技术先进。施工运行情况表明，它具有很强疏浚能力和优良操纵性能，将有效提高长江下游12.5米深水航道维护疏浚能力，更好地服务长江经济带发展。

（五）长江航道图APP新版本正式运行

在提升航道信息化建设方面，自主研发了长江电子航道图系统，建立电子航道图数据生产、系统运维、推广应用的成套技术体系，促进了长江干线航道维护管理信息化建设，全面提升航道的公共服务能力和水平，用更加高效、优质的航道信息服务让黄金水道产生黄金效益，促进航运管理的转型升级。长江电子航道图已在省际客船、过闸危化品船和载货汽车滚装船中广泛运用，实现安装使用率85%以上，同时开发了手机APP，累计下载安装量近3万人次。

长江电子航道图系统的研发经历了长江电子航道图1.0版系统、2.0版系统和3.0版系统，具备了航道信息服务、助航导航服务、辅助决策服务、管理监控服务四大类近20项服务功能。电子航道图（2.0版）系统于2012年10月1日面向社会全面试运行，电子航道图（3.0版）系统于2013年10月1日上线试运行。

2017年12月，“水上导航”系统——长江电子航道图APP移动客户端上线运行，顺应航运业便民之举，有利于为航行船舶提供更加便利高效的服务。

2019年7月，长江航道图APP新版本在服务内容和方式上进行了升级优化，更充分地体现了长江航道“聚焦公益服务，服务船舶用户”的设计理念。通过与重庆气象服务中心合作，在APP中新增沿江天气信息浏览功能，提供长江沿线共76个县市24小时气象及能见度信息，更新频率达到每小时一次，并提供未来3天天气预报，为船舶规划航次、安全航行提供更多参考。

三、三峡蓄水位抬高与相应的航道工作

三峡库区形成后，航道航标按统一规格设计更新，加大了视距，受到驾引人员好评。在三峡总公司和交通部的支持下，航道部门赶在 156 米蓄水之前实施了涪陵至铜锣峡河段的炸礁工程，在 175 米试验性蓄水初期，实施了铜锣峡至娄溪沟河段的炸礁工程，抓住了有利时机，节省了工程投资。

由于三峡入库泥沙减少和三峡坝上水位抬高，枢纽下泄泥沙大幅度降低，三峡枢纽上下引航道碍航淤积量均较此前大为减少。但三峡与葛洲坝之间的喜滩、水四角、石牌等狭窄弯曲河段通航条件有所恶化。“十一五”时期，两坝间实施了部分碍航礁石清除工作，锚地和航道条件有所改善。针对三峡清水下泄冲刷坝下河床的情况，航运部门促成三峡总公司进行胭脂坝河段的局部护底加糙工程，防控宜昌水位过多过快降低。2018 年，三峡枢纽累计运行 14455 闸（厢）次，通过船舶 46867 艘次，旅客 16.9 万人次，货运量 1.43 亿吨；闸（厢）次、艘次、货运量分别比上年增长 13.69%、4.23%、9.90%。其中三峡船闸运行 10198 闸次，通过船舶 42574 艘次，旅客 14867 人次，货运量 1.42 亿吨，货运量增长 9.20%，三峡升船机运行 4257 厢次，通过船舶 4293 艘次，旅客 15.4 万人次，货运量 151.4 万吨，厢次、艘次、客运量、货运量分别比上年增长 85.98%、86.41%、180.51%、175.21%。葛洲坝三座船闸全年运行 19095 闸次，通过船舶 48425 艘次，旅客 70.5 万人次，货运量 144.4 亿吨，闸次、客运量、货运量分别比上年增长 0.10%、44.13%、6.71%，艘次下降 0.83%。

2019 年 2 月 13 日，长航局在宜昌召开长江三峡通航综合服务区建设现场推进会。建设长江三峡通航综合服务区，绿色通航服务站、过闸船舶安检站、三峡水上温情驿站（简称“一区二站”）是贯彻习近平总书记关于推动长江经济带发展系列讲话精神，落实“生态优先，绿色发展”核心理念的创新实践；是交通运输部 2019 年十二项民生实事之一；是为落实长航局工作部署要求的品牌工程。“一区二站”位于长江三峡坝上沙湾锚地，融合绿色能源服务、通航管理服务和船员温情服务于一体，以“长江三峡温情驿站”为核心服务品牌，聚焦船方需求，量身定制 11 类 60 项特色服务，为船舶提供过闸全业务流程的综合服务。

四、航道资源保护成绩斐然

长航局在全系统开展“绿色航运 从我做起”专项行动，严格查处长江干线船舶倾倒固体废物的违法行为，同时联合沿江 7 省市交通运输厅（委）开展“保护长江生态 发展绿色航运”共同行动，本着“整体推进，重点突破；综合施策，专项整治；

分工合作，共抓共治”的原则，会商“开展打击破坏长江干线水域生态环境违法犯罪专项整治”等重点工作；联合印发《水利部长江水利委员会 交通运输部长江航务管理局 共抓长江保护 力推绿色发展行动方案（2018—2020年）》。在抓好航道生态保护的同时，长江口航道养护不断拓展航道绿色发展的内涵，根据交通运输部和上海市合作备忘录精神，通过疏浚土综合利用减少疏浚弃土对海洋水环境的影响，为上海城市发展拓展新空间。随着合作的深入，疏浚土回收利用从最初占清淤总量约10%增加到75%以上，超过3亿立方米疏浚土直接吹填成陆，面积超过7.4万亩（不含横沙七期）。在横沙岛东侧长江口深水航道旁，已形成一片绵延20余千米的广袤人工湿地。在此基础上，通过横沙七期、八期吹填造地项目实施，“十三五”期还将利用长江口航道维护疏浚土吹填造地约5586.67万平方米。

2016年12月1日，全国人大代表、长航局局长唐冠军在全国“两会”上提出的“关于依据《刑法》对非法采砂破坏长江航道行为严格追究刑事责任的建议”被采纳，最高人民法院、最高人民检察院公布《关于办理非法采矿、破坏性采矿刑事案件适用法律若干问题的解释》，明确无证采砂可适用“非法采矿罪”定罪处罚，该解释自2016年12月1日起施行。

长航局与地方政府和行业管理相关单位建立合作长效机制，积极配合长江委以及沿江水行政主管部门加强采砂管理，确保了长江采砂管理的基本可控，理顺了长江河道采砂多头管理、无序管理的混乱局面，全面取缔了长江干线非法码头。

强化长江海事机构与各省市港航海事部门的协同监管，开展港口船舶安全与防污染联合排查专项行动，对检查发现存在重大安全和环保隐患的，一律要求作业单位和船舶停业整改。

五、长江航道全面实现集中统一

2016年5月6日，长江航道局和长江口航道管理局在上海举行管理关系调整交接仪式，长江口120余千米航道正式交由长江航道局管理。标志着长江干线宜宾至长江口段（含长江口北支水道）航道建设、运行、维护和管理实现集中统一。

2019年5月26日起，长江南京以下12.5米深水航道交由长航局养护管理，具体由长江航道局承担。长江南京以下12.5米深水航道工程是“十二五”“十三五”期全国内河水运投资规模最大、技术最复杂的重大工程。随着12.5米深水航道延伸到南京，大型海轮的装载率全面提高，运输成本大幅降低，将进一步促进船舶运输组织方式的优化调整，实现更高效的江海联运、江海直达运输，推动长江航运高质量发展。

六、实施长江航道事企分开改革

2016年4月，交通运输部作出深化长江航运行政管理体制改革的重大决策部署，将长江航道体制改革作为重点，实施长江航道局事企分开改革，剥离经营性资产和人员，组建长江航道工程局有限责任公司。5月4日，交通部批准成立长江航道工程局有限责任公司筹备组；5月12日，长江航道工程局有限责任公司(筹)正式挂牌；6月16日，正式将重庆、宜昌、武汉、南京四个航道工程局和长江航道救助打捞局列为转企改制范围，划归由公司筹备组管理。2018年9月21日，长江航道工程局有限责任公司正式注册成立。

第四节　长江港口转型发展成效明显

一、港口功能全面提升

2009年，长江港口通过能力和吞吐量持续快速增长，长江港口进入全面发展时代，形成了以主要港口为枢纽、地区性重要港口和一般港口协同发展的格局，形成了煤炭、液体化工、铁矿石、集装箱、粮食、商品汽车、载货汽车滚装、旅客等8大运输系统。港口专业化、规模化、现代化程度不断提高，亿吨大港从无到有，其数量达到14个；长江干线形成了3大航运中心、5个自由贸易区、22个主要港口和26个水运开放口岸。2017年，长江沿江应取缔的959座非法码头全部拆除，其中809座完成了生态复绿，恢复生态岸线100多千米。2018年，14省市港口完成货物吞吐量83.28亿吨，同比增长0.9%，占全国港口货物吞吐量的58.20%。其中，完成外贸货物吞吐量23.11亿吨，同比增长2.70%，占全国的55.20%；集装箱吞吐量1.24亿TEU，同比增长6.30%，占全国的49.40%。长江干线全部港区完成货物吞吐量28.36亿吨，同比增长1.40%。其中，外贸货物吞吐量4.01亿吨，同比增长3.10%；集装箱吞吐量1883.8万TEU，同比增长5.80%。

（一）结构功能显著改善

2010年，长江干线生产性码头泊位3890个，与2005年相比减少740个，码头总延长370226米，与2005年相比增加145106米；年综合通过能力方面，散货、件杂货138762.57万吨，集装箱1335.76万TEU，旅客10310.73万人，分别是2005年的1.87倍、4.32倍、0.76倍；长江干线万吨级及以上泊位达到323个，主要分布在南京港及以下，其中江苏320个、安徽3个，相当于改革开放初期全国万吨级泊位的

总数。港口吞吐能力过亿吨的省市由3个增加到7个，其中湖北、安徽、江苏分别超过2亿吨、3亿吨和4亿吨，湖南、四川等省港口吞吐能力也翻了一番。

2010年，长江水系14省市拥有内河港口生产用码头泊位数24073个，同比减少88个，码头总延长1275655米。年综合通过能力方面，散货、件杂货286653.1万吨，1421.76万TEU，旅客25502.73万人，载货滚装汽车157万辆，商品滚装车辆212万辆。

截至2018年末，14省市内河港口共拥有生产用码头泊位16809个，占全国内河港口的92.40%。散货、件杂货物年综合通过能力35亿吨，集装箱年综合通过能力2882.4万TEU。

2014年9月，国务院发布《关于依托黄金水道推动长江经济带发展的指导意见》，提出“建设上海、武汉、重庆三大航运中心，着力构建以三大航运中心为骨干、以沿江重要港口为支撑、其他港口为补充的现代化长江港口体系。”

2016年3月，鉴于长江横贯重庆境内679千米，约占长江通航总里程的1/4，重庆市政府出台了《关于加快长江上游航运中心建设的实施意见》，提出建设长江上游航运中心的10项重点任务和10项支持政策，着眼辐射周边、服务流域，把重庆建设成为辐射国内、联通国际的长江上游中心港口城市。到2020年，全市将形成以“一干两支”航道体系和“四枢纽九重点”港口集群为构架，现代化船队为载体，航运服务集聚区为支撑的航运体系，建成“服务+辐射”型长江上游航运中心。

2016年6月，湖北省政府出台了《加快武汉长江中游航运中心建设的实施意见》，提出了加快建设长江中游“六中心、两体系”，即建设综合交通运输中心、多式联运中心、高端航运服务中心、航运金融中心、对外开放中心、产业集聚中心，绿色航运体系和应急救助体系，把武汉长江中游航运中心打造成通江达海、辐射中部、面向全国，具有国际影响力的现代化、规范化智能航运中心，初步形成资源高度集聚、服务功能齐全、市场环境优良、现代物流便捷高效的内河航运体系，带动沿江经济带开放开发，为沿江产业优化布局和转型升级提供强有力支撑。近年来，武汉新港港航基础设施投资从50多亿元增加到200多亿元，新建了11个集装箱港口泊位，集装箱吞吐能力由120万标箱增至300万标箱，五年增长1.5倍。

2016年8月，上海市发布《“十三五”时期上海国际航运中心建设规划》，提出深化上海国际航运中心的建设：服务“一带一路”倡议和长江经济带发展，进一步完善物流集疏运体系，加强海运、航空物流基础服务，巩固上海海空枢纽港地位；服务全国港航业发展，以航运交易、航运金融、信息咨询、临空产业、“互联网+航运”等为抓手，优化服务，培育市场，增强高附加值航运服务的市场集聚度，基本形成现代航运服务中心；率先开展具有国际竞争力的航运制度创新和科技创新，优化航运发展环境，提升全球航运资源配置能力。瞄准一流国际航运中心的上海，虽早已形成长江支干流、深水海港互为补充的港口集群，港口建设却从未停歇。洋山深水港四期码头2017年年底开港试运行，成为全球最大规模、自动化程度最高的港区。2017年，作为上海国际航运中心建设的重点功能区域，虹口区已有各类航运企业4300多家，比“十一五”末多出千余家；浦东新区则集聚了6000多家航运企业和相关机构。

（二）对外开放最长的内河港口群

2010年12月，长江干线对外开放的一类水运口岸达20个，包括太仓、南通、常熟、张家港、江阴、泰州、镇江、扬州、南京、马鞍山、芜湖、铜陵、池州、安庆、九江、黄石、武汉、城陵矶、荆州、重庆。长江对外轮开放的里程已达1331千米，超过美国的密西西比河，成为世界上开放里程最长的通航内河。其中，重庆港可直接开提单将货物运往国外，但外轮不能直航。太仓港、南通港、张家港港、江阴港、镇江港、南京港、芜湖港实现对台直航。

2016年9月，《长江经济带发展规划纲要》正式印发，确立了长江经济带“一轴、两翼、三极、多点”的发展新格局。“一轴”就是以长江黄金水道为依托，发挥上海、武汉、重庆的核心作用。依托“江海直达”骨干航线发展“轴辐式”运输，武汉稳定开行“武汉—中国台湾”“武汉—东盟四国”“武汉—日韩”等通达7个国家和地区的3条近洋航线，“荆汉、宜汉、泸汉”等内支航线以及“中三角”省际集装箱公共班轮航线，已成为中部地区集装箱运输、大宗货物中转、外贸货物出关的主通道。2018年，南京港拥有集装箱航线83条、航班736班每月，“南京—中亚五国”班列实现周双班稳定运行，“南京—欧洲（莫斯科）”班列实现周班运行，新增“南京—日本”近洋航线，新增“南京—营口”内贸干线及“南京—重庆”“南京—宿迁”“南京—皖江”中转航线。太仓港近洋航线总数从2015年的20条增加到24条，航班达92班每月。开通运营进口肉类指定口岸，启动东南亚进口水果业务，引导东南亚优质大米进口，做大进口食用水生动物业务，推动太仓港特色货种业务量居全省前列。2018年，长三角地区港口完成外贸货物吞吐量14.11亿吨，同比增长1.57%，占全国比重33.73%。其中：上海港完成外贸货物吞吐量4.02亿吨，同比下降2.06%；浙江省主要港口完成外贸货物吞吐量5.2亿吨，同比增长3.74%；江苏省主要港口完成外贸货物吞吐量4.73亿吨，同比增长2.36%；安徽省主要港口完成外贸货物吞吐量0.16亿吨，同比下降4.14%。

二、港口客货吞吐量的变化

（一）干线港口客运回落与货运增长

2010年，长江干线港口完成旅客吞吐量1214.4万人，是2005年的0.48倍，2005—2010年年均增长率为-13.70%。长江水系14省市港口完成旅客吞吐量12656万人，其中完成内河港口旅客吞吐量9143.6万人，沿海港口旅客吞吐量3512.4万人。

2010年，长江干线港口（包括沿江的云南、四川、湖北、湖南、江西、安徽、江苏和重庆市境内所有港站）完成货物吞吐量15.4亿吨，比上年增长1.07%。其中外贸吞吐量1.76亿吨，比上年增长17.33%；完成集装箱吞吐量926万TEU，比上年增长26.39%；苏州、南通、江阴、镇江、南京5港年吞吐量超过亿吨。分区段来看：江苏区段6.04亿吨，占66%，其中外贸货物吞吐量1.04亿吨，占91%；安徽区段占16.4%，湖北区段占8%，重庆区段占5%，四川区段占2%，江西、湖南区段各占0.80%。从货种看，金属矿石2亿吨，煤炭及制品1.8亿吨，矿物性建筑材料1.3亿吨，三大类货种占56%。长江干线港口吞吐量前10位分别是：苏州港、南通港、南京港、江阴港、镇江港、重庆港、武汉港、芜湖港、马鞍山港和泰州港。

2017年，重庆水路货运量完成1.85亿吨，同比增长11.10%。水路货物周转量占全市交通运输业货物周转量的60%；水路外贸进出口货物占全市国际物流总量的90%以上。2017年，上海港集装箱吞吐量达到4023万标箱，连续8年位居世界第一大港。上海航运交易所旗下的“上海航运指数”商标注册成功，至今已经覆盖17大类、200余个价格指标，成为航运市场的“晴雨表”和“风向标”。

2018年，长江干线亿吨大港数量达到15个，扬州港货物吞吐量首次突破一亿吨大关。两亿吨大港数量达到5个，重庆港、泰州港货物吞吐量首次突破两亿吨大关。亿吨大港中，江苏段以上港口除重庆港、武汉港外，吞吐量均有不同程度的下滑；江苏段除苏州港外，其他港口吞吐量都有稳定增长。外贸货物吞吐量中，南京、江阴、泰州等港口与2017年相比增长超过20%，武汉、铜陵、镇江等港口增长超过10%，重庆、岳阳、九江、南通、苏州等港口下降比较明显。集装箱吞吐量中，武汉、岳阳、九江、芜湖4港口吞吐量快速增长，分别突破150万TUE、50万TUE、40万TUE和80万TUE。长江干线其他重点港口中，池州、安庆等港口货物吞吐量增长超过20%，宜昌、泸州等港口均有不同程度的下降。池州、宜宾常州等港口外贸货物吞吐量大幅增长，其中宜宾港翻番，池州港增长超过70%，常州港增长超过30%。集装箱吞吐量均呈现较快增长态势，水富港翻番，黄石港增长70%，安庆港增长接近50%，常州等港口增长超过20%。

（二）主要支流港口货物吞吐量持续增长

“十一五”时期，据长航局运输处统计，纳入长江水系运量统计的嘉陵江干流、湘江干流、汉江干流、赣江干流、淮河水系、京杭运河港口，5 年来完成货物吞吐量分别增长 51.00%、211.00%、2.00%、54.00、3.00% 和 317.00% 倍，其中嘉陵江和赣江略有增长，汉江和京杭运河持平或略高，湘江和淮河大幅增长。

2018 年，长江支流重点港口中，杭嘉湖三港吞吐量均超过亿吨。淮安、枣庄、合肥、钟祥等港口货物吞吐量增长较快，徐州、长沙、襄阳、广元等港口下降幅度较大。支流港口集装箱吞吐量均呈现快速增长的态势。湘江沿线港口完成货物吞吐量 9247.7 万吨，减少 16.51%。其中，长沙港货物吞吐量 3469.2 万吨、集装箱吞吐量 16.4 万 TEU，分别减少 33.70% 和增长 10.30%。沅水沿线港口完成货物吞吐量 2230.3 万吨，减少 23.80%。湖南境内完成 2193.6 万吨，减少 23.5%，其中常德港完成货物通过量 1760.5 万吨，集装箱吞吐量 5622 TEU，分别减少 27.40% 和增长 32.50%。汉江沿线港口完成货物吞吐量 2463.6 万吨，下降 14.30%；湖北境内港口完成 2191.0 万吨，减少 15.30%；陕西境内完成货物吞吐量 272.6 万吨，减少 4.70%。集装箱继续保持快速增长，吞吐量达 2.92 万 TEU，是 2017 年的 5.6 倍。

三、港口企业强劲发展

2009 年，长江干线港口企业全面贯彻落实国家“保增长、扩内需、调结构”的决策部署，积极应对金融危机，全力化危机为机遇，港口生产经营各项指标保持稳步增长。

2010 年，上游区域产业主要以矿产、机械和农产品为主，滚装运输和旅客运输较为发达。重庆港是长江上游最大的综合水运中转港和集装箱枢纽港。重庆港务物流集团有限公司管辖重庆、万州和涪陵 3 港，拥有生产泊位 181 个（4 个铁水联运换装口岸），港口货物年吞吐能力 2 667 万吨，集装箱吞吐能力 113.5 万 TEU，商品车通过能力 30 万辆，载货滚装车通过能力 6 万辆，自有运力 25 万吨，铁路专线 28.5 千米。2010 年，吞吐量达 3114.28 万吨。2018 年，重庆市 3000 吨级及以上泊位 184 个，港口货物通过能力由 1.36 亿吨提升到 2.1 亿吨，集装箱吞吐能力实现翻番，达 480 万 TEU，重庆港已成为长江上游地区最大的集装箱集并港、大宗散货中转港、滚装汽车运输港及邮轮母港。

2009 年，中游区段主要港口企业完成货物吞吐量 10694 万吨，同比增长 25.40%。2010 年，完成 7019.26 万吨。武汉港务集团有限公司辖汉阳、汉口、阳逻、沌口、青山、左岭等港区。2009 年，完成货物吞吐量 3002 万吨，外贸货物 193 万吨，

集装箱31.5万TEU，实现营业收入4.8亿元。2010年，完成货物吞吐量3788.17万吨。2009年10月28日，武汉港务集团有限公司与武汉阳逻开发有限公司合资组建武汉新港集装箱有限公司，注册资金3.8亿元，股比为53%和47%。2018年，武汉航运中心各项经济指标全面完成年度目标任务，集装箱吞吐量、航运交易量及综合保税区进出口货值等核心指标再创历史新高。武汉港集装箱吞吐量完成157.4万TEU，同比增长16.0%，其中水水中转占比45%。武汉新港空港综合保税区进出口总货值9.36亿美元，同比增长一倍。武汉航运交易所交易额完成54.05亿元，同比增长50.94%。

2009年，下游区段主要港口企业完成货物吞吐量93466万吨，同比增长9.70%。2010年，完成货物吞吐量41340.55万吨。芜湖港是长江煤炭能源中转第一大港和安徽最大的外贸、集装箱主枢纽港。裕溪口煤码头和朱家桥外贸码头是两大港区，年通过能力分别达到1280万吨、600万吨。2009年，完成货物吞吐量1138万吨，其中外贸货物110万吨、集装箱9.95万TEU。2010年，芜湖完成吞吐量1049.75万吨。马鞍山港口（集团）有限责任公司2009年完成货物吞吐量1 801万吨，其中外贸货物35万吨、集装箱4.95万TEU。2010年，马鞍山完成吞吐量1950.18万吨。南京港口集团公司2009年完成货物吞吐量6013万吨，其中外贸货物492万吨、集装箱120万TEU。2010年，南京完成吞吐量7302万吨，集装箱1423TEU。12月，南京港口集团与中外运长航集团结为合作伙伴，南京港口集团改制重组取得成功。太仓国际集装箱码头有限公司为中外合资经营企业，是“十一五”时期长三角重点建设与发展的港口，是上海国际航运中心的重要组成部分。2009年，该港口完成货物吞吐量1286万吨，其中外贸量552万吨、集装箱151万TEU。2010年，太仓完成吞吐量1 440.70万吨。常熟兴华港口有限公司由新加坡国际财团与江苏常熟经济开发集团合资组建，2009年该港口完成货物吞吐量871万吨，其中外贸量585万吨、集装箱8万TEU。2010年，常熟港口完成货物吞吐量994.63万吨。2018年，舟山江海联运服务中心以服务长江经济带发展和“一带一路”建设为统领，坚持浙江自贸区与江海联运服务中心融合发展，深入实施“7234”工程，各项工作取得新进展、新成效。2018年，舟山江海联运实现港口货物吞吐量5.08亿吨、同比增长10.93%；运量达到2.11亿吨、同比增长10.29%。

四、集装箱吞吐量高速增长

2010年，长江干线规模以上港口完成集装箱吞吐量908.3万TEU，同比增长26.20%。其中外贸360万TEU，同比增长19.40%，内贸548.3万TEU，同比增长31.20%。其原因，首先是内贸成为增长主因。随着国家加快转变发展方式，产业结构调整，制成品及高附加值产品比重加大，货物运输要求进一步提高，适箱货源比重不断上升。其次是外贸进出口大幅增长。其中产成品、高新技术产品、特种原材料及成套设备进出口明显增加，外贸商品结构进一步改善，集装箱运输增势强劲。2010年长江十大集装箱港口排名，分别是苏州港364.40万TEU、南京港145.32万TEU、江阴港101.07万TEU、武汉港64.54万TEU、南通港46.23万TEU、重庆港42.72万TEU、扬州港30.30万TEU、镇江港30.26万TEU、芜湖港14.28万TEU、九江港12.06万TEU。这个大集装箱港口在2017年完成1750万标箱，2018年完成1915.4万TEU。

五、港口物流体系的初步形成

“十一五”时期，长江主要港口的专业化码头建设步伐明显加快。形成了以上海国际航运中心为龙头，以区域性枢纽港口南京、武汉、重庆为中心，以主要港口南通、苏州、镇江、马鞍山、芜湖、安庆、九江、黄石、岳阳、荆州、宜昌、泸州为骨干的大、中、小结合和专业化特色明显的港口群；在煤、油、矿、箱和汽车滚装等专业化运输系统的基础上，以港口为核心的长江航运物流体系初步形成。例如，南通、镇江的金属矿石，张家港、扬州的木材，泰州的非金属矿石，江阴、常熟的钢材，南京、南通、太仓、武汉、重庆的集装箱，芜湖、南京、武汉、枝城的煤炭，镇江、池州、铜陵的非金属矿石，黄石的水泥和黄沙，宜昌、万州、重庆的滚装及商品车运输等。

加快实施《“十三五”港口集疏运系统建设方案》《“十三五”长江经济带港口多式联运建设实施方案》《推动长江干线港口铁水联运设施联通的行动计划》《推进运输结构调整三年行动计划（2018—2020年）》，加快港口集疏运系统建设，重点突破铁路、公路进港“最后一千米”。重庆建成果园港区、蓝家沱、珞璜港区、九龙坡和万州红溪沟5个铁水联运港区，铁路专用线39千米，铁路年装卸车能力3000万吨。湖南省湘钢厂区铁牛埠码头将湘黔线的铁路专用线引线至码头前沿；湖北黄石新港疏港公路、铁路建成运行，宜昌紫云铁路完工；随着港口集疏运网络体系建设不断推进，港口铁路公路集疏运能力显著提高，布局进一步优化，与港区的衔接效率稳步提升。

六、港航物流联盟应运而生

2014年，长江沿线港航物流企业发起成立“长江经济带港口物流区域合作联席会”的合作机制。首批成员单位包括宜宾、泸州、重庆、宜昌、荆州、岳阳、武汉、黄石、安庆、池州、铜陵、芜湖、合肥、马鞍山、淮安、南京等城市的相关企业。

2017年7月20日，由上港集团等9家港口集团和长航集团等5家航运企业共同发起长江经济带航运联盟在上海成立。联盟的宗旨是将贯彻落实长江经济带发展的重大战略部署，秉承生态优先、绿色发展理念，发挥联盟的协同联动作用，以长江经济带港口建设和航运发展为导向，推进长江航运资源优化配置和协同发展，着力提升黄金水道功能，实现航道畅通、枢纽互通、江海联通和关检直通，降低企业综合物流成本，更好服务长江经济带贸易增长，促进经济发展。

长航集团注重港航服务，包括能源服务、船舶服务、航运科技、港口码头、绿色航运等业务。其中能源服务（燃料供应）业务拥有加油站68座，供、储、运等各类船舶175艘，陆上大型油库4座，库容10万立方米，铁路专用线一条，下属中石化长江燃料有限公司是长江水上最大的燃油供应企业，集水陆内贸成品油批发、零售和国际航行船舶保税油经营资质于一体，具备服务于国内国际两个市场的能力，2017年完成燃油销售量约200万吨。绿色航运业务拥有洗舱站2座，受托管理7个长江溢油应急设备库，在重庆、南京设有水上国家应急救援队，配有40吨自航全回转浮吊船、300吨自航浮吊船、2640千瓦全回转消拖两用船、侧翼式溢油回收船。

2017年，武汉港航发展集团发起成立长江中游航运中心港航联盟，由长江中游的港口、航运、物流、服务及货主等代表性企业共同组成，旨在推进区域内及跨区域港口、航运物流企业间联动发展，收集、发布行业市场信息，打造利益共同体。联盟单位共计115家（武汉45家、九江13家、南京1家、岳阳4家、宜昌9家、荆州14家、黄石7家、黄冈11家、鄂州5家、咸宁4家、荆门1家、仙桃1家）。其中港口、航运等企业97家，入盟行业主管单位10家，此外还有湖北日报、长江日报、武汉大学文化发展研究院、武汉理工大学交通学院等8家。基本涵盖了长江中游重点港口的航运企业、有关主管部门及关联单位等各个方面，涉及港口、航运、货主、船代、货代、信息服务、规划设计、建设、科研、配送等领域。

2018年，长江港航物流联盟先后组建了全程物流、互联网+航运、绿色航运、安全管理、江海联运、多式联运、人才等12个专业委员会，就发展共性问题分专业、分区段、分企业开展了调研工作，并积极推广经验、共享资源，实现沿江与沿海港口东西互动、上下联动，联盟的影响力和覆盖面进一步扩大。安全管理专业委员会开展了长江港航物流联盟安全操作规程和事故案例汇编；全程物流专业委员会协作单位深化战略合作，中国长江航运集团有限公司与四川省川威集团有限公司签署战略合作协议，共同打造铁水联运、江海联运一体化示范项目，与重庆钢铁股份有限公司签署战略合作协议，加强海进江矿石全程物流业务合作；旅游客运专业委员会与宜昌市、秭归县政府多次沟通，确保了三峡旅游客运新产品的顺利推进；绿色航运专业委员会加强行业研究，积极为会员单位提供信息、技术支持；商品车滚装专业委员会帮助协调商品车滚装船优先过三峡船闸问题，探讨了商品车物流合作，降低车企物流成本等事宜；载货汽车滚装运输专业委员会研究了川江四个滚装码头实施岸电的可行性问题，制定并完善了《川江滚装船舶服务质量标准实施办法细则》；液货危险品运输专业委员会以推动长江船舶洗舱基础建设为突破口，促进会员单位船港深度合作以及绿色航运发展；集装箱运输专业委员会探讨了港航联盟航线的可行性问题，积极实践长江集装箱船型的优化和升级，协调同行共同应对航线成本增长；互联网＋港航专业委员会加强港航货一体化公共服务平台合作，初步得到长江航道测量中心数据与技术的支持，南京航运交易中心与金马云物流开展平台共建，涉及二手船舶交易、船舶竞拍、货运业务等；多式联运专业委员会建立多方联动机制，积极搭建铁水联运经营平台，加强多式联运信息互享；江海联运专业委员会，协调马鞍山海船锚地扩容、芜湖大桥至高安圩航段深水深用等问题。

2018年7月，长江中游航运中心港航联盟发布了“保护长江生态　发展绿色航运”共同行动宣言：以生态优先、绿色发展的科学理念引领港航企业转型升级，以整体推进、重点突破的一致行动助推长江港航绿色发展，以改革创新、提质增效的得力举措奏响美丽长江的动人乐章。

2019年2月25日，长江港航物流联盟人才专业委员会正式成立，明确武汉交通职业学院为主任委员单位，并审议通过《长江港航物流联盟人才专业委员会工作条例》（草案）。26日，长江港航物流联盟暨长江港协长江船协2019工作年会在重庆召开。联盟包括港口、船舶代理、货主单位、科研院校、电商企业等百余家单位。长航局局长唐冠军作了题为《合力推进长江航运高质量发展　争当交通强国建设排头兵》的讲话。

七、长江三大航运中心逐步形成

“十一五”时期，重庆长江上游航运中心建设加快推进。2009年，武汉长江中游航运中心和武汉新港建设启动，一大批建设项目集中开工，开通了直达洋山的集装箱班轮。2010年9月29日，全国内河首个航运交易所——重庆航运交易所揭牌，与上海航运交易所遥相呼应，功能互补，形成专业化服务支撑体系，促进长江上游航运中心和金融中心的形成。以上海为中心，以江苏和浙江为两翼的上海国际航运中心形成集海关、检验检疫、海事、边检、报关、货代船代于一体的一门式服务格局，口岸服务效率和服务环境大大改善，一批重点港口逐步发展成区域性的港口物流枢纽，港口集疏运体系建设日趋完善，实现与高速公路无缝衔接，并形成以港口为依托，以报税、物流、开发区为载体的联动发展模式。如张家港保税港区封关运作，太仓、江阴等报税物流中心挂牌运行，内陆第一家重庆寸滩保税港区封关运作，不仅加快了长江沿线地区外贸集装箱货物的出口速度，又为货主节省了中转费用，还扩大了沿江地区出口外贸集装箱通过长江运输的数量。

2016年，重庆市进一步完善长江上游航运中心的顶层设计，市政府常务会议审议通过了《关于加快长江上游航运中心建设的实施意见》，明确长江上游航运中心建设要注重前瞻性、科学性，合理布局航道、港口、船队、航运服务等体系，增强辐射带动能力。到2022年，初步建成航道网络紧密衔接、港口布局科学合理、运输装备节能环保、运输组织先进高效、航运服务高效便捷的长江经济带绿色航运体系，航运科学发展、生态发展、集约发展的良好态势基本形成，在综合运输体系中的作用进一步提升。依托重庆航运交易所，积极推进全国内河最具影响力的交易中心、信息中心、人才中心、结算中心建设，现代航运服务体系初具雏形。

2018年，上海市政府制定了《上海国际航运中心建设三年行动计划（2018—2020）》，明确到2020年，基本建成航运资源高度集聚、航运服务功能健全、航运市场环境优良、现代物流服务高效、具有全球航运资源配置能力的国际航运中心。对标国际一流，倾力打造世界先进的海空枢纽，提升海港服务能力和水平，提升空港服务能力和水平，提升邮轮港服务能力和水平，促进港口水路集疏运发展，优化陆路集疏运网络。2018年，上海市拥有国际船舶运输企业55家，外商独资船务公司17家，国内船舶管理企业36家，国际船舶代理企业105家，无船承运人企业3025家，国际航行船舶登记数411艘（其中：特案免税登记数13艘），国际航行船舶登记总吨10691551吨（其中：特案免税登记总吨121820吨）。吴淞口国际邮轮码头后续工程于2018年6月完工并投入试运行。全年上海港接待国际邮轮靠泊406艘次。其中，以上海为母港的邮轮378艘次，邮轮旅客吞吐量达275.29万人次。

2018年，湖北省政府批复了《武汉长江中游航运中心总体规划》，提出武汉长江中游航运中心将着力实现“三中心、一门户”的战略定位，即以长江黄金水道为主轴、港口为核心的综合交通运输中心，以发展铁水联运、江海直达为主的多式联运物流中心，以航运交易、科技研发、投融资、保险、人才培训、信息交流为服务重点的现代航运服务中心，以综合保税区、临港产业物流园区、国际航线为推进抓手的对外开放水上门户。

八、长江沿线铁水联运量同比增长

2015年，国家加强对重点港口的指导，鼓励新（增）开长江集装箱班轮航线，增加发班密度，积极发展集装箱江海联运。积极参与国家和省多式联运示范工程建设，推动四川省集装箱港口多式联运发展。协调铁水、公水物流服务联盟推进工作。全省开通泸州、宜宾至上海等集装箱班轮航线8条，每周发班30余班。打通泸州、宜宾至中国台湾、日本、韩国集装箱江海联运物流通道。“十二五”期，四川省完成铁水联运集装箱吞吐量3.6万标箱，港口集装箱吞吐总量达到159万标箱，是“十一五”期间的5.5倍。2015年，完成铁水联运集装箱吞吐量2.5万标箱，同比增长125.13%；完成集装箱吞吐量62.08万标箱，同比增长40.74%。

2016年，集装箱铁水联运加快发展，宁波舟山港全年完成铁水联运24万标箱，同比增长42.30%。武汉港新开通“中远海运号”沪汉蓉铁水联运集装箱班列、沪汉陕铁水联运班列。重庆市新开通“万州至西安”铁水联运班列，重庆港散货、集装箱铁水联运量同比分别增长34%、77%。四川省新开通泸州港至攀枝花、宜宾至昆明集装箱铁水联运班列，启动泸州港—昆明铁水联运供应链一体化项目。

2017年以来，长江沿线铁水联运量同比增长超过25%。其中，武汉阳逻港预计全年达到3.6万TEU；2017年底，泸州港开通首列外贸铁路通道——“泸州—广州外贸铁路班列”，标志着铁水联运新时代正式来临。与原水运通道相比，铁路通道运输时间节约了20天以上；重庆主城果园港铁水联运接驳改造基本完成，果园港获批国家第二批多式联运示范项目，“渝黔桂新”铁水联运通道实现常态化运营，周边省市货物通过重庆港中转比例达到45%；芜湖港皖江物流控股的铁水联运公司，具备铁路专用线6.914千米，年运输能力150万吨，全年完成铁水联运集装箱空箱出港量3862TEU。长江干线南京、马鞍山、黄石、武汉、岳阳、重庆等一批港口多式联运项目全部获得国家支持。上海、南京、武汉、重庆等航运物流中心及沿江主要港口总体规划编制将多式联运纳入相关规划范畴。

2018年，长江干线的四川省、重庆市、湖南省、湖北省、江西省、安徽省、江苏省等主要港口集装箱铁水联运总量快速增长，全年完成集装箱铁水联运量约24万TEU；重庆市全年完成铁水联运量2283.5万吨，同比增长20%，其中集装箱铁水联运量7.83万TEU。上海市全年完成集装箱海铁联运量约4.0万TEU。江苏省的南京港和连云港港口全年共完成集装箱铁水联运量35.5万TEU，增长增长14.00%；其中南京港完成5.2万TEU。湖北省全年完成集装箱铁水联运量5.6万TEU。湖南省全年完成铁水联运量约为980万吨。四川省全年完成集装箱铁水联运量3.52万TEU，同比增长25%。

第五节 长江水运工业发展迅猛

一、长航重工加速拓展市场

2009年，长航重工取得应对危机、抵御船市寒冬的阶段性胜利，完成工业总产值136.3亿元，交船42艘，出口创汇12.2亿美元。2010年，交船55艘，完成工业总产值154.5亿元，造船完工270万吨，营业收入136.69亿元，分别是2005年的3.6倍、6倍、2.88倍，实现利润7.96亿元。“十一五”时期，实现利润总额32亿元、接单251艘，总计912.28万吨。

2009年10月22日，首艘92500吨散货船交船首航，赢得包括长航凤凰、中通集团以及两家希腊公司在内的23艘货船订单。2010年，交船19艘、102.15万载重吨，造船完工量首次突破100万载重吨。2009年4月16日，青山船厂生产的1.91万吨大舱口重吊船“布鲁格·信仰”轮下水，填补了中国重吊船的建造空白。

2009年，江东船厂建成3万吨级船台滑道，完成产值13.18亿元。8月20日，第一艘57000吨船下水。2010年，江东船厂完成产值18亿元，同比增长32.34%。2009年10月22日，宜昌船厂首艘8000吨级多用途货船“威尔森·北方”轮下水，堪称“绿色船舶”。2009年6月10日，红光港机厂与天津港、武汉理工大学联合开发出40吨节能环保型轮胎起重机。重庆长航东风船舶工业公司素有“旅游船摇篮”美称，“神州”“长江”“朝天宫”以及“凯珍”“凯丽”轮均为该公司建造。

“十二五”期间，长航集团大力发展船舶修造，包括船舶制造、船舶修理和特色电机等业务，造船拥有10万吨级、20万吨级船坞各1座，5万吨级船台8个，舾装码头3座，能建造20万载重吨以下各类船舶；修船企业分布于重庆市至上海市的长江沿线，拥有举力800吨~16000吨浮船坞13座，能承修7万载重吨以下各类江海船舶。2017年完成工业总产值41.5亿元。下属金陵船厂“按期交船、质量过硬”在船界享有美誉，是国内建造滚装船最早、交付滚装船最多的船厂；长江南京及以上大中型坞修处于各区域市场领先地位。2017年12月31日，由中国自主设计建造的船长400米、2万标箱级集装箱船舶“中远川崎231号”安全抵达上海宝山，打破了长江航行船舶最大尺度的纪录。2018年4月11日，长航集团川东船厂建造的“归来三峡”水上演出浮台离开码头，向目的地奉节县白帝城风雨廊桥现场驶去。该浮台长160.8米、宽54米，总面积8683.2平方米，比一个标准的11人制足球场大1543.2平方米。10月18日，长航集团江东船厂为华中港航集团有限公司建造的2艘近洋直航500TEU集装箱船开工建造，该船是专用于载运集装箱的汉亚直达集装箱船舶，具备载量大、油耗低、经济性好、节能环保等特点。11月8日，长航集团上海长江轮船有限公司1140TEU敞口集装箱江海直达示范船在长航集团江东船厂开建。该船由长航集团重庆长江轮船有限公司船舶设计研究院设计，双机双桨双舵，直型艏双外歪艉线型，艉机型、上排气的专用敞口集装箱船，具有能源消耗少、环境污染小、运输成本低的特性。

二、地方船舶工业智能发展

2010年，江苏省造船企业发展到1176家。完成总产值2345亿元，占全国的34.90%，同比增长28.30%。海船完工量、新接订单量、手持订单量三大指标同比分别增长48.80%、305.50%、8.30%，占全国总量的35.10%、39.50%、37.80%，占世界市场份额的15.30%、21.60%、15.60%，新接订单量是日本的4倍，韩国的64.40%。安徽省船舶建造呈现量的扩张和质的提升，“十一五”时期，完成工业总产值372亿元，完工669万载重吨，分别比“十五”时期增长380.00%、210.00%倍，年均增长56.60%、34.10%。2010年，133家企业造船能力达300万载重吨，最大造船吨位8.2万载重吨。2010年建成的芜湖市西华船舶基地，新增造船能力6万吨，实现工业增加值3亿元。

随着科学技术的推进，船舶工业向智能方向深入发展。2015年，重庆市建成的2艘62米纯天然气燃料动力（及发电）船舶已投入嘉陵江水域水上煤炭运输，2018年又完成两艘船舶LNG的动力改造。四川省广元市开展研究设计并试建1艘30客位用钛酸锂电池作为船舶动力推进装置的旅游船舶。

2018年，上海船舶研究设计院智能船舶网络平台系统通过网络风暴实验室测试，为船舶智能系统的联调和交验奠定了基础。中国船舶工业集团公司建造的世界首艘智能船舶—中船Idolphin38800吨智能散货船命名交付。外高桥建造的全球最大吨位智能船舶40万吨矿砂船H1447船完成海上试航。中国船级社（CCS）、珠海市政府和武汉理工大学携手云洲智能公司，四方共同启动“筋斗云”全球首艘小型无人货船项目。浙江省首艘人工智能工作船在嘉兴开建。四川企业自主创新研发“河宝”H系列智能清污机器人。国内首条智能汽渡，搭载最新科技智能辅助安全驾驶系统的“板新贰号”在南京板桥汽渡江北码头首航。结构调整稳步实施，新建三峡船型76艘，重庆市标准化率已达83%。

第六节 支持保障系统的完善与提升

一、长江海事应急管理进一步完善

（一）长江航运安全保障能力的突破性提高

2013年3月5日，长航局局长唐冠军当选第十二届全国人大代表，并在十二届全国一次会议期间提出尽快建设长江三峡水利枢纽船舶过坝新通道和将渡船渡口安全纳入地方公共交通体系这两项提案。

“十一五”时期，长江海事局牢固树立“最严格的监管就是最好服务”的理念，有效遏制了群死群伤事故和重大船舶污染事故，安全形势持续稳定。具体做法是：牵牢渡船安全管理的“牛鼻子”，研究实施并完善“渡船管理116机制”；深化航路改革，组织实施三峡库区、安徽段船舶定线制，完善长江下游分道航行规则，制定长江中游分道航行规则；制定并实施长江水上安全四级预警三级发布制度，开发“长江海事气象”服务系统；船公司、船舶、船员、船检“四船”管理继续深化，电子签证率达100%，船员考评质量体系有效运行；实施安检精品工程，编写内河船舶安全检查指南，组建12人安检专家组、100名安检骨干和1104名注册安检员队伍。同时大力推进“管理信息化、反应快速化、执法规范化、监管现代化”建设，初步形成重点港区的VTS、重点水域CCTV、重点船舶（渡船）GPS和常规巡逻艇互为补充的现代水上监管系统框架。“网上长江海事”成功试运行，建设电视监控等14个应用系统；推进巡航搜救一体化建设，实施四级待命三级指挥制度，126个动态应急站点有效运转；修订《长江海事管理规则》，覆盖业务、行政、党群管理，加强标准化海事处建设，启动芜湖、九江、荆州、三峡等区段的联合执法；武汉、芜湖港区的VTS工程投入运行，建成43个CCTV监控点（其中20个移动监控点），启用长江搜救指挥系统并实现远程现场监管图像的实时传输。

2016年7月1日，长江海事局统一实施长江干线水上综合执法，长江航运治理体系得到进一步完善，现代治理能力明显增强，服务长江经济带发展的能力和水平进一步提升。

2018年6月，长江海事局提出推进美丽长江建设的“五大攻坚战”，即“碧水保护”攻坚战，重点加强船舶水域污染防治，特别是要强化载运危险货物船舶的安全监管；加强长江干线集中式饮用水水源地保护；积极开展固体废物非法转移倾倒水上运输环节专项整治，实现长江船舶污染物达标排放。“蓝天保卫”攻坚战，重点加强船舶大气污染防控，强化船舶燃油质量检查；鼓励船舶使用清洁能源，大力推动港口岸电设施、新建船舶岸电受电设施建设，以及LNG（液化天然气）动力船、纯电动船的推广应用等。“宁静守护”攻坚战，重点推动长江干线及内河船舶噪声污染防治等相关法律法规标准的制定和完善；加强对船舶产生噪声污染的水上施工作业区的现场监管；研究制定内河船舶声号音量的控制措施，全力推进长江船舶噪声污染防控。“生态卫护”攻坚战，科学规划长江“生态航区”，在水生生物自然保护区段，实施必要的船舶限速、作业管控等措施，加大水生生物保护力度；依法查处碍航采砂、破坏航道等违法行为，加大航道保护力度；配合地方政府全面完成非法码头关停、拆除、规范、提升等工作，加大岸线保护执法力度，助力长江生态环境的修复。“能力提升”攻坚战，全力提升航运企业污染防治能力、船舶防污染监管能力和船舶污染应急能力，提高长江船舶污染防治水平。2018年，长江海事局辖区事故四项指标（等级事故件数、死亡失踪人数、沉船艘数、直接经济损失）全面下降，其中运输船舶等级事故27件、死亡失踪35人、沉船19艘、直接经济损失3925.6万元，同比分别下降5.20%、20.40%、5.00%和39.20%，为长江经济带发展提供了坚强的海事保障。同时，长江海事部门配合地方政府取缔非法危化码头37座，对105家资质不全的码头停止办理船舶进出港口申报；联合长江一线水域14家海事管理机构开展长江大保护“五个一”行动，发放倡议书4万余份，实施船舶防污染行政处罚140件；查处装载固体废物船舶62艘次，滞留船舶18艘次，对210家码头开展了联合检查，开展船舶燃油取样检测496个，查处船舶燃油品质相关违法行为44件，实施船舶防污染行政处罚965件。

（二）沿江省市港航和海事管理不断加强

2009年，上海市地方海事局全力备战世博会安保。2010年，上海市圆满完成世博会保障相关工作任务，成功实施11次水上一、二级交通管控。江苏省地方海事辖区水上交通事故四项指标同比下降，管理科技含量和保障能力明显提升，社会形象明显提升。安徽省不断完善工作体系，先后建成蚌埠、池州、淮北等市级水上监控中心及一类渡口视频监控系统，首个水上交通管理系统在合肥南淝河段投入使用，事故数和死亡人数逐年下降，水上安全形势持续稳定。江西省力保重点时段和重点水域安全，严厉打击无船名船号、无船籍港、无船舶指标的“三无船舶”载客行为，实施水上运输超载专项整治和渡口渡船安全管理专项整治，开展渡船更新改造“民心工程”。湖北省坚持“严监管、除隐患、降事故、保安全”，创新工作方法，认真打造责任链，编织安全网，提高监控能力。重点健全三个安全机制，即严密安全管理责任机制、探索研究应急反应机制、建立健全沟通协调机制。深化三个专项整治，即渡口渡船专项整治、水上危险品运输专项整治、非运输船舶非法载客专项整治。湖南省坚持专项整治与长效管理两手抓，完善安全管理长效机制。深入开展“进企业、进学校、进乡村、进船户”的安全“四进”工作，积极推进水上交通安全信息化建设，着力推进乡镇渡船的更新改造。四川组织开展水上运输安全等专项整治活动，加快水上交通安全监督管理法制化的进程，将多年来行之有效的经验固化起来，采取“电信建设，海事租用”模式，大力推广码头视频监控系统建设；全力推进“救生衣行动”。重庆市加大资金投入，建立“水上交通管理监控中心”并与长江三峡通航管理局监控系统联网；积极开展“共建和谐航运、共铸水上安全链”活动，全力强化水上安全源头管理和现场监督；继续推进客渡船标准化改造工程；积极应对三峡水库175米试验性蓄水，对进入支流船舶实行报告制，确保航行安全。云南省积极推进船型标准化工作，在金沙江推广长江标准船型，在澜沧江推广平头双艉船型，在湖库区推广双体船型。2010年，制定并出台了《金沙江水富向家坝段通航管理办法》，与贵州、广西共同制定了《天生桥库区水上交通安全管理办法》。

随着各地方海事机构加强水上安全巡航和内河船舶水上安全检查，2018年辖区航运安全更加向好。如江苏省海事全面开展电子巡航、违章船舶电子取证、重点船舶追踪协查、远程在线交通管制、水上险情应急救助等工作，开展无人机辅助巡航，全年共检查船舶7万余艘次，对船舶防污染设施配备不齐全或者不能正常使用的船舶实施处罚2万余起。安徽省地方海事全年巡航18513次，巡航里程27.4万千米。湖北推广使用海事船舶进出港报告服务网和手机APP，便利船舶进出港，船舶进出港报告量同比上年增长92.75%。开展登记船舶清理排查，共排查船舶8377艘，发现问题29625项，全部督促整改。将船员服务簿签发审批时限由7个工作日压缩至5个工作日。推广使用海事综合服务平台和船员电子申报系统，开放船员外网申请最低安全配员证书功能，实现配员证书的异地申办、电子推送、自行打印。贵州推进水上交通安全差别化监管，抓住中小型船舶尤其是乡镇自用船舶安全管理这个薄弱环节，深化风险管控和隐患排查整治；“海事六项禁令”和船舶“七不出航”制度得到有效落实，全省海事巡航巡查21770次，出动人员83016人次，巡航里程30.1万千米，巡查车程65.0万千米，“打非治违”工作有力推进。

（三）安全监管与应急救助体系的建立健全

“十一五”期间，长江干线航运支持保障系统建设明显加强，长江水上通航安全保障、应急快速反应和治安防控能力显著增强，水上信息高速通道实现全线贯通，船舶VTS、AIS系统逐步向全水域覆盖、全天候运行目标迈进；初步构建了干线AIS，重点港区、桥区VTS，重点水域CCTV，重点船舶GPS和常规海巡艇互为补充的现代水上安全监管和救助一体化系统框架，“153040”快速反应目标全面实现；公安刑侦治安力量、水陆域机动和应急反应能力显著增强。三峡河段依托调度系统工程和监管系统工程，实现了船舶过坝远程 GPS 申报，将 24 小时过闸计划缩短为 4 小时，过闸效率显著提高。

2010 年，长江海事完成固定资产总投资 2.9 亿元，完成了 40 米趸船一期及二期、九江大桥站、万渝通信等 18 个项目的竣工、交工验收。三峡通航完成基本建设投资 0.6 亿元。长航公安局完成基本建设投资 1.2 亿元，以改善基层分局和派出所工作条件为重点，建成涪陵、泸州等 12 个趸所合一派出所，芜湖分局业务用房、重庆警备码头主体全部完工。

2012 年，长江干线航运支持保障系统建设继续加强，通航保障、安全监管、应急救助、水上治安和消防能力不断提升。长江干线涪陵至丰都和安庆至芜湖段航路改革配套设施建设工程通过交通运输部竣工验收。完成了长江干线船舶自动识别系统工程建设，完成了重庆、武汉、芜湖监管救助综合基地工程建设。完成了长江航运公安金盾信息网派出所接入工程建设。长江航道三峡库尾航道维护 2000 立方米每小时自航绞吸挖泥船、长江中游航道维护 2000 立方米每小时自航吸盘挖泥船等船舶完成建造。

2014 年，完成了铜陵、安庆、宜昌、武汉（扩建）、黄石、荆州、岳阳、九江以及三峡库区重庆段二期等 VTS 工程，长江干线安徽段实现 VTS 全覆盖。通过长江干线重庆永川至朝天门 AIS 工程与 AIS 一期工程建设，长江干线重庆永川至浏河口实现了 AIS 全覆盖。基本建成了重庆、万州、武汉、九江和芜湖综合监管救助基地，建成了巫山等 10 个监管救助基地和一大批巡航救助站点接岸设施工程，基本实现了国家水上安全规划中辖区综合基地的布局，进一步完善了应急救助站点的布局，提升了综合基地的功能。建设完成了岳阳、武汉、九江、芜湖船舶溢油应急设备库工程。

2016 年，长江海事局积极构建重点港区、桥区 VTS（船舶交通管理系统）、重点水域 CCTV（闭路电视监控系统）、重点船舶 AIS（船舶自动识别系统）和海巡艇互为补充的现代水上安全监管系统，完成武汉 VTS 二期、黄石 VTS 竣工验收和荆州 VTS、岳阳 VTS 交工验收。完成全线电子巡航监管设备的增配、更换以及 34 个气象站点建设，对电子江图航标和水位实时更新，完成电子巡航软件优化功能需求和 CCTV 系统的招标工作。完成电子巡航系统 3.0 版在宜昌的安装和试运行工作。长江航道局 1000 吨应急抢险打捞起重船“长天龙”号建成并交付使用。

2018 年，长航局系统推进北斗系统在海事管理中的应用，长江海事局三峡库区船舶交通管理系统（VTS）二期工程通过竣工验收，补点完善 CCTV 系统，新的高清视频监控系统在重点区域实现与 AIS 数据的联动，镇江五峰山 VTS、泰州港全程可视化信息系统、“智慧长江·南通”（一期）、太仓综合指挥系统等项目如期推进。截至2018年底，长江干线已建或在建8个监管救助综合基地、3个监管救助基地、1个应急打捞基地、10个公安警备基地，以及207个监管救助站点码头、45个派出所警备码头，18个航标维护基地、83个航道基层码头，拥有海巡艇总数283艘、趸船199艘，建成VHF基站56个、VTS雷达站106个、AIS基站76个、CCTV监控点1300余个，AIS覆盖长江干线重庆界石盘至江苏浏河口水域，VTS和CCTV基本覆盖重点港区、桥区等重点水域。

自《国家水上安全监管与应急救助体系布局规划》实施以来，初步建成全方位覆盖、全天候运行、反应快速、应急高效的长江干线水上安全监管和救助系统。基本完成海事综合监管救助基地布局规划建设，初步形成了“布局合理、重点突出、巡救结合”的巡航救助应急系统，应急搜救能力明显提升，能较好适应长江航运快速发展的态势和各类风险，重要港口（区）监管救助应急到达时间、重要航段监管救助应急到达时间、人命搜救应急到达时间不超过45分钟。2018年，长江干线189个巡航执法与应急救助站点24小时待命，有效处置了多起突发事件。江苏海事局全年完成搜救64次，成功救助遇险人员919人，人命救助成功率97.15%，救助船舶81艘，挽回经济损失近4亿元。上海海事局全年实施海上搜救266次，成功救助遇险人员2029人，搜救成功率95.39%。

二、长江航运安保能力全面提升

长航公安实施科技强警，相继建成长江水上110报警服务系统和金盾信息网、350兆无线通信系统和全线视频会议系统；建成各类公安业务基础数据库和7个应用信息系统，开通长江警务通。主要工作实现信息化管理，增强了破案攻坚能力。

2009年，应对金融危机对社会稳定的新挑战，以“国庆60周年安保”为重点，以“大走访”爱民实践活动和“春暖行动”为载体，服务航运能力明显增强。2010年4月中旬，以世博安保为重点，以“平安长江”为目标，启动“筑长江堡垒，保世博平安”专项活动，突出上海水域和三峡两坝重点，全面落实“环沪护城河”部署。抽调120名民警支援上海，投入2000余万元购置安检、防爆等设备，建设了集AIS、GPS、350兆无线通信系统、视频监控为一体的通讯指挥平台，调集巡逻艇、消防船5艘支援世博安保一线，确保世博会安保万无一失。2018年，长江航运公安局严打“四非”犯罪、强力扫黑除恶等举措，维护了长江干线水域航运安全、公共安全和生态安全。长航公安局警备基地、码头布局更加合理，建成8个警备基地、7个消防站和3个消防点，建成刑事科学技术室、DNA实验室等设施，初步建成适应水上公安实战需求的公安技术装备体系，治安防控、消防监督、应急演练与应急处置能力明显增强。全年共处警43043起，查处治安案件10635起，群众安全感明显上升。破刑事案件4515起，抓获各类犯罪嫌疑人1463名，打击处理1207名，摧毁各类犯罪团伙82个。打击非法采矿采砂，共侦破非法采矿案件1163起，抓获犯罪嫌疑人465人，打击处理337人，缴获涉案砂石矿产13万余吨，涉案价值9475.6万元。打击非法捕捞，联合渔政等相关职能部门，开展长江禁渔期打击非法捕捞水产品犯罪专项整治行动，破非法捕捞水产品类刑事案件1678起，打击处理犯罪嫌疑人495名。打击非法排污，开展长江干线污染环境违法犯罪集中打击整治行动，共侦破破坏、污染长江环境案件149起，打击处理犯罪嫌疑人32名。打击非法处置倾倒固体废物，成功侦破“10·12”污染长江环境系列案件，查证非法倾倒长江水域的废物1万余吨、涉案源头企业16家，一举打掉多条由浙江、江苏至安徽非法转移危险废物和固体废物的“产业链”，并通过此案排查出88起破坏生态环境的犯罪案件。2019年2月13日凌晨2时许，长航公安武汉分局开展“雷霆行动”，出动30余名民警，2艘公安巡逻艇在长江沌口大桥上游沌南洲水域打击非法采砂违法犯罪活动，共查获涉砂船舶9艘，其中1艘隐形泵船、3艘传送带自卸船、3艘散货船、2艘运砂船，查获违法人员25人，查扣江砂1.5万余吨。2019年3月12日，长航武汉警方接群众举报有人在长江上非法运油卖油。当晚，武汉分局武昌派出所民警开展抓捕行动，于青山镇码头附近查获了装载7.6吨92号汽油的简易油罐一台，装载7.8吨汽油的油罐车一台、装载59桶92号汽油的面包车一台，经特殊改装存储近30吨汽油的运输船舶两艘，抓获正在销售过程中的袁某等3名犯罪嫌疑人。

三、三峡通航实现现代化管理

“十一五”时期，三峡船闸累计运行4.2万闸次，通过船舶27.5万艘次、旅客457.1万人次、货物2.8亿吨、翻坝转运6183万吨，断面通过量3.42亿吨；葛洲坝三座船闸运行8.39万闸次，通过船舶30万艘次、旅客378.6万人次、货物2.94亿吨。2010年通过量为运行初期的4倍，船闸设备完好率98.78%、船闸运行设备故障碍航率0.0043%，通航保证率达到100%。特别是三峡船闸投入运行后，通过优化过坝交通组织模式、推行两坝匹配运行方式和船舶过闸4小时动态调度模式等创新性手段，三峡船闸及断面货物通过量不断增加，三峡通航效率逐年上升。其施工期间没有制约航运发展，更是创造了国内外水电、航电枢纽建设期间施工通航的奇迹。三峡船闸通过持续挖潜，通航效率不断提升。过闸运量快速增长，2011年首次突破亿吨，2018年达1.44亿吨，连续8年单向货运量超过5000万吨的设计指标。

2009年，三峡河段在国民经济运行和长江黄金水道中的关键性作用日益彰显，

载货汽车滚装船

成为国家经济运行监测的重要窗口之一。过坝的物流运输效率明显改善，过闸货物的上、下行比例从原来的下行占 2/3 变为上下行基本持平，船舶货物装载率由 2008 年的 65% 上升到 75%；2000 吨以上船舶占过闸船舶总量的比例由 2008 年的 29.11% 上升到 31.74%；2009 年 1 月 1 日，《长江三峡大坝—葛洲坝水域船舶分道航行规则》正式施行，有效地避免了船舶交叉航行，降低了水上交通事故和险情出现的概率，当年船舶碰撞事故为零。

2010 年，三峡通航克服船舶过闸需求不断增长、辖区大风大雾等灾害性天气频发、汛期特大洪水、上海世博会安保、三峡工程 175 米试验性蓄水等严峻考验，实现辖区“安全、畅通、和谐、高效”。三峡枢纽具有防洪、航运、发电等巨大效益，对国民经济发展具有战略意义，是世界看中国的重要窗口，也是现代意义上安全（恐怖袭击等）防范的重中之重。在 2008 年北京奥运安保、2009 年国庆 60 周年安保、2010 年上海世博会安保、2014 年南京青奥会、2016 年杭州 G20 峰会、2017 年“一带一路”国际合作高峰论坛和金砖国家领导人峰会、2018 年改革开放 40 周年等关键时期，三峡枢纽安全都被列入国家安保防恐的重点目标，三峡通航安保已成为常态化工作。

2018 年，三峡通航发展活力四射、备受瞩目。一是始终把安全摆在三峡通航工作的首要位置，深入推进“平安三峡”建设，连续 7 年实现“三零”（零死亡、零沉船、零污染）的良好安全形势。“三保一创”“安全生产月”等专项活动取得实效；春运、“两会”、进博会等重点任务和汛期、枯水期等重点时段保障有力。全年实施交通管制 32 次，成功排除 4 起险情，保障了 46867 艘次船舶安全过坝、5126 艘次载货汽车滚装船共 20 万辆次有序翻坝和 17 万人次安全过坝。二是落实“源头管理、总量控制、远端调度、有序放行、信息公开、依法监督”总体要求，制定实施船舶联动控制方案，实行船舶过坝调度计划、预计划、滚动计划发布新机制，综合施策挖潜提效，多措并举疏解保畅，实现三峡枢纽通过量 1.44 亿吨，其中三峡船闸通过量 1.42 亿吨，同比增长 3.01%；三峡升船机通过量 185.3 万吨，同比增长 191.60%。葛洲坝船闸通过量

1.49 亿吨，同比增长 6.65%，枢纽通过量再创历史新高。三是围绕三峡南线船闸为期33天停航检修和葛洲坝一号船闸为期20天计划性大修及其保障任务，周密制定“1+10”通航保障方案，科学实施两坝通航交通组织和运行管理，精细控制施工质量、安全与进度，实现了两坝船闸停航检修分别比原计划提前 20 小时、14 小时完工复航，保障了2705 艘次船舶、610 万吨货物、6928 人次旅客安全便捷过坝，达到了“三确保”“三稳定”目标。四是调整完善通航管理业务流程，开发、运行过闸安检管理系统，推行过闸安检“双随机一公开”制度，完成安检力量、装备配备及配套保障设施建设，积极沟通长江海事管理机构协作支持，确保了过闸船舶安检高效有序开展。自 2018 年6 月 1 日启动实施过闸船舶 100% 安检以来，共检查船舶 32344 艘次，查出不合格船舶 3622 艘次，不合格率 11.2%，为两坝枢纽安全、船舶过坝安全提供了切实保障。五是修订实施《三峡通航诚信管理办法》，加强诚信记录和记分管理，对船公司、船舶和船员形成较强震慑。全年，共产生诚信记录 4199 条；诚信记分 4163 条，其中船公司记分 960 条，船舶记分 2987 条，船员记分 216 条， 查处违法违规行为 223 起，同比减少 23.4%；警示约谈 24 家船公司、25 艘船舶；船公司直接运用诚信条款加强船舶管理和船员考核，诚信环境、过坝秩序得到有效改善，促进了过坝效率提升。

四、长江通信融入长江海事

按照中编办《关于交通部长江通信管理局机构编制的批复》所明确“长江通信管理局为具有行政管理职能的公益性事业单位，核定事业编制 1210 名，主要负责长江干线水上安全通信的行政管理和保障工作，贯彻实施并执行有关长江水上通信战略、政策和法规”的精神，长江通信管理局机关改组成立长江海事局信息中心，重庆、宜昌、荆州、岳阳、武汉、黄石、九江、安庆、芜湖通信机构作为当地海事局的通信信息中心。南京、上海通信机构仍保留原名称，由长江海事局信息中心管辖。2010 年 1 月 27 日，长江水上交通安全广播电台（试验台）暨长航专网电话号码升位并通仪式在宜昌举行。统一在甚高频 1 频道 160.65 兆赫广播，配套设计了专用广播接收设备并现场赠送有关船的公司，播出时间由原每天 5 次共 2.5 小时延长到 8 小时，增加了零点时段的“午夜报平安”栏目，集安全信息、新闻宣传、船员热线、法规教育、行业文化、生活资讯等于一体，深受广大船员和船舶公司欢迎。

2012 年 7 月 1 日，长江海事局在湖南岳阳举行电子巡航新闻发布会暨启动仪式，全线正式运行长江海事电子巡航系统。2018 年 10 月，长江通信管理局组织完成了“汉渝”段光缆传输线路工程中汤溪河飞线的架设工作。在该飞线的施工中，首次使用无人机技术辅助光缆飞线的架设工作。通过此次试点，验证了无人机跨河放缆的可行性。

五、长江引航集中统一管理

长江引航中心以“把世界引进长江、把长江引向世界”为己任，倾力打造长江引航品牌。服务范围上至云南水富，下至上海宝山，共设有武汉、芜湖、南京、镇江、江阴、张家港、南通、常熟、太仓、上海10个引航站和江阴、浏河、宝山3个引航（交接）基地。

另外，长江引航中心接收南通港口集团引航站，规范重庆引航机构受理及调派，设立武汉引航站宜昌、九江办事处，真正实现长江引航集中统一管理。不仅消除了沿江各港“各自为政”的弊端，实现了引航资源的合理配置，而且巩固了上海—长江引航在航交接成果。2010年，长江引航中心引领船舶艘数、总吨位、净吨位和引航里程均大幅增长，有力保障了各港口的生产需要。据不完全统计，长江引航中心实施分段引航节省了8%的引航力量，每艘次船舶节省船期近3小时；夜间引航工作的全面实施，提高了港口、船舶的生产效率，受到服务对象的欢迎。对超大型等特殊困难作业船的引航，事先制定的周密方案，由站长、副站长亲自引领，确保超大船舶顺利进出长江。同时，在全国引航机构率先开通长江引航电子商务网；开通长江引航GPS监控及助航系统，为引航员提供电子海图；开通长江引航中心全线视频会议系统和IP电话系统；对上海吴淞口至芜湖段450千米长江水域内的引航船舶实时监控，实现引航中心与下属各引航站、引航交接基地之间数据传输宽带化，开通IP电话96门；地面管理人员计算机终端配备率100%，三级以上引航员笔记本电脑配备率达100%。

2018年，长江引航中心推出长江引航“八项服务”新承诺，提出公开引航计划、引航申请受理程序、引航费收标准，确保引航责任事故率低于0.30‰等新举措，实现引航申请受理率100%，按时开航率100%。长江引航中心全年共引领中外籍船舶62755艘次、6.2亿净吨，同比分别增长1.20%、7.50%；引领夜航船舶33014艘次，占比52.60%，12月17日，长江引航中心召开建设“国际一流引航机构”发展战略研究中期评审研讨会。会上，课题组通过PPT演示介绍了主要研究成果、下一步研究思路及需要引航中心配合的内容。与会代表结合引航工作实际，就进一步推动“国际一流引航机构”研究工作提出了意见和建议，并围绕安全指标、服务标准、文化创新与传承等内容及报告的整体架构、数据采集、调研方向与深度展开研讨，为后续拓宽研究思路、优化指标体系和筛选数据源等重点工作提供支撑。2019年4月，中央电视台纪录频道《一条大河》栏目组来到长江引航中心及南通、江阴、南京等引航站拍摄纪录片，主要反映长江引航员的风采。

六、“东方之星”号客轮的搜救

2015 年 6 月 1 日 21 时约 30 分，重庆东方轮船公司所属的“东方之星”号客轮由南京开往重庆，当航行至湖北省荆州市监利县长江大马洲水道（长江中游航道里程 300.8 千米处）时翻沉，造成 442 人死亡（事发时船上共有 454 人，经各方全力搜救，12 人生还，442 具遇难者遗体全部找到）。2015 年 12 月 30 日，国务院公布《“东方之星”号客轮翻沉事件调查报告》。调查报告指出，“东方之星”轮翻沉事件是一起由突发罕见的强对流天气（飑线伴有下击暴流）带来的强风暴雨袭击导致的特别重大灾难性事件。

第七节　科教卫生事业创新发展

一、实施科技创新战略

（一）长航局科技信息化设计

2017 年，为适应新一代信息技术发展、长江经济带国家战略需要和长江航运行政管理体制改革要求，长航局组织开展了“云上长航”发展规划研究，对长江航运未来信息化发展进行了全面系统谋划，确立了基于 5 大智慧应用（智慧通航、智慧政务、智慧物流、智慧监管、智慧办公）、1 个数据中心、1 张全联接网络的“511”总体技术架构，印发《“云上长航”发展规划》《长航局关于推进“云上长航”建设的指导意见》《实施云上长航规划 推进数字长江建设三年行动计划（2018—2020 年）》等，为长江航运信息化发展描绘了蓝图，指明了方向。“云上长航”规划总体目标是：到 2020 年，长江航运要素全面实现数字化，智慧航运应用体系初步形成，长江航运大数据中心等一系列基础设施基本建成。到 2025 年，长江航运信息服务和监管智慧化初步实现，建成智慧航运应用体系，

2017 年，“云上长航”发展规划研究项目验收会

长江航运大数据中心等基础设施集中统一建设全面完成。

指导长江航运科技及信息化科学发展，必须加强顶层设计。为做好科技工作，长航局在总结多年工作经验的基础上，遵照国家战略要求，2018年研究印发了《长航局关于进一步加强长江航运科技创新工作的意见》，对未来5至8年的科技创新工作进行顶层设计、系统谋划。为加强信息化工作统筹，研究编制了信息化相关规划，先后编制了长江航运信息化“十一五”“十二五”建设（发展）规划。同年，长航局还研究制定了《长江航运标准化发展规划》《长航局标准化管理办法》，组织开展“液化天然气燃料水上加注设施作业安全规程”“航道工程施工安全风险评估指南”等交通运输部标准计划的编制工作，交通运输行业标准《长江航运信息系统数据交换共享规范》正式发布。各省市交通运输部门加强行业地方标准的制修订，加强新兴和交叉领域技术标准研制，推动科技计划成果转化为技术标准，“安徽省桥梁防船撞设施及助航标志配布工程专项设计编制格式”“江西省过闸运输船舶标准船型主尺度系列”等一批地方标准的发布，为行业高质量发展提供了有力支撑。

2018年11月6日，长航局召开北斗卫星导航系统应用工作领导小组第二次会议，审议《长航局推进北斗卫星导航系统在长江航运应用全覆盖实施分工方案》。长航局局长唐冠军与长江海事局、长江航道局、长江三峡通航管理局、长江航运公安局的主管领导分别签署了《推进北斗卫星导航系统在长江航运应用全覆盖实施任务责任书》，这意味着长航局北斗系统应用工作进入了攻坚阶段。

2019年3月28日，长航局北斗卫星导航系统应用工作领导小组第三次会议在武汉召开。会议总结了北斗卫星导航系统应用工作的进展情况，分析了存在的问题，部署了2019年的重点任务。唐冠军局长表示，各单位要紧紧围绕2019年完成北斗基础设施建设、实现公务船舶单北斗全覆盖的任务目标，克难攻坚，着力推进北斗在长江航运的应用工作。

（二）长航局科技信息化实现新突破

长航局大力实施“科技兴航”战略，推进理念、科技、体制机制和政策创新，初步形成具有长江航运特色的科技创新体系。“十一五”期间，长航局系统承担了交通运输部科研项目18项、实施科研项目300余项，投入研究经费近亿元，先后获得省部级奖励27项。制订标准15项，取得各类专利20项。涌现出以刘怀汉、郑启湘为代表的一批科技人才，科技贡献率显著提升。

2015年1月4日，长江航运物流公共信息平台正式启用，该平台具备对外提供各类物流信息服务的能力，开启了长江航运的大数据时代。

2018年，长江航运技术行业研发中心共完成项目29项，在研项目74项，形成成果 8 项，科技成果推广与应用 6 项，获得省部级奖项 9 项，专利 31 项；其中包括航道整治、航道维护、数字航道 3 个方面的相关研究，三峡枢纽升船机工程的技术研究，水上安全与防污染关键技术研究，内河航运智能化、信息化、内河电子航道图 APP 平台技术研究等。作为“内河智能航运交通运输行业协同创新平台”的下设组织，由武汉理工大学发起组建的“智能新能源船舶技术创新产业联盟”在国家内河水运转型发展示范区——浙江省湖州市成立，该联盟由 24 家来自船舶、配套、航运、新能源、融资租赁等涵盖智能新能源船舶技术产业链上下游的高校、科研院所、企事业单位组成，充分发挥了科研院所和高校的创新源头作用。长航局还与大连海事大学加强高新技术研发、科研成果转化和人才培养等方面的交流合作，建立了智慧绿色长江联合协同创新中心。江苏省成立综合交通运输学会和协会，搭建现代综合交通运输高端学术平台，积极开展现代综合交通运输行业学术交流与推广，推进移动互联的大数据等信息技术在综合交通运输领域的广泛应用。

2019 年 4 月 12 日，第四届长江航运互联网大会在南京举行。会议围绕“互联网 + 生态”“互联网 + 港航企业”，加快推进互联网与长江港航企业的融合发展，加快发展数字经济，加快新旧动能转换，不断提升黄金水道的含“金”量、含“新”量。作为长江航运界级别最高、规模最大、影响最深远的互联网大会，内容丰富，国内航运界的重量级人物纷纷登台，以主题演讲的形式，分别从“航运 · 产业”“航运 · 互联网”“航运 · 生态”三个角度阐述了长江航运业的变革和发展方向。6 月 18 日，长江航道局召开机务管理船载系统升级改造工程交工验收会，并一致通过了交工验收。此次交工验收的顺利通过，标志着长江航道局数字机务系统实现了全覆盖与全联通，为长江干线数字航道联通运行奠定了坚实基础。

（三）行业科技成果推广应用效果显著

长航局在总结提炼重大项目创新成果的基础上，推荐了一批创新成果、专利、专著等列入交通运输重大科技创新成果库。在 2018 年度交通运输重大科技创新成果入库遴选工作中，长江航道局的“叙渝河段卵石滩群治理关键技术研究”、长江三峡通航管理局的“三峡船闸快速检修关键技术研究”、重庆交通大学的“山区通航河流自浮升降式桥梁防撞装置研发及应用”等入选重大科技创新项目，江苏省常州市航道管理处的“工业化装配式护岸结构关键技术应用研究”、中设设计集团股份有限公司的“内河船舶运行状态监测与适航预警系统”等入选科技成果推广项目，长江航道规划设计研究院的“三峡工程蓄水后长江中游航道演变规律及整治技术”、长江航道局的“长江航道整治滩体控制成套技术研究及应用”等入选交通运输科技专著，入库成果充分展示了交通运输科技创新的先进水平和发展方向。

推进无人技术的推广及应用、大型通航枢纽扩能与运营安全保障、长江危险品船舶动态安全监管与应急等交通运输部科技成果推广项目和示范工程实施。推进新技术、新材料、新工艺、新设备在航运建设、生产、管理和服务中的应用。长江武汉航道局研制的无人测量船先后在长江泸州航道局永川航道处、长江南京航道局扬中航道处辖区水域成功完成试用测试，具备了在长江全线各种复杂工况下进行航道测量的能力。此外，无人机的技术在武汉桥区水域长江海事立体监管系统和航道一体化测量中也得到示范应用。长江洪湖航标器材维修中心自主研发的磁吸式太阳能遥测遥控航标灯控制器在武汉航道局辖区安装上线运行，并在长江全线推广运用。

2019年4月，长航局组织验收三峡局承担的科技项目“三峡河段过闸船舶诚信管理优化研究”“三峡升船机设备润滑管理研究”。专家组评价称，“三峡河段过闸船舶诚信管理优化研究”成果达到国内先进水平，“三峡升船机设备润滑管理研究”成果达到国内领先水平。

（四）“黄金水道通过能力提升技术”重大科技专项成果

交通运输部于2011年9月设立“黄金水道通过能力提升技术”重大科技专项（简称重大专项），针对制约长江和西江通过能力提升的普遍性、关键性和前瞻性技术问题进行研究，重点突破通航及船型标准、航道系统整治、枢纽通航、信息服务与安全保障等方面的关键技术，设立了13个项目、61个专题，为构建“畅通、高效、平安、绿色”的现代化水运体系提供了技术支撑。重大专项由长航局牵头，参与单位达16家，参研人员近千名，专项共投入经费12290万元，以产学研结合的方式，开展强强联合、协同攻关，研究规模和经费支持力度空前。按照“自主创新、集成创新和引进消化吸收再创新”的思路，采用调研、原型观测、理论分析、物理模型试验、数学模型计算、仿真模拟、现场试验等方法和手段开展技术攻关，经过4年多的努力，于2015年9月通过验收鉴定。

经过近10年的协同科技攻关与关键技术总结，至2018年，“国家黄金航道扩能工程关键技术及应用”项目全面完成了预期研究任务和目标，重点突破长江重点河段和西江枢纽下游航道系统整治、长江三峡枢纽和西江长洲枢纽船闸通过能力等方面的关键技术，专项研究成果总体达到国际先进水平，部分重大关键技术成果达到国际领先水平。该项目突破的关键技术有黄金航道通航条件预测预报技术、黄金航道长河段系统整治成套技术、黄金航道整治施工工艺与质量安全控制技术、黄金航道生态建设关键技术；形成的成果包括7项标准规范、35种新的理论与方法，以及58项专利、19项软件著作权、231篇论文、10部专著。

2018年，“长江黄金航道整治技术研究与示范”在新水沙条件下航道演变机理及航道承载力、航道整治关键技术、长江生态航道评价方法与生态整治技术等方面取得了重要进展，部分研究成果已在长江中游武汉至安庆河段6米航道整治等工程初步设计中得到运用，可全面推广至长江干线航道整治工程中。该项目全年共发表科技论文71篇，其中SCI、EI收录23篇，出版专著4部；培养了研究员15名；获发明专利1项，申请发明专利12项；新编规范3部。

（五）加强网络安全防护，构建全方位安全防护系统

自2016年开始，长航局每年都会开展网络安全宣传周活动，举办信息化和网络安全知识专题讲座，提升了全员网络安全意识。开展网络安全培训（近年每次培训人数均在100人左右），提升专职人员应对各类网络安全风险和隐患的监测、预警、处置等能力。加大网络安全软硬件投入，初步形成了以设备外围安全防护、分区分域重点防护、设备目标安全防护为一体的纵深安全防护体系。制订了《长航局网络安全突发事件应急预案》等各级各类应急预案，有针对性地开展“服务器宕机”“病毒爆发”等各项安全演练，提高了网络安全应急能力。建立健全网络安全监测预警和信息通报制度，积极开展网站与信息系统清理整合工作，不断降低网络安全风险。在重大活动时期实行网络安全值班制度，全力保障了重要敏感时期的网络安全稳定，信息服务保障不断、不乱。

2018年9月6日，国家水运安全工程技术研究中心验收组调研长江航运应急指挥平台相关成果应用情况，验书组认为新科技的不断投入应用，为长江航运安全带来了突飞猛进的发展，取得了可喜的成就。

（六）长航集团加大科技创新力度

“十一五”时期，长航集团加大科技投入。截至2010年，完成《“蓝鲸”游船主机技术改造研究》《长江游船主机掺烧劣质油研究及推广应用》《灵便型散货船船型研发》等14项科研项目。开展新一代江海直达浅吃水肥大散货船型研究，完成江海直达18000吨级货船设计方案；完成交通部下达的《山区急流航道普通货船代表船型主尺度系列》研究，实施“3G+N”船舶定位监控系统升级。《内河船舶优化编队技术的推广应用》等4个节能科技项目在全国交通运输行业推广。开展士帕能节油装置、新型燃油添加剂等节能新产品实船试验、论证和推广工作，全年可节约3000多万元。《库区游船机桨匹配及运行参数优化研究》，可降低油耗4%~6%。《炮台湾水域风力发电研究》，基本实现船舶24小时的生产、生活供电。

此外，组织编制《156米库区航行参考图》及航行指南，开展《长航集团建立安全管理体系的课题研究》《船舶轮机安全管理指南研究》《长江干线渡口通航水域环境分析研究及安全操作方法》等课题研究。先后研发、引进和创新具有先进水平的系列船型10余种。其中8000吨无限航区杂货船拥有自主知识产权，先后承接了4家船东10艘合同总价值350万元的设计。长航凤凰创新5000吨散货船“一顶一”、散货船拖带驳船的运输方式，船效显著且降低了成本。《武汉至北仑江海直达航线新型超浅吃水肥大经济船型开发与研究》，适应武汉新港建设发展规划，满足武钢进口矿石“三程变二程”运输的需要。该船最大的载重量达11280吨，年均载量达9561吨，大大降低了长江枯水季节的减载量，有效提升了船舶效率。

2012年12月，长航集团与昆仑能源根据“共同开发长江流域船用液化天然气（LNG）市场”的战略合作协议，在武汉合资组建了昆仑能源长航（武汉）天然气有限公司（以下简称昆仑长航），专营长江水上LNG终端销售。昆仑长航力求谋划清洁能源在长江流域的应用，深入研究并积极推进实施“气化长江”工程，形成了“长江水系LNG加注体系与布局规划研究”“液化天然气‘气化长江’工程规划研究”成果，以科技助推长江经济带科学、绿色、高质量发展。2018年5月8日，“长江水系LNG加注体系与布局规划研究”项目结题。现昆仑长航LNG自有气化站已分布在沿江的湖北、江苏两省，拥有包括金陵船厂、中船澄西船厂等大型船厂、团风钢构、大冶迪峰工业园、宜都惠宜等在内的10个自有工业气化站；为江苏新扬子船业、武船等大型船厂提供供气保障；在水域岸线和码头的选取上，主要沿长江岸线进行规划布局及开展项目前期工作。

长航集团还在造船工业上以科技为导向，重点开发建造了一批科技含量高的船舶。2018年6月12日，由长航集团武汉长江船舶设计院有限公司为尼日利亚客户设计的铝合金高速巡逻艇开工建造。该型铝合金高速巡逻艇总长38.80米、型宽7.20米，设计航速大于34节，船型设计与技术规格等各方面指标均处于行业领先水平；在航速、续航力和操作性等方面都根据尼日利亚客户的要求进行量身定制，适合西非海岸的巡逻需求。8月20日，南京金陵船厂为芬兰ESL Shipping公司建造的世界首制25000吨LNG高压双燃料杂货船HAAGA号在南京签字交船，标志着金陵船厂双燃料船舶的建造技术取得了历史性突破，它是世界上最为环保的杂货船，二氧化碳排放量比前一代船减少50%。同时，该船能够在–30℃的冰区航行，破冰能力达0.8米。10月25日，南京金陵船厂为澳大利亚TOLL公司建造的首艘12000吨滚装船交付船东。该船全长210米，型宽28米，型深18米，设计吃水载重吨12000吨，共计3000米车道线，能装载250个MAFI单元、700TEU以及60辆小型汽车，是世界上先进、绿色的货物滚装船。

二、人才强航战略深入推进

“十一五”时期，长航局重点抓公务员、执法人员和专业技术人员三支队伍的教育培训，实施“522”人才工程，形成科技创新人才梯队。据统计，2009 年长航局系统专业技术人员队伍总量为 7273 人，具有高级职称的人员中 45 岁以下人员达 57.40%。一批高层次人才入选国家“百千万人才工程”、交通运输部“新世纪十百千人才工程”，获得国家和交通运输部中青年专家称号，涌现了以“全国高技能人才楷模”郑启湘和交通运输系统科技突出贡献奖获得者刘怀汉等为代表的优秀人才。

2018 年，长航局加强行业智库单位转型发展，充分发挥社会各类智库作用。加强基础研究人才队伍建设，完善人才评价激励机制，实施创新人才计划，积极开展省部级科技奖励和交通科技青年英才申报工作，长航局系统科技成果全年共获得 17 项省部级科技奖励，其中“长江黄金水道扩能工程关键技术及应用”项目获“中国航海学会”特等奖，2 名研究人员获交通科技青年英才称号。长航集团积极引导和组织职工学技术、学理论，开展争创学习型企业、争当知识型职工的群众性学习活动。为适应发展海上运输需要，大力培养、引进专业人才，储备大批航海技术、市场经营、安全管理人才。选拔年轻船员进行分类、分级的专业培训，重点培养高级人才，同时积极鼓励船员考证，对经营管理人员规定内容、规定等级、规定标准进行强化培训，对安全管理人员以查代训等，扩大培训面。

三、医疗卫生事业的新发展

长江航运总医院加挂武汉脑科医院院牌之后，神经内科、神经外科病人收治率均有增加。神经外科在北京天坛医院专家的指导下，开展手术 150 余例，同比增长 25%，成功开展了微创手术切除椎管内外哑铃型肿瘤及颈前入路人工颈椎间盘置换术，手术技术达到国内先进水平。同时，开展职工血吸虫病检查和预防性灭螺工作。2010 年 5 月，依照国家职业病法律法规要求，组织职工进行健康检查，并建立职工健康档案，动态监测职业病健康危害状况。

2018 年，长江航运总医院紧扣行业主要矛盾变化，促改革、惠民生、谋发展，实现年度医疗收入增长 15.80%、成本下降 8.60%、药比下降 22.00%，群众满意度、职工获得感不断提升。同时获得中国卒中学会认证最高级别资质——“综合卒中中心”称号，成为中国神经调控联盟理事单位、中国帕金森联盟成员单位、北京天坛医院神经系统疾病专科联盟医院、华中运动医学专科联盟副理事长单位、湖北省抗癫痫协会成员单位、湖北省针灸推拿康复专科联盟常务理事单位、武汉医师协会神经外科医师分会主委单位。获批国家新型实用专利2项，获得各级各类科研项目立项15项。组织完成年度湖北省水上紧急医学救援演练，参与“海疆召唤—2018”海上医疗救护拉动演练，被省卫健委授予“湖北省海上医疗救护队”旗帜。2019年3月，长江航运总医院服务长江一线、体验健康护航的一个片段。体检队一行16人，配备一体化体检车，从武汉出发，奔赴广州、上海、南京、安徽、青岛、连云港、安徽、安庆等13个长江沿岸船舶、项目部、工程处等站点，历时23天，跋涉5334千米，为640余名一线船员和职工送去了“零距离”的医疗健康服务。

第八节　文明创建与行业文化百花争艳

一、全国交通文明行业的成功创建

2009年，长航局组织举办长航“十杰”事迹巡回报告会和郑启湘、姚泽炎先进事迹报告会，隆重举行纪念新中国成立60年活动，开辟长江60年航迹网上陈列馆，姚泽炎、郑启湘、王嘉玲、谷秀全被评为“60位新中国成立以来感动交通人物”；长江海事局、长江航道局再次荣获“全国文明单位”称号，6个单位荣获“全国精神文明建设先进单位”称号，6个单位新获省级最佳文明单位，新创全国青年文明号2个，16人荣获省部级劳模称号。2010年，长航局系统以“学习启湘精神，奋力创先争优，推进科学发展”为主题，深入开展创先争优活动，比、学、赶、超的氛围更加浓厚。

姚泽炎先进事迹报告会

2010 年 4 月 1 日，长航局启动“万里长江党旗红”党建创新项目建设工作，在基层党组织实施思想、组织、文化、廉政、楷模五大引领工程。2016 年 1 月 9 日，长航局局长唐冠军获评“2015 中国航运影响力人物”。2016—2017 年度，长江引航中心、长江宜宾航道局、长江航运公安局九江分局、长江航运公安局上海分局被列为全国交通运输行业文明单位；荆州海事局政务中心、长江航运总医院院前急救科、中国水运报社全媒体编辑中心等单位被列为全国交通运输行业文明示范窗口。

2017 年 9 月 12 日至 23 日，长航局与人民网联合开展“守护长江万里行”大型主题采访活动，主要采取直播的形式，通过行走七省二市主要港口，呈现长江航运基层一线工作场景，展示长江航运建设发展成就和行业风采。12 月 8 日，长江航务管理局援建的雪岩顶村“扶贫大道”正式通车，彻底结束了湖北恩施建始县茅田乡雪岩顶村村民出行难的历史。同时，由长航局承担的精准扶贫工作通过了恩施州脱贫验收组验收，标志着该村实现了整体脱贫。2018 年 4 月，长航局驻雪岩顶村扶贫工作队获评“2017 年感动交通十大年度人物”。8 月 4 日，中宣部组织的“大江奔流——来自长江经济带的报道”主题采访团到长航局采访。长航局党委书记、局长唐冠军向记者介绍了长江航运贯彻落实习近平总书记关于推动长江经济带发展的重要论述和服务长江经济带发展的有关情况。9 月 18 日，恰逢三峡升船机试运行两周年，长航局和新华网联合摄制的《壮阔大江潮》——“长江航运改革开发 40 年影像记”在升船机开机。该影像记以专题片和系列短片的形式，展现了 40 年来长江航运波澜壮阔的发展进程和长江儿女自强不息、砥砺奋进的精神风貌。11 月 23 日，央视《中国灯塔》摄制组来到宜昌，拍摄矗立在秭归屈原镇上的薄蓝田纪念碑，用镜头描绘了川江现代航运开拓者薄蓝田对川江航道所做出的重大贡献；又到巴东通过镜头记录了长江航道工人的日常工作，展现航道工人不惧艰险困苦、保障航道安全畅通的良好精神风貌。

2018 年，长航局系统里的 19 个单位新获和保持了全国文明单位称号，二级单位 100% 为省部级以上文明单位，一大批港航单位进入省级文明单位行列，行业保持全国交通运输文明行业称号。湖北省港航海事系统“六型”文明示范窗口数量达到 171 个，覆盖率为 76%。安徽省合肥市南淝河水上交通安全检查站获得 2018 年中国郑和航海风云榜“最佳基层海事监管机构”称号。江苏省邵伯船闸连续十年五次荣获全国文明单位，谏壁船闸“微引航”服务平台获“江苏交通十大服务品牌”。

2019 年 1 月 23 日，长航局召开 2019 年长江航运发展新闻媒体记者座谈会，与中央、地方主流媒体和行业媒体记者共话长江航运发展。新闻媒体记者一致表示，在实施“依托黄金水道推动长江经济带发展”国家战略中，长江航运建设发展是新闻资源的“富矿”，需要进一步深度挖掘和采访报道，共同唱响新时代长江好声音。5 月 6 日，长航系统基层班组长培训班（第一期）在江苏南通大学开班，50余名学员参训，历时5天，旨在加强班组建设，以推进长江航运现代化建设。6月12日，长航局2019年第一期基层党组织书记能力提升培训班开班典礼在清华大学举行。长航局党委书记、局长唐冠军在开班典礼上讲话强调，党组织书记要全面增强工作本领：一是不忘初心，旗帜鲜明讲政治；二是保持恒心，持之以恒抓学习；三是激扬雄心，履职尽责敢担当；四是秉持公心，以身作则转作风。来自长航全线的60多名优秀党组织书记参加了培训。

二、长江儿女为行业增光添彩

2010年以来，长航局系统以培育践行社会主义核心价值观为主线，充分发挥干部职工的主体作用，创新举措，丰富载体，抓好抓实群众性精神文明活动。开展“中国梦”宣传教育，引导干部职工共谱“中国梦”长江篇，唱响主旋律、弘扬正能量；以全面提升长江航运服务能力和水平为目标，在长江航运全行业开展“爱岗敬业、明礼诚信”的社会主义核心价值观主题实践活动。在船、港、站广泛制作宣传栏、发放宣传品，积极利用各种媒体网络平台大力传播践行社会主义核心价值观的文艺作品和公益广告，做到全方位覆盖、多形式展现，使长江航运成为践行社会主义核心价值观的先行者、传播社会主义核心价值观的重要窗口。

2010年，长航局组织开展了“学习陈刚毅，责任在心中，奉献在岗位”为主题的文明窗口月活动，并在组织“长航十大杰出人物”和“长航十大杰出青年”评选的基础上，又连续开展第三届“长航十大杰出人物”和“长航十大杰出青年”评选活动。长航局局长唐冠军将“十杰精神”阐述为五种精神：一是爱岗敬业、精益求精的实干精神；二是百折不挠、扬帆奋进的拼搏精神；三是服务人民、回报社会的奉献精神；四是勤于钻研、敢为人先的创新精神；五是精诚团结、同舟共济的协作精神。以这五种精神为内涵的“十杰精神”，就是具有长航自身特色的“奋斗精神”。这种精神，是新时期长航人践行社会主义核心价值观的具体体现；这种精神，与“同舟共济、扬帆奋进”的长江航运精神一脉相承。

郑启湘和太阳能一体化航标灯

2010年，郑启湘、姚泽炎、金生国、张国兴荣获“全国劳动模范”“全国先进工作者”的称号，郑启湘、姚泽炎的先进事迹得到张德江副总理的批示，成为全国交通系统学习的楷模。2016—2017年，何传金、王和靖、王万铭、陈昕、汪璐被列为全国交通运输行业文明单位职工标兵；赵明明、丁湖海、陈宇、曹建平被列为全国交通运输行业精神文明建设先进工作者。

郑启湘发明的“太阳能一体化航标灯”，被世界航标灯专家誉为“将导致一场轰动世界的航标技术革命”，并获得国家专利。以中科院院士为主任委员的专家组一致认为，这一研究成果处于同类产品的国际先进水平。每盏灯可降低材料成本1800元，长江上有5000多盏灯，可节约1000万元之巨，科研效益转化为巨大的经济效益。

姚泽炎是我国改革开放后自主培养的第一批专业引航员。《长江儿女》书中是这样描述他的：“多少个夜晚，他去引航；多少次攀援，他飘摇在高悬的绳梯上；多少个团圆的日子，他还在异国他乡。长江上引航23年，他将来自60个国家和地区的6000艘次中外船舶送到大地母亲的怀抱，创造了23年安全航行60万千米零事故的引航奇迹。”他带领技术小组潜心研究的《安全引航操作十诀》，被称为“泽炎操作法”，成为长江安全引航的秘诀。

长江儿女为长江航运行业不断增光添彩。2018年12月，重庆市总工会召开2018年重庆市网上劳动和技能竞赛总结表彰暨劳模和工匠人才创新示范工作室命名大会，重庆航道工程局“李红勇劳模创新工作室”被命名为“重庆市劳模和工匠人才创新示范工作室”。2019年4月29日，在交通运输部、中华全国总工会举办的2018年感动交通十大年度人物视频报告会上，武汉海事局船员管理处处长牛百龙同志被评为“年度特别致敬人物”。4月30日，长江航务管理局党委书记、局长唐冠军在牛百龙先进事迹座谈会上强调，长江航运全行业要与英雄同行，深入持久学习弘扬“百龙精神”，汇聚起建设长江经济带的磅礴力量，争当交通强国建设排头兵。

三、长江航运文化建设的全面深化

“十一五”时期，长航局大力实施“文化强航”战略，形成一套具有行业特色和时代特征的行业文化体系。包括依水而生、以通为本、以江为魂的行业特色；“同舟共济，扬帆奋进”的行业精神；“合力建设黄金水道，促进长江经济发展”的行业使命；“中国黄金水道，世界内河一流”的行业愿景；“面向全长江，服务全社会”的行业宗旨；“安全、便捷、诚信、文明”服务的行业核心价值观，以及长江航运行业徽标的形成和行业歌曲的创作与传唱等。长江航运文化在引领方向、凝聚人心、提高素质、打造品牌、促进发展等方面发挥了积极作用，为实现长江航运现代化示范中国内河的发展方向、走在世界内河前列的美好愿望，提供了强大的文化支撑和精神动力。

（一）长江航运文化建设的总目标与第二轮修史启动

2006年以来，长航局按照交通部统一部署，统筹推进行业文化建设，党委书记黄强主持编制了《长江航运文化建设实施纲要》，明确提出长江航运行业文化建设的总体目标和主要任务。此后，行业文化建设稳步推进，涌现了一些行业文化建设的先进典型。芜湖港长期以来都自觉加强企业文化建设，成为全国交通系统文化建设首批“示范单位”。之后，又全线开展推荐长江航运行业文化建设示范点和征集行业精神、行业理念表述语的活动，各单位积极响应，最终确定芜湖港、芜湖海事局等19个长江航运文化建设示范单位。2009年12月19日，长江航运文化建设推进会在芜湖召开。长航局党委明确提出长江航运文化建设的“135目标”和“六大工程”，即在长江航运全行业打造十大深受群众喜爱、享誉长江航运、能够走向全国交通的文化特色品牌，创建30家综合实力强、竞争力强、带动力强的长江航运文化建设示范单位，在长江航运从业人员中选拔培养50名高素质的行业时代楷模；大力实施学习型行业建设、行业形象宣传、行业文化品牌、行业文化示范、行业文化阵地和行业时代楷模工程。

2010年4月，交通运输部、中国航海学会在广州召开会议，部署交通水运系统第二轮修史工作。长航局迅速启动“当代长江航运发展史丛书”的编写出版工作，成立编委会及办公室。10月17日，召开第二轮修史动员大会，明确56部丛书书目。丛书的编纂，是推进长江航运文化建设的重大举措，是一项功在当代、利在千秋的文化建设系统工程。

2018年9月11日，长航局新闻发言人及骨干网评员培训班在大连海事大学开班，旨在进一步提升行业宣传思想工作水平，为加快推进航运高质量发展提供坚强的思想保障。

（二）长江航运文化建设如火如荼

“十一五”时期，全行业各单位积极响应交通运输部和长航局的号召，大力实施文化强航战略，逐步使“同舟共济、扬帆奋进”的长江航运精神成为行业文化建设的主旋律。通过每两年组织评选“长航十大杰出人物”和“长航十大杰出青年”，通过在长江全线进行巡回报告演讲、出版《长江儿女》、举办主题演讲比赛等系列活动，使行业楷模郑启湘、姚泽炎的事迹在长航乃至全国交通系统产生积极影响，激励长江儿女敬业奉献，勇创佳绩。加强文化载体建设，强化行业文化的传播、宣传和展示，重视报刊、局域网、荣誉室等建设，开展文化建设宣传活动。开展“长江杯”象棋、围棋邀请赛，“军交杯”乒乓球比赛，以及书画摄影作品展等群众性文体活动，激发干部职工参与文化建设的积极性。芜湖港海员艺术团、长航公安局武汉及重庆分局警乐团、长江海事局老年合唱团相继组建，并获得行业内外的一致好评。安全文化建设领域不断拓展，安全发展理念深入人心。长江海事局和《中国水运报》联合举办“内河航运安全论坛”，引起行业内外广泛关注。长航集团、民生公司、南京港、武汉港、重庆港、芜湖港等港航企业坚持不懈抓安全文化建设，形成了较为完善的企业安全文化体系。同时，廉政文化建设不断创新。2010 年，长航局在全行业组织开展了“万里长江清风颂”系列活动；在重庆、南京、武汉三个片区文艺汇演的基础上，于 9 月 28 日在武汉成功举行了“万里长江清风颂”廉政建设文艺汇演。2010 年 9 月 13 日，芜湖港长江航道局成为第二批全国交通运输文化建设示范单位。2019 年 1 月 7—24 日，长航工会组织长航文艺轻骑兵一行 20 人，行程 4600 余千米，遍布沿江六省两市，为一线职工带去欢乐，送去温暖和新春祝福，展示了改革开放 40 年长江航运建设发展取得的伟大成就，讴歌了新时代长航人团结奋进、砥砺前行、追逐梦想的动人风貌。

（三）行业文化之花盛开

2009 年，长航公安局提炼并形成长航公安核心价值体系，确定执法船艇外观形象标识，形成了鲜明特色、体系丰富的长江公安文化系统。2010 年，提炼出了“勇于担当、敢于拼搏、善于协作、战之必胜”的世博安保精神，组织拍摄了一部专题片，编辑了纪念画册《决胜》和《水警心曲（二）》一书，全面展示了长航民警在世博安保中的良好风采。三峡局形成“一切为了通航、一心服务船方”的核心价值观，展现了“奉献三峡通航、团结铸造辉煌”的三峡通航精神，体现了“综合管理创品牌、服务航运保优质、务实创新促发展”的核心理念。完成《三峡通航之歌》的创作，编制了《三峡通航文化手册》，完成视觉形象识别系统设计并编写出版管理手册。2010 年，长江海事《人和》《忧乐》《坚韧》文化丛书正式出版；2013 年，长江海事诗词选《江风海韵》编辑成册。

芜湖港将企业文化作为企业发展的核心要素，积极构建企业文化体系，把企业文化打造成港口之魂和发展之翼。江苏省航道局积极构建和谐航道主题文化，提炼出“和谐领航、服务有道”的新时期江苏航道精神。组织创作《江苏航道之歌》，充分展现出“江淮大地，梦里水乡”的江苏航道文化特色。2009 年 9 月，贵州省在习水县土城镇兴建了首个航运主题馆——赤水河航运历史展览馆，开长江水系省市航运管理部门兴建航运历史展览馆之先河。

2018 年，中国水运报刊社精心组织、系统谋划，充分运用报纸、网络、“两微一端”等多媒介表现形式，对水运改革发展、创新成果、历史人文等进行了全方位、多维度、深层次的展示，取得了较好宣传效果。目前，中国水运报刊社已顺利完成公司制改制工作，注册成为国有独资公司。国家网信办已颁发了“互联网新闻信息服务许可证”，

这标志着中国水运网正式跻身为国家一类门户网站。

2019年5月16日，国家广电总局“记录新时代”创作传播工程（2018–2022年）百部纪录片重点选题《大国交通》筹委会到长航局进行前期采访调研。该片由中国交通运输协会牵头制作，内容涉及综合交通领域和城市交通与交通新业态，通过把交通行业放在“大历史”“大文明”“大社会”“大民生”“大体制”的背景中，反映建国70年、改革开放40年、党的十八以来交通建设成就，重点表现中国交通人励精图治、艰苦奋斗、大胆改革、勇于创新的奋斗精神，着力表现中国交通人在改革中求变、在困境中突围的伟大壮举。该片共8集，计划在中央电视台首播。

四、长江航运文化系列专著正式出版

2009年，交通运输部组织编撰的“21世纪交通文化建设研究与实践系列丛书”由人民交通出版社出版发行，其中《长江航运文化》《船文化》《航道文化》《交通公安文化》分别由长航局、长航集团、长江航道局和长航公安局负责编撰。特别是《长江航运文化》一书，全面展示了长江航运文化的整体风貌和基本特色，成为长江航运文化建设的里程碑。

2009年9月26日，长航集团主持编撰的国家重点图书《中华长江文化大系（一）》出版发行，编纂工作自1997年启动，300多人参与撰稿，历时12年，共有8编64卷、2000多万字、10000余幅珍贵图表，其时间跨度五千余年，地域涵盖整个长江流域，为人们认识长江、研究长江、开发长江呈献了一部珍贵宝典。2009年10月，长航局组织编写的“大江神韵系列文化丛书”正式出版发行。该丛书包括《长江航运文化典录》《长江航运诗词歌曲》《长江航运书画摄影》《长江航运60年纪实》《长江航运百年探索》和《长江航运60年感怀》。

2014年11月17日，由长江航务管理局组织编撰、长江出版社出版的《中华长江文化大系（二）》在汉首发。该丛书更全面、更系统地展示了长江文化，更注重长江文化底蕴的挖掘和特质提炼，并着力把握长江流域经济社会发展新特征。作为国家级大百科历史文化重点出版工程，该丛书分为《浩淼沧茫》《金粉烽烟》《千秋吏法》《商贾兴衰》《伦理传承》《语言文化》《天堑通途》《山水传奇》等8编64卷，用2000多万文字和近万幅图片，全面反映了5000年来长江流域的人文地理、风土人情、自然风光，填补了长江流域文化史的空白。其中，以《大江经纬——长江流域的纵横水网》《北纬绿斑——长江流域的七彩名区》为代表，广受全国读者欢迎。

2018年6月，由长航局组织编写的《中华长江文化大系》的姊妹篇——《中华文化系大江》丛书开始由长江出版社陆续出版。其中《中国江河》《大江万里》《世界大河》等卷理趣兼备，气韵生动，可谓佳作。同时，还组织创作出版了《又见红叶》《长江神探》《雪云顶上》《大江东去》等多部长篇小说，并据此改编出话剧、影视剧，社会影响广泛。长江诗人黄强创作出版多部诗歌集和长篇小说，许多文学作品在多家电台连播、多家网站连载，在读者中引起广泛共鸣，带动了长江航运系统文学创作的发展与繁荣。

这些长江航运文化系列专著是长江儿女向新中国70华诞献上的一份厚礼。长江儿女将秉持“中国黄金水道、世界内河一流”的美好愿景，同舟共济谋跨越，文化为先促发展。

“讲述长江故事　共创文化经典”座谈会照片

这正是：

东风浩荡千军壮，丝路绵延畅大江。
铭记初心当主力，肩扛使命耀炎黄。
雪云顶上金帆舞，红叶峰前碧水长。
绿色航程新号角，通天神韵铸华章。

图书在版编目(CIP)数据

黄金水道：长江航运扬帆70年/黄强，孙新华编著.
—武汉：长江出版社，2019.12
（长江巨变70年丛书）
ISBN 978-7-5492-6686-9

Ⅰ.①黄… Ⅱ.①黄…②孙… Ⅲ.①长江—航运—
成就 Ⅳ.①F552.75

中国版本图书馆CIP数据核字(2019)第219083号

黄金水道：长江航运扬帆70年　　黄强　孙新华 编著

出版策划：赵冕 胡紫妍
责任编辑：李海振 梅雨龙
装帧设计：刘斯佳
出版发行：长江出版社
地　　址：武汉市解放大道1863号　　邮　　编：430010
网　　址：http://www.cjpress.com.cn
电　　话：(027)82926557(总编室)
　　　　　(027)82926806(市场营销部)
经　　销：各地新华书店
印　　刷：武汉市金港彩印有限公司
规　　格：797mm×1092mm　1/16　19.5印张 8页彩页　395千字
版　　次：2019年12月第1版　2020年8月第1次印刷
ISBN 978-7-5492-6686-9
定　　价：98.00元